Informationstechnik
und
Datenverarbeitung

Reihe „Informationstechnik und Datenverarbeitung"

M.M. Botvinnik: Meine neuen Ideen zur Schachprogrammierung. Übersetzt aus dem Russischen von A. Zimmermann. X, 177 S., 42 Abb. 1982.

K.L. Bowles: Pascal für Mikrocomputer. Übersetzt aus dem Englischen von A. Kleine. IX, 595 S., 107 Abb. 1982.

W. Kilian: Personalinformationssysteme in deutschen Großunternehmen. Ausbaustand und Rechtsprobleme. Unter Mitarbeit von T. Heissner, B. Maschmann-Schulz. XV, 352 S. 1982.

A.E. Çakir (Hrsg.): Bildschirmarbeit. Konfliktfelder und Lösungen. XI, 256 S. 75 Abb. 1983.

W. Duus, J. Gulbins: CAD-Systeme. Hardwareaufbau und Einsatz. IX, 107 S., 41 Abb. 1983.

H. Niemann, D. Seitzer, H.W. Schüßler (Hrsg.): Mikroelektronik – Information – Gesellschaft. XI, 213 S., 80 Abb. 1983.

J. Kwiatkowski, B. Arndt: BASIC. 2., korr. Auflage. XI, 179 S. 1984.

E.E.E. Hoefer, H. Nielinger: SPICE. Analyseprogramm für elektronische Schaltungen. 223 S., 162 Abb., 36 Tab. 1985.

W. Junginger: FORTRAN 77 – strukturiert. XIII, 451 S., 75 Abb. 1988.

F.J. Heeg: Empirische Software-Ergonomie. Zur Gestaltung benutzergerechter Mensch-Computer-Dialoge. X, 227 S., 79 Abb. 1988.

H. Lochner: APL2-Handbuch. X, 331 S., 19 Abb. 1989.

Hans Lochner

APL2-Handbuch

Mit 19 Abbildungen

Springer-Verlag
Berlin Heidelberg New York
London Paris Tokyo

Hans Lochner
IBM Deutschland
Hauptverwaltung
Pascalstr. 100
D-7000 Stuttgart 80

Zur Erstellung dieses Buches wurden u. a. folgende IBM Produkte eingesetzt:

Document Composition Facility (DCF), Programm-Nr. 5748-XX9
Erweiterte automatische Silbentrennung deutsch für DCF Rel. 3,
    Programm-Nr. 5775-DGG
Publishing Systems DrawMaster, Programm-Nr. 5664-388
Graphical Data Display Manager, Programm-Nr. 5664-200
VM3812 Page Printer Support, Programm-Nr. 5798-DTE

Die Druckvorlage wurde auf einem Seitendrucker IBM 3812 erstellt.

ISBN-13: 978-3-540-50677-5   e-ISBN-13: 978-3-642-74374-0
DOI: 10.1007/978-3-642-74374-0

2145/3140-543210 – Gedruckt auf säurefreiem Papier

VORWORT

Die Sprache APL (A Programming Language, nach dem Titel des 1962 erschienenen
Buches von Kenneth E. Iverson), ursprünglich als eine mathematische Formulierungssprache konzipiert, wurde im Jahre 1966 erstmals als Programmiersprache auf einer
Datenverarbeitungsanlage des Systems IBM /360 implementiert, und zwar in Form des
Interpretierers APL\360, in einem eigenständigen Timesharing-System für viele Benutzer. Und trotz mancher Versuche, einen APL-Kompilierer zu entwickeln, ist APL stets
in Verbindung mit Dialogsystemen und Interpretierern geblieben.

Die APL-Gemeinde bestand zunächst wohl vorwiegend aus mathematisch orientierten
Benutzern, die von der Symbolsprache APL auch ästhetisch angezogen wurden, erweiterte sich aber rasch um Sachbearbeiter der kaufmännischen Richtung, dank dem
einfachen und problemlosen Einstieg in Sprache und System: APL wurde **die** Programmiersprache für Programmier-Laien.

Die 70er Jahre brachten neue APL-Systeme und -Interpretierer, wie APLSV, APL/CMS
und VS APL. Dies war mit Sprach-Erweiterungen verbunden, insbesondere aber mit
einer besseren Kommunikation zwischen Interpretierer und Wirtssystem mit Hilfe der
sogenannten „gemeinsamen Variablen". Damit war der Zugang zu den Einrichtungen
und Daten des Wirtssystems geschaffen: APL war eine Allzweck-Programmiersprache
geworden. Überall wurden in APL umfangreiche Endbenutzer-Anwendungssysteme
geschrieben, namentlich im Planungsbereich, die ohne APL, mit konventionellen Mit-
teln nie entstanden wären.

Dieser Entwicklung mußte sich APL anpassen: Ein neuer, allgemeinerer Datentyp wurde
geschaffen, die allgemeine Strukturgröße, die numerische, Text- und leere Komponenten in sich vereinigen kann, die komplexen Zahlen gehören jetzt zur Sprache, Unterprogramme aus anderen Programmiersprachen können angesprochen werden, ebenso
relationale Datenbanken des Wirtssystems. Dies alles sind Errungenschaften des neuen
APL, des **APL2**. **APL2** unterstützt unmittelbar die Vektor-Einrichtung des IBM-Systems
3090: Mit **APL2** ist APL **die** Programmiersprache geworden, in der heute professionelle
Programmierer anspruchsvolle Anwendungssysteme in unglaublich kurzer Zeit für eine
große Zahl von Benutzern entwickeln!

Inzwischen gibt es bereits **APL2** auch für den PC: Mit APL2/PC kann man einerseits
Anwendungen für den PC erstellen, die übrigens dank einer neuen Packungs-Technik
kein APL-System mehr zum Betrieb erfordern, andererseits aber auch Anwendungsteile
auf dem PC für das Großsystem entwickeln und ausprüfen.

Das vorliegende **APL2**-Handbuch wendet sich in erster Linie an Programmierer mit
APL-Vorkenntnissen, die entweder die Spracherweiterungen des **APL2** erlernen oder
Einzelheiten nachschlagen möchten. Ich glaube aber, daß die vielen Beispiele auch

dem eingangs erwähnten Programmier-Laien wertvolle Anregungen geben können, der seine eigene Anwendung im Dialog mit einem APL-System betreibt.

An dieser Stelle möchte ich meinen IBM-Kollegen herzlich danken, die mir mit Rat und Tat bei der Gestaltung dieses Buches geholfen haben.

Oktober 1988   Hans Lochner

INHALTSVERZEICHNIS

TEIL I GRUNDLAGEN

EINFÜHRUNG

Das APL2-System: Ein Überblick

APL2 ist ein **Dialogsystem** für IBM-Datenverarbeitungsanlagen unter der Steuerung eines geeigneten **Wirtssystems**. Als Wirtssysteme kommen VM/CMS und MVS/TSO in betracht.

In Abb. 1 sind die für den Benutzer relevanten Bestandteile des **APL2**-Systems schematisch dargestellt.

Im Mittelpunkt steht der **Ausführungssteuerungsteil** des **APL2**: Er steuert, wie sein Name besagt, das gesamte **APL2**-Geschehen.

Der **Benutzer** an seiner Datenstation (in der Regel ein Bildschirm mit **APL2**-geeigneter Tastatur) ist über den **Sitzungssteuerungsteil** (Session Manager) des **APL2** mit dem Ausführungssteuerer verbunden. Wenn im Wirtssystem das Graphiksteuerungsprogramm GDDM installiert ist, dann bietet der Sitzungssteuerer dem Benutzer während der **APL2**-Sitzung erweiterte Bildschirmfunktionen.

Der **APL2-Interpretierer** interpretiert die in der **APL2-Sprache** formulierten Anweisungen des Benutzers und führt sie aus.

Verbindungsprogramme stellen die Verbindung zwischen den **APL2**-Funktionen - den Programmen in **APL2** - und Programmen in anderen Programmiersprachen, beispielsweise FORTRAN oder REXX her.

Partnerprogramme stellen Dienstleistungen des Wirtssystems wie Unterstützung externer Geräte, Verarbeitung von Dateien, Zugriff zu relationalen Datenbanken oder Bildschirmfunktionen, um nur einige zu nennen, zur Verfügung. Für eine einheitliche Schnittstelle zu diesen Dienstleistungen sorgt der **Verwalter für gemeinsame Variablen**.

APL2-Variablen (Daten, die nicht unmittelbar Dateien des Wirtssystems sind) und die vom Benutzer definierten **APL2**-Funktionen und -Operatoren, werden, zu sogenannten **Arbeitsbereichen** zusammengefaßt, in eigenen **APL2-Bibliotheken** gespeichert.

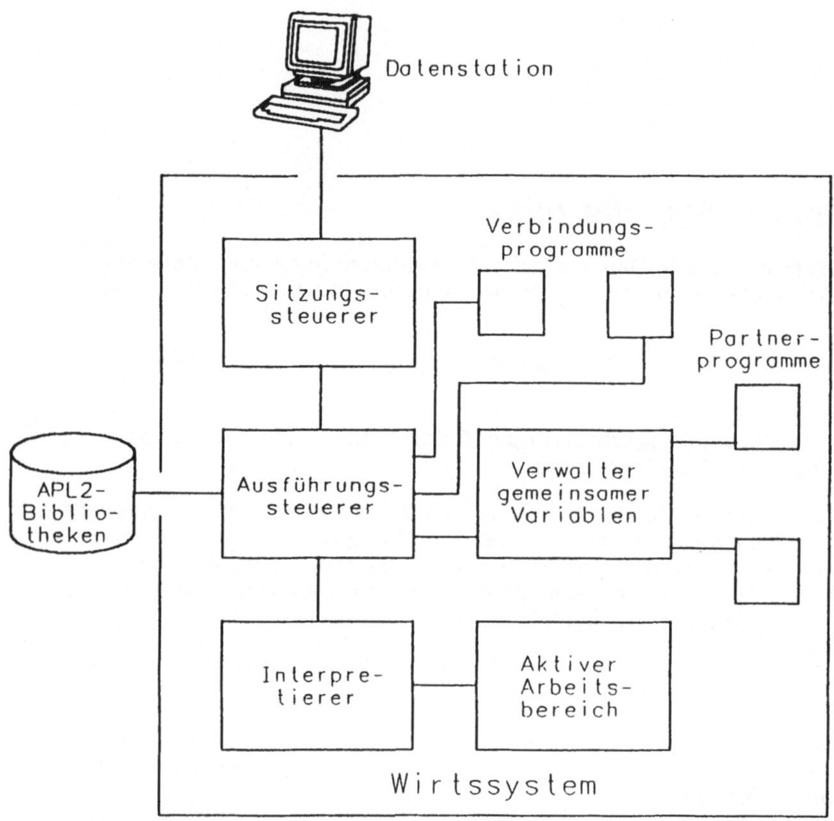

Abb. 1: Überblick über das APL2-System

APL2 unterscheidet sich von anderen Benutzersystemen vor allem durch die **APL-Sprache (A** Programming Language) und durch die Arbeitsumgebung, in der die Anwendungen laufen, dem bereits genannten Arbeitsbereich des Benutzers. Charakteristisch für **APL2** ist auch, daß das ganze Geschehen im Dialog abläuft, so daß der Benutzer jederzeit in die Verarbeitung eingreifen kann. Dies ist nur möglich, weil **APL2** ein **Interpretierendes**, kein kompilierendes System ist (das Ausführen kompilierter **APL2**-Anwendungen im Stapelbetrieb ist nicht Gegenstand dieses Buches).

APL2 und seine Vorläufer

Der Name **APL** geht zurück auf ein Buch mit dem Titel „A Programming Language"[1], in dem K. E. Iverson eine neue mathematische Formulierungssprache vorstellte, die auch unter dem Namen **Iverson Notation** bekannt wurde. Die erste Implementierung von **APL** als Programmiersprache erfolgte in den 60er Jahren (A. D. Falkoff u.a.) bei IBM unter dem Namen APL\360.

Es folgten APLSV (APL Shared Variables), in dem erstmals gemeinsame Variablen und Partnerprogramme zur Verarbeitung externer Datenbestände auftraten, sowie System-funktionen und -variablen, und (1975) VS APL (Virtual Storage APL), wo der Arbeitsbe-reich in den virtuellen Speicher des Systems verlegt wurde. Letzteres ermöglichte er-heblich größere Arbeitsbereiche und schnelleren Zugriff. VSAM- und DL/I-Zugriff, sowie volle Bildschirmsteuerung durch den Benutzer, sind ebenfalls Errungenschaften des VS APL. Die Sprache war inzwischen um einige Funktionen und Operatoren, wie Akti-vieren, Deaktivieren und Aufstufen, erweitert worden. Die Datenstruktur war jedoch von Anfang an gleich geblieben: Nur einfache, rechteckige Anordnungen von entweder rein numerischen oder reinen Textskalaren konnten direkt verarbeitet werden.

In der Zwischenzeit (1971) hatte J. A. Brown seine Dissertation „A Generalization of APL"[2] veröffentlicht, welche die grundlegenden Gedanken zu einer Erweiterung des APL um allgemeine Strukturdaten enthielt. Unter seiner Leitung wurde bei IBM **APL2** als Nachfolger von VS APL entwickelt.

Die wesentlichen Neuerungen von **APL2** gegenüber VS APL sind:

1. Eine gewaltige Erweiterung des APL-Sprachumfanges, so daß man zu recht jetzt von der **APL2**-Sprache sprechen kann:

    *   Die Einführung der allgemeinen Strukturgröße als die Standard-Datengestalt, einer zwar immer noch rechteckigen Anordnung von Komponenten, die aber ihrerseits beliebig strukturierte Daten sein können, zusammengesetzt aus Text-, numerischen und leeren Größen.

    *   Die Erweiterung der numerischen Daten um komplexe Zahlen.

    *   Viele neue Elementarfunktionen und -operatoren, sowie Anpassung der beste-henden an die neuen Datenstrukturen.

    *   Die Erweiterung der Anwendung von Operatoren auf praktisch alle Elementar-, sowie auf definierte Funktionen.

    *   Die Möglichkeit, eigene Operatoren zu definieren.

    *   Erweiterte Verarbeitungsmöglichkeiten links vom Zuweisungspfeil.

2. Erweiterungen des APL-Systems:

    *   Verarbeitung von Unterprogrammen aus anderen Programmiersprachen - zum Beispiel FORTRAN - über sogenannte Verbindungsprogramme.

---

[1] Kenneth E. Iverson: A Programming Language. 1962. Wiley, New York NY

[2] James Arthur Brown: A Generalization of APL. Diss. 1971. Syracuse University NY

- Zugriff zu relationalen Datenbanken (SQL) über ein neues Partnerprogramm.

- Anpassung der internen Speicherung an das Standardformat (EBCDIC).

- Aufruf von in **APL2** geschriebenen Anwendungen ohne vollständiges **APL2**-System.

Zur Gliederung dieses Handbuches

Das vorliegende Handbuch besteht aus fünf Teilen:

- Teil I (Grundlagen) befaßt sich mit der Struktur der Daten, die in **APL2** verarbeitet werden können, mit den Namenskonventionen für Variablen, definierten Funktionen (Programmen) und Operatoren, sowie mit der Syntax von **APL2**-Ausdrücken, den Anweisungen in der **APL2**-Sprache.

- In Teil II (Elementarfunktionen und -operatoren) werden die eingebauten Funktionen und Operatoren des **APL2** besprochen.

- Der Programmierung in **APL2**, also dem Definieren von eigenen Funktionen und Operatoren ist der Teil III (Programmieren in **APL2**) gewidmet, sowie den beiden mitgelieferten Editoren.

- Teil IV (Ausführungssteuerung) behandelt die Ausführung von **APL2**-Ausdrücken, einschließlich Ein- und Ausgabe im Dialog, Ausführungsunterbrechung, Programmstop und Ausführungsprotokoll. Außerdem werden die Systemvariablen, die Systemfunktionen und die gemeinsamen Variablen vorgestellt.

- Teil V (Arbeitsbereiche und Systemanweisungen) behandelt den aktiven Arbeitsbereich, in dem sich in **APL2** die Verarbeitung abspielt, den leeren Arbeitsbereich, Bibliotheksarbeitsbereiche und die Systemfunktionen, die man zu deren Manipulation braucht.

Dieses Handbuch ist in erster Linie als Nachschlagewerk für den **APL2**-Programmierer gedacht, der bereits APL-Kenntnisse und Erfahrungen mit anderen APL-Systemen mitbringt. Für APL-Neulinge gibt es Einführungsliteratur und Lehrgänge zum Selbststudium. Wer trotzdem mit diesem Buch seine ersten APL-Schritte machen möchte, der sei auf die Beispiel-Sitzung des folgenden Abschnitts verwiesen, in der die Dinge angesprochen werden, mit denen sich der Anfänger zuerst vertraut machen sollte.

Eine Beispielsitzung

Anhand dieser Beispiel-Sitzung, die der Leser selbst nachvollziehen kann, sofern er Zugriff zu einem **APL2**-System hat, soll gezeigt werden, wie man im Dialog mit **APL2** eine Anwendung entwickelt.

Ich habe bewußt eine Anwendung ausgesucht, die von der Sache her jedermann verständlich ist: Die Verfolgung eines Sport-Turnieres, beispielsweise eine Bundesliga-Saison im Fußball.

Nicht alle dargestellten definierten Funktionen (Programme) sind dagegen ebenso leicht verständlich! Ich habe versucht, hin und wieder auch anspruchsvollere, sprich: schleifenfreie Lösungen aufzuzeigen, wie sie für **APL2** typisch sind. Ferner habe ich, aus Platzgründen, in **APL2**-Anweisungen meist mehrere Elementarfunktionen hintereinander aufgerufen, was die Lesbarkeit nicht unbedingt erhöht, aber in der Praxis durchaus üblich ist.

Nun zur Aufgabe: Verschiedene Vereine treten paarweise gegeneinander an, und zwar so, daß im Verlauf des Turniers jede Mannschaft zweimal gegen jede andere Mannschaft spielt (Hin- und Rückspiel, Heim- und Auswärtsspiel). Es wurde angenommen, daß an jedem Spieltag jeder Verein ein Spiel zu bestreiten hat, was eine gerade Anzahl von Mannschaften voraussetzt, doch ist dies keine wichtige Voraussetzung.

Die Anwendung besteht darin, nach jedem Spieltag eine Tabelle zu erstellen, aus welcher für jede Mannschaft Rang, Punktekonto, Zahl der gewonnenen, verlorenen und unentschiedenen Spiele, Tore und Gegentore hervorgehen. Dazu wird benötigt:

1. Eine Tabelle, in der für jede Mannschaft folgende Daten als Summen aufbewahrt werden: Anzahl durchgeführte, gewonnene und unentschiedene Spiele, Tore und Gegentore. Dies ist sinnvollerweise eine (einfache) numerische Matrix mit 5 Spalten und *ANZAHL* Zeilen, wenn *ANZAHL* die Anzahl der Mannschaften ist. Wir wollen sie *SPIELSTAND* nennen.

2. Eine Tabelle mit den Namen aller Vereine, sinnvollerweise eine (einfache) Textmatrix, beispielsweise *VEREINE* genannt. Die Zeilennummer in *VEREINE*, soll die Nummer des Vereins sein, die wir bequemerweise bei der Eingabe der Spielergebnisse anstelle des Vereinsnamens verwenden wollen.

3. Eine Liste aller möglichen Spielpaarungen zur Vermeidung von Doppel-Eingaben, also zum Abhaken der durchgeführten Spiele: Hier ein (allgemeiner, kein einfacher) Vektor, dessen Komponenten Zahlenpaare sind: *PAARUNGEN*. Weil es immer Spielausfälle, und damit auch Nachholspiele geben kann, wird kein Wert auf eine bestimmte Reihenfolge der Komponenten gelegt.

4. Die aufgezählten Tabellen werden als **globale** Variablen geführt, damit sie von mehreren Funktionen benützt, und vom Benutzer jederzeit angezeigt werden können. Dazu gehört auch der (einfache) numerische Skalar *ANZAHL*, sowie der (einfache) numerische Vektor *ALLE* mit den Zahlen $1, 2, \ldots, ANZAHL$.

5. Zur Vorbereitung des Turniers definieren wir eine Funktion *AUSGANGSWERTE*, in der die genannten Global-Variablen erstmals gesetzt werden.

6. Nachdem die Voraussetzungen geschaffen sind, hilft uns die definierte Funktion *SPIELE* beim Eingeben.

7. Und schließlich muß der Spielstand mit *TABELLE* in lesbarer Form angezeigt werden können.

Wir wollen annehmen, daß wir mit APL... oder APL2... (abhängig von der **APL2**-Installation) unsere **APL2**-Sitzung eröffnet und die deutsche Version gewählt haben (*⎕NLT←'DEUTSCH'*). Es erscheint am Bildschirm:

AB OHNE NAMEN

Dies bedeutet, wir haben einen leeren Arbeitsbereich vor uns, der unsere Programme und Daten (Funktionen und Variablen in **APL2**) aufnehmen soll. Jetzt bestimmen wir, mit welchem Editor wir unsere Funktionen erstellen wollen (abhängig von den Möglichkeiten des Wirtssystems und der Vorliebe des Benutzers). Zum Beispiel:

```
)EDITOR 2
```

Dann eröffnen wir unsere erste Funktions-Definition mit:

```
∇AUSGANGSWERTE
```

Es erscheint (hier immer am Beispiel des Seiten-Editors EDITOR2 dargestellt):

```
[∧]∇ AUSGANGSWERTE.3   ρ: 0   0000-00-00 00.00.00
[0]     AUSGANGSWERTE
```

und wir geben jetzt (beim Seiten-Editor ohne Zeilennummern, und ohne die einzelnen Zeilen mit der Freigabetaste abzuschließen) folgende **APL2**-Zeilen ein:

```
∧ DATEN ZUM TURNIERBEGINN
VEREINE←''
'Namen der Vereine (leer=Ende):'
A:→(0=ρV←⎕)/B
VEREINE←VEREINE,⊂V
→A
B:VEREINE←⊃VEREINE
```

Dann drücken wir die Freigabetaste, und es erscheint:

```
[∧]∇ AUSGANGSWERTE.3   ρ: 0   0000-00-00 00.00.00
[0]     AUSGANGSWERTE
[1]     ∧ DATEN ZUM TURNIERBEGINN
[2]     VEREINE←''
[3]     'Namen der Vereine (leer=Ende):'
[4]     A:→(0=ρV←⎕)/B
[5]     VEREINE←VEREINE,⊂V
[6]     →A
[7]     B:VEREINE←⊃VEREINE
```

Dies ist eine einfache definierte Funktion: Die oberste Zeile, die vom Editor geliefert wird, zeigt an, daß es sich um eine neue Funktion handelt (.2 würde eine Variable bedeuten; die Nullen zeigen an, daß die Funktion vorher noch nicht gespeichert war, so daß noch kein Datum vorhanden ist).

Die Zeile [0] ist die Kopfzeile der Funktion, welche die Syntax des Funktionsaufrufes angibt. Die Funktion soll also mit ihrem Namen *AUSGANGSWERTE* aufgerufen werden, ohne Argumente, und ohne explizites Ergebnis.

Der Rumpf der Definition beginnt mit der Kommentarzeile [1].

In Zeile [2] wird die globale Variable *VEREINE* auf einen leeren Textvektor gesetzt. Daran werden später die Vereinsnamen angehängt.

In Zeile [3] steht eine Textkonstante, die, weil sie nicht einem Variablennamen zugeordnet wird, angezeigt wird. Der Benutzer wird damit aufgefordert, die Vereinsnamen einzugeben.

In Zeile [4] beginnt mit der Zeilenmarke *A:* eine Schleife: Es wird Texteingabe angefordert. Der eingegebene Text wird in der Variablen *V* zwischengespeichert. Wenn die Länge von *V* Null ist (Freigabetaste ohne Eingabe gedrückt), soll die Schleife beendet, und nach *B* verzweigt werden. Ansonsten wird (Zeile [5]) der eingegebene Vereinsname *V* „eingepackt", weil er als Gesamtheit an *VEREINE* angehängt werden soll. Dann wird zum Anfang der Schleife zurückverzweigt, um den nächsten Namen anzufordern (Zeile [6]).

Am Ende (Zeile [7]) wird der allgemeine Vektor *VEREINE* zu einer einfachen Matrix von Vereinsnamen „ausgepackt".

Und nun versuchen wir es mit unserer ersten definierten Funktion:

> *AUSGANGSWERTE*

Es erscheint, erwartungsgemäß:

Namen der Vereine (leer=Ende):

Wir geben jetzt einen Namen nach dem anderen ein, wobei wir jedesmal dahinter die Freigabetaste drücken, und am Ende zusätzlich noch einmal:

```
Eisenbach
Holzingen
Sandheim
Steindorf
(Freigabe)
```

Nicht vergessen, die Tastatur umzustellen (APL/Nicht APL. Beim PC nicht erforderlich: Die ALT-Taste liefert die Kleinbuchstaben)! Im Folgenden wird nach der Eingabe immer gleich das Ergebnis gezeigt, genauso, wie es sich in der richtigen Sitzung abspielt: Die Eingabe des Benutzers erscheint um 6 Stellen eingerückt, die Ausgabe nicht. Nun wollen wir festzustellen, ob sich etwas getan hat, und geben ein:

```
      )VAR
V     VEREINE
```

Mit Hilfe der Systemanweisung *VAR* erhält man die Namen der globalen Variablen. Die Variable *V* ist also global geworden: Wir müssen sie noch in unserer Funktion lokal machen! Außerdem gibt es eine Variable *VEREINE*, die wir uns ansehen wollen:

```
      VEREINE
Eisenbach
Holzingen
Sandheim
Steindorf
```

Jetzt löschen wir *V* und probieren anschließend einige **APL2**-Funktionen aus, die wir in unserer definierten Funktion noch benötigen: Wir können nämlich die Anzahl der Vereine maschinell gewinnen (**APL2** „weiß" ja, wieviele Zeilen *VEREINE* hat!), und hieraus wiederum die Paarungen.

```
      )LOESCHE V
      ρVEREINE
4  9
      ↑ρVEREINE
4
      □←ANZAHL←↑ρVEREINE
4
      □←ALLE←ιANZAHL
1 2 3 4
      ALLE∘.,ALLE
 1 1   1 2   1 3   1 4
 2 1   2 2   2 3   2 4
 3 1   3 2   3 3   3 4
```

```
4 1    4 2    4 3    4 4
       ,ALLE°.,ALLE
1 1    1 2   1 3    1 4    2 1    2 2    2 3  ...
       ALLE,¨ALLE
1 1    2 2    3 3    4 4
      (,ALLE°.,ALLE)~ALLE,¨ALLE
1 2   1 3    1 4    2 1    2 3    2 4    3 1  ...
```

Schrittweise wurden erst die Variablen $ANZAHL$ und $ALLE$ erstellt. Die Verkettungsfunktion , wird dann dazu benützt, zunächst alle möglichen Paarungen zu erzeugen (mit Hilfe des dyadischen Produktes °). Die Fälle, wo die Vereine gegen sich selbst spielen würden, erhält man mit dem Komponenten-Operator ¨. Die Funktion ~ (Eliminieren) besorgt dann den Rest. Und nun erweitern wir unsere Definition:

```
        ∇AUSGANGSWERTE
```

Es erscheint:

```
[A]∇ AUSGANGSWERTE.3   ρ: 8   1988-07-04 10.45.55
[0]      AUSGANGSWERTE
[1]    A DATEN ZUM TURNIERBEGINN
[2]      VEREINE←''
[3]      'Namen der Vereine (leer=Ende):'
[4]    A:→(0=ρV←⎕)/B
[5]      VEREINE←VEREINE,⊂V
[6]      →A
[7]    B:VEREINE←⊃VEREINE
```

Wir geben hinter der letzten angezeigten Zeile die folgenden Anweisungszeilen ein:

```
ALLE←ιANZAHL←↑ρVEREINE
ALLE,VEREINE
SPIELSTAND←(ANZAHL,5)ρ0
PAARUNGEN←(,ALLE°.,ALLE)~ALLE,¨ALLE
```

(jeweils ohne die Endetaste zu betätigen beim $EDITOR$ 2), dann wird die Kopfzeile korrigiert:

```
[0]      AUSGANGSWERTE;V
```

Anschließend betätigen wir die Freigabetaste und beenden die Definition wieder mit dem Zeichen ∇.

Nun lassen wir uns die neue Definition nochmals anzeigen:

```
[A]∇ AUSGANGSWERTE.3   ρ: 8   1988-07-04 10.54.12
[0]      AUSGANGSWERTE;V
[1]    A DATEN ZUM TURNIERBEGINN
[2]      VEREINE←''
[3]      'Namen der Vereine (leer=Ende):'
[4]    A:→(0=ρV←⎕)/B
[5]      VEREINE←VEREINE,⊂V
[6]      →A
[7]    B:VEREINE←⊃VEREINE
[8]      ALLE←ιANZAHL←↑ρVEREINE
[9]      ALLE,VEREINE
[10]     SPIELSTAND←(ANZAHL,5)ρ0
[11]     PAARUNGEN←(,ALLE°.,ALLE)~ALLE,¨ALLE
       ∇
```

In Zeile [9] werden die Vereinsnamen mit laufenden Nummern versehen und angezeigt. Dies ist notwendig, weil wir ja später die Nummern der Vereine kennen müssen. Die Variable *SPIELSTAND* wird in Zeile [10] zu einer numerischen Matrix mit *AN-ZAHL* Zeilen und 5 Spalten gemacht, die zunächst nur Nullen enthält.

Wir rufen die so erweiterte Funktion auf:

```
      AUSGANGSWERTE
Namen der Vereine (leer=Ende):
Eisenbach
Holzingen
Sandheim
Steindorf

1 Eisenbach
2 Holzingen
3 Sandheim
4 Steindorf
      )VAR
ALLE      ANZAHL  PAARUNGEN           SPIELSTAND      VEREINE
      PAARUNGEN
  1 2  1 3  1 4  2 1  2 3  2 4  3 1  3 2  3 4  4 1  4 2  4 4
      SPIELSTAND
  0 0 0 0 0
  0 0 0 0 0
  0 0 0 0 0
  0 0 0 0 0
```

Um das Erreichte zu sichern, speichern wir unseren Arbeitsbereich unter dem Namen *TURNIER* in der Bibliothek und beenden die **APL2**-Sitzung:

```
      )ABNAME TURNIER
WAR AB OHNE NAMEN
      )SICHERE
1988-07-04 11.15.18 (WEZ+2) TURNIER
      ENDE
ANGESCHLOSSEN 1.9.38
CPU-ZEIT       0.0.1
```

Am nächsten Tag wird die Sitzung fortgesetzt:

```
      )LADE TURNIER
GESICHERT 1988-07-04 11.15.18 (WEZ+2)
```

Jetzt müssen wir uns überlegen, wie wir die Eingabe der Spielergebnisse bewerkstelligen:

Am Ende eines Spieltages benötigen wir für jedes Spiel (=Paarung) lediglich die gefallenen Tore. Wenn beispielsweise Verein Nr. 3 gegen Verein Nr.1 mit 1:2 Toren verliert, kann dies durch den Vektor 3 1 1 2 dargestellt werden. Man braucht dann nur die Zeilen in *SPIELSTAND* zu betrachten, die dem Zahlenpaar (3 1) entsprechen, und dort die Tore/Gegentore zu addieren, sowie eine 1 bei den durchgeführten und gegebenenfalls den gewonnenen oder unentschiedenen Spielen. Bevor wir dies in einer definierten Funktion tun, noch eine kleine Übung in **APL2**:

```
          E←1 2
          >/E
  0
          =/E
  0
          </E
  1
          E←2 2
          >/E
  0
          =/E
  1
          </E
  0
```

Wenn die Bedingung erfüllt ist, die vor dem / steht, dann ergibt sich eine 1. Davon wird
jetzt Gebrauch gemacht. Wieder wird eine Definition eröffnet, und zwar gleich mit Angabe der lokalen Variablen. Anschließend werden die folgenden Zeilen eingegeben.
Hier das Bild, das sich nach Drücken der Freigabetaste bietet:

```
[ 0]      SPIELE;E;P;Q
[ 1]      ANFANG:'Paarung,Ergebnis. 0=Ende'
[ 2]      →(0=↑E←4↑□)/ENDE
[ 3]      Q←(⊂P←2↑E)∈PAARUNGEN
[ 4]      →Q/GEFUNDEN
[ 5]      'Nicht gefunden!'
[ 6]      →ANFANG
[ 7]      GEFUNDEN:SPIELSTAND[P;4]←SPIELSTAND[P;4]+E←2↓E  ⍝ TORE
[ 8]      SPIELSTAND[P;5]←SPIELSTAND[P;5]+⌽E  ⍝ GEGENTORE
[ 9]      SPIELSTAND[P;1]←SPIELSTAND[P;1]+1  ⍝ SPIELE
[10]      SPIELSTAND[P;2]←SPIELSTAND[P;2]+(>/E),</E  ⍝ SIEGE
[11]      SPIELSTAND[P;3]←SPIELSTAND[P;3]+=/E  ⍝ UNENTSCHIEDEN
[12]      PAARUNGEN←(~Q)/PAARUNGEN  ⍝ SPIEL ABGEHAKT!
[13]      →ANFANG
[14]      ENDE:
```

Es werden immer 4 Zahlen angefordert. Wenn es weniger sind, werden hinten entsprechend Nullen aufgefüllt, sind es mehr, dann wird auf 4 Zahlen abgeschnitten. *P* enthält
zwei Vereinsnummern. Die Additionen erfolgen daher auch stets in zwei Zeilen simul-
tan. Die Spalten von *SPIELSTAND* haben, der Reihe nach, folgende Bedeutung:
Spiele, Siege, Unentschieden, Tore, Gegentore. Ab Zeile [7] enthält *E* nur noch die
Tore und die Gegentore (und $⌽E$ vertauscht diese beiden Werte). Vielleicht noch eine
Bemerkung zur Variablen *Q*: Es ist ein Boolescher Vektor, der lauter Nullen enthält, mit
Ausnahme der Stelle, an der in *PAARUNGEN* das Zahlenpaar *P* steht, dort enthält *Q* eine
Eins. Dies wird am Ende dazu verwendet, um die Paarung *P* aus *PAARUNGEN* zu eli-
minieren. Die Funktion *SPIELE* wird später noch um eine Anweisung erweitert. Jetzt
wird sie vorerst mit ∇ abgeschlossen und dann ausprobiert:

```
          SPIELE
Paarung,Ergebnis. 0=Ende
□:
          1 2 1 0
Paarung,Ergebnis. 0=Ende
□:
          3 4 2 2
Paarung,Ergebnis. 0=Ende
          0
```

```
        SPIELSTAND
1  1  0  1  0
1  0  0  0  1
1  0  1  2  2
1  0  1  2  2
```

(Das Spiel Eisenbach gegen Holzingen wurde von Eisenbach 1:0 gewonnen, während
sich Sandheim und Steindorf 2:2 trennten). Anschließend ließen wir uns den gegenwärtigen Spielstand anzeigen. Allerdings läßt die Gestalt des Ergebnisses noch viele
Wünsche offen: Wir benötigen eine (letzte) Funktion für das Anzeigen der Ergebnisse,
nämlich *TABELLE* Auch hier sei, der Kürze halber, die Definitions-Eröffnung gleich mit
der ganzen Definition gezeigt (die letzten beiden Anweisungen wurden für den Druck
geteilt, in Wirklichkeit sind die Zeilen entsprechend länger!).

```
[ 0]      E←TABELLE;T
[ 1]      ⍝ AUSGABE DER ERGEBNISSE
[ 2]      T←0 1 1 1 0 0 1 1 0\SPIELSTAND
[ 3]      T[;1]←ALLE ⍝ VEREINSNR.
[ 4]      T[;5]←T[;2]-+/T[;3 4] ⍝ NIEDERLAGEN
[ 5]      T[;9]←-/T[;7 8] ⍝ TORDIFFERENZ
[ 6]      T[;6]←T[;4]+2×T[;3] ⍝ PUNKTE
[ 7]      T←T[⍒T[;7];]
[ 8]      T←T[⍒T[;9];]
[ 9]      T←T[⍒T[;6];]
[10]      T←ALLE,T
[11]      E←((ANZAHL,12)↑VEREINE[T[;2];]),2⌽5 0⍕T[;2+⍳7]
[12]      T←2⌽5 0⍕T[;,1]
[13]      E←'-',[1]T,E
[14]      E←'Rang Verein        Spi. Sie. Une. Ndl. Pkt. Tore Ggt.'
             ,[1]E
[15]      E←((1↓ρE)↑'Tabelle nach dem  ',(⍕⌈/SPIELSTAND[;1])
             ,'. Spieltag:'),[1]E
```

Dies muß natürlich erläutert werden: Erst wird die Matrix *SPIELSTAND* um 4 Spalten
erweitert. Dies ergibt die neue Matrix *T*. Die Nullen links vom Zeichen \ zeigen die
Lage der eingefügten Spalten an, die mit Nullen gefüllt sind. Die Spalten von *T* bedeuten nun: Vereinsnummern (noch leer), Spiele, Siege, Unentschieden, Niederlagen (noch
leer), Punkte (noch leer), Tore und Gegentore, Tordifferenz (noch leer).

Nun werden die leeren Spalten aufgefüllt: Die Vereinsnummern aus *ALLE*, die Niederlagen als Differenz zwischen der Anzahl der Spiele und der Anzahl der
Siege/Unentschieden. Die Tordifferenz wird gebildet, weil sie ein Bewertungskriterium
bei gleichem Punktestand sein kann. Die Punkte ergeben sich aus den Siegen (2 Punkte) und den Unentschieden (1 Punkt).

Es folgen drei gleichartig aussehende Anweisungen, welche die Sortierung nach Toren,
Tordifferenz und Punkten bewirken (In der Reihenfolge aufsteigender Wichtigkeit des
Sortierkriteriums). Die Funktion ⍒ (Sortiervektor bilden, absteigend) liefert nicht unmittelbar das sortierte Ergebnis, sondern einen Vektor, mit dem man die Matrix erst indizieren muß, damit sie sortiert ist.

Dann wird vor die nunmehr sortierte Matrix *T* nochmals der Vektor *ALLE* vorgesetzt,
diesmal als Rangfolge.

Die numerische Matrix *T* wird durch Formatieren mit ⍕ zu einer Textmatrix gemacht
(außer Spalten 1 und 2), wobei die Werte, die jetzt fünfstellige Felder geworden sind,
mit ⌽ um zwei Stellen nach links verschoben werden (aus optischen Gründen). Anstelle

der Spalte 2 (Vereinsnummer) wird der Vereinsname davorgesetzt, auf 12 Stellen begrenzt. Das Ganze steht jetzt in E.

Nach T kommt jetzt die Rangfolge-Nummer, ebenfalls um 2 Stellen nach links versetzt, und T gelangt jetzt vorne an E dran. Mit ,[1] werden Zeilen untereinander gesetzt. Also eine Zeile mit Strichen darüber, darüber wiederum die Überschriften, und zum Schluß noch über allem eine Angabe über den Spieltag, wobei Letzterer sich errechnet als die größte Zahl von Spielen, die je von einem Verein absolviert wurden.

Die Variable E ist, laut Kopfzeile, das explizite Ergebnis der Funktion $TABELLE$. Das heißt, man könnte dem Ergebnis von $TABELLE$ einen Namen geben und hätte damit die Möglichkeit, es aufzubewahren oder weiterzuverarbeiten.

Wir rufen $TABELLE$ auf:

```
      TABELLE
Tabelle nach dem 1. Spieltag:
Rang Verein        Spi. Sie. Une. Ndl. Pkt. Tore Ggt.
-------------------------------------------------------
   1  Eisenbach     1    1    0    0    2    1    0
   2  Sandheim      1    0    1    0    1    2    2
   3  Steindorf     1    0    1    0    1    2    2
   4  Holzingen     1    0    0    1    0    0    1
```

Eine kleine Unschönheit: Sandheim und Steindorf stehen gleich, dürfen also nicht verschiedene Rangnummern haben. Wir müssen also $TABELLE$ noch erweitern (dies sei abgekürzt dargestellt):

```
      ∇TABELLE
  .
  .
[11]    E←((ANZAHL,12)⍉ ...
[12]    T←2⌽5 0⍕T[;,1]
[13]    E←'-',[1]T,E
  .
  .
[11.5]  I←(0,∧/(1 0↓I)=‾1 0↓I←T[;6 7 9])/ALLE
[12.1]  →(0=ρI)/A1
[12.2]  T[I;]←' '
[13]    A1:'-',[1]E←T,E
  ∇
```

Es wird also eine Abfrage eingeschoben: Wenn beim Vergleich aufeinanderfolgender Zeilen die Werte in den Spalten 6,7 und 9 übereinstimmen, dann wird die Rangfolgezahl in diesen Fällen gelöscht (außer bei der jeweils ersten Zeile). Dazu wird die aus diesen Spalten von T gebildete Matrix I, einmal ohne die erste und dann ohne die letzte Zeile genommen. Die dabei entstehenden Teilmatrizen werden verglichen. Das ∧/ stellt dabei sicher, daß alle drei Werte jeweils gleich sind.

Und nun die Prüfung aufs Exempel:

```
      TABELLE
Tabelle nach dem 1. Spieltag:
Rang Verein        Spi. Sie. Une. Ndl. Pkt. Tore Ggt.
-------------------------------------------------------
   1  Eisenbach     1    1    0    0    2    1    0
   2  Sandheim      1    0    1    0    1    2    2
```

```
        Steindorf     1     0     1     0     1     2     2
     4  Holzingen     1     0     0     1     0     0     1
```

Als letzte Korrektur vervollständigen wir die Funktion *SPIELE* indem wir hinter der Marke *ENDE*: das Wort *TABELLE* eingeben:

```
      ∇SPIELE
    .
    .
 [14]    ENDE:TABELLE
 ∇
```

Dann sichern wir wieder das Ergebnis und beenden die **APL2**-Sitzung:

```
      )SICHERE
1988-07-05 12.10.13 (WEZ+2) TURNIER
      ENDE
ANGESCHLOSSEN 1.7.46
CPU-ZEIT       0.0.1
```

Der Arbeitsbereich hat bereits den Namen *TURNIER*, so daß man beim Sichern keinen Namen vergeben muß.

Damit ist die Anwendung *TURNIER* fertig. Sie kann jederzeit mit *SPIELE* aufgerufen werden:

```
      )LADE TURNIER
GESICHERT ...
      SPIELE
Paarung,Ergebnis. 0=Ende
□:
      41 0 2 Nicht gefunden!
Paarung,Ergebnis. 0=Ende
□:
      4 1 0 2
Paarung,Ergebnis. 0=Ende
□:
      2 3 0 0
Paarung,Ergebnis. 0=Ende
□:
      0
Tabelle nach dem 2. Spieltag:
Rang Verein       Spi. Sie. Une. Ndl. Pkt. Tore Ggt.
-----------------------------------------------------
   1  Eisenbach     2     2     0     0     4     3     0
   2  Sandheim      2     0     2     0     2     2     2
   3  Steindorf     2     0     1     1     1     0     1
   4  Holzingen     2     0     1     1     1     2     4
      )SICHERE
```

und so weiter...

DATEN

Daten in APL2 sind Strukturgrößen

In **APL2** erfolgt die Verarbeitung von Daten im aktiven Arbeitsbereich (S. 272), das
heißt, im (virtuellen) Hauptspeicher der Anlage, auf der **APL2** läuft. Daten, die sich auf
externen Datenträgern befinden, müssen zur Verarbeitung erst in diesen Arbeitsbereich
gebracht werden. Dies geschieht bei gespeicherten Datenbeständen mit Hilfe eines
geeigneten Partnerprogramms (S. 217), bei Bibliotheksarbeitsbereichen mittels
APL2-Systemanweisungen (S. 271).

Das vorliegende Kapitel befaßt sich mit den Daten im aktiven Arbeitsbereich. Sie sind
gemeint, wenn wir im Folgenden von **Daten** oder **Strukturdaten** sprechen.

Betrachten wir folgendes Datengebilde:

STUHL *TISCH*	0.5 1 2	*
3.14159	*X*3	¯1

Dies ist ein Beispiel für eine **Strukturgröße**[3] in **APL2** (die Striche wurden nur einge-
zeichnet, um den Aufbau des Gebildes zu veranschaulichen): Sie besteht aus einer
Anordnung von Daten, die ihrerseits entweder einzelne Zahlen oder Textzeichen, oder
selbst wieder Strukturgrößen sind, und die man als die **Komponenten** der Strukturgröße bezeichnet.

Die 6 Komponenten unserer Strukturgröße sind in zwei Zeilen und drei Spalten angeordnet. Alle Zeilen enthalten die gleiche Zahl von Komponenten (3), alle Spalten ebenfalls (2). Diese Art der Anordnung, bei der die Anzahl der Komponenten in einer Di-
mensionsrichtung, einer **Achse** immer gleich ist, nennt man **rechteckig**:

In **APL2** sind alle mehrdimensionalen Strukturdaten grundsätzlich rechteckig aufgebaut.

Es gibt in **APL2** auch Daten mit Struktur, aber ohne Inhalt, **leere Strukturgrößen**, auf die
in einem späteren Abschnitt dieses Kapitels näher eingegangen wird (S. 27).

Aber nicht alle Daten in **APL2** haben eine Struktur: Es gibt dimensionslose, strukturlose
Daten, die **Skalare**, auf die wir ebenfalls in diesem Kapitel (S. 20) noch zu sprechen

---

[3] In diesem Buch werden die Begriffe „Größen" und „Daten" synonym verwendet, und entsprechend auch „Strukturgrößen" und „Strukturdaten"

kommen. An dieser Stelle sei nur bemerkt, daß die dritte, vierte und sechste Komponente unseres Beispiels, also das Zeichen * und die Zahlen 3.14159 und ‾1 solche Skalare sind. Letzten Endes bauen sich alle Strukturgrößen aus Skalaren auf, die wir deshalb als die **Elemente** einer Strukturgröße bezeichnen wollen.

Zahlen und ihre Darstellung in APL2

Zahlen, und die aus ihnen aufgebauten numerischen Strukturgrößen, spielen eine große Rolle in **APL2**: Die meisten Elementarfunktionen sind nur für numerische Daten definiert, beispielsweise die arithmetischen, die mathematischen oder die Größenvergleichsfunktionen, um nur einige zu nennen.

APL2 bietet viele Möglichkeiten, Zahlen darzustellen. Hierzu einige Beispiele:

```
 0   15   2.718281828   ‾0.5   3E15   ‾1E‾3   2J3   1D90   1R0.785
```

Alle diese Zahlendarstellungen kann der **APL2**-Benutzer für die Eingabe von Daten benützen. Beim Anzeigen von Daten, zum Beispiel als Ergebnis von Berechnungen, wählt **APL2** die passende Ausgabeform aus, wenn der Benutzer nicht durch Formatieren (S. 117) eine bestimmte Darstellung erzwingt.

Ganze Zahlen gibt man gewöhnlich ohne Dezimalpunkt ein, zum Beispiel 0 15, dann werden sie auch intern ganzzahlig (binär) gespeichert. Spezielle ganze Zahlen sind 0 und 1, die **Booleschen Zahlen**: Sie entstehen unter anderem als Ergebnis von Vergleichsfunktionen, und sie finden Verwendung beim Komprimieren und Expandieren, sowie bei Programmverzweigungen. Boolesche Größen, also Daten, die nur aus Nullen und Einsen bestehen, werden besonders platzsparend gespeichert: Sie belegen pro Element nur ein Bit in einem Speicherbyte.

In **APL2** gibt es kein positives, sondern nur das **negative Vorzeichen** ‾. Es wird der negativen Zahl unmittelbar vorangestellt, also ohne Zwischenraum: ‾2. Wie man feststellt, ist es nicht identisch mit dem Zeichen - für die Subtraktion: 2-3 ergibt ‾1.

Gebrochene Zahlen werden mit einem Dezimalpunkt dargestellt:
```
3.141592654   .2   ‾0.5   0.000001
```

APL2 speichert gebrochene Zahlen mit rund 17 gültigen Stellen, von denen aber normalerweise nur 10 angezeigt werden. Durch Setzen der Systemvariablen ⎕PP (Ausgabe-Stellenzahl, S. 232) kann man die Anzeigegenauigkeit verändern.

Gebrochene Zahlen zwischen 0 und 1 werden von **APL2** mit einer Null vor dem Dezimalpunkt angezeigt. Aus .2 wird also 0.2.

Wenn man sehr große oder sehr kleine Zahlen darstellen will, bedient man sich der **halblogarithmischen Zahlendarstellung**, auch Exponential- oder kurz E-Darstellung genannt:
```
1E6   ‾1.1E2   0.5E‾2   ‾3E‾3
```
Diese Beispiele stellen der Reihe nach folgende Zahlen dar:
```
1000000   ‾110   0.005   ‾0.003
```
Die E-Darstellung einer Zahl besteht also aus einer ganzen oder gebrochenen Zahl (gegebenenfalls mit Vorzeichen), der Mantisse, dem Buchstaben E und einer ganzen Zahl (gegebenenfalls mit Vorzeichen), dem Exponenten. Zwischen Mantisse, E und Exponent darf es keine Leerstelle geben. Der Wert einer so dargestellten Zahl ergibt sich als Mantisse mal 10 hoch Exponent.

Bei wissenschaftlichen und technischen Anwendungen (vorzugsweise in der Elektrotechnik) treten **komplexe Zahlen** auf, die in der Mathematik entweder durch $x+iy$(cartesische Koordinaten x,y) oder durch $re^{i\phi}=r(\cos\phi+i\sin\phi)$ (Polarkoordinaten r,ϕ) dargestellt werden, wobei x den Realteil, y den Imaginärteil, r den Betrag und ϕ den Richtungswinkel der komplexen Zahl bedeuten. I ist die Quadratwurzel aus ⁻1. In **APL2** gibt es drei Darstellungen für komplexe Zahlen, die J-, die D- und die R-Darstellung:

    0J1   1D90   1R1.570796327

(Alle drei Zahlen stellen die komplexe Zahl i dar). Die J-Form, xJy, mit beliebigen Zahlen x und y, entspricht der cartesischen Schreibweise $x+iy$. Die D- und die R-Form $rD\phi$ und $rR\phi$ entsprechen beide der Polarkoordinatenform $re^{i\phi}$, wobei der Winkel ϕ bei der D-Schreibweise in ° (engl. Degrees) und bei der R-Schreibweise im Bogenmaß (engl. Radians) gemessen wird. **APL2** zeigt komplexe Zahlen grundsätzlich im J-Format an, auch wenn sie ursprünglich in anderer Form eingegeben wurden.

Textdaten

Textdaten in **APL2** setzen sich aus **Textzeichen** zusammen, so wie sich die numerischen Daten aus Zahlen zusammensetzen.

Alle 256 verschiedenen, durch ein einzelnes Byte darstellbaren Zeichen kommen als Textzeichen für die Bildung von Textdaten in betracht. Allerdings kann man sie nicht alle unmittelbar über die Tastatur eingeben: Einige nicht anzeigbare Zeichen kann man nur mit Hilfe der Systemvariablen $\Box AV$ (Alle Zeichen, S. 228) oder der Systemfunktion $\Box AF$ (Zeichen Suchen, S. 254) erhalten.

Textzeichen, die über die Tastatur eingegeben werden, müssen in Hochkommas eingeschlossen sein, damit **APL2** sie auch als Textzeichen erkennt, und sie nicht mit Namen, Funktionssymbolen oder Zahlen verwechselt: $'A'$ $'\Delta'$ $'0'$ $'\ '$.

Mit Textzeichen kann man nicht rechnen. Das Leerzeichen $'\ '$ ist ein Textzeichen - es wird ja auch über eine Taste, die Leertaste eingegeben - und hat nichts zu tun mit einem leeren Vektor oder einer anderen leeren Strukturgröße.

Will man ein Hochkomma als Textzeichen eingeben, dann muß man es doppelt zwischen die begrenzenden Hochkommas setzen: $''''$ erzeugt also ein einfaches Hochkomma als Textzeichen.

APL2 zeigt Texte stets ohne begrenzende Hochkommas an: Statt $'A'$ also A, und statt $'WAS\ GIBT''S?'$ also $WAS\ GIBT'S?$.

Einfache Strukturgrößen

In **APL2** bezeichnet man einzelne Zahlen oder Textzeichen, sowie alle Strukturgrößen, deren Komponenten solche einzelnen Zahlen und/oder Textzeichen sind, als **einfache Strukturgrößen** oder einfache Strukturdaten. Im nächsten Abschnitt dieses Kapitels werden die allgemeinen Strukturgrößen besprochen, die als Komponenten selbst wieder Strukturgrößen enthalten können.

Die einfachsten unter den einfachen Strukturgrößen sind sicher die **einfachen Skalare**, denn sie haben im Grunde gar keine Struktur: Ein einfacher Skalar ist nämlich entweder

eine einzelne Boolesche, ganze, gebrochene oder komplexe Zahl (numerischer Skalar)
oder ein einzelnes Textzeichen (Textskalar). Der einfache Skalar ist dimensionslos.

Durch Aneinanderreihen mehrerer einfacher Skalare entsteht eine eindimensionale
Strukturgröße, ein **einfacher Vektor**. Man spricht von einfachen numerischen, einfachen
Text- und einfachen gemischten Vektoren, wenn die Komponenten ausschließlich numerische oder ausschließlich Textskalare beziehungsweise numerische und Textskalare
sind.

Beispiele für einfache Vektoren:

$$1 \quad {}^-2 \quad 3 \qquad |0 \quad 1E7 \qquad |APL2 \qquad |WAS \; GIBT'S?|1 \quad X \quad 2$$

Dies sind zwei numerische Vektoren, zwei Textvektoren und ein gemischter Vektor.

Bei der Ausgabe von Vektoren werden Zahlen von ihren Nachbarn (Zahlen oder Textzeichen) durch Leerzeichen getrennt.

Die Eingabe der obigen Beispiele erfolgt bei den numerischen Vektoren, indem man die
einzelnen Zahlen durch eine oder mehrere Leerstellen trennt, bei den Text- und gemischten Vektoren, wie folgt: $'APL2'$ oder $'A'$ $'P'$ $'L'$ $'2'$ (Man beachte die
Leerstellen zwischen den in Hochkommas eingeschlossenen Zeichen!), beziehungsweise $'WAS \; GIBT''S?'$, beziehungsweise 1 $'X'$ 2.

Jeder einfache Vektor hat eine **Länge**: Dies ist die Anzahl seiner Komponenten, gleichzeitig auch die Anzahl seiner Elemente. Die eingangs gezeigten Beispiele haben die
Längen 3, 2, 4, 11 und 3.

Es gibt einfache Vektoren, die nur ein einziges Element enthalten. Rein äußerlich sehen
sie wie einfache Skalare aus, unterscheiden sich von diesen aber durch ihre Länge,
ihre Struktur. Einfache Vektoren der Länge 1 kann man nicht direkt eingeben wie einfache Skalare oder längere Vektoren, sondern man muß bestimmte
APL2-Elementarfunktionen zur Hilfe nehmen: $,1$ $,'A'$ $1\rho2$ $1\rho'\square'$. Als Ergebnis
erhält man die einfachen Vektoren 1 A 2 $\square$, die jeweils nur aus einem einzigen
Element bestehen.

Es gibt numerische und Textvektoren der Länge 0: Der **einfache leere numerische**
beziehungsweise der **einfache leere Textvektor**.

Für den einfachen leeren Textvektor gibt es eine einfache Schreibweise: $' '$. Dies ist
eine anschauliche Darstellung, denn man erkennt an den Hochkommas, daß es sich um
ein Textgebilde handelt, und an der Tatsache, daß zwischen den Hochkommas nichts
steht, sieht man, daß es ein leerer Vektor ist. Nicht ganz so einfach verhält es sich mit
dem einfachen leeren numerischen Vektor! Hier muß man wieder **APL2**-Funktionen zur
Hilfe nehmen: $\iota0$ $0\rho1$ $\rho2$ ($0\rho'A'$ wäre wieder der einfache leere Textvektor). Beide
einfachen Textvektoren werden als Leerzeilen angezeigt. In diesem Buch werden sie im
Bedarfsfall mit **LV** (Leervektor) oder **LZ** (Leerzeile) gekennzeichnet. Die Unterscheidung
zwischen einfachen numerischen und einfachen Textvektoren hat nur eine Bedeutung
beim Expandieren eines solchen Leervektors: Das Expandieren eines einfachen numerischen Leervektors ergibt die Zahl 0, während dies bei einem leeren Textvektor ein
Leerzeichen liefert.

Wenn man mit einem leeren numerischen Vektor Rechenanweisungen durchführt, erhält man als Ergebnis wieder einen solchen Leervektor.

Eine zweidimensionale Anordnung von einfachen Skalaren bezeichnet man als **einfache Matrix**. Es gibt einfache numerische, Text- und gemischte Matrizen. Beispiele:

$$\begin{matrix} 1 & {}^-2 & 3 \\ {}^-4 & 5 & {}^-6 \end{matrix} \quad \bigg| \quad \begin{matrix} 1 & 0 \\ 0 & 1 \end{matrix} \quad \bigg| \quad \begin{matrix} ABEND \\ ESSEN \end{matrix} \quad \bigg| \quad \begin{matrix} 1 & \Delta \\ * & 0 \end{matrix}$$

Eine Matrix besteht aus Zeilen und Spalten fester Länge. Ihre Elemente (Komponenten) bilden ein Rechteck oder Quadrat. Man kann sie in der gezeigten Form nicht eingeben: Hierzu sind wieder bestimmte **APL2**-Funktionen erforderlich. Obige Beispiele könnten folgendermaßen eingegeben worden sein:

$$2 \ 3\rho1 \ {}^-2 \ 3 \ {}^-4 \ 5 \ {}^-6 \ \bigg| \ 2 \ 2\rho1 \ 0 \ 0 \bigg| 2 \ 5\rho\text{'}ABENDESSEN\text{'} \bigg| \ 2 \ 2\rho1 \ \text{'}\Delta\text{'} \ \text{'}*\text{'}$$
0

(Links vom Zeichen ρ wird die Zeilen- und Spaltenzahl, rechts davon werden die Elemente angegeben).

Es gibt einfache Matrizen, die nur aus einer einzigen Zeile, einer einzigen Spalte oder gar nur einem einzigen Element bestehen. Sie sind dann inhaltlich mit Vektoren oder Skalaren zu vergleichen, haben aber eine andere Struktur als diese, andere Dimensionen.

Und es gibt Matrizen, die aus 0 Zeilen und/oder Spalten bestehen, sogenannte **einfache Leermatrizen**. Sie werden wie Leervektoren als Leerzeilen angezeigt.

Einfache Strukturgrößen mit mehr als zwei Dimensionen haben keinen spezifischen Namen (der dafür vorgeschlagene Begriff **Tensor** hat sich nicht durchgesetzt). Wir werden sie als **einfache** (numerische, Text- oder gemischte) **Strukturgrößen n-ter Ordnung** bezeichnen, wobei n die Anzahl ihrer Dimensionen oder Achsen angibt. Hier ein Beispiel für eine einfache numerische Strukturgröße dritter Ordnung, bestehend aus 3 Matrizen von je 2 Zeilen und 4 Spalten:

```
 1  2  3  4
 5  6  7  8

 9 10 11 12
13 14 15 16

17 18 19 20
21 22 23 24
```
(Eingegeben als: 3 2 4$\rho\iota$24 oder 3 2 4ρ1 2 3 4 5 ... 23 24).

Konstanten

Alle Strukturgrößen, die nicht aus externen Quellen wie Dateien, Systemfunktionen oder -variablen stammen, entstehen letzten Endes aus Konstanten.

Konstanten sind Strukturgrößen, die ohne Zuhilfenahme von Funktionen, konstruierten Namen (S. 33) oder syntaktischen Zeichen (S. 49; Ausnahme: Hochkommas) zustande kommen. Konstanten können deshalb nur entweder Skalare oder Vektoren sein. Beispiele für Konstanten:

0 oder ${}^-2.5J1E^-4$	einfacher numerischer Skalar
1 ${}^-2$ 0.4711	einfacher numerischer Vektor
'A' oder '1' oder ' '	einfacher Textskalar
' '	einfacher leerer Textvektor

```
'TEXT NR.1' oder '¯3J2'          einfacher Textvektor
1 'A' ¯2                          einfacher gemischter Vektor
'AUCH' 'DIES 'IST' 1 'VEKTOR'    allgemeiner Vektor
```

Allgemeine Strukturgrößen und ihre Darstellung

Die allgemeinste Form, welche die Daten in **APL2** haben können, ist die der **allgemeinen Strukturdaten**. Sie haben, wie die einfachen Strukturdaten, rechteckige Form, so daß man auch bei ihnen von Skalaren, Vektoren, Matrizen und Strukturdaten n-ter Ordnung spricht, und es gibt auch allgemeine Leervektoren und dergleichen, die in einem späteren Abschnitt besprochen werden.

Wie bereits gesagt, bestehen auch allgemeine Strukturdaten letztendlich aus einfachen Skalaren, ihren Elementen, aber ihre Komponenten können selbst wieder allgemeine Strukturdaten sein.

Vor einer eingehenderen Diskussion der allgemeinen Strukturdaten in **APL2** ein Wort zur Darstellung der Beispiele in diesem Buch: Mit **APL2** wird ein Bibliotheksarbeitsbereich namens $DISPLAY$ mitgeliefert, der eine gleichnamige Funktion enthält, mit der man die Struktur von Daten sichtbar machen kann. Von dieser Möglichkeit werden wir öfter Gebrauch machen. Die Wirkungsweise der definierten Funktion $DISPLAY$ soll anhand eines Beispiels erläutert werden:

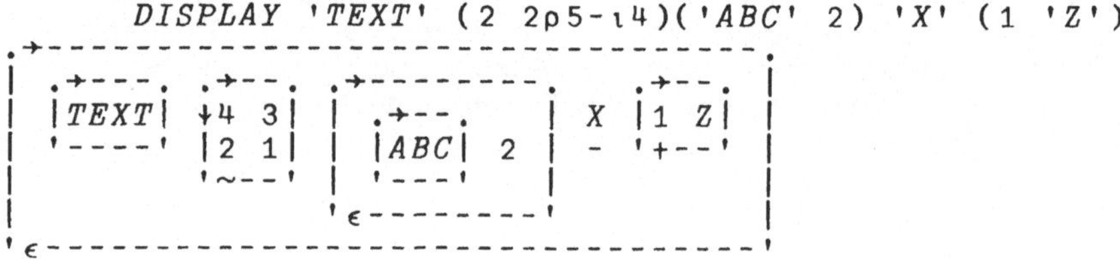

In den Rahmen treten Zeichen auf, die folgende Bedeutung haben:
- →   Nicht-skalare Größe (Vektor, Matrix, ...)
- ↓   Mehrdimensionale Größe (Matrix, ...)
- ~   Einfache numerische Strukturgröße
- +   Einfache gemischte Strukturgröße
-        Kein Symbol auf dem unteren Rand: Einfache Text-Strukturgröße
- ∈   Allgemeine Strukturgröße, keine einfache Strukturgröße
- ⊖   Wie →, aber leere Strukturgröße
- ⌽   Wie ↓, aber leere Strukturgröße

Innerhalb eines Kästchens zeigt ein alleinstehendes ¯ ein Leerzeichen an, und ein ¯ unter einem Zeichen kennzeichnet einen einfachen Textskalar innerhalb einer allgemeinen Strukturgröße, die auch nicht-skalare Komponenten hat.

Die in diesem Kapitel besprochenen beziehungsweise noch zu besprechenden Eigenschaften von Strukturdaten können meist in Form von Strukturdaten dargestellt werden. Ist dies der Fall, dann kann man letztere mit **APL2**-Funktionen bearbeiten um festzustellen, ob eine Eigenschaft für eine bestimmte Strukturgröße zutrifft. In den folgenden drei Beispielen wird geprüft, ob eine Variable eine bestimmte Eigenschaft hat. Wenn dies der Fall ist, soll eine Programmverzweigung (S. 178) stattfinden:

Ist V ein Vektor? (Ordnungszahl 1) $\rightarrow(1=\rho\rho V)/VEKTOR$

Ist X eine einfache Strukturgröße? (Tiefe 0 oder 1) $\rightarrow$ ($2 \geq \equiv X$) / $EINFACH$

Ist L eine Leere Strukturgröße? (0 in Strukturvektor) $\rightarrow$ ($0 = \times / \rho L$) / $LEER$

Die Begriffe Ordnungszahl, Tiefe und Strukturvektor werden im nächsten Abschnitt besprochen.

Strukturvektor, Ordnungszahl und Tiefe von allgemeinen Strukturgrößen

Mit Hilfe der Elementarfunktion Einschließen $\subset$ (S. 98) kann man jede beliebige Strukturgröße zu einem **allgemeinen Skalar** machen. Ein solcher Skalar ist dimensionslos und hat keine Komponenten (außer sich selbst). Durch die Umkehrfunktion Aufschließen $\supset$ (S. 100) gewinnt man die ursprüngliche Strukturgröße wieder zurück.

Der **allgemeine Vektor** enthält keine, eine oder mehrere Strukturgrößen als Komponenten in eindimensionaler, linearer Anordnung.

An dieser Stelle sind einige Bemerkungen zur Eingabe von allgemeinen Vektoren angebracht:

Das Aneinanderreihen von einfachen Skalaren ergibt stets einen einfachen Vektor: $'S'$ $'O'$ $'H'$ $'O'$ oder ($'S'$) $'O'$ ($'H'$) $'O'$ oder $'SOHO'$ ergibt den einfachen Vektor $SOHO$.

Wenn dabei jedoch Vektoren im Spiel sind, entstehen allgemeine Vektoren: $'S'$ $'OHO'$ ergibt S OHO (2 einfache Komponenten). $'S'$ $'OH'$ $'O'$ ergibt S OH O (3 einfache Komponenten).

Mit Klammern kann man noch weiter gruppieren: ($'S'$ $'OH'$) $'O'$ ergibt S OH O (ein allgemeiner Vektor und ein einfacher Skalar als Komponenten).

Dieses Verfahren, bei dem durch Nebeneinanderstellen von Strukturgrößen (allgemeine) Vektoren entstehen, bezeichnet man auch als **Vektorschreibweise** oder **Vektordarstellung**.

Die **allgemeine Matrix** ist eine zweidimensionale, die **allgemeine Strukturgröße n-ter Ordnung** eine n-dimensionale, rechteckige Anordnung von Strukturdaten als Komponenten. Beispiele zur Eingabe mehrdimensionaler Strukturdaten werden weiter unten gezeigt.

Der **Strukturvektor** einer einfachen oder allgemeinen Strukturgröße ist ein einfacher numerischer Vektor, der für jede Dimension oder Achse der Strukturgröße die Anzahl der Komponenten enthält. Der Strukturvektor eines Vektors enthält nur ein einziges Element, weil der Vektor ein eindimensionales Gebilde ist, und zwar die Länge des Vektors, die Anzahl seiner Komponenten. Der Strukturvektor einer Matrix besteht entsprechend aus zwei Elementen, nämlich Anzahl der Zeilen und Anzahl der Spalten der Matrix. Eine Strukturgröße dritter Ordnung hat einen aus drei Elementen bestehenden Strukturvektor. Er enthält die Anzahl der Matrizen, Zeilen und Spalten der Strukturgröße. Ein Skalar hat keine Dimension: Deshalb ist sein Strukturvektor auch ein Vektor ohne Element, also der einfache numerische Leervektor.

Man erhält den Strukturvektor einer Strukturgröße, indem man auf diese die Elementarfunktion Struktur Zeigen ρ (S. 96) anwendet. Wendet man diese Funktion auf den Strukturvektor der Strukturgröße an, so erhält man eine Zahl, nämlich die Länge des Strukturvektors, und das heißt, die Anzahl der Dimensionen oder Achsen der Strukturgröße: 0 beim Skalar, 1 beim Vektor, 2 bei der Matrix und **n** bei einer n-dimensionalen Strukturgröße. Diese Zahl, genauer: ein Vektor, der diese Zahl enthält, nennt man die **Ordnungszahl** der Strukturgröße. In Abb. 2 sind Strukturvektor und Ordnungszahl je eines Skalars, eines Vektors, einer Matrix und einer dreidimensionalen Strukturgröße dargestellt.

Art	Struktur- größe	Struktur- vektor	Ordnungs- zahl
Skalar	S 3	ρS LV	$\rho \rho S$ 0
Vektor	V 1 2	ρV 2	$\rho \rho V$ 1
Matrix	M 1 2 3 4 5 6	ρM 2 3	$\rho \rho M$ 2
Struktur- größe 3. Ordnung	H 1 2 3 4 5 6 7 8 9 10 11 12 13 14 15 16 17 18 19 20 21 22 23 24	ρH 3 2 4	$\rho \rho H$ 3

Abb. 2: Strukturvektor und Ordnungszahl von Strukturgrößen

Man erkennt, daß der Strukturvektor ρ die äußere Gestalt der Strukturgrößen beschreibt (man spricht ja auch beispielsweise von einer 2 mal 3-Matrix), während die Ordnungszahl angibt, von welcher **Art** (Skalar, Vektor,...) die Strukturgröße ist.

Noch ein Wort zur Eingabe von zwei- oder mehrdimensionalen Strukturgrößen: Während man einen Vektor durch bloßes Aneinanderreihen seiner Komponenten direkt eingeben kann, muß man bei Matrizen und mehrdimensionalen Größen **APL2**-Funktionen, beispielsweise Strukturieren ρ (S. 134) einsetzen. Letztere Funktion erwartet als linkes Argument den Strukturvektor der zu schaffenden Größe und als rechtes Argument die Komponenten, als Vektor oder in Form einer anderen Strukturgröße:

```
      2 3ρ1 2 3 4 5 6 |          2 3ρ'TATORT' |        2 3ρ'TAT' 'ORT'
 1 2 3                |TAT                      |TAT ORT TAT
 4 5 6                |ORT                      |ORT TAT ORT
```

Während Ordnungszahl und Strukturvektor für einfache und für allgemeine Strukturgrößen gleich definiert sind, ist die **Tiefe** ein Unterscheidungsmerkmal für einfache und allgemeine Strukturgrößen.

Die Tiefe einer einfachen Strukturgröße, die entweder nur einfache Skalare als Komponenten enthält, oder selber ein einfacher Skalar ist, wird als 1 festgelegt. Die Tiefe einer allgemeinen Strukturgröße soll um 1 größer sein als die größte Tiefe ihrer Komponenten. Man erhält die Tiefe einer Strukturgröße, wenn man auf sie die Elementarfunktion Tiefe Zeigen ≡ (S. 97) anwendet. Beispiele hierzu:

```
      DISPLAY (0 8 15) 'AB' (4 7 11)
 .+---------------------------------.
 | .+-----. .+-. .+------.          |
 | |0 8 15| |AB| |4 7 11|           |
 | '~-----' '--' '~------'          |
 '∊-------------------------------+--------
2
      ≡ (0 8 15) 'AB' (4 7 11)
```

Die drei Komponenten 0 8 15, '*AB*' und 4 7 11 sind einfache Vektoren, sie haben also die Tiefe 1, und die Strukturgröße hat somit die Tiefe 2.

```
      DISPLAY 1 2 'TEXT' (3 'WORT')
 .+-----------------------------.
 |      .+---. .+----------.    |
 | 1 2  |TEXT| |   .+---.  |    |
 |      '----' | 3 |WORT|  |    |
 |             |   '----'  |    |
 |             '∊-------+--+----+----
 '∊---------------------------'
3
      ≡ 1 2 'TEXT' (3 'WORT')
```

Die Komponenten 1 2 und '*TEXT*' haben als einfache Strukturgrößen die Tiefe 1, die Strukturgröße 3 '*WORT*' hat die Tiefe 2, und die gesamte Strukturgröße hat somit die Tiefe 3.

Die Pfeile sollen ein anderes Vorgehen zur Tiefenbestimmung illustrieren: Ein Pfeil, der von außen in das innerste Kästchen führt, kreuzt im ersten Beispiel zwei, im zweiten Beispiel drei Linien.

Die Komponenten der Strukturgröße, die vom Pfeil durch Kreuzen einer einzigen Linie erreicht werden können, sollen als Komponenten ersten **Grades** bezeichnet werden. Im letzten Beispiel sind dies die Komponenten 1, 2, '*TEXT*' und 3 '*WORT*'. Deren Komponenten - sie werden durch Kreuzen zweier Linien erreicht - sind dann die Komponenten zweiten Grades der ursprünglichen Strukturgröße, und so fort. Im Beispiel sind T, E, X, T, 3 und '*WORT*' Komponenten zweiten Grades, und W, O, R und T Komponenten dritten Grades.

Typ, Prototyp und Füllkomponenten von allgemeinen Strukturgrößen

Der **Typ** einer allgemeinen Strukturgröße ist die Strukturgröße, welche entsteht, wenn man in der ursprünglichen Strukturgröße alle einfachen numerischen Skalare (also alle Zahlen) durch Nullen, und alle einfachen Textskalare (Zeichen) durch Leerzeichen ersetzt.

Als **Prototyp** einer allgemeinen Strukturgröße bezeichnet man den Typ ihrer ersten Komponente.

Man ermittelt den Typ einer allgemeiner Strukturgröße, indem man auf sie die Funktionsfolge ↑0ρ⊂ anwendet (⊂ macht aus der Strukturgröße einen allgemeinen Skalar,

0ρ macht daraus einen leeren Vektor, und ↑ entnimmt daraus die erste Komponente).
Entsprechend erhält man den Prototyp der Strukturgröße durch Anwendung der Funktionen ↑0ρ⊂↑.

Hierzu ein Beispiel:

```
      DISPLAY A←( 2 3ρ'A' 1 'B' 2 'C' 3)'TEXT'(0 1 2)
.→---------------------------.
| .→---. .→---. .→----.       |
| ↓A 1 B| |TEXT| |0 1 2|      |
| |2 C 3| '----' '~----'      |
| '+----'                     |
'∈---------------------------'
```

Der Typ:

```
      DISPLAY ↑0ρ⊂A
.→---------------------------.
| .→----. .→---. .→----.      |
| ↓   0 | |    | |0 0 0|      |
| |0   0| '----' '~----'      |
| '+----'                     |
'⊃---------------------------'
```

Der Prototyp:

```
      DISPLAY ↑0ρ⊂↑A
.→----.
|   0 |
|0   0|
'+----'
```

Füllkomponenten benötigt man, wenn man eine allgemeine Strukturgröße mit Hilfe von
bestimmten Funktionen erweitert, ohne an den entsprechenden Stellen Werte einzusetzen. Dies ist der Fall, wenn man beim Entnehmen ↑ (S. 129) mehr Komponenten benötigt, als im Argument vorhanden sind, wenn man beim Expandieren \ (S. 164) oder
beim mehrfachen Auswählen / (S. 161) neue Komponenten erzeugt, oder wenn beim
Aufschließen ⊃ (S. 100) die einzelnen Komponenten verschiedene Struktur haben und
erst auf eine einheitliche Gestalt gebracht werden müssen. Als Füllkomponente einer
Strukturgröße verwendet man deren Prototyp.

Hier ein Beispiel für Entnehmen mit mehr Komponenten (6) als im rechten Argument
vorhanden sind (5):

```
      Z←((2 2 2)(2(2 2)))(2 2)2 2 2
      ρZ
5
      ≡Z
4
```

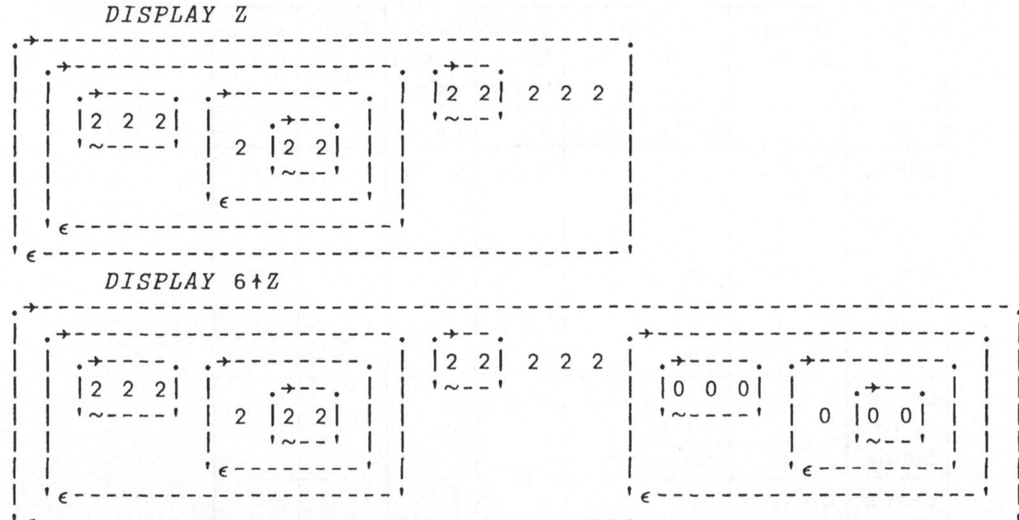

Die Prototypen wurden deshalb als Füllkomponenten ausgewählt, weil man sicherstellen wollte, daß bei Anwendung der genannten Funktionen auch in Grenzfällen bestimmte Eigenschaften der Argumente für die Ergebnisse erhalten bleiben. So gilt beispielsweise, daß einfache Argumente auch einfache Ergebnisse, rein numerische oder reine Textargumente ebensolche Ergebnisse liefern. Allgemein gilt dadurch auch, daß einheitlich aufgebaute Argumente, deren Komponenten alle gleiche Struktur haben, einheitliche Ergebnisse liefern.

Leere Strukturgrößen

Eine allgemeine Strukturgröße wird als **leere Strukturgröße** bezeichnet, wenn ihre Länge, also die Zahl ihrer Komponenten, entlang wenigstens einer Achse 0 ist. Bei einer leeren Strukturgröße tritt somit in ihrem Strukturvektor mindestens eine Null auf. Es gibt alle Arten von leeren Strukturgrößen, nur keinen leeren Skalar.

Leere Strukturgrößen kann man unter anderem mit Hilfe der Funktion Strukturieren ρ (S. 134) erzeugen, wobei im linken Argument, dem Strukturvektor, mindestens eine 0 vorkommt. Angezeigt werden leere Strukturdaten immer als Leerzeilen.

Leere Strukturgrößen haben, wie alle Strukturdaten, eine Ordnungszahl, einen Strukturvektor, eine Tiefe und einen Prototyp. Den Prototyp einer leeren Strukturgröße erhält man durch Anwendung der Funktion Erste Komponente Zeigen ↑ (S. 110).

In Abb. 3 sind einige leere einfache Strukturgrößen dargestellt, wobei das Symbol b ein einzelnes Leerzeichen, ' ' bedeutet.

Art	Erzeugt durch	DISPLAY-Form	Struktur-vektor	Ordnungs-zahl	Tiefe	Proto-typ
	$L\leftarrow$	$DISPLAY\ L$	ρL	$\rho\rho L$	$\equiv L$	$\uparrow L$
Leerer numer. Vektor	0ρ2 oder ι0	.⊖. |0| '~'	0	1	1	0
Leere numer. Matrix	2 0ρ3	.⊖. ↓0| |0| '~'	2 0	2	1	0
Leere numer. Matrix	0 3ρ3	.→----. φ0 0 0| '~----'	0 3	2	1	0
Leerer Text-vektor	0ρ'A' oder ''	.⊖. | | '_'	0	1	1	ƀ
Leere Text-matrix	2 0ρ'A'	.⊖. ↓ | | | '_'	2 0	2	1	ƀ
Leere Text-matrix	0 3ρ'A'	.→--. φ | '---'	0 3	2	1	ƀ

Das Symbol ƀ stellt ein einzelnes Leerzeichen dar

Abb. 3: Leere einfache Strukturgrößen

Abschließend zwei Beispiele für leere allgemeine Strukturgrößen:

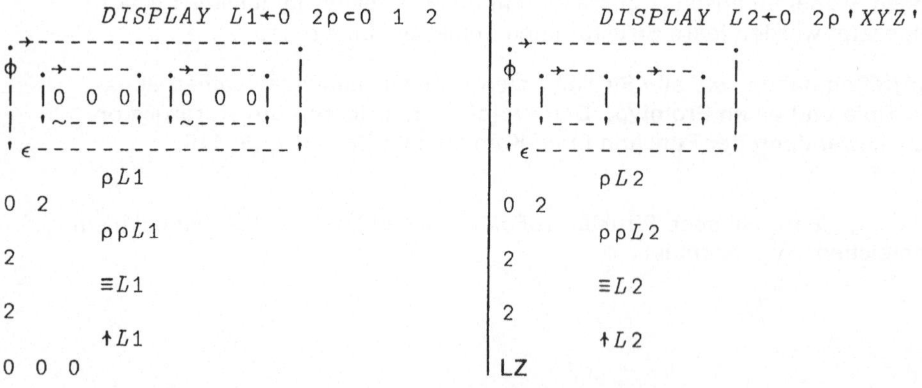

Als Komponenten von nicht-leeren allgemeinen Strukturgrößen können durchaus auch
leere Strukturgrößen auftreten:

```
      DISPLAY A←( 2  2ρι4 )'HANS'( ι0 )'GRETE'
 .+--------------------------.
 | .+--.  .+----.  .Θ.  .+----. |
 | ↓1 2|  |HANS|  |0|  |GRETE| |
 | |3 4|  '----'  '~'  '-----' |
 | '~--'                       |
 '∈--------------------------'

         ρA
 4
         ρρA
 1
         ≡A
 2
         DISPLAY↑0ρ⊂↑A
 .+---.
 ↓0 0|
 |0 0|
 '~--'
```

Leere einfache Strukturgrößen verwendet man beim Verzweigen → (S. 178), beim Löschen der Stop- und Testvektoren $S\Delta$ und $T\Delta$ (S. 189 ff.) oder als Ausgangsgröße beim
sukzessiven Aufbauen von Vektoren oder Matrizen. Im letzten Beispiel wurde gezeigt,
wie man eine leere Strukturgröße auch als Platzhalter, als Lückenfüller benützen kann.

Indizes und Indexfolge von allgemeinen Strukturgrößen

Eine Strukturgröße in **APL2** hat entweder keine, eine oder mehrere **Achsen** (Dimensionen) je nachdem, ob ihre Ordnungszahl 0 (Skalar), 1 (Vektor) oder größer als 1 ist
(Matrix oder Strukturgröße n-ter Ordnung). Ihre Komponenten - bei einfachen Strukturdaten sind dies gleichzeitig auch die Elemente - sind rechteckig entlang der Achsen
angeordnet. Wenn man eine ganz bestimmte Komponente der Strukturgröße ansprechen möchte, so kann dies mit Hilfe von **Indizes** geschehen. Die zugehörigen Elementarfunktionen heißen Indizieren ⌷ und Traditionell Indizieren [ ] (S. 125 und 123).

Zum Ansprechen einer Komponente eines Vektors (eine einzige Achse, Ordnungszahl
1) genügt ein Index, eine Zahl, die angibt, welche Komponente man sucht:

```
      DISPLAY A←1 2 'TEXT' ( 3 'WORT' )
 .+-------------------------.   |        ρA
 |                          |   | 4
 |      .+----.  .+--------. |  |        ρρA
 | 1 2 |TEXT|  |  .+---. | |   | 1
 |     '----'  | 3 |WORT| | |  |        ≡A
 |             |   '----' | |  | 3
 |             '∈--------' |   |
 '∈-------------------------'   |        A[2]
         A[1]                   | 2
 1                              |        A[4]
         A[3]                   | 3 WORT
 TEXT                           |
```

Will man in die Tiefe gehen, also die Komponenten der Komponenten ansprechen, dann
muß man mehrfach Indizieren:

```
      ( ⊃A[4])[1]                   |        ( ⊃A[4])[2]
                                    | WORT
```

Gültige Indizes zum Adressieren von Komponenten eines Vektors V sind die ganzen
Zahlen von 1 bis ρV (Länge des Vektors), jedenfalls bei einer Zählung der Indizes ab
1: Abhängig vom Wert des **Indexanfangs** in der Systemvariablen $\Box IO$ (S. 232), der vom
Benutzer wahlweise auf 1 oder 0 gesetzt werden kann, werden Indizes ab 1 oder 0
gezählt.

Zum Auffinden einer Komponente in einer Matrix, also einer Strukturgröße mit zwei
Achsen (Ordnungszahl 2), benötigt man zwei Indizes, einen Zeilen- und einen Spaltenindex:

```
      □←M←2  5ρ'FEIERABEND'                    □←N←3  4ρι12
FEIER                                      1   2   3   4
ABEND                                      5   6   7   8
      M[1;5]                               9  10  11  12
R                                                N[2;3]
      M[2;2]                            7
B
```

Zum Indizieren einer Komponente in einer n-dimensionalen Strukturgröße (n Achsen,
Ordnungszahl n) sind n Indizes erforderlich, die beim Traditionellen Indizieren noch
durch Strichpunkte zu trennen sind: $H[2;4;\ \ldots\ ;1]$

Die Indizes von Strukturdaten werden so geordnet, daß zunächst der am weitesten
rechts stehende Index (Spaltenindex) variiert wird, während die anderen Indizes, sofern
vorhanden, festgehalten werden. Dann ändert sich der an vorletzter Stelle stehende
Index (Zeilenindex) und so weiter. Dies ergibt die sogenannte **Indexfolge** der Strukturgröße. Für obenstehende Matrix M ergibt sich somit die Indexfolge:
[1;1],[1;2],[1;3],[1;4],[1;5],[2;1],[2;2],[2;3],[2;4],[2;5].
Mit diesen Indizes werden der Reihe nach folgende Komponenten angesprochen:
FEIERABEND
Mit Hilfe der Indexfolge kann man die Komponenten einer beliebigen Strukturgröße
numerieren. Dies ist von Bedeutung bei den Funktionen Strukturieren ρ und Aufreihen
, (S. 103 und 134), weil hier die Komponenten des rechten Arguments entsprechend
ihrer Indexfolge in das Ergebnis übernommen werden:

```
      □←H←3  2  4ρ'DIES IST EIN DUMMER TEXT'
DIES
 IST

EIN
DUM

MER
TEXT
      10ρH
DIES IST E
      ,H
DIES IST EIN DUMMER TEXT
```

Indizieren ist nicht die einzige Möglichkeit, Komponenten aus Strukturdaten herauszu-
ziehen: Ähnliches leistet die Elementarfunktion Herauspicken ⊃ (S. 127), während Erste
Komponente Zeigen ↑ (S. 110) die erste Komponente der Strukturgröße liefert.

Unterstrukturgrößen von allgemeinen Strukturgrößen

Eine Strukturgröße, deren Komponenten in gleicher Anordnung auch in einer anderen
Strukturgröße auftreten, ist eine **Unterstrukturgröße** von dieser. Es sei:

```
        U                            |           M
  2   4   5                          | →   1   2   3   4   5
 12  14  15                          |     6   7   8   9  10
                                     | →  11  12  13  14  15
                                     |     ↑       ↑   ↑
```

U ist eine Unterstrukturgröße von M, weil alle Komponenten von U auch in M, und zwar
in gleicher Anordnung, vorkommen. U erhält man, indem man die erste und dritte Zeile,
sowie die zweite, vierte und fünfte Spalte von M nimmt, beispielsweise mit Indizieren
(⎕ oder [ ], S. 123 und 125):

```
      M[1 3;2 4 5]                   |        ((1 3) (2 4 5))⎕M
  2   4   5                          |    2   4   5
 12  14  15                          |   12  14  15
```

U besteht also aus den Schnittpunkten der 1. und 3. Zeile von M mit der 2., 4. und 5.
Spalte.

Wenn eine Unterstrukturgröße alle Elemente einer Achse der Strukturgröße enthält,
bezeichnet man sie als **zusammenhängende Unterstrukturgöße**. Bei einer Matrix sind
zusammenhängende Unterstrukturgrößen ganze Zeilen oder ganze Spalten (oder mehrere ganze Zeilen/Spalten oder auch die ganze Matrix).

Beim Traditionellen Indizieren erhält man zusammenhängende Unterstrukturgrößen,
indem man alle Indexpositionen bis auf eine leer läßt:

```
        M[2;]↔2⎕[1]M                 |          M[1 3;]↔(⊂1 3)⎕[1]M
  6  7  8  9 10                      |     1   2   3   4   5
        M[;3]↔3⎕[2]M                 |    11  12  13  14  15
  3  8 13                            |          M[;4 5]↔(⊂4 5)⎕[2]M
        M[;]↔(ι0)⎕[2]M              |     4   5
  1   2   3   4   5                  |     9  10
  6   7   8   9  10                  |    14  15
 11  12  13  14  15                  |
```

Bei einem dreidimensionalen Gebilde sind die zusammenhängenden Unterstrukturda-
ten Matrizen oder dreidimensionale Größen:

```
      □←H←3 2 4ρι24                    H[;;2]←→2⎕[3]H
   1   2   3   4                    2   6
   5   6   7   8                   10  14
                                   18  22
   9  10  11  12                          H[1 3;]←→(⊂1 3)⎕[1]H
  13  14  15  16                    1   2   3   4
                                    5   6   7   8
  17  18  19  20
  21  22  23  24                   17  18  19  20
         H[2;;]←→2⎕[1]H            21  22  23  24
   9  10  11  12
  13  14  15  16
         H[;2;]←→2⎕[2]H
   5   6   7   8
  13  14  15  16
  21  22  23  24
```

Zusammenhängende Strukturdaten spielen eine Rolle bei verschiedenen Elementarfunktionen, wie Entnehmen ↑ (S. 129), Entfernen ↓ (S. 132) oder Sortiervektor Bilden ⍋ beziehungsweise ⍒ (S. 91).

NAMEN

Elementarnamen

Alle Gegenstände der **APL2**-Sprache - Strukturdaten, Funktionen, Operatoren und Zellenmarken - haben entweder einen **Namen** oder sie können einen Namen erhalten, eine symbolische Bezeichnung für den betreffenden Gegenstand.

Bestimmte Gegenstände haben von Hause aus einen Namen, der für sie vorbehalten ist, und den man daher als ihren **Elementarnamen** bezeichnet. Die Symbole für die Elementarfunktionen und -operatoren sind solche Elementarnamen, aber auch die Darstellungen einzelner Zahlen oder Textzeichen. Hierzu einige Beispiele:

    ρ   Elementarname von Elementarfunktionen (Struktur Zeigen, Strukturieren)

    ¨   Elementarname eines Elementaroperators (Komponentenoperator)

    ⁻3.14 Elementarname einer Zahl

    'A'   Elementarname eines Textzeichens

Wie man sieht, können Elementarnamen auch aus mehreren Zeichen bestehen.

Nicht alle in **APL2** gültigen Symbole sind auch Elementarnamen von Gegenständen: ∧ ist beispielsweise kein Elementarname.

Konstruierte Namen

Alle Namen, die nicht Elementarnamen sind, heißen **konstruierte Namen**.

Namen, die mit dem Zeichen ⎕ beginnen, sind Systemfunktionen und -variablen vorbehalten, weswegen man sie auch als **reservierte Namen** bezeichnet.

Alle anderen konstruierten Namen können an Strukturgrößen, definierten Funktionen und Operatoren und an Zellenmarken vergeben werden.

Die mit dem Zeichen) beginnenden Namen der **APL2**-Systemanweisungen werden hier nicht betrachtet, weil die Systemanweisungen zwar Bestandteile des **APL2**-Systems, nicht aber der **APL2**-Sprache sind.

Für die Konstruktion von Namen gibt es einige Regeln, doch bevor diese besprochen werden, muß erst auf das **APL2-Alphabet** eingegangen werden. Welches Alphabet für Namen zulässig ist, das bestimmt der Wert des Parameters CASE beim **APL2**-Aufruf:

- Bei CASE=0 und CASE=2 besteht das Alphabet aus:
  $ABCDEFGHIJKLMNOPQRSTUVWXYZ\Delta\underline{ABCDEFGHIJKLMNOPQRSTUVWXYZ}\Delta$
  Bei CASE=0 zusätzlich: $abcdefghijklmnopqrstuvwxyz$

- Bei CASE=1 besteht das Alphabet aus:
  $ABCDEFGHIJKLMNOPQRSTUVWXYZ\Delta abcdefghijklmnopqrstuvwxyz\underline{\Delta}$
  Zusätzlich sind erlaubt: $\underline{ABCDEFGHIJKLMNOPQRSTUVWXYZ}$

Die als zusätzlich erlaubt gekennzeichneten Klein- oder unterstrichenen Großbuchstaben sind zur Eingabe und zum Aufruf gültig, werden aber bei der Ausgabe durch die entsprechenden anderen ersetzt.

Für das erste Zeichen eines Namens kommen nur Zeichen aus dem dem jeweils gültigen Alphabet in betracht. Die folgenden Zeichen - falls vorhanden - können sowohl Zeichen aus dem Alphabet als auch die Zeichen $0123456789\_^-$ sein.

Eine weitere Einschränkung: Kein konstruierter Name darf mit $S\Delta$ oder $T\Delta$ beginnen, denn das sind Bezeichnungen für den Stop- beziehungsweise Kontrollvektor.

Beispiele für gültige konstruierte Namen:

V	$X20$	$\Delta BRUTTO\_NETTO$
$MITTELWERT$	$APL2X$	$\underline{S}ORT$ bzw. $sORT$

Ungültig - also keine konstruierten Namen - sind:
$BRUTTO\ NETTO$: Enthält ein Leerzeichen
$2APL$　　　　　　 : Beginnt mit einer Ziffer
^-DREI　　　　　 : Beginnt mit einem Sonderzeichen.

Innerhalb eines **APL2**-Arbeitsbereiches müssen alle konstruierten Namen eindeutig sein. Eine Ausnahme bilden dabei nur die lokalen Namen in definierten Funktionen und Operatoren.

Spricht man einen Namen an, der noch keinem Gegenstand zugeordnet wurde, erhält man die Fehlermeldung: $NAME\ OHNE\ WERT$.

Nun zur Namensvergabe:

Strukturdaten erhalten ihren Namen entweder explizit durch Wertzuweisung oder implizit beim Aufruf von definierten Funktionen und Operatoren - wobei die Scheinvariablen Werte erhalten -, sowie beim Assoziieren ($\Box NA$). Eine Strukturgröße mit einem konstruierten Namen wird als **Variable** bezeichnet.

Zeilenmarken in definierten Funktionen und Operatoren sind Namen, die als Sprungadressen für Programmverzweigungen dienen. Sie erhalten beim Aufruf der Funktion oder des Operators die Nummer der Zeile, in der sie stehen, als Wert zugewiesen.

Definierte Funktionen und Operatoren erhalten ihren Namen entweder explizit beim Editieren (beim Erstellen oder Ändern mit Hilfe eines aufgerufenen Editors) oder implizit beim Erheben zur Funktion ($\Box FX$). Beim Aufruf eines definierten Operators erhalten Scheinfunktionsnamen Funktionen zugeordnet.

Schließlich kann aber auch durch die Wirkung von Systemanweisungen einem Namen ein Gegenstand (neu) zugeordnet werden, beispielsweise beim Kopieren eines Gegenstandes aus einer Bibliothek.

Wird ein reservierter Name, also ein Name, der mit □ beginnt, und der noch nicht mit
einer Systemvariablen oder -funktion belegt ist, angesprochen, dann erhält man die
Fehlermeldung: *SYNTAXFEHLER*. Zum Beispiel:

```
1        □IO                            |            □OI
                                        |    SYNTAXFEHLER
                                        |            □OI
                                        |              ^
```

FUNKTIONEN UND OPERATOREN

Funktionen in APL2

In **APL2** werden Daten mit Hilfe von **Funktionen** bearbeitet. Man unterscheidet: Elementarfunktionen, Systemfunktionen und definierte Funktionen.

Die **Elementarfunktionen** sind Bestandteil des **APL2**-Systems. Ihre Namen sind die für APL so typischen Symbole (Elementarnamen). Eine Elementarfunktion hat entweder ein **Argument** oder zwei Argumente, und man spricht deshalb von **ein-** beziehungsweise **zweistelligen** Elementarfunktionen. Die Anzahl der Argumente nennt man auch ihre **Valenz**. Die Argumente einer Elementarfunktion sind Strukturdaten (oder Ausdrücke, die als Ergebnis Strukturdaten liefern). Alle Elementarfunktionen liefern ein **explizites Ergebnis**, eine Strukturgröße, die weiterverarbeitet werden kann.

Wenn ein Funktionssymbol gleichzeitig für eine ein- und eine zweistellige Elementarfunktion stehen kann, nennt man es **ambivalent**, und man bezeichnet das betreffende Funktionenpaar, nicht ganz korrekt, als ambivalente Elementarfunktion.

Zur Schreibweise der Elementarfunktionen und ihrer Argumente: Das Argument einer einstelligen Elementarfunktion steht immer **rechts** vom Funktionssymbol; die beiden Argumente einer zweistelligen Elementarfunktion stehen **beiderseits** des Funktionssymbols (rechtes und linkes Argument).

Beispiele: Das Funktionssymbol ⌽ ist ambivalent, denn es ist der Elementarname für die einstellige Elementarfunktion „Parallel Spiegeln" gleichzeitig aber auch der Name der zweistelligen Elementarfunktion „Rotieren":

Parallel Spiegeln (einstellig) $\qquad$ ⌽`'LAGE'` `EGAL`	Rotieren (zweistellig) $\qquad$ `1`⌽`'LAGE'` `AGEL`

Bemerkungen zu den Beispielen:

Zwischen Funktionssymbol und Argument braucht man keine Leerstelle anzugeben, aber es ist erlaubt.

Das rechte Argument beider Funktionen ist der Textvektor `'LAGE'`. Das explizite Ergebnis von „Parallel Spiegeln" ist, bei einem Vektor als Argument, der gespiegelte (umgedrehte) Vektor. Das Rotieren eines Vektors bewirkt zyklisches Verschieben seiner Komponenten nach links, und zwar um so viele Stellen, wie das linke Argument angibt.

Die Elementarfunktionen von **APL2** werden in Teil II eingehend behandelt.

Die **Systemfunktionen** sind, wie die Elementarfunktionen, Bestandteil des
APL2-Systems. Während aber die Elementarfunktionen im Grunde unabhängig vom
jeweiligen APL-System sind - man kann ja Sachverhalte, Formeln, Algorithmen in der
APL-**Sprache** formulieren, ohne eine Rechenanlage zur Ausführung zu besitzen - sind
die Systemfunktionen vom verwendeten System (hier also: APL2) abhängig, denn sie
sind, wie ihr Name schon sagt, Anweisungen an das APL-**System**.

Die Namen der Systemfunktionen in **APL2** beginnen alle mit dem Zeichen ⎕, sind also
reservierte Namen.

Systemfunktionen sind, wie die Elementarfunktionen, entweder ein- oder zweistellig,
meist sogar ambivalent. Auch sie liefern ein explizites, häufig auch ein **implizites Ergebnis** (das heißt, eine Veränderung der Systemumgebung oder im Arbeitsbereich).

Beispiele: Der Name ⎕*NL* ist ambivalent, denn er steht sowohl für die einstellige Systemfunktion „Namen Zeigen", als auch für die zweistellige Systemfunktion „Namen
mit bestimmten Anfangsbuchstaben Zeigen":

<table>
<tr><td>

Namen Zeigen
```
      ⎕NL  2
A
MATRIX
MUSTER
ZZ2
```
</td><td>

Namen m. best. Anfangsbuchst. Zeigen
```
      'M'  ⎕NL  2
MATRIX
MUSTER
```
</td></tr>
</table>

Wie man sieht, steht auch bei den Systemfunktionen das Argument rechts, beziehungsweise stehen die beiden Argumente beiderseits des Funktionsnamens.

Die Systemfunktionen werden in Teil IV eingehend besprochen.

Die **definierten Funktionen** werden vom **APL2**-Benutzer mit Hilfe von Editoren erstellt
und geändert. Sie entsprechen den Programmen, Unterprogrammen (Subroutinen) und
Funktionen in anderen Programmiersprachen: Sie können **nullstellig** (ohne Argument),
ein- oder zweistellig sein, und sie können entweder ein explizites oder kein explizites
Ergebnis, und selbsverständlich auch implizite Ergebnisse, liefern.

Definierte Funktionen bestehen aus einer oder mehreren Zeilen mit
APL2-Anweisungen (S. 44). Sie enthalten Zeilenmarken, Verzweigungen, lokale und
globale Variablen und dergleichen: Diese Dinge sind in Teil III eingehend dargestellt.

Beispiele: *WUERFEL* ist eine nullstellige definierte Funktion, die kein explizites Ergebnis
liefert (die Ausgabe der Augenzahl am Bildschirm ist ein implizites Ergebnis, denn sie
kann nicht weiterverarbeitet werden). Dagegen ist *SORTIERE* eine ambivalente definierte Funktion mit explizitem Ergebnis: Einstellig sortiert sie einen numerischen,
zweistellig einen Textvektor, wobei die Sortierfolge als linkes Argument angegeben
wird.

<table>
<tr><td>

```
      WUERFEL
o   o
  o
o   o
      WUERFEL
o   o
o   o
o   o
```
</td><td>

```
       SORTIERE 7 1 ¯1 5
¯1  1  5  7
       ' ABCD ... Z' SORTIERE 'LEDA'
ADEL
```
</td></tr>
</table>

In Abb. 4 sind die verschiedenen Arten von Funktionen dargestellt, wobei zu beachten ist, daß es keine nullstelligen Elementarfunktionen gibt.

	Mit explizitem Ergebnis	Ohne explizites Ergebnis *)	
Nullstellig *)	$E{\leftarrow}F$	F	
Einstellig	$E{\leftarrow}F\ RA$	$F\ RA$	
Zweistellig	$E{\leftarrow}LA\ F\ RA$	$LA\ F\ RA$	Erläuterung

*) Gilt nur für definierte Funktionen

F Funktion
E Explizites Ergebnis
LA Linkes Argument
RA Rechtes Argument

Abb. 4: Syntax der verschiedenen Funktionsarten

Operatoren in APL2

Wie wir aus dem vorhergehenden Abschnitt wissen, werden in **APL2** Daten mit Hilfe von (Elementar-, System- und definierten) Funktionen bearbeitet. Wenn dabei ein explizites Ergebnis entsteht, ist dies eine Strukturgröße, wie die Argumente der Funktion:

•   Funktionen machen aus Strukturdaten neue Strukturdaten.

In APL können aber auch Funktionen Gegenstand der Bearbeitung sein: **Operatoren** erzeugen aus ihren **Operanden** (so nennt man die Argumente der Operatoren; es handelt sich dabei um Elementar- und definierte Funktionen, teilweise auch um Strukturdaten) neue Funktionen, die man als **abgeleitete Funktionen** bezeichnet:

•   Operatoren machen aus Funktionen und/oder Strukturdaten neue Funktionen.

Man unterscheidet: Elementar- und definierte Operatoren. Operatoren können ein- oder zweistellig sein, entsprechend der Zahl ihrer Operanden, aber sie sind niemals ambivalent. Operatoren haben stets ein explizites Ergebnis, nämlich eine ein- oder zweistellige Funktion, die auch ambivalent sein kann.

Bei einstelligen Operatoren steht der Operand immer **links** vom Operator, und nicht etwa rechts, wie bei den Funktionen.

Bei zweistelligen Operatoren stehen die beiden Operanden **beiderseits** des Operators. Der rechte Operand muß dabei eine Funktion sein, während der linke eine Funktion oder eine Strukturgröße sein kann. Ein Spezialfall ist der zweistellige „Produktoperator", bei dem im Falle des dyadischen Produktes der überflüssige linke Operand durch das Platzhaltersymbol ∘ ersetzt wird.

Die **Elementaroperatoren** sind, wie die Elementarfunktionen, Bestandteil des **APL2**-Systems, und wie diese haben sie Symbole als Elementarnamen.

Beispiele:

1.   Das Symbol / ist der Elementarname des einstelligen „Reduktionsoperators". Wenn der Operand eine zweistellige Funktion (keine Strukturgröße) ist, dann entsteht als Ergebnis eine ambivalente abgeleitete Funktion:

```
        +/ 2 3 4 5           Einstellige +-Reduktion = Summieren
  14
        2 +/ 2 3 4 5         Zweistellige +-Reduktion = Gruppen-

  5 7 9                      summen bilden (hier: Paarsummen)
```

2. Das Symbol . ist der Elementarname des zweistelligen „Produktoperators". Beide
    Operanden müssen zweistellige Funktionen sein (wobei der linke Operand im Falle
    des dyadischen Produktes durch den Platzhalter ∘ ersetzt wird). Das Ergebnis ist
    eine zweistellige abgeleitete Funktion:

$$1\ 2\ 3\ +.\times\ 4\ 5\ 6 \qquad \text{Zweistelliges inneres } (+.\times)\text{-Produkt}$$
$$3\ 2 \qquad\qquad\qquad\qquad\qquad \text{der Vektor- und Matrizenrechnung}$$

Wie bei den Funktionen besteht auch bei den Operatoren die Möglichkeit, mit Hilfe
eines Editors eigene Operatoren zu erzeugen, **definierte Operatoren**. Syntax und Verwendung der definierten Operatoren enttspricht denen der Elementaroperatoren.

In Abb. 5 sind die verschiedenen Arten von Operatoren und der daraus abgeleiteten
Funktionen zusammengestellt.

Operator		Abgeleitete Funktion	
		Mit explizitem Ergebnis	Ohne explizites Ergebnis
Einstellig	Einstellig	$E \leftarrow (LO\ O)\ RA$	$(LO\ O)\ RA$
Einstellig	Zweistellig	$E \leftarrow LA\ (LO\ O)\ RA$	$LA\ (LO\ O)\ RA$
Zweistellig	Einstellig	$E \leftarrow (LO\ O\ RA)\ RA$	$(LO\ O\ RO)\ RA$
Zweistellig	Zweistellig	$E \leftarrow LA\ (LO\ O\ RO)\ RA$	$LA\ (LO\ O\ RO)\ RA$

Erläuterung
O Operator
E Explizites Ergebnis
LO Linker Operand
RO Rechter Operand
LA Linkes Argument
RA Rechtes Argument

Abb. 5: Syntax der verschiedenen Arten von
Operatoren und abgeleiteten Funktionen

Die definierten Operatoren werden in Teil III, die Elementaroperatoren in Teil II eingehend behandelt.

Achsenangaben

Bei einer Reihe von Elementarfunktionen und -operatoren - sie sind in Abb. 6 zusam-
mengestellt - ist es möglich, eine oder mehrere (Koordinaten-)**Achsen** anzugeben und
damit festzulegen, in welcher Richtung beziehungsweise in welchen Richtungen die
Daten von der Funktion bearbeitet werden sollen. Die Achsenangabe erfolgt in eckigen
Klammern unmittelbar hinter dem Funktions- oder Operationssymbol als ganze Zahl
(Ausnahme bei Aufreihen und Schichten: hier sind gebrochene Zahlen erlaubt). Die
Achsenangabe ist abhängig vom Indexanfang $\square IO$(S. 232). Beispiele:

```
          M                              M,[1]+/M
  1   2   3   4                      1   2   3   4
  5   6   7   8                      5   6   7   8
  9  10  11  12                      9  10  11  12
          +/[1]M                    15  18  21  24
 15  18  21  24
```

```
        'MEIN',[0.5]'BUCH'          |        'MEIN',[1.5]'BUCH'
MEIN                                | MB
BUCH                                | EU
                                    | IC
                                    | NH
```

Die eckigen Klammern [ ] sind syntaktische Zeichen des **APL2**. Sie stellen keine Elementarfunktion oder -operator dar. Man darf sie auch nicht mit der Indexangabe (Traditionell Indizieren) bei Strukturgrößen verwechseln!

Eine Achsenangabe bei einer Funktion (beziehungsweise bei einem Operator), die nicht in Abb. 6 aufgeführt ist, sowie die Angabe von Strichpunkten in der eckigen Klammer, führt zur Fehlernachricht *KOORDINATENFEHLER*.

Zweistellige Skalarfunktionen	
+ Addieren	∧ Mit UND Verknüpfen
− Subtrahieren	∨ Mit ODER Verknüpfen
× Multiplizieren	⩲ Mit NICHT-GLEICHZEITIG Verknüpfen
÷ Dividieren	⩖ Mit WEDER-NOCH Verknüpfen
| Rest Bilden	< Prüfen auf KLEINER
⌈ Maximieren	≤ Prüfen auf KLEINER-Gleich
⌊ Minimieren	= Prüfen auf GLEICH
* Potenzieren	≥ Prüfen auf GRÖSSER-GLEICH
⊛ Logarithmieren	> Prüfen auf GRÖSSER
○ Kreisfunktion Bilden	≠ Prüfen auf UNGLEICH
! Binomialkoeffizient Bilden	

Einstellige nichtskalare Elementarfunktionen	
, Aufreihen	⊂ Einschließen
⌽⊖ Parallel Spiegeln	⊃ Erschließen

Zweistellige nichtskalare Elementarfunktionen		Erläuterung
, Verketten, Schichten	↑ Entnehmen	*F* Zweistellige Funktion
⌽⊖ Rotieren	↓ Entfernen	*V* Numerischer Vektor
⊂ Gruppieren		

Abgeleitete Funktionen (Operatoren)	
F\ F Aufstufen	*F/ F⌿* Reduzieren, Gruppen Reduzieren
V\ V Expandieren	*V/ V⌿* Komprimieren, Mehrfach Auswählen

Abb. 6: Elementarfunktionen und -operatoren, bei denen Achsenangaben möglich sind

APL2-AUSDRÜCKE UND -ANWEISUNGEN

Definitions- und Ausführungszustand des APL2-Systems

In der Zeit, während der Benutzer definierte Funktionen (Programme) oder Operatoren
mit Hilfe eines Editors bearbeitet, befindet sich das **APL2**-System im **Definitionszustand**
(S. 195). Im Gegensatz dazu bezeichnet man den Normalzustand des Systems als
Ausführungszustand.

Im Ausführungszustand erwartet **APL2** Anweisungszeilen vom Benutzer, die sofort nach
Drücken der Freigabetaste ausgeführt werden. Die Aufforderung zur Eingabe von Anweisungen besteht in einem Einrücken des Positionsanzeigers um 6 Stellen vom Bild-
schirmrand. Zur Erläuterung ein kleines Beispiel:

```
      1+1
2
      )LADE VERKAUF
GESICHERT ...
      UMSATZ[10;]←10500.73  12348.99  13601.27
      UMSATZSTATISTIK

   .
(Eine Liste wird gedruckt)

   .
      )SICHERE
20.05.1986 ...
      )ENDE
```

In der ersten Zeile des Beispiels befand sich der Positionsanzeiger anfangs in der 7.
Stelle. Die Anweisung 1+1 wird befolgt: Das Ergebnis erscheint linksbündig, nicht
eingerückt. Der Arbeitsbereich *VERKAUF* wird aus der Bibliothek geholt (Anweisung
eingerückt, Bestätigung nicht). Im Arbeitsbereich steht unter anderem eine Umsatzta-
belle, *UMSATZ*, die vom Benutzer um die Oktoberumsätze ergänzt wird, sowie ein Programm namens *UMSATZSTATISTIK*, das ausgeführt werden soll. Das Ergebnis könnte
beispielsweise eine Liste oder auch eine graphische Darstellung sein. Der Zustand der
Variablen *UMSATZ* soll festgehalten werden: Deshalb der Befehl, den Arbeitsbereich zu
sichern. Dann wird die Sitzung beendet.

Anweisungen und Ausdrücke

Im Beispiel des vorhergehenden Abschnitts traten zweierlei Anweisungen auf: Solche,
die mit dem Zeichen) beginnen, und andere. Erstere sind die sogenannten **Systemanweisungen** des **APL2** (sie werden in Teil V eingehend besprochen), während letztere

die eigentlichen **APL2-Anweisungen** darstellen, von denen im folgenden die Rede sein soll.

In **APL2** haben Anweisungen die Form:

> Zeilenmarke : Ausdruck ⍝ Kommentar

Von den drei Bestandteilen (: gehört zur Zeilenmarke, S. 178, ⍝ zum Kommentar, S. 177) können einer oder zwei wegfallen. Zeilenmarken und Kommentare werden sinnvollerweise nur in definierten Funktionen oder Operatoren verwendet, sie werden also im Definitionszustand eingegeben. Im Ausführungszustand des Systems, in dem jede Anweisungszeile nach Beendigung der Eingabe sofort ausgeführt wird, gibt man üblicherweise nur Ausdrücke ein. Zwei Beispiele hierzu:

```
[17]  PUNKT1:→(12<MONAT←MONAT+1)/PUNKT2  ⍝ NAE.MONAT

      UMSATZ[10;]←10213.79 998.45 27011.84
```

Im ersten Beispiel (Zeile 17 eines Programms) erkennt man die Zeilenmarke (*PUNKT1:*), den Kommentar (⍝ *NAE.MONAT*) und den Ausdruck (→(12<*MONAT←MONAT*+1)/*PUNKT2*). Das zweite Beispiel ist ein Ausdruck ohne Zeilenmarke und Kommentar, der sofort ausgeführt werden soll.

Ein **Ausdruck** in **APL2** setzt sich zusammen aus einem oder mehreren Namen (Elementarnamen, konstruierte Namen) und **syntaktischen Zeichen**. Letztere sind die Symbole:

> ( ) [ ] ∘ ' ; ← →

Der Aufbau der **APL2**-Anweisungen kann durch eine Art Atom-Modell veranschaulicht werden: Die „Atome" (Namen) werden durch „Bindungskräfte" (syntaktische Zeichen) zu „Molekülen" (Ausdrücken) vereinigt, aus denen wiederum die **APL2**-Anweisungen bestehen.

Beispiele für ausführbare **APL2**-Ausdrücke:

> 1+1   (1 und + sind Elementarnamen, S. 33)

> ÷ ⁻1+*V*∘.+*V*←⍳3   (*V* ist konstruierter Name, S. 33; ∘ und ← sind syntaktische Zeichen, S. 49; alles andere sind Elementarnamen)

> *VIEH*←'*KUH*' '*KALB*' '*SCHWEIN*'

> 1 2 3,[0.5]3 2 1

In Abb. 7 sind die Bestandteile von **APL2**-Ausdrücken zusammengestellt, mit Beispielen für typische Vertreter.

Die syntaktischen Regeln für die Zusammensetzung gültiger **APL2**-Ausdrücke werden in einem späteren Abschnitt behandelt.

Wertzuweisung

Wenn man einer Strukturgröße für die weitere Verarbeitung einen Namen vergeben möchte, so geschieht dies durch die sogenannte **Wertzuweisung**, oft auch kurz als Zuweisung bezeichnet. Man spricht bei diesem Vorgang auch vom **Setzen** einer Vari-

	Elementar-namen	Konstruierte Namen	
		Nicht-reservierte Namen	Reservierte Namen
Daten	Konstanten	Variablen	Systemvariablen
		normale / gemeins.	(immer gemeins.)
	1.3 ‾5 2*J*3	*UMSATZ* / *CTLA* *A̲*1 / *DATA*	⎕ und ⍞ ⎕*IO*
Funktionen	Elementar-funktionen	Definierte Funktionen	Systemfunktionen
	⍳ ⍋	*STATISTIK* *PRINT*	⎕*NL* ⎕*SVO*
Operatoren	Elementar-operatoren	Definierte Operatoren	
	⍦	*FT* *GD*	
Syntakt. Zeichen	( )[ ]∘';→←		

Abb. 7: Bestandteile von APL2-Ausdrücken

ablen, im Gegensatz zum **Abfragen**, wo der Wert nur angezeigt und nicht verändert wird. Im einfachsten Fall sieht eine Wertzuweisung folgendermaßen aus:

    Name ← Ausdruck

Der **Zuweisungspfeil** ← gehört zu den syntaktischen Zeichen des **APL2**, bezeichnet also keine Elementarfunktion. Die Leerstellen beiderseits vom ←-Zeichen sind nicht erforderlich und dienen hier nur der Übersichtlichkeit der Darstellung. Rechts vom Zuweisungspfeil steht ein **APL2**-Ausdruck (S. 44), der bei der Ausführung als Ergebnis eine Strukturgröße liefert.

Links vom Zuweisungspfeil steht der konstruierte Name, den die Strukturgröße erhalten soll. Die Regeln für die Namensbildung wurden im vorhergehenden Abschnitt behandelt.

Beispiele für die einfache Wertzuweisung:

ZWEI←1+1	Die Strukturgröße, die als Ergebnis von 1+1 entsteht, also der einfache numerische Skalar 2, erhält den Namen, *ZWEI*. Man kann auch sagen: Die Variable *ZWEI* wird auf den Wert 2 gesetzt. Zur Kontrolle wird die jetzt entstandene Variable *ZWEI* abgefragt:
ZWEI	Nur wenn der Name unmittelbar links vom Zeichen ← steht, wird ein Wert zugewiesen, in

2

	allen anderen Fällen wird der Wert abgefragt.

`ACHT←ZWEI×3.5`
`ACHT`
 	
`7`
	Hier erhält der einfache numerische Skalar 7 den Namen *ACHT* zugewiesen.

`TEXT←'IRGENDEIN  TEXT'`
`TEXT`
`IRGENDEIN TEXT`
	Ein einfacher Textvektor.

Durch erneute Wertzuweisung kann der Wert einer Variablen geändert werden. Dabei gehen alle Eigenschaften der Strukturgröße auf die neu gesetzte Variable über:

`TEXT←ZWEI`
`TEXT`
 	
`2`
	Jetzt ist *TEXT* kein Textvektor mehr, sondern ein numerischer Skalar!

Der links vom Zuweisungspfeil stehende Name darf nicht schon von einer definierten Funktion oder von einem definierten Operator belegt sein: Der Versuch, einer Funktion einen Wert zuzuordnen führt zu einem *SYNTAXFEHLER*.

Innerhalb einer **APL2**-Anweisung dürfen auch mehrere Zuweisungspfeile auftreten. Man spricht dann von **mehrfacher Wertzuweisung**:

```
      C←B←A←0
      A
0
      B
0
      C
0
      □←Z←1+□←Y←1+□←X←0
0
1
2
```

In allen bisherigen Beispielen trat unmittelbar links vom Zeichen ← ein Variablenname ohne weitere Zusätze auf. Das heißt, die betreffende Variable wurde durch die Zuweisung neu gesetzt. Man kann aber durch Zuweisung auch einzelne Komponenten einer Variablen ersetzen, ohne deren Struktur anzutasten. Diese Art der Zuweisung bezeichnet man als **selektive Wertzuweisung**. Auch hierzu einige Beispiele:

`TEXT←3 4ρ'GANGASENSTAU'`
`TEXT`
`GANG`
`ASEN`
`STAU`	

`TEXT[1;2]←'O'`
`TEXT`
`GONG`
`ASEN`
`STAU`
	Eine Komponente wird geändert

`TEXT[3;3 4]←'OA'`
`TEXT`
`GONG`
`ASEN`
	Zwei Komponenten

```
STOA

        (3↑,⊖TEXT)←'□○Δ'          Etwas komplizierter!
        TEXT
GONG
ASEN
□○ΔA


        TEXT[;4]←'*'              Eine ganze Spalte
        TEXT
GON*
ASE*
□○Δ*


        (,TEXT)←12?12            Mal was anderes!
        TEXT
   2  10   7   8
   6   5  11   3
  12   4   9   1
```

Allen diesen Beispielen ist gemeinsam, daß auf die Variable links vom ←-Zeichen vor
der Zuweisung eine Auswahlfunktion angewandt wird, wobei nur die so ausgewählten
Komponenten durch den rechts stehenden Ausdruck ersetzt werden. Dies ist natürlich
nur bei bestimmten Elementarfunktionen möglich: Sie sind in Abb. 8 zusammengestellt.
Eine weitere Voraussetzung ist, daß die betreffende Variable bereits existiert, und daß
die Auswahl eine Strukturgröße liefert, welche mit dem Ergebnis des Ausdrucks verträglich ist.

Es ist zu beachten, daß der Ausdruck links vom Zuweisungspfeil in Klammern gesetzt
werden muß (außer bei einer einfachen, traditionellen Indizierung mit eckigen Klammern). Innerhalb dieser Klammern darf keine weitere Zuweisung zur Variablen stattfinden, auch keine indirekte (Gemeinsame Variablen)!

Wenn auf beiden Seiten des Zuweisungspfeiles Größen von gleicher Struktur stehen,
dann kann man sich mit folgendem einfachen Verfahren auch in komplizierten Fällen
Klarheit darüber verschaffen, welche Komponente der rechts stehenden Größe welche
Komponente der links stehenden Größe ersetzt: Man macht die links ausgewählte
Strukturgröße mit Hilfe der Funktion Aufreihen (,) zu einem Vektor, tut das gleiche mit
der rechts stehenden Größe, und schreibt diese Vektoren elementweise untereinander.
Dabei kommen die zu ersetzenden und die sie ersetzenden Komponenten unter einander zu stehen. Wird dabei eine Komponente mehrmals ausgewählt, dann wird nur das
am weitesten rechts stehende Vorkommen berücksichtigt. Hierzu weitere Beispiele:

Ohne Wiederholungen:

```
          A                              A
   1   2   3   4                  1   2   3   4
   5   6   7   8                  5   6   7   8
   9  10  11  12                  9  10  11  12
          B                              C
  AB                             ABCD
  CD                             EFGH
        (2 ‾2↑A)←B                     (1 0 1/A)←C
Das Ergebnis:                    Das Ergebnis:
          A                              A
   1   2  A   B                  A   B   C   D
   5   6  C   D                  5   6   7   8
   9  10  11  12                 E   F   G   H
```

Einstellige Auswahlfunktionen				
↑S				Erste Komponente Zeigen
,S	,[A]S			Aufreihen
⌽S	⊖S	⌽[A]S	⊖[A]S	Parallel Spiegeln
⍉S				Diagonal Spiegeln

Zweistellige Auswahlfunktionen				
S[I]	L⌷S	L⌷[A]S		Indizieren
L↑S	L↑[1]S			Entnehmen
L↓S	L↓[A]S			Entfernen
LρS				Strukturieren
L⌽S	L⊖S	L⌽[A]S	L⊖[A]S	Rotieren
L⍉S				Transponieren
L⊃S				Herauspicken (nur für eine einzige Komponente)

Abgeleitete einstellige Auswahlfunktionen				
L\S	L⍀S	L\[A]S	L⍀[A]S	Expandieren
L/S	L⌿S	L/[A]S	L⌿[A]S	Reduzieren, mehrfach Auswählen

Bemerkungen

Die Auswahl-Ausdrücke müssen in Klammern gesetzt
    werden (Ausnahme: Traditionell Indizieren)
S: Strukturgröße, die selektiv geändert werden soll,
    rechtes Argument der Auswahlfunktion
A: Achsenangabe
I: Index
L: Linkes Argument der Auswahlfunktion bzw. linker
    Operand des funktionserzeugenden Operators

Abb. 8: Auswahlfunktionen für die selektive Wertzuweisung

Denn:

```
,2 ¯2↑A  ↔  3 4 7 8
              ↑ ↑ ↑ ↑
,B       ↔  A B C D
```

Denn:

```
,1 0 1/A  ↔  1 2 3 4 9 10 11 12
                ↑ ↑ ↑ ↑ ↑ ↑    ↑  ↑
,C        ↔  A B C D E F  G  H
```

Mit Wiederholungen:

```
        A
1   2   3   4
5   6   7   8
9  10  11  12
        B
AB
CD
        A[2 2;3 2]←B
```

Das Ergebnis:

```
        A
1   2   3   4
5   D   C   8
9  10  11  12
```

Denn:

```
,A[2 2;3 2]  ↔  7  6  7  6
                   ↑  ↑
,B           ↔  A  B  C  D
```

Links vom Zuweisungspfeil darf auch mehr als ein Name stehen: Die **Zuweisung zu einer Vektorverbindung** ist erlaubt. Dabei sind allerdings einige Einschränkungen zu beachten: Die Namen in der Namensliste müssen entweder noch frei oder die Namen von „normalen" Variablen (keine System- oder gemeinsame Variabeln) sein. Rechts vom Zuweisungspfeil darf nur ein Vektorausdruck gleicher Länge oder ein Skalar auftreten:

```
        (X Y Z)←⁻1 0 1          (A B C)←(2 3ρι6) 'HANS' 'SUSE'
        X                       A
 ⁻1                         1 2 3
        Y                   4 5 6
  0                             B
        Z                   HANS
  1                             C
                            SUSE

        (OKT NOV DEZ)←0         (U V)←⊂ι3
        OKT                     U
  0                         1 2 3
        NOV                     V
  0                         1 2 3
        DEZ
  0
```

Die Namensliste links vom Pfeil muß in Klammern stehen, weil die Linksbindung des Zuweisungspfeiles stärker ist als die Bindung innerhalb einer Vektorverbindung (S. 49, insbesondere Abb. 9). In der Namensliste dürfen die Variablen nicht indiziert sein:

```
        ⎕←A←'1' 2 '3'
 1 2 3
        ⎕←B←2 3ρι6
 1 2 3
 4 5 6
        (A[2] B)←'*' 0
 UNGUELTIGES ARGUMENT
```

Syntaktische Zeichen

Als Bestandteile von **APL2**-Ausdrücken treten Sonderzeichen auf, die keine Elementarfunktionen oder -operatoren bezeichnen. Man nennt sie, weil sie für die Syntax von Ausdrücken eine Rolle spielen, **syntaktische Zeichen**. Ihre Funktion geht aus folgender Aufstellung hervor:

[ ] Eckige Klammern: Unmittelbar rechts von einer Elementar- oder abgeleiteten Funktion dienen sie der Achsenangabe (S. 40); unmittelbar rechts von einer Strukturgröße bezeichnen sie aber eine Elementarfunktion (Traditionell Indizieren, S. 123).

( ) Runde Klammern: Klammern dienen zur Zusammenfassung. Ausdrücke in
                             Klammern werden vorrangig bearbeitet.

' Hochkomma: Hochkommas sind die Begrenzungszeichen für Textkon-
                             stanten.

← Zuweisungspfeil: Dient zur Vergabe eines Namens an eine Strukturgröße,
                             wodurch eine Variable entsteht, beziehungsweise zur
                             Änderung einer Variablen (Wertzuweisung, S. 45).

→ Verzweigungspfeil: Innerhalb definierter Funktionen oder Operatoren be-
                             stimmt der Verzweigungspfeil, wenn rechts davon ein
                             Ausdruck steht, welche Instruktionszeile als nächste
                             ausgeführt werden soll. Ohne einen solchen Ausdruck
                             bewirkt er, daß im Statusanzeiger die Informationen
                             über die zuletzt unterbrochene Funktion gelöscht wer-
                             den (Programmverzweigung, S. 178; Statusanzeiger, S.
                             187).

; Strichpunkt: In der Kopfzeile von definierten Funktionen dient der
                             Strichpunkt als Trennzeichen zwischen den lokalen
                             Namen, sowie der Trennung zwischen diesen und dem
                             Rest der Kopfzeile (Lokale Namen, S. 174). Bei der tra-
                             ditionellen Indizierung dient er zur Trennung der Indizes
                             für die verschiedenen Achsen (Traditionell Indizieren,
                             S. 123).

∘ Kleiner Kreis: Platzhaltersymbol für den fehlenden Operanden beim
                             Produktoperator (S. 152).

In **APL2**-Anweisungen treten noch zwei weitere syntaktische Zeichen auf, die nicht
Bestandteil von **APL2**-Ausdrücken sind:

: Doppelpunkt: In definierten Funktionen und Operatoren kennzeichnet
                             der Doppelpunkt den unmittelbar links von ihm stehen-
                             den Namen als Zeilenmarke (S. 178).

⍝ Kommentarzeichen: Dieses Zeichen kennzeichnet den dahinter stehenden
                             Teil der **APL2**-Anweisung als Kommentar (S. 177).

Syntax von APL2-Ausdrücken

Nachdem in den vorangegangenen Abschnitten die Bestandteile von
APL2-Ausdrücken besprochen wurden, geht es jetzt um die **Syntax** solcher Ausdrücke,
also um die Regeln ihrer Zusammensetzung.

APL2 kommt mit verhältnismäßig wenigen Syntaxregeln aus. Wenn man diese jedoch
nicht beachtet, kann man die Fehlernachricht *SYNTAXFEHLER* erhalten. Selbstverständlich ist es mit richtiger Syntax allein, also mit formaler Richtigkeit nicht getan: Es
gibt noch viele weitere Fehlerquellen!

Ein **APL2**-Ausdruck besteht bekanntlich aus Namen und syntaktischen Zeichen, wobei
„Namen" hier der Sammelbegriff für Konstanten, Variablen, Funktionen und Operatoren
ist. In erster Linie sind daher die Syntaxregeln zu beachten, die in den vorangegange-

nen Abschnitten dieses Kapitels behandelt wurden, so daß hier jeweils eine summarische Angabe samt Beispiel genügen muß.

1. Vergabe von Namen (S. 33)

    Ein konstruierter Name muß mit einem Buchstaben des **APL2**-Alfabets beginnen. Ansonsten darf er aus Buchstaben, Ziffern und den Sonderzeichen ‾ und _ bestehen:

    gültig: | ungültig:
    $A3$ | $3A$
    $\underline{ADAM}$ | $\underline{AD}$ $\underline{AM}$
    $MEIN\_PROG$ | $MEIN-PROG$
    $\Delta^-\underline{\Delta}$ | $\nabla^-\underline{\Delta}$
    $A\Delta B$ | $S\Delta B$

2. Vektorschreibweise, Vektorverbindung (S. 49)

    Das Nebeneinanderstellen von zwei oder mehr Strukturgrößen, durch Leerstellen getrennt, erzeugt einen Vektor mit diesen Strukturgrößen als Komponenten:

    $1\ \ 2\ \ 3$
    $'ADAM'\ \ 'EVA'$
    $(1\ \ 2\ \ 3)\ \ 'TEXT'\ \ (3\ \ 4\rho\iota12)\ \ 3\ \ 2\ \ 1$

3. Syntaktische Zeichen und Leerstellen

    Eckige und runde Klammern müssen immer paarweise auftreten, ebenso Hochkommas:

    gültig: | ungültig:
    $\rightarrow(X=3)/A12$ | $\rightarrow(X=3/A12$
    $C\leftarrow A,[0.5]B$ | $C\leftarrow A,0.5]B$
    $'WIE\ GEHT''S?'$ | $'WIE\ GEHT'S?'$

    APL2-Systemanweisungen (S. 271) beginnen allerdings mit dem Zeichen).

    Klammern um Ausdrücke sind erlaubt, ebenso um einen Operator mit seinen Operanden. Nicht erlaubt sind Klammern zur Zusammenfassung mehrerer Funktions- oder Operatornamen. Klammern dürfen auch keine Namen zerschneiden oder einen Operator von seinen Operanden trennen:

    gültig: | ungültig:
    $(3\times\rho\rho MAT)$ | $3\times(\rho\rho)MAT$
    $A\ (+.\times)\ B$ | $A+(.\times B)$
    $(ADAM)$ | $(AD)AM$

    Ein Doppelpunkt darf nur hinter einem Namen stehen, der am Beginn einer Zeile steht (Zellenmarken, S. 178):

    gültig: | ungültig:
    $WEITER:$ | $DREI\ MAL\ HOCH:$
    $A:$ | $:A$

    Strichpunkte dürfen, außer in Kopfzeilen definierter Funktionen und Operatoren, nur innerhalb eckiger Klammern auftreten (Traditionell Indizieren, S. 123):

    gültig: | ungültig:

$MAT[2;3]$ | $'UMFANG = ';\circ 2 \times RADIUS$

Der Verzweigungspfeil muß das erste Zeichen in der Zeile, beziehungsweise das
erste Zeichen hinter dem Doppelpunkt einer Zeilenmarke sein. Rechts vom Verzweigungspfeil muß, wenn überhaupt, eine Strukturgröße stehen (Verzweigen, S.
178):

gültig:	ungültig:
$ABC:\rightarrow(A \leq B)/BCD$	$ABC \ \rightarrow(A \leq B)/BCD$
$\rightarrow ABC+1$	$\rightarrow \iota$
$\rightarrow$	

Leerstellen oder Klammern sind aus syntaktischen Gründen erforderlich, um konstruierte Namen von anderen Zeichen zu trennen, wenn ohne sie ein ungültiger
Name entstehen würde (oder ein zwar formal richtiger, aber unerwünschter Name).

gültig:	ungültig:
$3 \ SUMME \ 4$	$3SUMME \ 4$
$3 \ SUMME4$ _(syntaktisch!)	
$3 \ SUMME \ ^{-}4$	
$3 \ SUMME^{-}4$ (syntaktisch!)	

Die Namen von Elementarfunktionen (dasselbe gilt auch für abgeleitete Funktionen
mit Elementaroperator und Elementarfunktionen als Operanden) dürfen, müssen
aber nicht, durch Leerstellen von ihren Argumenten getrennt werden:

$L+R$, $L + R$ und $L \qquad + \qquad R$ sind gültig und gleichbedeutend. Dasselbe
gilt für $A \vee . \neq B$ und $A \quad \vee . \neq \quad B$.

Überall, wo einzelne Leerstellen erlaubt oder erforderlich sind, sind auch mehrere
Leerstellen zulässig.

4. Wertzuweisung (S. 45)

Rechts vom Zuweisungspfeil muß eine Strukturgröße stehen. Links von ihm muß
entweder ein noch nicht vergebener Name stehen, oder der Name einer Strukturgröße (beziehungsweise ein Ausdruck, der eine Auswahl aus einer Strukturgröße
angibt):

gültig:	ungültig:
$A \leftarrow A \ SUMME \ B$	$SUMME \leftarrow A \ SUMME \ B$
$(\phi TEXT) \leftarrow 'ABC'$	$(TEXT, 'X') \leftarrow 'ABCD'$

$SUMME$ ist der Name einer definierten Funktion. Verketten ist keine auswahlerzeu-
gende Funktion.

5. Funktionen und Operatoren (S. 37 bzw. 39)

Zweistellige Funktionen und Operatoren haben links und rechts ein Argument
(beziehungsweise Operanden), einstellige Funktionen haben ihr Argument rechts,
einstellige Operatoren haben ihren Operanden links:

gültig:	ungültig:
$A+B$	
$A+.\times B$	
$-A$	$A-$
$+/A$	$/+A$
$UMSATZ \ 1988$	$1988 \ UMSATZ$

+*FT* 4 2 | *FT*+ 4 2

UMSATZ ist eine einstellige Funktion, *FT* ein einstelliger Operator.

Reihenfolge der Ausführung in APL2-Anweisungen

Eine **APL2**-Anweisung kann aus einer Vielzahl von Konstanten, Variablen, Funktionen, Operatoren und syntaktischen Zeichen bestehen. Dabei ist es wichtig zu wissen, in welcher Reihenfolge die Bearbeitung der Anweisung erfolgt.

Was geschieht beispielsweise, wenn die Anweisung →(2<*B*←1+5⌊*A*←+/ι3)/*C* ausgeführt wird?

Für die Reihenfolge des Abarbeitens zusammengesetzter **APL2**-Anweisungen gibt es drei Regeln:

- Die Substitutionsregel für Klammer-Ausdrücke

- Die Rechts-vor-links-Regel für Funktionsketten

- Die Hierarchie-Regel von der Bindungsstärke für alle anderen Fälle.

1. Die Substitutionsregel für Klammer-Ausdrücke

   Tritt in einer APL2-Anweisung oder in einem APL2-Ausdruck ein Ausdruck auf, der in Klammern gesetzt ist, dann wird das Ergebnis dieses Unterausdrucks ermittelt und an die Stelle des Klammer-Ausdrucks gesetzt, wobei die Klammern weggelassen werden.

   Dies setzt voraus, daß der Klammer-Ausdruck ein Ergebnis hat. (Ist dies nicht der Fall, dann erhält man die Fehlernachricht *NAME OHNE WERT*). Dieses Ergebnis kann eine Strukturgröße, aber ebensogut eine Funktion sein.

   Hierzu zwei Beispiele:

```
( 5-1.3 )×4  Zuerst wird der Inhalt der Klammer ermittelt,
  ( 3.7 )×4  dann kann man die Klammern entfernen.
    3.7×4  Jetzt kann die Multiplikation stattfinden.
     14.8  Das Ergebnis des Ausdrucks.
```

```
( ( ( ( 8-2 )÷3 )+1 )<7 )⌽3  5  Ermitteln   8-2
  ( ( ( 6÷3 )+1 )<7 )⌽3  5  Ermitteln   6÷3
    ( ( 2+1 )<7 )⌽3  5  Ermitteln   2+1
      ( 3<7 )⌽3  5  Ermitteln   3<7
        1⌽3  5  Ermitteln   1⌽3  5
          5  3  Das Ergebnis.
```

Im zweiten Beispiel, in dem eine Klammernschachtelung auftritt, geht der Interpretierer von **APL2** folgendermaßen vor: Zunächst versucht er, die äußere Klammer aufzulösen. Dabei stößt er auf die nächste Klammer. Diese muß zuerst aufgelöst werden, bevor die äußere Klammer aufgelöst werden kann. Beim Versuch, die zweite Klammer aufzulösen, stößt der Interpretierer auf die nächste Klammer. Schließlich kommt er an die letzte, innerste Klammer, die er auflösen kann. Dadurch kann er die zweit-innerste Klammer auflösen, und so weiter.

Der Interpretierer bearbeitet verschachtelte Klammern von außen nach innen, aber die Ausführung erfolgt von innen nach außen!

Im folgenden Abschnitt wird noch auf den Einsatz und die Notwendigkeit von Klammern eingegangen.

2. Die Rechts-vor-links-Regel für Funktionsketten

Tritt in einem APL2-Ausdruck oder in einer Anweisung nur eine einzige Funktion und auch kein Operator auf, dann kann diese Funktion ohne weiteres ausgeführt werden.

Der **APL2**-Interpretierer erkennt am Namen, daß es sich um eine (Elementar-, System- oder definierte) Funktion handelt. Weil es ambivalente Funktionen gibt (und prinzipiell können fast alle Funktionen ambivalent sein), stellt der Interpretierer zunächst fest, ob links vom Namen eine Strukturgröße steht: Ist dies der Fall, dann wird die Funktion als zweistellige Funktion behandelt, andernfalls als ein- oder nullstellige Funktion. Stimmt dann beim Versuch, die Funktion auszuführen, die Anzahl der Argumente nicht mit der Definition der Funktion überein, dann erhält man die Fehlernachricht *FALSCHE ARGUMENTENZAHL*.

Hierzu einige Beispiele:

```
        ⌈3.5            Die Funktion ⌈ ist ambivalent
  4
        2⌈3.5
  3.5
        1=7             Die Funktion = ist zweistellig
  0
        =7
FALSCHE ARGUMENTENZAHL
```

Etwas schwieriger wird es, wenn in einem Ausdruck oder in einer Anweisung mehrere Funktionen auftreten, bei einer Funktionsschachtelung oder -kette. Andere Programmiersprachen haben einen sehr viel kleineren Vorrat eingebauter Funktionen als **APL2**: Dort wird das Prioritätenproblem meist wie in der Schularithmetik durch eine Mischung von Hierarchie- und Stellungsregeln gelöst (Multiplizieren/Dividieren geht vor Addieren/Subtrahieren, aber Potenzieren geht vor allen anderen Rechenfunktionen und so weiter. Bei gleichrangigen Funktionen kommt es auf die Stellung an: Links vor rechts). Bei **APL2** hat man sich wegen der großen Zahl von Funktionen für eine einfache, auch in verschiedenen mathematischen Disziplinen gebräuchliche Stellungsregel entschieden, nämlich die **Rechts-vor-links-Regel**, bei der grundsätzlich alle Funktionen (Elementar- und abgeleitete, System- und definierte Funktionen) gleichrangig sind. **Prioritäten** gibt es zwar auch, aber nur zwischen den Funktionen einerseits und den Operatoren, Zuweisungen, Verzweigungen, Vektorbindungen und Achsenangaben.

Nun aber zur Rechts-vor-links-Regel: Eine Funktionsschachtelung in der Mathematik sieht folgendermaßen aus:
$$y = f_3(f_2(f_1(x)))$$
Man schreibt dafür oft auch vereinfachend:
$$y = f_3 f_2 f_1 (x)$$
Die Verarbeitung erfolgt hier von rechts nach links, was im Gegensatz zur Praxis der meisten Programmiersprachen steht. Dieses Verfahren wurde in **APL2** übernommen. Die Rechts-vor-links-Regel lautet genauer:

Die Ausführungs-Reihenfolge aller Funktionen in einem APL2-Ausdruck hängt von ihrer Stellung im Ausdruck ab, und zwar wird die am weitesten rechts stehende Funktion, deren Argumente (falls erforderlich) bereitstehen, als erste ausgeführt.

Hierzu einige Beispiele (mit Elementarfunktionen, aber die Regel gilt genauso für definierte, abgeleitete und Systemfunktionen):

$5\lceil 2+1$ — Der Ausdruck enthält zwei Funktionen, $\lceil$ und $+$. Beide sind ausführbar. Die am weitesten rechts stehende wird zuerst ausgeführt: $2+1$. Also:

$5\lceil 3$ — Das ergibt:

5

Genauso:

$5\times 2+1$ — Erst wird addiert:

5×3 — Dann wird multipliziert:

15

Die Reihenfolge kann durch Klammersetzung geändert werden:

$(5\times 2)+1$ — Die Addition kann nicht erfolgen, weil das linke Argument noch nicht verfügbar ist. Die Klammer muß zuerst aufgelöst werden:

$10+1$ — Jetzt kann addiert werden:

11

Der Interpretierer bearbeitet eine Funktionskette von links nach rechts, die Ausführung erfolgt jedoch von rechts nach links!

3. Die Hierarchie-Regel für alle anderen Fälle

Wie liegen nun die Dinge, wenn in einer **APL2**-Anweisung oder in einem **APL2**-Ausdruck auch Operatoren, Zuweisungen und Verzweigungen auftreten?

Dies sei zunächst an einem Beispiel erklärt, die Regel folgt weiter unten:

$$\rightarrow(2<B\leftarrow1+5\lfloor A\leftarrow+/1\ \ 2\ \ 3)/C$$

Der Operator $/$ (Reduzieren) hat Priorität vor der Funktion $+$. Er erzeugt die abgeleitete Funktion $+/$ (Summieren, $+$-Reduzieren). Diese wird vom Interpretierer als einstellig erkannt, weil keine Strukturgröße als linkes Argument auftritt. $+/$ ist die am weitesten rechts stehende Funktion, deren Argument zur Verfügung steht: $1\ \ 2\ \ 3$. Also kann $+/1\ \ 2\ \ 3$ ausgeführt werden, was die Summe 6 ergibt:

$$\rightarrow(2<B\leftarrow1+5\lfloor A\leftarrow6)/C$$

Die abgeleitete Funktion $(\ \dots\ )/$ konnte noch nicht ausgeführt werden, weil der Inhalt der Klammer noch nicht ermittelt wurde. Dies gilt weiterhin. Also kommt $\lfloor$ (Minimieren) als nächste ausführbare Funktion infrage, allerdings erst, nachdem die Zuweisung $A\leftarrow6$ erfolgt ist. Die Zuweisung muß daher Vorrang vor der Funktion haben! Jetzt kann die Funktion $5\lfloor 6$ verarbeitet werden, was das Minimum 5 liefert:

$$\rightarrow(2<B\leftarrow1+5)/C$$

Nun kommt die Addition dran: $1+5$ ergibt 6:

$$\rightarrow(2<B\leftarrow6)/C$$

Jetzt erfolgt die Zuweisung $B \leftarrow 6$, dann der Vergleich $2 < 6$ mit dem Ergebnis 1. Die Klammer kann entfallen:

$$\rightarrow 1 / C$$

Der Operator / erzeugt mit dem linken Operanden 1 die abgeleitete Funktion 1/ (Komprimieren), deren rechtes Argument, der Wert der Zeilenmarke C, bekannt ist. Die Funktion wird ausgeführt und liefert als Ergebnis den Wert von C:

$$\rightarrow C$$

Die Verzweigung → wirkt in der Hierarchie wie eine einstellige Funktion, wird aber erst hinter allen Funktionen ausgeführt, weil sie ja immer ganz links in der Anweisung auftritt. $\rightarrow C$ bewirkt also am Ende eine Programmverzweigung zur Zeile mit der Marke C (Der Wert von C ist eine positive ganze Zahl, nämlich die Nummer der Zeile, in der C steht).

Die **Hierarchie-Regel**, die hier angewandt wurde, lautet:

Vorrang hat stets der Vorgang mit der stärkeren Bindung.

In Abb. 9 sind die Bindungsvorgänge, die in einem **APL2**-Ausdruck oder einer **APL2**-Anweisung auftreten können, in einer Tabelle nach absteigender Bindungsstärke zusammengestellt.

Symbol	Art und Richtung der Bindung
x [ ]	Eckige Klammer an Funktion/Operator (Achsenangabe) oder an Strukturgröße (Traditionell Indizieren)
x ←	Wertzuweisung - links: Empfangende Strukturgröße an Zuweisungspfeil
o x	Operation - rechts: Rechter Operand an zweistelligen Operator
x x	Vektorverbindung von Strukturgrößen
x o	Operation - links: Linker Operand an Operator
x f	Funktion - links: Linkes Argument an zweistellige Funktion
f x →x	Funktion - rechts: Rechtes Argument an Funktion Sprungadresse an Verzweigungspfeil
←x	Wertzuweisung - rechts: Abgebende Strukturgröße an Zuweisungspfeil

Abb. 9: Bindungsvorgänge, geordnet nach abnehmender Bindungsstärke

Zur Erläuterung der Tabelle noch einige Beispiele:

Ist $B \leftarrow A[I]$ gleichbedeutend mit $(B \leftarrow A)[I]$ oder mit $B \leftarrow (A[I])$? Mit anderen Worten: Ist die Bindung von A an ← oder an [ ] stärker? Laut Tabelle ist die Bindung an die eckige Klammer die stärkste Bindung überhaupt, so daß $B \leftarrow A[I]$ aufzufassen ist, wie $B \leftarrow (A[I])$ Umgekehrt bedeutet dies auch, daß im zuletzt genannten Ausdruck die Klammern weggelassen werden können.

Wie ist der Ausdruck $U \ V + . \times W \ X$ aufzufassen? Die Tabelle zeigt zunächst, daß die Bindung der Operanden an einen Operator stärker ist, als die der Argumente an eine Funktion. $V +$ ist demnach schwächer als $+.$, und $.\times$ ist stärker als $\times W$. Die Zeichenfolge $+.\times$ bezeichnet somit die abgeleitete Funktion „Inneres Produkt Bilden", und es ergibt sich, rein schematisch, das Bild: $U \ VfW \ X$. Außerdem zeigt die Tabelle, daß die Vektorschreibweise stärker bindet als eine Funktion. Es gilt somit,

daß U $V+.\times W$ X gleichbedeutend ist mit $(U\ V)$ $(+.\times)$ $(W\ X)$. Der Ausdruck
$1\ 2+.\times 3\ 4$ ergibt daher den Wert 11 (entsprechend der Definition des inneren
Produktes: $(1\times 3)+(2\times 4)$.

Klammersetzung

Klammern dienen der Zusammenfassung. Außerdem benötigt man sie, um die Reihenfolge der Ausführung zu ändern, die ja von der Bindungsstärke der einzelnen Bestandteile eines Ausdrucks abhängt.

In **APL2**-Anweisungen und -Ausdrücken müssen Klammern stets paarweise auftreten
(im Gegensatz beispielsweise zu **APL2**-Systemanweisungen und CMS-Anweisungen,
wo auch einzelne offene oder geschlossene Klammerzeichen vorkommen können). Der
innerhalb eines Klammernpaares stehende Teilausdruck muß stets ein eindeutiges
Ergebnis haben (dieses Ergebnis kann eine Strukturgröße, eine Funktion oder ein Operator sein). Wenn dies nicht der Fall ist, erhält man die Fehlermeldung *NAME OHNE
WERT*.

Wie bereits im vorigen Abschnitt besprochen, erfolgt die Auflösung der Klammern in
der Weise, daß zunächst das Ergebnis des Teilausdrucks in der Klammer ermittelt wird.
Dann ersetzt dieses Ergebnis die Klammer, wobei die Klammernzeichen wegfallen:

	$(3\times 7)-6$	Berechnung von 3×7 und Einsetzen
	$(21)-6$	Klammern fallen weg
	$21-6$	Fortsetzung der Bearbeitung,
15		Ergebnis.

Bei Klammernschachtelung erfolgt die Klammernauflösung von innen nach außen, wie
im vorigen Abschnitt bereits dargestellt.

Wenn man die Regeln der Klammersetzung - Paarigkeit, Teilausdruck in der Klammer
muß Ergebnis haben - beachtet, dann ist es erlaubt, auch mehr Klammern als unbedingt
erforderlich zu setzen, beispielsweise um die Lesbarkeit eines Ausdrucks zu verbes-
sern. Man spricht hier von **redundanten Klammern**. Umgekehrt kann man redundante
Klammern jederzeit weglassen, weil sie zur Ausführung nichts beitragen:

	$(1+2)+(3+4)$		$3\times(4+5)$
10		27	
	$1+2+3+4$		$3\times 4+5$
10		27	

Klammern um einzelne (Elementar- oder konstruierte) Namen sind stets redundant,
ebenso Klammern um Ausdrücke, die bereits in Klammern oder Hochkommas stehen.
Deshalb sind die Klammern in nachstehenden Ausdrücken redundant:

$1(+)2$	$(1)+2$	$TEXT\vee(.)\neq'\ '$	$(LINKS)+(RECHTS)$
$('HAUS')$	$((1+1))$	$1\ (2)\ 3$	

Nicht redundant sind dagegen die Klammern in diesen Beispielen:

	$(16-8)\div 4$		$\rho 1\ (2\ 3)$		$'A'\ (2\ 3\rho\iota 6)$
2		2		A	$1\ 2\ 3$
					$4\ 5\ 6$
	$16-8\div 4$		$\rho 1\ 2\ 3$		$'A'\ 2\ 3\rho\iota 6$
14		3		$UNGUELTIGES\ ARGUMENT$	

Ein- und Ausgabe mit □ *und* ⍞

In **APL2** gibt es verschiedene Möglichkeiten der Ein- und Ausgabe: Wie in anderen
Programmiersprachen hat man auch in **APL2** die Möglichkeit, Datenbestände auf externen Datenträgern (Magnetplatten und dergleichen) und Ein-/Ausgabeeinrichtungen
anzusprechen. Das geschieht mit Hilfe von Service-Einrichtungen des Wirtssystems,
unter dem **APL2** läuft. Diese werden dem **APL2**-System über sogenannte Verbindungs-
und Partnerprogramme verfügbar gemacht. Dialog-Ein-/Ausgabe kann mit Hilfe eines
Partnerprogramms für volle Bildschirmfunktionen in Menü-Technik erfolgen. Im vierten
Teil dieses Handbuches wird beschrieben, wie man Partnerprogramme über gemeinsame Variablen anspricht.

Die **APL2**-Sprache bietet aber auch selbst, ohne weitere Hilfsmittel, verschiedene Möglichkeiten der Ein- und Ausgabe im Dialog, die hier besprochen werden sollen.

Die einfachste Form ist die direkte Ein- oder Ausgabe:

Direkte Eingabe bedeutet: Man gibt Werte (eine Strukturgröße oder einen Ausdruck, der
eine Strukturgröße zum Ergebnis hat) ein, und weist sie einer Variablen zu:

```
A←1 2 3
TEXT←'EIN TEXT'
WERTE←o0 0.1 0.2
```

Die Eingabe eines **APL2**-Ausdrucks im Ausführungszustand ist eine Aufforderung an
APL2, diesen Ausdruck zu verarbeiten, sein Ergebnis zu ermitteln.

Direkte Ausgabe bedeutet: Man gibt über die Tastatur den Namen einer Variablen ein
(oder einen **APL2**-Ausdruck, der eine Strukturgröße zum Ergebnis hat), aber ohne
Zuweisung zu einer Variablen:

```
      WERTE
0 0.3141592654 0.6283185307
      1+A
2 3 4
      ''  LZ
```

Das Ergebnis eines **APL2**-Ausdrucks wird, wenn es keiner Variablen zugewiesen wird,
ausgegeben, also am Bildschirm angezeigt. Dies benützt man auch innerhalb von definierten Funktionen, den Programmen in **APL2**: In der definierten Funktion *MEINPROG*
steht folgende Zeile:

```
[10]   'BITTE JETZT DEN VORNAMEN EINGEBEN:'
```

Wenn *MEINPROG* aufgerufen wird, erscheint zum Zeitpunkt der Bearbeitung dieser
Zeile am Bildschirm folgender Text:

```
BITTE JETZT DEN VORNAMEN EINGEBEN:
```

Eine weitere Möglichkeit der Ein- und Ausgabe ergibt sich durch die Verwendung der
Systemvariablen □ und ⍞, die in Teil IV dieses Buches eingehend behandelt werden.
An dieser Stelle sollen einige Beispiele zur Einführung genügen:

Eingabeanforderung mit Auswertung: Wenn in einer **APL2**-Anweisung das Zeichen □
nicht unmittelbar vor dem Zuweisungspfeil ← steht, dient es zur Anforderung von Eingabe. Dies wird in definierten Funktionen gerne benützt, wenn eine Eingabeaufforderung an den Benutzer programmiert werden muß (eine Alternative zur erwähnten

Menü-Technik). Wenn bei der Verarbeitung das ⎕-Zeichen erreicht wird, wird der Benutzer mit ⎕: zur Eingabe von Daten oder eines **APL2**-Ausdrucks aufgefordert, der eine Strukturgröße als explizites Ergebnis liefert. Die eingegebenen Werte, beziehungsweise das Ergebnis des eingegebenen Ausdrucks, werden dann anstelle des ⎕-Zeichens in der **APL2**-Anweisung weiterverarbeitet. Nach der Anzeige von ⎕: wird übrigens der Positionsanzeiger, wie üblich, um 6 Stellen eingerückt:

```
      A←⎕
⎕:
      1 2 3    (_ ist der Positionsanzeiger)
      A
1 2 3
      TEXT←⎕
⎕:
      'EIN TEXT'
      TEXT
EIN TEXT
      V←⎕,⎕,⎕
⎕:
      'AB'
⎕:
      'CD'
⎕:
      'EF'
      V
EFCDAB
      3×⎕
⎕:
      37
111
```

Textkonstanten werden, wie bei der direkten Eingabe, in Hochkommas gesetzt.

Ausgabe im Dialog: Wenn in einer **APL2**-Anweisung das Zeichen ⎕ unmittelbar vor dem Zuweisungspfeil steht (⎕←), dann dient es zur Ausgabe. Auch hiervon wird innerhalb von definierten Funktionen Gebrauch gemacht, insbesondere beim Ausprüfen neuer **APL2**-Programme:

```
      TEXT
EIN TEXT
      ⎕←TEXT
EIN TEXT
      T←TEXT
aber:
      ⎕←T←TEXT
EIN TEXT
      ⎕←C←1+B←1+⎕←A←0
0
2
```

Wie man sieht, kann die mit ⎕← ausgegebene Strukturgröße anschließend weiterverarbeitet werden. Das letzte Beispiel zeigt auch, wie man sich in der Testphase eines Programms Zwischenergebnisse anzeigen lassen kann.

Anforderung von Texteingabe: Wenn das Zeichen ⍞ in einer **APL2**-Anweisung nicht unmittelbar links vom Zuweisungspfeil ← erscheint, dient es zur Anforderung von Texteingabe. Während man aber bei der ⎕-Anforderung einen **APL2**-Ausdruck eingeben kann, der eine beliebige Strukturgröße zum Ergebnis hat, wird bei der ⍞-Anforderung

alles, was eingegeben wird, als Textvektor aufgefaßt, und somit nicht verarbeitet. Die
Aufforderung zur Eingabe erfolgt durch einfaches Freigeben der Tastatur, ohne die
Zeichen ⎕: und ohne Einrücken des Positionsanzeigers. Man sollte deshalb vorher
immer einen Hinweistext ausgeben! Hochkommas sind nicht erforderlich (wenn man sie
angibt, werden sie als Bestandteil des Textvektors aufgefaßt):

```
        A←⍞
EIN TEXT   (_ ist der Positionsanzeiger)
        A
EIN TEXT
        WERTE←⍞
oo 0.1 0.2
        WERTE
oo 0.1 0.2
        ρWERTE
10
```

Eine Fortsetzung des Beispiels *MEINPROG*:

```
[10]  'BITTE JETZT DEN VORNAMEN EINGEBEN:'
[11]  VORNAME←⍞
```

Beim Aufruf dieser Funktion erscheint:

```
BITTE JETZT DEN VORNAMEN EINGEBEN:  _   (_ ist der Positionsanzeiger)
```

Ausgabe mit Anhalten: Wenn das Zeichen ⍞ unmittelbar links vom Zuweisungspfeil
steht (⍞←), dann dient es, wie ⎕ zur Ausgabe, mit dem Unterschied allerdings, daß,
wenn zwischen zwei ⍞-Ausgaben keine Eingabe erfolgt, ohne Zwischenraum oder Zei-
lenvorschub weitergeschrieben wird. Der Positionsanzeiger wird also am Ende der
Ausgabezeile so lange angehalten, bis Eingabe angefordert wird:

```
        TEXT
EIN TEXT
        ⍞←EIN TEXT
EIN TEXT
        T←(⍞←'ATE'),⍞←'M'
MATE
        T
ATEM
        V←(⍞←0),⍞←1+1
20
        V
0 2
```

Dies ist besonders in definierten Funktionen sinnvoll:

```
[35]  ⍞←VORNAME,' '
[36]  ⍞←NACHNAME
```

Beim Aufruf der Funktion erscheint dann beispielsweise:

```
HANS HANSEN
```

Kombinierte Aus-/Eingabe: Wenn nach einer Textausgabe mit Anhalten (⍞←), ohne zwi-
schenzeitliche Ein- oder Ausgabe, Texteingabe (←⍞) erfolgt, dann wird als Eingabewert
ein Textvektor übergeben, der aus den ausgegebenen Zeichen und den daran ange-
hängten Eingabezeichen besteht. Wird bei der Eingabe der Ausgabetext, oder ein Teil

davon, überschrieben, dann erscheinen die darübergeschriebenen Zeichen anstelle der
ausgegebenen im Eingabevektor. Ausgabezeichen, die **nicht** verändert wurden, werden
durch das in der Systemvariablen ⎕*PR* stehende Anforderungsersatzzeichen (S. 224)
überschrieben, wenn ⎕*PR* nicht leer ist:

```
        ∇
[0]     E←PROGNEU
[1]     ⍞←'BITTE EINGEBEN: '
[2]     E←⍞
        ∇

        ⎕PR←''
        T←PROGNEU
BITTE EINGEBEN: _
```

Der Benutzer überscheibt den Text *EINGEBEN* mit *LASS MICH* und gibt als Eingabe
den Text *IN RUHE* dahinter ein, so daß die Zeile jetzt so aussieht:

```
BITTE LASS MICH IN RUHE
```

Und es ergibt sich, weil ⎕*PR* leer ist:

```
        T
BITTE LASS MICH IN RUHE
        ρT
23
```

Aber:

```
        ⎕PR←'*'
        T←PROGNEU
BITTE EINGEBEN: _
```
Wie oben:
```
BITTE LASS MICH IN RUHE
        T
******LASS MICH IN RUHE
```

TEIL II ELEMENTARFUNKTIONEN UND ELEMENTAROPERATOREN

EINFÜHRUNG

Die Eigenschaften der Elementarfunktionen und -operatoren

Kennzeichnend für APL sind seine „mathematischen" Symbole. Ihre Kürze und die Möglichkeiten der hinter Ihnen stehenden Funktionen sind es, die APL - und ganz besonders **APL2** - zu einer ebenso reizvollen wie prägnanten und mächtigen Programmiersprache machen!

In diesem zweiten Teil des Handbuches werden die Funktionen und Operatoren behandelt, die Bestandteil des **APL2** sind, und die durch Symbole aufgerufen werden, also die Elementarfunktionen und -operatoren des **APL2**, sowie die von letzteren erzeugten abgeleiteten Funktionen.

Eine allgemeine Einführung in Funktionen und Operatoren wurde bereits in Teil I gegeben (S. 37, 39 und die anschließenden Abschnitte des Kapitels), so daß folgende Eigenschaften als bekannt vorausgesetzt werden können:

Es gibt einstellige und zweistellige, aber keine nullstelligen Elementarfunktionen.

Alle Elementarfunktionen liefern ein explizites Ergebnis, so daß es möglich ist, mehrere Elementarfunktionen hintereinander zu schreiben.

Der Aufruf einer Elementarfunktion erfolgt in der Form:

- Einstellig: Funktionssymbol Argument: $\iota\,3$

- Zweistellig: Argument Funktionssymbol Argument: $5-3$

Die Argumente der Elementarfunktionen sind Strukturgrößen. Es gibt neben diesen **expliziten Argumenten** noch Größen, die das Ergebnis der Elementarfunktionen beeinflussen können, also **Implizite Argumente**. Dazu gehören beispielsweise der Indexanfang, die Toleranz und die Zahlenlänge. Diese Größen werden im folgenden Abschnitt eingehender behandelt.

Es gibt einstellige und zweistellige Elementaroperatoren. Ihre Operanden sind entweder ein- oder zweistellige Funktionen oder auch Strukturgrößen. Sie haben stets ein explizites Ergebnis, eine ein- oder zweistellige abgeleitete Funktion.

Der Aufruf eines Operators erfolgt in der Form:

- Einstellig: Operand Operatorsymbol: $+\,\backslash$

- Zweistellig: Operand Operatorsymbol Operand: $+\,.\,\times$

* Ausnahme Dyadisches Produkt: Platzhalter Operatorsymbol Operand: $\circ.\times$

In den folgenden Kapiteln wird, zur Vermeidung von Bandwurm-Ausdrücken, der Vorsatz „Elementar-" weggelassen, zumal er sich von selbst versteht. Wir werden also etwa von „Skalarfunktionen" und nicht von „Skalaren Elementarfunktionen" oder „Elementaren Skalarfunktionen" sprechen.

In Anlehnung an die Gepflogenheit in anderen APL-Veröffentlichungen wird auch in diesem Handbuch die Tatsache, daß zwei Ausdrücke A und B exakt das gleiche Ergebnis liefern, durch das Zeichenpaar $\leftrightarrow$ dargestellt: $A \leftrightarrow B$. Man kann dies lesen als: „A und B sind äquivalent.".

Implizite Argumente

Wie im vorigen Abschnitt bereits angedeutet gibt es Größen aus der Systemumgebung, welche die Arbeitsweise der Elementarfunktionen beeinflussen können, und die man deshalb als **Implizite Argumente** dieser Funktionen bezeichnen kann.

Der **Indexanfang** bestimmt, ob Indizes und Achsenangaben ab 0 oder 1 gezählt werden sollen. Dieser Wert wird durch die gleichnamige Variable $\Box IO$ gesetzt (S. 232). Der Indexanfang beeinflußt folgende Funktionen beziehungsweise Angaben: [ ] (Traditionell Indizieren und Achsenangabe), ⎕ (Indizieren), ι (Index Zeigen und Indexvektor Bilden), ? (Zufallszahl Auswählen und Stichprobe Nehmen), ⍋ (Sortier- und Ordnungsindex Bilden, aufsteigend), ⍒ (Sortier- und Ordnungsvektor Bilden, absteigend), ⊃ (Herauspicken), ⍉ (Transponieren) und $\Box FX$ (Zur Funktion Erheben).

Die **Ausgabe-Stellenzahl** bestimmt, wieviel gültige Ziffern angezeigt werden sollen. Dieser Wert wird durch die gleichnamige Systemvariable $\Box PP$ gesetzt (S. 232). Beeinflußt wird die Funktion ⍕ (Deaktivieren).

Die **Ausgangszufallszahl** bestimmt, welche Zufallszahl als nächste an die Reihe kommt. Dieser Wert wird durch die gleichnamige Systemvariable $\Box RL$ gesetzt (S. 233). Beeinflußt werden die Funktionen ? (Zufallszahl Auswählen und Stichprobe Nehmen).

Die **Format-Steuerzeichen**, die im Ergebnis erscheinen sollen (Dezimalpunkt oder -komma, Schutzzeichen und dergleichen) werden durch die gleichnamige Systemvariable $\Box FC$ gesetzt (S. 229). Beeinflußt wird die Funktion ⍕ (Formatieren).

Die **Vergleichstoleranz** bestimmt, mit welcher (relativen) Genauigkeit zwei Zahlen übereinstimmen müssen, um vom System als gleich angesehen zu werden. Der Wert wird durch die gleichnamige Systemvariable $\Box CT$ gesetzt (S. 230). Die Vergleichstoleranz beeinflußt folgende Funktionen: Alle Vergleichsfunktionen < ≤ = ≥ > ≠ (Prüfen auf Kleiner, Kleiner-Gleich, Gleich, Größer-Gleich, Größer, Ungleich), ≡ (Prüfen auf Identisch), ⌈ (Aufrunden), ⌊ (Abrunden), | (Rest Bilden), ι (Index Zeigen), ∊ (Existenz Prüfen) und ⍷ (Muster Suchen).

Die **Systemtoleranz** bestimmt, ob eine Zahl als Boolesch, als ganz oder als reell angesehen werden soll, wenn sie nahezu Boolesch, ganz oder reell ist. Dieser Wert kann vom Benutzer nicht beeinflußt werden.

Ersatzfunktionen

Alle Elementarfunktionen in **APL2** haben eine sogenannte **Ersatzfunktion**: Wenn leere
Argumente auftreten, wird anstelle der Funktion deren Ersatzfunktion ausgeführt, wobei
die Prototypen der Argumente als Argumente auftreten. Das dabei entstehende Ergebnis wird als Prototyp des eigentlichen Ergebnisses verwendet.

In Abb. 10 sind die Ersatzfunktionen der Elementarfunktionen zusammengestellt.

Elementarfunktion		Ersatzfunktion
Einstellige Skalarfunktion	S B	$B \neq 0$
Invertieren	$\boxplus$ B	$\diamond$ B
Zweistellige Skalarfunktion	A S B	$B \neq A$
Lineares Gleichungssystem Lösen	A $\boxplus$ B	$((1\downarrow\rho B),1\downarrow\rho A)\rho 0$
Alle anderen gemischten Funktionen	F B und A F B	F B

Abb. 10: Ersatzfunktionen der Elementarfunktionen

Nicht alle abgeleitete Funktionen haben Ersatzfunktionen:

Die abgeleiteten Funktionen Komponentenweise Ausführen $L^{\,..}$ B, Paarweise ausführen
A $L^{\,..}$ B und Dyadisches Produkt Bilden A $\circ.R$ B haben als Ersatzfunktion die Ersatzfunktion von L beziehungsweise R.

Die abgeleiteten Funktionen Reduzieren $L/$ B und Gruppenweise Reduzieren A $L/$
B haben als Ersatzfunktion eine sogenannte **Einheitsfunktion**: Sie liefert als Ergebnis
das **Einselement** von L, falls L ein Einselement hat. Wenn L kein Einselement hat, dann
hat auch die abgeleitete Funktion keine Ersatzfunktion. Dies gilt insbesondere, wenn L
eine definierte Funktion ist. Die Einheitsfunktionen und Einselemente werden im Kapitel
über die Elementaroperatoren behandelt (S. 155).

Die abgeleitete Funktion Skalares Produkt Bilden A $L.R$ B hat nur dann eine Ersatzfunktion, wenn sowohl $\circ.R$ als auch $L/$ eine Ersatzfunktion haben.

Die abgeleiteten Funktionen von definierten Operatoren haben alle als Ersatzfunktion
die Identität, also die Funktion, die auf das rechte Argument B angewandt, B als Ergebnis liefert.

SKALARFUNKTIONEN

Allgemeines

Die Elementarfunktionen des **APL2** lassen sich zwanglos in zwei Gruppen zusammenfassen: Zum einen in die Gruppe der **Skalarfunktionen**, die so genannt werden, weil sie
mit einfachen Skalaren als Argumenten auch einfache Skalare als Ergebnisse liefern;
zum andern die Gruppe der **gemischten Funktionen**, die diese Eigenschaft nicht haben.

Im Gegensatz zu den gemischten Funktionen sind die Skalarfunktionen eine sehr einheitliche Gruppe mit vielen gemeinsamen Eigenschaften. Insbesondere gilt:

- Die Skalarfunktionen sind zunächst für einfache Skalare als Argumente definiert.
  Das Ergebnis ist bei solchen Argumenten ebenfalls ein einfacher Skalar.

- Die Definition läßt sich für alle ein- und zweistelligen Skalarfunktionen einheitlich
  auf beliebige Strukturgrößen als Argumente erweitern.

- Dies setzt bei den zweistelligen Skalarfunktionen voraus, daß die beiden Argumente
  zueinander passen. Deshalb gibt es, für alle zweistelligen Skalarfunktionen gemeinsame, Verträglichkeitsbedingungen.

- Die Erweiterung auf leere Strukturgrößen als Argumente erfolgt ebenfalls einheitlich
  für alle ein- beziehungsweise zweistelligen Skalarfunktionen.

- Bei allen zweistelligen Skalarfunktionen ist eine Achsenangabe möglich, bei den
  einstelligen Skalarfunktionen allerdings nicht.

Zu den Skalarfunktionen zählen übrigens alle Rechenfunktionen, viele mathematische
Funktionen, die meisten Vergleichs- und alle Booleschen Funktionen.

Einführung in die einstelligen Skalarfunktionen

Die einstelligen Skalarfunktionen sind für einfache Skalare als Argumente definiert, und
zwar speziell für numerische Skalare, Zahlen, weil es sich um Rechen- und mathematische Funktionen, sowie um eine Boolesche Funktion handelt. Das Ergebnis ist bei einem solchen Argument auch immer ein einfacher numerischer Skalar:

```
      -7           -0           - ̄7        -1.5J ̄3.48
 ̄7          0            7          ̄1.5J ̄3.48
```

Die Erweiterung der Definition auf nicht-leere einfache mehrdimensionale und auf
nicht-leere allgemeine Strukturgrößen erfolgt, indem die einstellige Skalarfunktion auf
jedes Element der Strukturgröße angewandt wird:

```
      ‾1 0 ‾1
 ‾1 0 1

      ~1 0
 0 1

      □←M←2 2ρ⍳4
 1 2
 3 4
      ÷M
 1            0.5
 0.3333333333 0.25
```

```
        ?6 6 6 6 6
 1 5 3 4 2

       *1 ‾1
 2.718281828 0.3678794412

      □←A←(⊂1 2) (⊂3 4)
  1 2   3 4
      ×A
 1 1   1 1
```

Mathematisch ausgedrückt, bedeutet dies: Die einstelligen Skalarfunktionen sind distributiv bezüglich der Indizierung und des Herauspickens. Das heißt, es gilt:

$$(f\ X)[I] \quad\leftrightarrow\quad f\ X[I]$$
$$A\square f\ X \quad\leftrightarrow\quad f\ A\square X$$
$$A\supset f\ X \quad\leftrightarrow\quad f\ A\supset X$$

(wobei I ein für die Strukturgröße X gültiger Indexausdruck, A ein gültiger Pfad zu einer Komponente von X und f eine einstellige Skalarfunktion ist). Für diese Eigenschaft wird auch folgender Ausdruck verwendet: Die einstelligen Skalarfunktionen sind **durchdringende Funktionen**, weil sie bei Anwendung auf allgemeine Strukturgrößen, unmittelbar auf deren Komponenten und Elemente wirken, also gewissermaßen die gesamte Struktur durchdringen. Umgekehrt gilt: Jede Funktion, für welche die oben gemachten Aussagen zutreffen, ist eine einstellige Skalarfunktion.

Die Erweiterung der Definition auf leere Strukturgrößen erfolgt, indem auf das Argument eine **Ersatzfunktion** angewandt wird, die für alle einstelligen Skalarfunktionen identisch ist. Diese Ersatzfunktion liefert als Ergebnis die leere Strukturgröße selbst, sofern diese rein numerisch ist, andernfalls eine numerische Strukturgröße von gleicher Gestalt: Es erfolgt also eine Verwandlung von leeren Text- und gemischten Strukturgrößen in leere numerische Strukturgrößen. Dies ist insofern bemerkenswert, als die einstelligen Skalarfunktionen ja rein numerische oder Boolesche Funktionen sind, die bei nicht-numerischen Werten die Fehlernachricht *UNGUELTIGES ARGUMENT* hervorrufen. Beispiele für leere Strukturgrößen als Argumente:

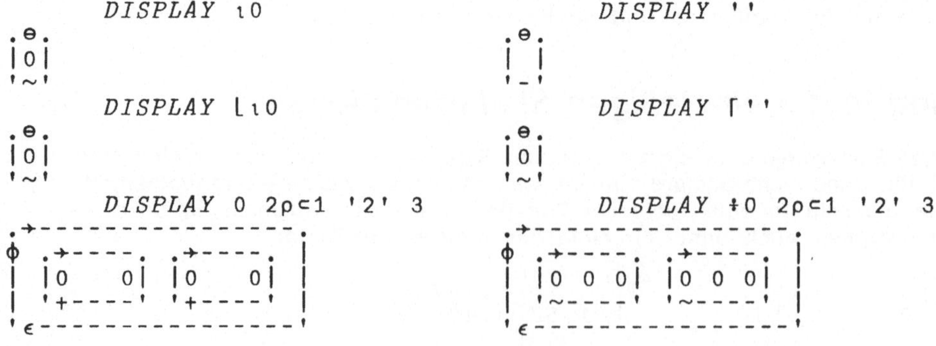

Die einstelligen Skalarfunktionen +-×÷|*⊛⌊⌈○!?~

Konjugiert-komplexe Zahl Bilden	$C \leftarrow +B$

C enthält die konjugierten Werte zu den Werten in B: $C \leftarrow\rightarrow \bar{B}$.

Für reelle Werte B gilt: $C \leftarrow\rightarrow B$.

B kann eine beliebige numerische Größe sein.

```
      +2J3 3J¯2
2J¯3 3J2

      +2  0  ¯3
2  0  ¯3
```

Vorzeichen Umkehren	$C \leftarrow -B$

C enthält die Werte von B, aber mit umgekehrtem Vorzeichen: $C \leftarrow\rightarrow 0-B$.

B kann eine beliebige numerische Größe sein.

```
      -2  0  ¯3
¯2  0  3

      -2J¯3 3J¯2
¯2J3 ¯3J2
```

Richtung Zeigen	$C \leftarrow \times B$

C enthält zu jeder Zahl in B die Zahl mit gleichem Phasenwinkel, deren Betrag gleich 1 ist: $C \leftarrow\rightarrow B \div (|B)+B=0$.

Für reelle Werte B gilt: Alle positiven Zahlen ergeben 1, alle negativen Zahlen ergeben ¯1, und Nullen ergeben wieder Nullen (Signum-Funktion).

B kann eine beliebige numerische Größe sein.

```
        ×4J3  ¯3J¯4
0.8J0.6 ¯0.6J¯0.8

        ×2.7 0 ¯1.3
1  0  ¯1

        ×1J0 0J1 ¯1J0 0J¯1
1  0J1 ¯1 0J¯1
```

Kehrwert Bilden	$C \leftarrow \div B$

C enthält zu jeder Zahl in B den Kehrwert: $C \leftarrow\rightarrow 1 \div B$.

B kann eine beliebige numerische Größe sein, deren Elemente alle ungleich 0 sind.

```
       ÷4  ¯0.2 3
0.25 ¯5 0.3333333333

       ÷4J3 3J¯4
0.16J¯0.12 0.12J0.16
```

Absolutbetrag Bilden	$C \leftarrow |B$

C enthält zu jeder Zahl in B den Absolutbetrag: $C \leftarrow\rightarrow (B \times +B)*0.5$.

B kann eine beliebige numerische Größe sein.

```
       |¯1.5 0 3.9
1.5  0  3.9

       |4J3 3J¯4 0J1 0J¯1
5  5  1  1
```

Potenzieren zur Basis e $C \leftarrow \star B$

C erhält man, indem man auf die Werte in B die Exponentialfunktion anwendet:

$C \leftarrow e^B$.

B kann eine beliebige numerische Größe sein.

```
     *1  0.5
2.718281828  1.648721271

      *o0  0J1  0J2
1  ‾1  1
```

Natürlichen Logarithmus Bilden $C \leftarrow \circledast B$

C enthält den natürlichen Logarithmus der Werte in B: $C \leftarrow \ln B$.

B kann eine beliebige numerische Größe sein, deren Elemente alle ungleich 0 sind.

```
    ⊛1  2.7182818284  ‾1
0  1  0J3.141592654
```

Abrunden $C \leftarrow \lfloor B$

Für reelle Werte in B gilt: Man erhält die entsprechenden Werte in C, indem man die Werte von B auf die nächste ganze Zahl $\leq B$ abrundet.

Für komplexe Werte in B (mit Realteil R und Imaginärteil I) ermittelt man Real- und Imaginärteil des Ergebnisses nach folgendem Schema:

```
     ⌊6.7  1  ‾1  ‾2.8
6  1  ‾1  ‾3

     ⌊1J2  1.4J2.7  1.7J2.4
1J2  1J3  2J2

     ⌊‾1.2J‾2.7  ‾1.4J‾2.7
‾1J‾3  ‾2J‾3
```

Bedingung	Realteil	Imaginärteil
$1 > (R-\lfloor R)+I-\lfloor I$	$\lfloor R$	$\lfloor I$
$1 \leq (R-\lfloor R)+I-\lfloor I$ und $(R-\lfloor R) \geq I-\lfloor I$	$1+\lfloor R$	$\lfloor I$
$1 \leq (R-\lfloor R)+I-\lfloor I$ und $(R-\lfloor R) < I-\lfloor I$	$\lfloor R$	$1+\lfloor I$

B kann eine beliebige numerische Größe sein.

Die Vergleichstoleranz ($\square CT$, S. 230) ist implizites Argument dieser Funktion.

Aufrunden$\hspace{6cm}C \leftarrow \lceil B$

Für reelle Werte in B gilt: Man erhält die entsprechenden Werte in C, indem man die Werte von B auf die nächste ganze Zahl $\geq B$ aufrundet.	$\lceil 6.7\ 1\ {}^-1\ {}^-2.8$ $7\ 1\ {}^-1\ {}^-2$
Für komplexe Werte in B gilt: $\lceil B \leftrightarrow -\lfloor -B$.	$\lceil 1J2\ 1.4J2.7\ 1.7J2.1$ $1J2\ 2J3\ 2J2$
B kann eine beliebige numerische Größe sein.	$\lceil {}^-1.2J{}^-2.7\ {}^-1.8J{}^-2.7$ ${}^-1J{}^-2\ {}^-2J{}^-2$
Die Vergleichstoleranz ($\square CT$, S. 230) ist implizites Argument dieser Funktion.	

Mit π Multiplizieren$\hspace{5cm}C \leftarrow \circ B$

C entsteht aus B durch Multiplikation jedes Elementes mit π: $C \leftrightarrow B \times \pi$.	$\circ\ {}^-0.5\ 1$ ${}^-1.570796327\ 3.141592654$
B kann eine beliebige numerische Größe sein.	$\circ 0J1$ $0J3.141592654$
	$\square PP \leftarrow 18$ $\circ 1$ 3.1415926535897933

Fakultät Bilden$\hspace{6cm}C \leftarrow !B$

Für nicht-negative ganzzahlige Werte in B ergibt sich C als Fakultät von B: $C \leftrightarrow \times / \iota B$.	$!1\ 2\ 3\ 4\ 5$ $1\ 2\ 6\ 24\ 120$
Für nicht-ganzzahlige Werte in B erhält man C durch Anwendung der Γ-Funktion auf B: $C \leftrightarrow \Gamma B+1$.	$!\ {}^-0.5\ 1.5$ $1.772453851\ 1.329340388$
B kann eine beliebige numerische Größe sein, deren Elemente keine negativen ganzen Zahlen sind.	$!\ 0J1$ $0.49801556681J{}^-0.1549498283$

Zufallszahl Auswählen	$C \leftarrow ?B$

Jedes Element von C ist eine „zufällig" ausgewählte ganze Zahl aus dem Bereich ιE für das entsprechende Element E von B.	$\quad\quad \Box IO$ 1 $\quad\quad \Box RL$ 16807
	$\quad\quad ?6\ 6\ 6\ 6\ 6$ 1 5 3 4 2 $\quad\quad ?6\ 6\ 6\ 6\ 6$ 1 5 5 6 3
B kann eine beliebige numerische Größe sein, deren Elemente positive ganze Zahlen sind.	
Indexanfang $\Box IO$ (S. 232) und Ausgangszufallszahl $\Box RL$ (S. 233) sind implizite Argumente dieser Funktion. Durch Anwendung der Funktion wird $\Box RL$ neu gesetzt (implizites Ergebnis).	$\quad\quad ?6\ 6\ 6\ 6\ 6$ 4 5 1 1 4 $\quad\quad ?8\rho 8$ 6 1 4 1 4 6 5 8 $\quad\quad \Box RL$ 1998097157

Boolesch Negieren	$C \leftarrow {\sim}B$

C entsteht aus der Booleschen Größe B, indem jede 0 durch 1 und jede 1 durch 0 ersetzt wird.	$\quad\quad {\sim}1\ 0\ 0\ 1\ 1$ 0 1 1 0 0
B kann eine beliebige Boolesche Größe sein (eine numerische Größe, deren Elemente ausschließlich aus Nullen und Einsen bestehen).	$\quad\quad {\sim}7 \times \div 7$ 0 $\quad\quad {\sim}\lfloor 0.7\ 1.9$ 1 0

Einführung in die zweistelligen Skalarfunktionen

Wie die einstelligen, sind auch die zweistelligen Skalarfunktionen zunächst für einfache Skalare als Argumente definiert, im Gegensatz zu den ersteren allerdings teilweise auch für Textskalare.

Das Ergebnis ist bei skalaren Argumenten wieder ein Skalar:

$$\begin{array}{ccc} \quad 1+2 & \quad 'A'='*' & \quad 0J1*2 \\ 3 & 0 & {}^{-}1 \end{array}$$

Die Erweiterung auf andere Argumente als einfache Skalare kann nur erfolgen, wenn beide Argumente zueinander passen, wenn eine **Verträglichkeitsbedingung** erfüllt ist.

Die beiden Argumente einer zweistelligen Skalarfunktion sind dann miteinander verträglich, wenn

- entweder beide die gleiche Struktur (gleichen Strukturvektor) haben,

- oder wenigstens einer von beiden ein Skalar ist oder ein Vektor mit einer einzigen Komponente.

Bei allgemeinen Strukturgrößen muß diese Verträglichkeit nicht nur für die Strukturgröße selbst, sondern auch für deren Komponenten erfüllt sein.

Beim Versuch, unverträgliche Argumente zu verarbeiten, erhält man Fehlermeldungen wie *LAENGENFEHLER* (gleiche Ordnungszahl, aber verschiedene Strukturvektoren) oder *RANGFEHLER* (verschiedene Ordnungszahlen).

Die Erweiterung auf allgemeine nicht-leere Strukturdaten erfolgt derart, daß gegebenenfalls skalare Komponenten durch Wiederholung auf die Struktur der entsprechenden Komponenten des anderen Argumentes gebracht, und dann die beiden Argumente (die jetzt gleiche Struktur haben) elementweise miteinander verknüpft werden. Beispiele:

```
      1+1                          1 2 3+‾1 0 1
2                           0 2 4

      'A'='KANAL'                  'AAAAA'='KANAL'
0 1 0 1 0                    0 1 0 1 0

      1 2 3*0.5                    1 2 3*0.5 0.5 0.5
1 1.414213562 1.732050808   1 1.414213562 1.732050808

      ⎕←M←2 3ρι6                   ⎕←N←?2 3ρ10
1 2 3                       2 8 5
4 5 6                       6 3 1

       M+N                          M×N
 3 10  8                    2 16 15
10  8  7                   24 15  6
```

Abschließend ein Beispiel mit allgemeinen Vektoren als Argumente zur Verdeutlichung des Erweiterungsverfahrens:

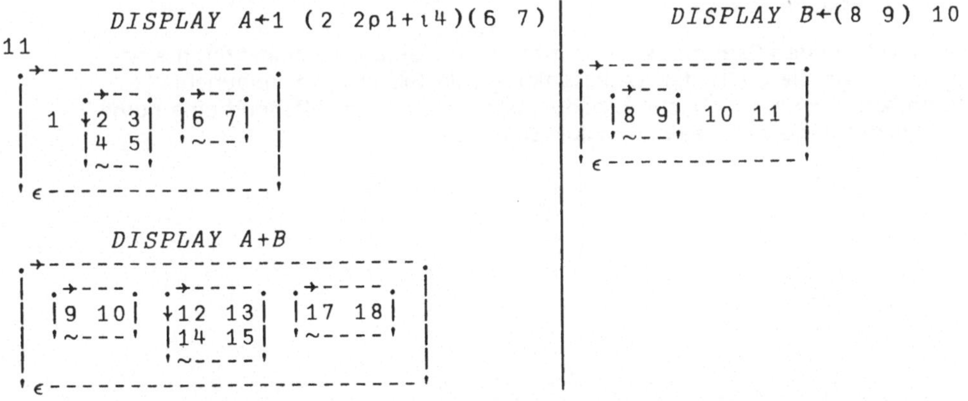

A und B haben gleiche Struktur, denn beide sind Vektoren mit drei Komponenten. Die Komponenten sind paarweise verträglich (Skalar mit Vektor, Matrix mit Skalar, Vektor mit Skalar), so daß auch die Argumente verträglich sind. Das Ergebnis wird gebildet, indem die Komponenten paarweise miteinander verknüpft werden. Skalare Komponenten werden dabei, ihrem jeweiligen Partner entsprechend, auf Vektoren beziehungsweise Matrizen erweitert:

1. Komponente: 1 + (8 9) ↔ (9 10)

2. Komponente: (2 2ρ2 3 4 5) + 10 ↔ (2 2ρ12 13 14 15)

3. Komponente: (6 7) + 11 ↔ (17 18)

Die zweistelligen Skalarfunktionen sind, wie man sieht, ebenfalls durchdringende
Funktionen, weil sie elementweise wirken. Mathematisch gesehen, sind sie distributiv
bezüglich der Indizierung und des Herauspickens; in Formeln ausgedrückt:

$$(X \ f \ Y)[I] \ \leftrightarrow \ X[I] \ f \ Y[I]$$
$$A\square(X \ f \ Y) \ \leftrightarrow \ (A\square X)\, f \ (A\square Y)$$
$$A\supset(X \ f \ Y) \ \leftrightarrow \ (A\supset X) \ f \ (A\supset Y)$$

(wobei I ein für die - gegebenenfalls erweiterten - Strukturgrößen X und Y gültiger
Indexausdruck, A ein gültiger Pfad zu einem Paar entsprechender Komponenten dieser
Strukturgrößen, und f eine zweistellige Skalarfunktion ist). Jede Funktion, die diese
Bedingungen erfüllt, ist eine zweistellige Skalarfunktion.

Die Erweiterung der Definition der zweistelligen Skalarfunktionen für leere Strukturgrößen erfolgt analog zu dem Verfahren bei den einstelligen Skalarfunktionen. Allerdings
muß auch hier die Verträglichkeit der beiden Argumente gewährleistet sein. Folgende
Paarungen können daher auftreten:

- Beide Argumente sind leere Strukturgrößen gleicher Struktur. Es können numerische, Text- oder gemischte Größen sein. Das Ergebnis ist in jedem Fall eine numerische leere Strukturgröße gleicher Struktur.

- Ein Argument ist eine beliebige (numerische, Text- oder gemischte) leere Strukturgröße. Dann muß das andere Argument ein Skalar oder ein Vektor mit einem einzigen Element sein. Das Ergebnis ist wiederum eine leere Strukturgröße von gleicher Struktur wie das leere Argument.

- Ein Argument ist ein leerer Skalar. Das andere Argument ist eine beliebige Strukturgröße. Das Ergebnis hat dann die Struktur der letzteren, aber alle Komponenten
  sind leere numerische Skalare.

Auch bei den zweistelligen Skalarfunktionen gibt es also eine Ersatzfunktion, die bei
leeren Argumenten an die Stelle der Skalarfunktion tritt: Sie bringt gegebenenfalls
zunächst beide Argumente auf gleiche Struktur, und erzeugt anschließend eine numerische leere Strukturgröße mit dieser Struktur. Beispiele:

```
      DISPLAY ι0                       DISPLAY ''
 .⊖.                             .⊖.
 |0|                            | |
 '~'                            '_'
```

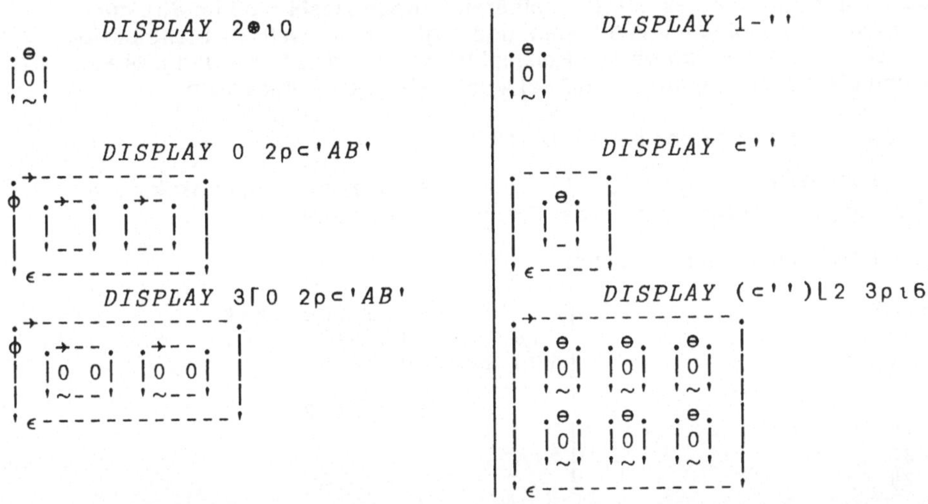

Achsenangaben bei zweistelligen Skalarfunktionen

Wenn man zu allen Zeilen oder Spalten einer Matrix einen Vektor addieren möchte, so
kann man dies tun, indem man den Vektor zu einer Matrix umstrukturiert (Strukturieren
ρ, S. 134) und diese dann, gegebenenfalls gespiegelt, zur ersten Matrix hinzuaddiert:

```
        □←M←3 4ρ⍳12
1   2   3   4
5   6   7   8
9  10  11  12

    V←1 0 ‾1 2ρV

    W←10 100 1000
```

```
        M+3 4ρV
 2   2   2   6
 6   6   6  10
10  10  10  14

        M+⍉4 3ρW
    11    12    13    14
   105   106   107   108
  1009  1010  1011  1012
```

Wesentlich einfacher gelingt dies jedoch mit Hilfe einer entsprechenden **Achsenangabe**
bei der Addition:

```
        M+[2]V
 2   2   2   6
 6   6   6  10
10  10  10  14
```

```
        M+[1]W
    11    12    13    14
   105   106   107   108
  1009  1010  1011  1012
```

Bei allen zweistelligen Skalarfunktionen sind Achsenangaben möglich: $C←A$ f$[X]$ B.

Dabei ist X ein Skalar oder ein einfacher Vektor von Achsennummern (unter denen
keine zwei gleichen Zahlen sein dürfen) in beliebiger Reihenfolge. Die Anzahl der Achsennummern in X muß der kleineren der Ordnungszahlen der Argumente entsprechen.
Im obigen Beispiel war die Ordnungszahl des Vektors 1 und die der Matrix 2, so daß
eine Zahl angegeben werden mußte. Die Achsennummern beziehen sich immer auf die
Strukturgröße mit der höheren Ordnungszahl:

```
(ρ,X)  ↔  (ρρA)⌊ρρB
X∧.∊⍳(ρρA)⌈ρρB
```

Der Strukturvektor des Argumentes mit der kleineren Ordnungszahl muß im Strukturvektor des anderen Argumentes enthalten sein, und X gibt an, an welcher Stelle bezie-
hungsweise an welchen Stellen. Im obigen Beispiel ist $\rho M \leftrightarrow 3\ 4$, $\rho V \leftrightarrow 4$ und $\rho W \leftrightarrow 3$.
Bei V lautet somit die Achsenangabe 2, und bei W muß sie 1 sein. Allgemein:

$$\rho A \leftrightarrow (\rho B)[X] \text{ oder } \rho B \leftrightarrow (\rho A)[X]$$

Dies ist die Verträglichkeitsbedingung für die Argumente der zweistelligen Skalarfunktionen mit Achsenangabe, wobei X nur in der Formel sortiert sein muß.

Zum Schluß ein dreidimensionales Beispiel:

```
        □←H←2 3 4ρι24                        □←M←10 100∘.×ι4
   1   2   3   4                        10   20   30   40
   5   6   7   8                       100  200  300  400
   9  10  11  12
                                             V←1 0 ‾1 2
  13  14  15  16
  17  18  19  20
  21  22  23  24


        H+[1 3]M ↔ H+[3 1]M                   V+[3]H
  11   22   33   44                       2   2   2   6
  15   26   37   48                       6   6   6  10
  19   30   41   52                      10  10  10  14

 113  214  315  416                      14  14  14  18
 117  218  319  420                      18  18  18  22
 121  222  323  424                      22  22  22  26
```

Bei der Achsenangabe ist der Indexanfang $\Box IO$ (S. 232) implizites Argument.

Die zweistelligen Skalarfunktionen + - × ÷ | * ⊛ L Γ !

Addieren $C \leftarrow A + B$

Die Werte von C ergeben sich durch Addition der Werte in B zu den Werten in A.
 	
A und B können beliebige numerische Strukturgrößen sein.
	`    1 2 3+4 ¯5 6`
	`5 ¯3 9`
	
	`    1J2 2J3+1J¯2`
	`2 3J1`

Subtrahieren $C \leftarrow A - B$

Die Werte von C ergeben sich durch Subtraktion der Werte in B von den Werten in A.
 	
A und B können beliebige numerische Strukturgrößen sein.
	`    ¯1 2 3-4 ¯5 6`
	`¯3 7 ¯3`
	
	`    1J2 2J3-0J2`
	`1 2J1`

Multiplizieren $C \leftarrow A \times B$

Die Werte von C ergeben sich durch Multiplikation der Werte in B mit den Werten in A.
 	
A und B können beliebige numerische Strukturgrößen sein.
	`    1 2 3×4 ¯5 6`
	`4 ¯10 18`
	
	`    1J2×1J¯2 2J0.5`
	`5 1J4.5`

Dividieren $C \leftarrow A \div B$

Die Werte von C ergeben sich durch Division der Werte in A durch die Werte in B.
 	
Die Division $0 \div 0$ ist erlaubt und liefert 1 als Ergebnis, und zwar wegen $x \div x \leftrightarrow 1$ für $x \leftrightarrow 0$. In allen anderen Fällen ist die Division durch 0 nicht zulässig.
 	
Abgesehen von dieser Einschränkung für B können A und B beliebige numerische Größen sein.
	`    ¯1 2 3÷4 ¯5 7`
	`0.25 ¯0.4 0.4285714286`
	
	`    1J2÷1J¯1 2J¯1`
	`¯0.5J1.5 0J1`
	
	`    0÷0`
	`1`
	
	`    0÷1`
	`0`
	
	`    1÷0`
	`UNGUELTIGES ARGUMENT`

Rest Bilden $C \leftarrow A \mid B$

Wenn A und B nur positive Zahlen enthalten, ergeben sich die Werte von C als die Reste bei der Division von B durch A.

Für reelle Werte A und B gilt:
$B \leftrightarrow 0 \mid B$
$0 \leftrightarrow A \mid 0$
Wenn $A > 0$, dann: $0 \leq C < A$
Wenn $A < 0$, dann: $A < C \leq 0$

In jedem Fall gilt:
$C \leftrightarrow B - A \times \lfloor B \div A + A = 0$

A und B können beliebige numerische Größen sein.

Die Vergleichstoleranz ($\square CT$, S. 230) ist implizites Argument dieser Funktion.

```
    3   0   4  ¯3   3 | 5   7   0   2  ¯2
2   7   0  ¯1   1

        2.5 | 7.24   6
2.24   1

        2J3 | 5   1J¯1
2J2  ¯2J1
```

Potenzieren $C \leftarrow A * B$

Die Werte von C ergeben sich durch algebraisches Potenzieren der Werte in A mit den Werten in B:

$$C \leftrightarrow A^B$$

Wenn in A ein Wert 0 auftritt, dann muß das entsprechende Element in B eine nicht-negative ganze Zahl sein.

Für nicht-negative ganze Zahlen in B gilt:
$C \leftrightarrow \times / B \rho A$.

Ferner gilt:

$$A * -B \leftrightarrow \div A * B$$

$$A * \div B \leftrightarrow {}^B\sqrt{A}$$

Wenn eine Wurzel mehrere Werte haben kann, dann wird der Wert genommen, der den kleinsten positiven Phasenwinkel (oder 0) hat.

Von der oben angegebenen Einschränkung abgesehen, können A und B beliebige numerische Größen sein.

```
        2 * 0   1   2   3   4
1   2   4   8   16

        2   3 * ÷2   3
1.414213562   1.44224957

        3   4   5 * ¯2
0.1111111111   0.0625   0.04

        ¯9  ¯125 * ÷2   3
0J3   2.5J4.330127019

        0J2 * 3   5
0J¯8   0J32
```

Logarithmieren $\qquad C \leftarrow A \circledast B$

Die Werte von C ergeben sich aus den Werten von B durch Logarithmieren zur Basis A:

$$C \leftrightarrow \log_A B.$$

Es gilt: $C \leftrightarrow (\circledast B) \div \circledast A$

In A und B dürfen keine Werte 0 auftreten, und wenn in A der Wert 1 auftritt, muß das entsprechende Element in B ebenfalls 1 sein. Ansonsten können A und B beliebige numerische Strukturgrößen sein.

```
      5 3 4⊛1 81 0.0625
0 ¯4 2

      10⊛1 10 25 100
0 1 1.397940009 2

      1 2⊛1 0J2
1 1J2.266180071

      1J1⊛1 2J1
0 0.8725565018J¯0.6395659426
```

Minimieren $\qquad C \leftarrow A \lfloor B$

Die Werte von C erhält man, indem man den jeweils kleineren Wert aus A und B nimmt: $A \leftrightarrow \min(A,B)$.

A und B dürfen beliebige numerische Strukturgrößen mit reellen Elementen sein.

```
      4⌊3 4 ¯7 8 3.1
3 4 ¯7 4 3.1

      2 6.5 ¯5⌊4 1 ¯9
2 1 ¯9
```

Maximieren $\qquad C \leftarrow A \lceil B$

Die Werte von C erhält man, indem man den jeweils größeren Wert aus A und B nimmt: $A \leftrightarrow \max(A,B)$.

A und B dürfen beliebige numerische Strukturgrößen mit reellen Elementen sein.

```
      4⌈3 5 ¯7 8 3.1
4 5 4 8 4

      2 6.5 ¯5⌈4 1 ¯9
4 6.5 ¯5
```

Binomialkoeffizienten Bilden $\qquad C \leftarrow A\,!\,B$

Für positive ganze Zahlen in A und B liefert diese Funktion die Anzahl möglicher Kombinationen von A aus einer Gesamtheit von B Elementen. Es gilt:

$$C \leftrightarrow (!B) \div (!A) \times !B - A.$$

In konventioneller Schreibweise:

$$C \leftrightarrow \binom{B}{A}.$$

```
      0 1 2 3!3
1 3 3 1

      ¯2.1 ¯0.6!2 6
0.007370511731 0.1426763772

      2!3J2 1J1
1J5 ¯0.5J0.5

      5.5J1.1!2
¯0.0780830229J0.07153333584
```

Zur Beta-Funktion steht die Funktion in folgender Beziehung:

$$B(A,B) \leftrightarrow \div B \times (A-1)!A+B-1$$

Wenn in B eine negative ganze Zahl auftritt und das entsprechende Element in A keine negative ganze Zahl ist, erhält man die Fehlernachricht *UNGUELTIGES ARG-UMENT*. Ansonsten können A und B beliebige numerische Strukturgrößen sein.

Die Kreisfunktionen: o

Kreisfunktion Bilden	$C \leftarrow A \circ B$

A Funktion $A \circ B$	A Funktion $A \circ B$
	$0\quad \sqrt{(1-B^2)}$
$^-1$ arc sin B	$1\quad$ sin B
$^-2$ arc cos B	$2\quad$ cos B
$^-3$ arc tg B	$3\quad$ tg B
$^-4\quad \sqrt{(B^2-1)}$	$4\quad \sqrt{(1+B^2)}$
$^-5$ Ar Sinh B	$5\quad$ Sinh B
$^-6$ Ar Cosh B	$6\quad$ Cosh B
$^-7$ Ar Tgh B	$7\quad$ Tgh B
$^-8\quad -\sqrt{(-1-B^2)}$	$8\quad \sqrt{(-1-B^2)}$
$^-9\quad B$	$9\quad$ R(B)
$^-10\quad \overline{B}B$	$10\quad |B|$
$^-11\quad Bi$	$11\quad$ I(B)
$^-12\quad e^{Bi}$	$12\quad$ arc B

Abb. 11: Die Funktionen o (Kreisfunktion Bilden)

Diese Elementarfunktion ist insofern bemerkenswert, als sich hinter ihr eine ganze Reihe von bekannten mathematischen Funktionen verbergen:

- Die trigonometrischen, und ihre Umkehrfunktionen, die Kreisfunktionen.

- Die Hyperbelfunktionen, und ihre Umkehrfunktionen, die Areafunktionen.

- Bestimmte Funktionen für komplexe Zahlen.

Der Wert von A bestimmt, welche Funktion ausgewählt wird. Die möglichen Werte von A und die zugehörigen Funktionen sind in Abb. 11 zusammengestellt.

Bei der Definition der einzelnen Funktionen wird teilweise die konventionelle Schreibweise verwendet, wie in Abb. 11.

Die trigonometrischen Funktionen ($A \in 1\ 2\ 3$)

<table>
<tr><td>

1oB ↔ sin B
2oB ↔ cos B
3oB ↔ tg B

Das rechte Argument B muß im Bogenmaß angegeben werden.

</td><td>

```
        1 2 3oo.7853981634
0.7071067812 0.7071067812 1

        1 2 3o⁻0.5235987756
⁻0.5 0.8660254038 ⁻0.5773502692

        1o1J1
1.298457581J0.634963915
```

</td></tr>
</table>

Die Kreisfunktionen ($A \in {}^{-}1\ {}^{-}2\ {}^{-}3$)

<table>
<tr><td>

⁻1oB ↔ arc sin B
⁻2oB ↔ arc cos B
⁻3oB ↔ arc tg B

Das Ergebnis (der Hauptwert) ist im Bogenmaß.

Für reelle Werte B ergibt sich der Hauptwert nach der Formel:

A Bereich für C:

⁻1 $\quad -\pi/2 \leq C \leq \pi/2$

⁻2 $\quad\quad 0 \leq C \leq \pi$

⁻3 $\quad -\pi/2 \leq C \leq \pi/2$

</td><td>

```
        ⁻1 ⁻2 ⁻3o1
1.570796327 0 0.7853981634

        ⁻1o1o1
1

        ⁻1o1J1
0.666239432J1.061275062
```

</td></tr>
</table>

Die Hyperbelfunktionen ($A \in 5\ 6\ 7$)

<table>
<tr><td>

5oB ↔ Sinh B ↔ 0.5×(*B)-*-B
6oB ↔ Cosh B ↔ 0.5×(*B)+*-B
7oB ↔ Tgh B ↔
(⁻1+*2×B)÷1+*2×B

</td><td>

```
        5 6 7oo
0 1 0

        5o1J1
0.634963915J1.29845781
```

</td></tr>
</table>

Die Areafunktionen ($A \in {}^{-}5\ {}^{-}6\ {}^{-}7$)

```
⁻5oB  ↔  Ar Sinh B  ↔                    ⁻5 ⁻6 ⁻7oo 1 0
⊛B+(1+B*2)*0.5                  0 0 0
⁻6oB  ↔  Ar Cosh B  ↔
⊛B+(⁻1+B*2)*0.5                           ⁻5o5o5
⁻7oB  ↔  Ar Tgh B  ↔
0.5×⊛(1+B)÷1-B                   5

                                          ⁻5o1J1
                                1.061275062J0.666239432
```

Die pythagoreischen Funktionen ($A \in {}^{-}8\ {}^{-}4\ 0\ 4\ 8$)

```
 0oB  ↔  √(1-B²)                    4 0 ⁻4o5 0.25 1
 4oB  ↔  √(1+B²)         5.099019514 0.9682458366 0
⁻4oB  ↔  √(B²-1)
 8oB  ↔  √(-1-B²)                     8 ⁻8o2
⁻8oB  ↔  -√(-1-B²)       0J⁻2.236067977 0J2.236067977
```

Die reellen Hauptwerte sind ≥0 für reelle   4 0 ⁻4oo0J1
Werte B.   0 1.414213562 0J1.414213562

Funktionen für komplexe Zahlen ($A \in {}^{-}12\ {}^{-}11\ {}^{-}10\ {}^{-}9\ 9\ 10\ 11\ 12$)

```
⁻9oB   ↔  B (Identität)                    ⁻9 ⁻10 10 9oo.6J⁻0.8
⁻10oB  ↔  B̄ (konjugiert-komplex)   0.6J⁻0.8 0.6J0.8 1 0.6
⁻11oB  ↔  Bi (multipliziert mit i)
⁻12oB  ↔  eᴮⁱ ↔ cos B + I×sin B           11 12oo.6J⁻0.8
 9oB   ↔  R(B) (Realteil)          ⁻0.8 ⁻0.927295218
 10oB  ↔  |B| (Betrag)
 11oB  ↔  I(B) (Imaginärteil)              ⁻11 ⁻12oo.6J⁻0.8
 12oB  ↔  arc B (Phasenwinkel)     0.8J0.6 1.836818191J1.256634935
```

A kann nur ganzzahlige Werte zwischen $^{-}12$ und 12 enthalten. B kann, von einzelnen Singularitäten abgesehen, beliebige komplexe Zahlen enthalten. Ansonsten können A und B beliebige Strukturdaten sein.

Die Vergleichsfunktionen $< \le = \ge > \ne$

Für alle **Vergleichsfunktionen**, die in diesem Abschnitt behandelt werden, gilt: Das linke Argument wird mit dem rechten Argument verglichen. Das Ergebnis erhält den Wert 1 an den Stellen, wo die Vergleichsbedingung erfüllt ist, sonst eine 0; es ist also eine Boolesche Größe.

Die Funktionen = und ≠ können sowohl numerische als auch Text- oder gemischte Strukturgrößen als Argumente haben: Sie sind überdies die einzigen zweistelligen Skalarfunktionen mit dieser Eigenschaft.

Die Booleschen Daten, die als Ergebnisse der Vergleichsfunktionen entstehen, können mit den im folgenden Abschnitt behandelten Booleschen Funktionen weiterverarbeitet werden (und selbstverständlich auch mit allen Funktionen, die Zahlen verarbeiten).

Die Vergleichstoleranz $\Box CT$ (S. 230) ist implizites Argument aller Vergleichsfunktionen.

Prüfen auf Gleich	$C \leftarrow A = B$
Prüfen auf Ungleich	$C \leftarrow A \ne B$

Es gilt: $A \ne B \leftrightarrow \sim A = B$

A und B können beliebige Strukturgrößen sein.

```
      'STAAT'='STUTE'
1 1 0 0 0
      'STAAT'≠'STUTE'
0 0 1 1 1

      1=4 7 1 1
0 0 1 1

      3≠2 3⍴⍳6
1 1 0
1 1 1

      2=0⌿2 2⌿0
0 1

      2=6÷3
1

      A←'ARA' (2 0)
      B←'A' (⊂2 2⍴2 4 0 2)
      DISPLAY A=B
.+-------------------------------.
| .+---. .+---------------.      |
| |1 0 1| | .+--. .+--.   |      |
| '~---' | |↓1 0| |↓0 0|  |      |
|        | |0 1| |1 0|    |      |
|        | '~--' '~--'    |      |
|        | ∊--------------'      |
| ∊-----------------------------'
```

Prüfen auf Kleiner	$C \leftarrow A < B$
Prüfen auf Kleiner oder Gleich	$C \leftarrow A \leq B$
Prüfen auf Größer	$C \leftarrow A > B$
Prüfen auf Größer oder Gleich	$C \leftarrow A \geq B$

Es gilt:
$$A \leq B \;\leftrightarrow\; \sim A > B$$
$$A \geq B \;\leftrightarrow\; \sim A < B$$

A und B können beliebige reelle Strukturgrößen sein.

```
      3 1 2 4<2 1 4 3
0 0 1 0
      3 1 2 4≤2 1 4 3
0 1 1 0
      3 1 2 4>2 1 4 3
1 0 0 1
      3 1 2 4≥2 1 4 3
1 1 0 1

      ¯3.14<¯3.13 ¯3.15
1 0

      2.5<2 2ρι4
0 0
1 1
```

Die Booleschen Funktionen ∧ ∨ ⩑ ⩒

Für die in diesem Abschnitt behandelten **Booleschen** Funktionen gilt: Beide Argumente müssen **Boolesche Strukturgrößen** sein, also Größen, die nur die Werte 0 und 1 enthalten.

Das Ergebnis einer Booleschen Funktion ist wieder eine Boolesche Strukturgröße.

Die Definition dieser Funktionen erfolgt mit Hilfe von **Wahrheitstafeln**, also statt

$$0 \ \ 0 \ \ 1 \ \ 1 \wedge 0 \ \ 1 \ \ 0 \ \ 1 \ \leftrightarrow \ 0 \ \ 0 \ \ 0 \ \ 1 \ \text{in der Form:}$$

∧	0	1
0	0	0
1	0	1

Verknüpfen mit Und	$C \leftarrow A \wedge B$
Verknüpfen mit Oder	$C \leftarrow A \vee B$
Verknüpfen mit Nicht Gleichzeitig	$C \leftarrow A \barwedge B$
Verknüpfen mit Weder - Noch	$C \leftarrow A \barvee B$

∧	0	1		∨	0	1		⩑	0	1		⩒	0	1
0	0	0		0	0	1		0	1	1		0	1	0
1	0	1		1	1	1		1	1	0		1	0	0

Es gilt:

$$A \barwedge B \ \leftrightarrow \ {\sim}A \wedge B$$
$$A \barvee B \ \leftrightarrow \ {\sim}A \vee B$$

$$0 \ \ 0 \ \ 0 \ \ 1 \qquad 0 \ \ 0 \ \ 1 \ \ 1 \wedge 0 \ \ 1 \ \ 0 \ \ 1$$

$$0 \ \ 1 \ \ 1 \ \ 1 \qquad 0 \ \ 0 \ \ 1 \ \ 1 \vee 0 \ \ 1 \ \ 0 \ \ 1$$

$$1 \ \ 1 \ \ 1 \ \ 0 \qquad 0 \ \ 0 \ \ 1 \ \ 1 \barwedge 0 \ \ 1 \ \ 0 \ \ 1$$

$$1 \ \ 0 \ \ 0 \ \ 0 \qquad 0 \ \ 0 \ \ 1 \ \ 1 \barvee 0 \ \ 1 \ \ 0 \ \ 1$$

In Abb. 12 sind die 16 möglichen Wahrheitstafeln und die sie erzeugenden Funktionen zusammengestellt, und zwar in der jeweils einfachsten Form ($A \wedge B$ statt $A \times B$ oder B statt $0 \vee B$ beziehungsweise $B \wedge B$ und so weiter).

$A \ \leftrightarrow \ 0011$			$B \ \leftrightarrow \ 0101$				
$0 \wedge B$	0000	$A < B$	0100	$A \barvee B$	1000	${\sim}A$	1100
$A \wedge B$	0001	$\langle B$	0101	$A = B$	1001	$A \leq B$	1101
$A > B$	0010	$A \neq B$	0110	${\sim}B$	1010	$A \barwedge B$	1110
A	0011	$A \vee B$	0111	$A \geq B$	1011	$1 \vee B$	1111

Abb. 12: Wahrheitstafeln und zugehörige Funktionen

GEMISCHTE FUNKTIONEN

Allgemeines

Im Gegensatz zu den sehr einheitlichen Skalarfunktionen, läßt sich bei den **gemischten Funktionen** wenig Einheitlichkeit feststellen:

- Es gibt ein- und zweistellige gemischte Funktionen.

- Es gibt gemischte Funktionen, die nur für einfache, und solche, die auch für allgemeine Strukturgrößen definiert sind.

- Es gibt gemischte Funktionen, die nur für Größen bestimmter Ordnungszahl (Skalare, Vektoren, Matrizen, ...) definiert sind, und solche, für die keine derartige Einschränkung gilt.

- Es gibt gemischte Funktionen, die nur für Boolesche, numerische oder Textdaten definiert sind, und solche, die in dieser Hinsicht nicht eingeschränkt sind.

- Einige gemischte Funktionen können auch links vom Zuweisungspfeil auftreten, andere nicht.

- Bei manchen gemischten Funktionen sind Achsenangaben möglich, bei anderen nicht.

- Bei den zweistelligen gemischten Funktionen gibt es die unterschiedlichsten Verträglichkeitsbedingungen für die beiden Argumente.

Bei der Darstellung der gemischten Funktionen in den folgenden Abschnitten dienen die beiden erstgenannten Kriterien zur Zusammenfassung der Funktionen zu Gruppen; die anderen Kriterien beziehungsweise Eigenschaften werden bei der Behandlung der einzelnen Funktionen jeweils gesondert besprochen. Dies gilt insbesondere auch für das Verhalten gegenüber leeren Strukturgrößen als Argumenten.

Bei allen Funktionen werden Strukturvektor ρC und Ordnungszahl $\rho\rho C$ des Ergebnisses C angegeben.

Die einstelligen gemischten Funktionen ⊟ ι ⍋ ⍒ ⍖ ⍕

Die in diesem Abschnitt behandelten einstelligen Elementarfunktionen sind überwiegend für einfache Strukturgrößen definiert.

Invertieren	$C\leftarrow\boxminus B$

B kann nur eine einfache numerische Strukturgröße sein, und zwar eine (quadratische oder hochrechteckige) Matrix, ein Vektor oder ein Skalar.

Es gilt: $\rho C \leftrightarrow \phi\rho B$

$\rho\rho C \leftrightarrow \rho\rho B$

- B ist eine quadratische, nicht-singuläre Matrix. Dann ist C die inverse Matrix zu B, und es gilt: $C+.\times B \leftrightarrow E$ (E ist die Einheitsmatrix mit $\rho E \leftrightarrow \rho B$).

- B ist eine hochrechteckige numerische Matrix (($\uparrow\rho B$)>1$\downarrow\rho B$). Dann wird C so ermittelt, daß $+/(E-B+.\times C)\star 2$ ein Minimum wird (Methode der kleinsten Quadrate). E ist hier die Einheitsmatrix mit $\rho E \leftrightarrow 2\rho\uparrow\rho B$. C ist Linksinverse von B: $C+.\times B \leftrightarrow E$.

- B ist ein Vektor. Dann ist C ebenfalls ein Vektor, und es gilt: $B+.\times C \leftrightarrow 1$.

- B ist ein Skalar. Dann ist C ebenfalls ein Skalar, und es gilt: $C \leftrightarrow \div B$.

- B ist eine leere Matrix (mit 0 Spalten und 0 oder mehr Zeilen, also quadratisch oder hochrechteckig). Dann ist C ebenfalls eine leere Matrix, und es gilt: $C \leftrightarrow \textrm{⍉}B$ (Diagonalspiegelung als Ersatzfunktion).

```
      ⎕PP←4

      ⎕←A←÷3 3ρ1 2 3 2 3 4 3 4 5
1         0.5       0.3333
0.5       0.3333 0.25
0.3333 0.25       0.2
      ⎕←I←⊟A
   9    ¯36    30
 ¯36   192  ¯180
  30  ¯180   180
      A+.×I
 1.000E0      7.105E¯15  ¯7.105E¯15
¯4.441E¯16   1.000E0     ¯3.553E¯15
¯6.661E¯16   2.665E¯15    1.000E0
```
(Eine Zahl, deren Betrag ungefähr $1E^-15$ mal dem Betrag der anderen Zahlen ausmacht, ist als 0 anzusehen: Rundungsfehler).

```
      ⎕←B←2 2ρ1 0J1 0 ¯1
1  0J1
0  ¯1
      ⊟B
1  0J1
0  ¯1

      ⎕←M←3 2ρ¯1 0 1 2 ¯2 1
¯1  0
 1  2
¯2  1
      ⎕←N←⊟M
¯0.1667 0.1667 ¯0.3333
 0      0.4     0.2
      N+.×M
1.000E0     0
1.388E¯17   1

      ⊟1 2
0.2 0.4

      ⊟0.2
5

      ρ⊟3 0ρ4
0 3
```

Indexvektor Bilden	$C \leftarrow \iota B$

Das Ergebnis C ist ein einfacher Vektor, dessen Elemente die (mit $\square IO$ beginnenden) ersten B ganzen Zahlen sind.

Es gilt: $\rho C \leftrightarrow , B$
$\rho\rho C \leftrightarrow , 1$

B kann nur ein einfacher numerischer Skalar, oder ein einfacher numerischer Vektor mit einem Element sein, dessen Wert 0 oder eine positive ganze Zahl sein muß.

Wenn B den Wert 0 hat, ergibt sich $C \leftrightarrow \iota 0$, also der einfache numerische Leervektor.

Der Indexanfang $\square IO$ (S. 232) ist implizites Argument dieser Funktion.

Mit Hilfe von ι kann man arithmetische und geometrische Folgen erzeugen.

```
      ⎕IO←0
      ι5
0 1 2 3 4
      ⎕IO←1
      ι5
1 2 3 4 5

      ι0
(LV)

      ρι0
0

      2×ι5
2 4 6 8 10
      ¯1+2×ι5
1 3 5 7 9

      2*0,ι5
1 2 4 8 16 32
```

Sortierindex Bilden, steigend	$C \leftarrow \mathbf{⍋} B$
Sortierindex Bilden, fallend	$C \leftarrow \mathbf{⍒} B$

Das Ergebnis C ist ein einfacher ganzzahliger Vektor, dessen Elemente **Indizes** für das numerische Argument B sind. Wenn B mit diesem Indexvektor indiziert wird, so bedeutet dies eine steigende, beziehungsweise fallende Sortierung von B

Die Elemente von B dürfen keine komplexen Zahlen sein, und B kein Skalar.

Es gilt: $\rho C \leftrightarrow 1 \uparrow \iota B$
$\rho\rho C \leftrightarrow , 1$

- B ist ein einfacher numerischer Vektor. Dann liefert $⍋B$ Indizes für die steigende und $⍒B$ für die fallende Sortierung des Vektors B. Die Sortierung selbst geschieht durch Indizierung $(⊂⍋B)⌷B$, beziehungsweise $(⊂⍒B)⌷B$ (S. 125) oder traditionelle Indizierung $B[⍋B]$, beziehungsweise $B[⍒B]$. Bei gleichen Elementen in B bleibt deren relative Reihenfolge erhalten.

```
      ⎕IO←0
      ⍋2 ¯5 7
1 0 2

      ⍒2 ¯5 7
2 0 1

      ⎕IO←1
      V←3.1 4.9 ¯1.2 0 4.9 2.7
      ⎕←S←⍋V
3 4 6 1 2 5
      V[S]
¯1.2 0 2.7 3.1 4.9 4.9
      (⊂S)⌷V
¯1.2 0 2.7 3.1 4.9 4.9

      H
5 0 7
1 2 3

1 2 3
4 4 8

5 0 7
4 4 8

5 0 7
1 2 3
```

- *B* ist eine einfache numerische Matrix oder eine einfache numerische Strukturgröße höherer Ordnung. Dann gibt der Sortiervektor ⍋*B* beziehungsweise ⍒*B* die Sortierfolge für die Vektoren *B*[⎕*IO*;] (die zu Vektoren aufgereiht gedachten Unterstrukturgrößen nächstniedriger Ordnung *B*[⎕*IO*;;...]) entlang der ersten Achse von *B* an. Beim Vergleich dieser Vektoren ist zunächst das erste Element maßgebend, bei Gleichheit das zweite, und so weiter.

- *B* ist der einfache numerische Leervektor ⍳0. Dann muß *B*, damit die oben angegebenen Beziehungen gelten, ebenfalls der einfache numerische Leervektor sein: *C* ←→ ⍳0.

- *B* ist eine einfache leere numerische Strukturgröße der Ordnung 2 (Matrix) oder höher. Dann ergint sich *C* nach der Formel: *C* ←→ ⍳↑⍴*B*, damit die oben angegebene Beziehung auch für diesen Fall gilt.

Der Indexanfang ⎕*IO* (S. 232) ist Implizites Argument dieser beiden Funktionen.

Zum Sortieren von Text-Strukturgrößen verwendet man die zweistelligen gemischten Funktionen ⍋ und ⍒ (Ordnungsvektor Bilden, S. 112).

```
      ⍋H
2 1 4 3
      ⍒H
3 1 4 2
      H[⍋H;;]
1 2 3
4 4 8

5 0 7
1 2 3

5 0 7
1 2 3

5 0 7
4 4 8

      ⍴⍒⍳0
0
      (⍳0)[⍒⍳0]≡⍳0
1

      L←3 0⍴4
      ⍋L
1 2 3
      L[⍋L;]≡L
1
      L←0 3⍴4
      ⍋L
(LZ)
      L[⍋L;]≡L
1
```

<hr>

Aktivieren   ⍎*B* oder *C*←⍎*B*

Das Argument *B* dieser Funktion muß ein einfacher Textvektor oder -skalar sein. Der Text in *B* wird als **APL2**-Ausdruck aufgefaßt und ausgeführt. Es gilt also:
⍎'Ausdruck' ←→ Ausdruck.

Wenn der Ausdruck in *B* ein explizites Ergebnis hat, dann ist dies auch das explizite Ergebnis von ⍎*B*; wenn dagegen der Ausdruck in *B* kein explizites Ergebnis hat, dann hat auch ⍎*B* kein explizites Ergebnis. Deshalb ist es auch nicht möglich, einen generellen Ausdruck für ⍴*C* und ⍴⍴*C* anzugeben.

```
      C←⍎'UMS←(MGE←12)×PRS←0.99'
      MGE PRS UMS
12 0.99 11.88
      C
11.88

      N←⍎'1 2 3'
      N
1 2 3
      ⍴N
3

      ⍎''
      L←⍎''
NAME OHNE WERT
      L←⍎''
      ∧∧
```

In *B* muß also ein ausführbarer Ausdruck
stehen (S. 44). **APL2**-Systemanweisungen
sind keine ausführbaren **APL2**-Ausdrücke.

```
        ∇
[0]     LOTTO
[1]     ⎕RL←+/⎕TS
[2]     6?49
        ∇

        ⍎'LOTTO'
1 49 26 27 2 36
        L←⍎'LOTTO'
NAME OHNE WERT
        L←⍎'LOTTO'
          ^^


        ⍎'←3'
SYNTAXFEHLER
        ←3
        ^
        ⍎'←3'
        ^


        BEDINGUNG←1
        ⍎BEDINGUNG/''''PROGRAMM''''
(PROGRAMM wird ausgeführt)
        BEDINGUNG←0
        ⍎BEDINGUNG/''''PROGRAMM''''
(PROGRAMM wird NICHT ausgeführt)


        ∇
[0]     M NACH N
[1]     ⍎'WERT',(⍕N),'←M'
        ∇

        17 NACH 3
        WERT3
17
        'ABC' NACH 'XY'
        WERTXY
ABC

        B←0
        ⍎79ρ'(B←B+1),'
10 9 8 7 6 5 4 3 2 1
        B
10
```

Deaktivieren	$C \leftarrow \triangledown B$

<table>
<tr><td valign="top">

Für bestimmte Argumente ist diese Funktion die Umkehrfunktion von Aktivieren ⍕. Während man mit ⍕ Textgrößen mit numerischem Inhalt in numerische Größen verwandeln kann (⍕'1 2' ↔ 1 2), kann man mit Deaktivieren numerische Daten in Textdaten verwandeln (▼1 2 ↔ '1 2').

Das Ergebnis von ▼B ist eine einfache Text-Strukturgröße, welche die gleiche Gestalt hat, wie die Ausgabe ⎕←B (bei hinreichend großer Zeilenbreite)

ρC hängt von der Art und der Struktur von B ab, sowie von der Zahlenlänge ⎕PP (S. 232).

Es gilt: ρρC ↔ 1⌈ρρB, wenn B eine einfache Strukturgröße ist, andernfalls gilt:
ρρC ↔ ,1 oder ρρC ↔ ,2

- B ist eine einfache Strukturgröße.
  Wenn B eine Text-Strukturgröße ist, dann ist C ↔ B.
  Wenn B eine numerische oder gemischte Strukturgröße ist, dann gilt:
  ¯1↓ρC ↔ ¯1↓ρB.

- B ist eine allgemeine Strukturgröße. Wenn alle Komponenten von B (in jeder beliebigen Tiefe) Skalare und/oder Vektoren sind, ist C ein Vektor (ρρC ↔ ,1), sonst eine Matrix (ρρC ↔ ,2).

Dies gilt auch für leere Strukturgrößen.

Das Argument B kann eine beliebige Strukturgröße sein.

Die Zahlenlänge ⎕PP (S. 232) ist implizites Argument dieser Funktion.

</td><td valign="top">

```
      ⎕←S←'7000 STUTTGART'
7000 STUTTGART
      ⎕←T←▼S
7000 STUTTGART
      ρS
14
      ρT
14
      S T
1

      ⎕←V←7000 8000 9000
7000 8000 9000
      ⎕←W←▼V
7000 8000 9000
      ρV
3
      ρW
14

      ⎕←A←2 2ρ1 'A' 2 'B'
1 A
2 B
      ⎕←B←▼A
1 A
2 B
      ρA
2 2
      ρB
2 3

      ⎕←P←(2 'A' 3)1(⊂'AB'(1 2 3)
 2 A 3   1    AB   1 2 3
      ⎕←Q←▼P
 2 A 3   1    AB   1 2 3
      ρP
3
      ρQ
24

      ⎕←H←(2 2 2ρ⍳8)1(2 3ρ
                  'MUTTER')
 1 2    1   MUT
 3 4        TER

 5 6
 7 8
      ⎕←I←▼H
 1 2    1   MUT
 3 4        TER

 5 6
 7 8
      ρH
3
```

</td></tr>
</table>

$$\left.\begin{array}{ll} 5 & 15 \\[2em] 0 & 5 \end{array}\right| \quad \begin{array}{l} \rho I \\[2em] \rho \!\downarrow\! 0 \quad 3\rho 0 \end{array}$$

Die einstelligen gemischten Funktionen ρ ≡ ⊂ ⊃ , ∈ ⌽ ⍉ ↑

Die in diesem Abschnitt behandelten einstelligen gemischten Funktionen können allgemeine Strukturgrößen als Argumente haben.

Struktur Zeigen	$C \leftarrow \rho B$

Das Ergebnis C ist ein numerischer Vektor, der **Strukturvektor** des Argumentes B (S. 23). Er enthält die Längen der Achsen von B.

Es gilt: $\rho C \leftrightarrow \rho\rho B$
$\rho\rho C \leftrightarrow {,}1$

Der Strukturvektor des Strukturvektors einer Größe enthält die **Ordnungszahl** dieser Größe (S. 24) als Element.

Der Strukturvektor eines Skalars ist der einfache numerische Leervektor; der Strukturvektor eines Vektors, der nur eine einzige Komponente hat, ist der einfache numerische Vektor mit dem einzigen Element 1.

Der Strukturvektor einer leeren Strukturgröße enthält wenigstens ein Element 0.

Das Argument B kann eine beliebige Strukturgröße sein.

```
        ρ1
(LZ)
        ρρ1
0
        (ρ1)≡ι0
1

        ρ,1
1
        ρρ,1
1

        ρG←'G' 2 ' ' '*'
4
        ρρG
1

        ρ'EIN TEXT'
8

        □←T←2 5ρ'ABENDSONNE'
ABEND
SONNE
        ρT
2 5
        ρρT
2

        □←H←2 3 4ρH,⌽H←ι12
  1  2  3  4
  5  6  7  8
  9 10 11 12

12 11 10  9
  8  7  6  5
  4  3  2  1
        ρH
2 3 4
        ρρH
3

        ρι0
0
        ρ0 2ρ'*'
0 2
```

```
      []←A←('AB' 'ZU')('NA' 'NU')
 AB ZU      NA NU
      ≡A
3
      ρA
2
      ρρA
1
      ρ¨A
 2   2
      ρ¨¨¨A
 2   2    2   2
      DISPLAY A
```

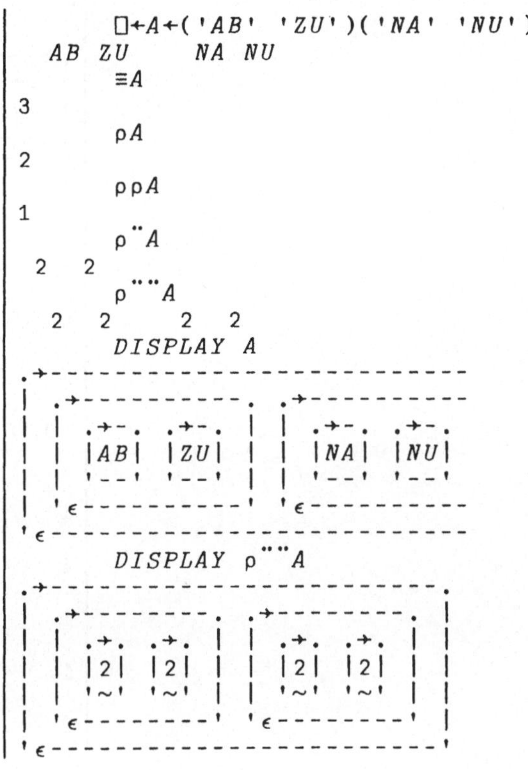

```
      DISPLAY ρ¨¨¨A
```

<table><tr><td>Tiefe Zeigen</td><td align="right">$C ← \equiv B$</td></tr></table>

Das Ergebnis C ist ein einfacher ganzzahliger Skalar, der die Tiefe (S. 24) des Argumentes B angibt.

- B ist ein einfacher Skalar. Dann gilt: $C \leftrightarrow 0$.

- B ist eine nicht-leere allgemeine Strukturgröße. Dann gilt: Die Tiefe von B ist um 1 höher als die größte Tiefe der Komponenten von B: $C \leftrightarrow 1 + \lceil / , \equiv ¨ B$.

- B ist eine leere Strukturgröße. Dann ergibt sich die Tiefe von B aus dem Prototyp $\uparrow B$ von B: $C \leftrightarrow \equiv \subset \uparrow B$.

Es gilt: $\rho C \leftrightarrow \iota 0$
$\rho \rho C \leftrightarrow , 0$

Das Argument B kann eine beliebige Strukturgröße sein.

```
      ≡1
0
      ≡'[]'
0
      ≡3 2 1
1
      ≡3 3ρ'MUTTERMAL'
1
      ≡'AB' 'ZU' 'NA' 'NU'
2
      ≡('AB' 'ZU')('NA' 'NU')
3
      DISPLAY I←'DU'('NA' 'NU')
.→-----------------------------.
| .→-. .→--------------------. |
| |DU| | .→-. .→-. |          |
| '--' | |NA| |NU| |          |
|      | '--' '--' |          |
|      '∊---------' |          |
'∊----------------------------'
      ≡I
3
```

```
          DISPLAY A←'AB' 'ZU' I
.→-------------------------------------------.
| .→-. .→-. .→-------------------------------.|
| |AB| |ZU| | .→-. .→-----------------------.||
| '--' '--' | |DU| | .→-. .→-.             |||
|           | '--' | |NA| |NU|             |||
|           |      | '--' '--'             |||
|           |      'ε---------------------'||
|           'ε---------------------------'|
'ε-------------------------------------------'

          ≡A
4
          ≡¨A
1 1 3
          ≡¨¨A
 0 0  0 0  1 2

          ≡ι0
1
          ≡''
1
          ≡2 0ρ'*'
1
          ≡0ρ'A'(⊂1 2)
1
          ≡0ρ⊂1 2
2

          ≡0ρ⊂A
5
```

Einschließen $C←⊂B$

Das Ergebnis C ist ein allgemeiner Skalar,
der als einzige Komponente die Strukturgröße B enthält.

- B ist ein einfacher Skalar. Dann gilt: C
  ↔ B.

- B ist kein einfacher Skalar. Dann gilt:
  ≡C ↔ 1+≡B; das heißt, durch Einschließen erhöht sich die Tiefe um 1.

Es gilt: ρC ↔ ι0
          ρρC ↔ ,0

Ein durch Einschließen erzeugter allgemeiner Skalar kann jeden (einfachen oder
allgemeinen) Skalar in einer Strukturgröße
ersetzen.

```
          ⊂2.5
2.5
          2.5 ⊂2.5
1
          □←A←2 3ρι6
1 2 3
4 5 6
          ρA
2 3
          ρρA
2
          ≡A
1
          □←S←⊂A
1 2 3
4 5 6
```

Das Argument B kann eine beliebige Strukturgröße sein.

```
        ρS
(LZ)
        ρρS
0
        ≡S
2
        ρN
3
        ≡N
1
        N[3]←'EINS'
RANGFEHLER
        N[3]←'EINS'
        ^        ^
        N[3]←⊂'EINS'
        N
  3 2 EINS
        ρN
3
        ≡N
2

        □←B←1 2 3+⊂¯1 0
  0 1  1 2  2 3
        ρB
3
        ≡B
2

        (⊂'FRAU '),¨'KAIN' 'ABEL'
 FRAU KAIN  FRAU ABEL
```

Bei dieser Funktion ist eine Achsenangabe möglich: $C \leftarrow \subset[X]B$.

Dabei ist X entweder ein Skalar oder ein Vektor von Achsennummern ($X \in \iota\rho\rho B$), unter denen keine zwei gleiche Zahlen sein dürfen, oder ein einfacher numerischer Leervektor.

C ergibt sich aus B, wenn X kein leerer Vektor ist, indem alle Unterstrukturgrößen von B entlang der in X angegebenen Achsen zu allgemeinen Skalaren gemacht werden.

```
        □←M←2 3ρι6
 1 2 3
 4 5 6
        □←N←⊂[1]M
  1 4  2 5  3 6
        ρN
3
        ρ¨N
2 2 2
        □←O←⊂[2]M
 1 2 3  4 5 6
        ρO
2
        ρ¨O
3 3
```

Es werden stets die Achsen angegeben, die im Ergebnis nicht mehr erscheinen sollen: Bei einer Matrix von m Zeilen und n Spalten entsteht bei ⊂[1] ein Vektor, in dessen n Komponenten die n bisherigen Spalten als Skalare stecken. Bei ⊂[2] entsteht ein Vektor, in dessen m Komponenten die m bisherigen Zeilen eingeschlossen sind.

Bei Eingabe mehrerer Achsen kommt es auf die Reihenfolge an.

Wenn man in X alle Achsen angibt, dann wird die mit ⍋X transponierte Strukturgröße (S. 143) eingeschlossen: ⊂[⍋X]⍉B ↔ ⊂[X]B. Insbesondere gilt: ⊂B ↔ ⊂[⍳ρρB]B.

Gibt man einen numerischen Leervektor als Achsenausdruck X an, dann wird jede Komponente von B eingeschlossen, wodurch sich bei allgemeinen Strukturgrößen (nicht bei den einfachen!) die Tiefe um 1 erhöht: ⊂[⍳0]B ↔ ⊂¨B.

Der Indexanfang □IO (S. 232) ist implizites Argument bei der Achsenangabe.

```
      □←T←2 3 2ρ'ABDUNUANDANA'
AB
DU
NU

AN
DA
NA

      □←U←⊂[2 3]T
 AB   AN
 DU   DA
 NU   NA
      ρU
2
      ρ¨U
 3 2  3 2
      □←V←⊂[3 2]T
 ADN  ADN
 BUU  NAA
      ρV
2
      ρ¨V
 2 3  2 3
      □←W←⊂[1 3 2]T
 ADN
 BUU

 ADN
 NAA

      KA←'KAIN' 'ABEL'
      ⊂[⍳0]KA
 KAIN   ABEL
```

Aufschließen $C←⊃B$

Bei dieser Funktion werden die Komponenten der allgemeinen Strukturgröße B „ausgepackt", und zu einer Strukturgröße höherer Ordnungszahl neu arrangiert, wobei sich die Tiefe um 1 vermindert. Eine einfache Strukturgröße wird durch Aufschließen dagegen nicht verändert.

Die Reihenfolge, in der die Komponenten von B in das Ergebnis C übernommen werden, ist die Indexfolge (S. 29) von B.

Voraussetzung ist, daß alle nicht-skalaren Komponenten von B die gleiche Ordnungszahl haben (lauter Vektoren, lauter Matrizen usw.). Ihre Strukturvektoren brauchen dagegen nicht übereinzustimmen.

```
      ⊃1
1
      ⊃'URLAUB'
URLAUB

      □←A←'FEIER' 'ABEND'
 FEIER ABEND
      ρA
2
      ρ¨A
 5 5
      ρρA
1
      ≡A
2
      □←B←⊃A
FEIER
ABEND
```

Wenn einzelne Komponenten Skalare sind, oder wenn unterschiedliche Strukturvektoren auftreten, werden die Komponenten durch Erweiterung auf die gleiche Struktur gebracht (mit Hilfe ihrer Prototypen, S. 25), ehe sie in die Ergebnis-Strukturgröße C aufgenommen werden. In den folgenden Formeln soll $\underline{B}$ die Strukturgröße sein, die aus B durch Normierung seiner Komponenten entsteht.

- B ist eine einfache Strukturgröße.
  Dann gilt:
  $$C \leftrightarrow B$$
  $$\rho C \leftrightarrow \rho B$$
  $$\rho \rho C \leftrightarrow \rho \rho B$$

- B ist keine einfache Strukturgröße.
  Dann gilt:
  $$\rho C \leftrightarrow (\rho B), \rho \uparrow \underline{B}$$
  $$\rho \rho C \leftrightarrow {}^-(\rho \rho B) + \rho \rho \underline{B}$$
  $$\equiv C \leftrightarrow {}^-1 + \equiv B$$
  Dabei ist:
  $$\rho \uparrow \underline{B} \leftrightarrow 1 \uparrow \lceil / (\rho \ddot{\,} (,B), \subset \uparrow B) \sim \subset \iota 0$$
  $$\rho \rho \underline{B} \leftrightarrow 1 \uparrow \lceil / \rho \ddot{\,} \rho \ddot{\,} (,B), \subset \uparrow B$$
  (Leere Strukturgrößen als Komponenten sind zulässig).

Aufschließen ist insofern eine Umkehrfunktion von Einschließen, als gilt: $B \leftrightarrow \supset \subset B$.

Das Argument B kann eine beliebige Strukturgröße sein, deren nicht-skalare Komponenten (falls vorhanden) alle die gleiche Ordnungszahl haben.

```
        ρB
  2  5
        ρρB
  2
        ≡B
  1
        □←M←2 2ρ(0 1)'AB'(2 3)'CD'
   0  1  AB
   2  3  CD
        ρM
  2  2
        □←N←⊃M
   0  1
   A  B

   2  3
   C  D
        ρN
  2 2 2
        □←P←(2 3ρ10-ι6)3(4 2ρ
                    'LILAROSA')
   9 8 7    3   LI
   6 5 4        LA
                RO
                SA
        ρP
  3
        ρ¨P
   2  3     4 2
        ρρP
  1
        ≡P
  2
        □←Q←⊃P
   9 8 7
   6 5 4
   0 0 0
   0 0 0

   3 0 0
   0 0 0
   0 0 0
   0 0 0

   L I
   L A
   R O
   S A
        ρQ
  3 4 3
        ρρQ
  3
        ≡Q
  1
```

```
      □←F←⊃'SCHWARZ'  'ROT'  'BLAU'
SCHWARZ
ROT
BLAU
      ρF
3  7
```

Bei dieser Funktion ist eine Achsenangabe
möglich: $C←⊃[X]B$.

Der Achsenausdruck X gibt an, welche
Achsen von C mit den „ausgepackten"
Komponenten von B aufgefüllt werden
sollen. Aus diesem Grund müssen genau
$ρX ↔ ⌈/ερ¨ρ¨B$ verschiedene Werte in
X stehen, und zwar Werte aus
$ι(ρρB)+ρX$.

Wenn alle Komponenten in B Skalare sind
(das heißt, wenn B eine einfache Strukturgröße ist), muß gelten: $X ↔ ι0$ (numerischer Leervektor als Achsenangabe).

Ansonsten gelten die gleichen Einschränkungen und Erweiterungsbedingungen wie
beim Aufschließen ohne Achsenangabe.

Unter Berücksichtigung von leeren Komponenten und der Erweiterungen ergibt
sich:
$(ρC)[,X] ↔$
$1+⌈/(ρ¨(,B),⊂B)∼⊂ι0$
$ ρρC ↔$
$(ρρB)+⌈/ερ¨ρ¨(,B),⊂↑B$

Bei der Angabe mehrerer Achsen kommt
es auf die Reihenfolge an.

Aufschließen mit Achsenangabe ist insoweit die Umkehrfunktion von Einschließen,
als gilt:
$B ↔ ⊃[X]⊂[X]B$.

Der Indexanfang $□IO$ (S. 232) ist implizites
Argument bei der Achsenangabe.

```
      □←H←'HANS'  '*'  'SUSE'
 HANS  *   SUSE
      ρH
3
      ρ¨H
 4     4
      □←I←⊃[1]H
H*S
A U
N S
S E
      ρI
4 3
      □←J←⊃[2]H
HANS
*
SUSE
      ρJ
3 4

      X
1234 ABCD IJKL
5678 EFGH MNOP
      ρX
3
      ρ¨X
 2 4  2 4  2 4
      ρρX
1
      ≡X
2


      ⊃[1 2]X              ⊃[2 1]X
1AI                  1AI
2BJ                  5EM
3CK
4DL                  2BJ
                     6FN
5EM
6FN                  3CK
7GO                  7GO
8HP
                     4DL
                     8HP
```

```
                    ⊃[1 3]X              ⊃[3 1]X
        1234           15
        ABCD           AE
        IJKL           IM

        5678           26
        EFGH           BF
        MNOP           JN

                       37
                       CG
                       KO

                       48
                       DH
                       LP

                    ⊃[2 3]X              ⊃[3 2]X
                   ↔ ⊃X    15
        1234           26
        5678           37
                       48

        ABCD
        EFGH           AE
                       BF
        IJKL           CG
        MNOP           DH

                       IM
                       JN
                       KO
                       LP
```

Aufreihen	$C \leftarrow , B$

Das Ergebnis C ist ein Vektor, dessen Komponenten die Komponenten von B in Indexfolge (S. 29) sind.

Es gilt: $\rho C \leftrightarrow , \times / \rho B$
$\rho \rho C \leftrightarrow , 1$

Im Gegensatz zur Funktion Strecken ($\in$, S. 106) bleibt beim Aufreihen die Tiefe erhalten, außer beim einfachen Skalar, der zu einem einfachen Vektor wird. Es gilt: $\equiv C \leftrightarrow 1 \lceil \equiv B$.

Aufreihen darf auch links vom Zuweisungspfeil angewandt werden (selektive Wertzuweisung, S. 46).

```
          ρ 7
(LV)
       ≡ 7
0
          , 7
7
          ρ , 7
1
       ≡ , 7
1

          □←A←2 3ρ'TOMATE'
TOM
ATE
          , A
TOMATE
          ρ , A
6
```

Das Argument B kann eine beliebige
Strukturgröße sein.

```
        []←H←2 2 2ρι8
1 2
3 4

5 6
7 8
        ,H
1 2 3 4 5 6 7 8
        ρ,H
8

        []←L←0 2ρ'A'
(LZ)
        ρ,L
0

        []←T←3 1ρ'WO' 'BIST' 'DU'
 WO
 BIST
 DU
        ρT
3 1
        ≡T
2
        ,T
 WO BIST DU
        ρ,T
3
        ≡,T
2

        []←S←2 2ρ(0 1)2(3 4)5
 0 1  2
 3 4  5
        (,S)←'APL2'
 S
AP
L2
```

Bei dieser Funktion ist eine Achsenangabe
möglich: $C←,[X]B$.

Das Ergebnis C ist eine Strukturgröße, die
aus den Komponenten von B (in der Indexfolge von B) besteht, deren Struktur
jedoch durch den Indexausdruck X bestimmt wird.

X kann ein einfacher Skalar oder ein einfacher Vektor von gültigen Achsennummern sein, aber auch eine gebrochene
Zahl oder ein einfacher numerischer Leervektor.

```
        []←T←2 3ρ'MUTTER'
MUT
TER
        []←U←,[1]T
MUT
TER
        U≡T
1
        []←V←,[0.2]T
MUT
TER
        ρV
1 2 3
```

- X ist ein einfacher numerischer Skalar oder ein einfacher numerischer Vektor mit einem Element. Dann ist C mit B identisch: $C \leftrightarrow B$.

- X ist ein einfacher Vektor von gültigen aufeinanderfolgenden Achsennummern. Dann ist das Ergebnis C eine Strukturgröße mit den Komponenten von B, bei der die in X angegebenen Achsen zusammenfallen. Es gilt: $\rho \rho C \leftrightarrow 1 + (\rho \rho B) - \rho X$.

- X ist eine gebrochene Zahl im Bereich $0 < X < 1 + \rho \rho B$. Dann ist C eine Strukturgröße mit den Komponenten von B, aber mit einer zusätzlichen Achse. Die neue Achse hat die Länge 1. Sie wird **vor** die Achse $\lceil X$ (hinter die Achse $\lfloor X$) eingefügt. Es gilt:
$\rho C \leftrightarrow (1, \rho B)[\boldsymbol{A} X, \iota \rho \rho B]$
$\rho \rho C \leftrightarrow 1 + \rho \rho B$

- X ist der einfache numerische Leervektor. Dann ist C eine Strukturgröße mit den Komponenten von B, aber mit einer zusätzlichen Achse der Länge 1, die **hinter** die bestehenden Achsen eingefügt wird. Es gilt:
$\rho C \leftrightarrow (\rho B), 1$
$\rho \rho C \leftrightarrow 1 + \rho \rho B$.

Aufreihen mit Achsenangabe darf auch links vom Zuweisungspfeil verwendet werden (selektive Wertzuweisung, S. 46).

Der Indexanfang ($\Box IO$, S. 232) ist implizites Argument bei der Achsenangabe.

```
      □←W←,[1.4]T
MUT

TER
        ρW
2  1  3
      □←X←,[2.1]T
M
U
T

T
E
R
        ρX
2  3  1
      □←Y←,[ι0]T
M
U
T

T
E
R
      Y≡X
1
      □←Z←,[1 2]T
MUTTER
      ρZ
6
      Z≡,T
1

        A
AA  BB
CC  DD
EE  FF

GG  HH
II  JJ
KK  LL

MM  NN
OO  PP
QQ  RR

SS  TT
UU  VV
WW  XX
      ρA
4  3  2
      ≡A
2
```

```
        □←B←,[1 2]A
AA BB
CC DD
EE FF
GG HH
II JJ
KK LL
MM NN
OO PP
QQ RR
SS TT
UU VV
WW XX
        ρB
12 2
        ≡B
2
        □←C←,[2 3]A
AA BB CC DD EE FF
GG HH II JJ KK LL
MM NN OO PP QQ RR
SS TT UU VV WW XX
        ρC
4 6

        L←0 2 3 ρ0
        ρ,[1 2]L
0 3
        ρ,[2 3]L
0 6
        ρ,[1.5]L
0 1 2 3
        ρ,[ι0]L
0 2 3 1
```

<table>
<tr><td>Strecken</td><td style="text-align:right">C←εB</td></tr>
</table>

Das Ergebnis C ist ein einfacher Vektor, dessen Elemente die Elemente von B (einfache Skalare) in Indexfolge (S. 29) sind. Es gilt:

$ρC$ ↔ Anzahl der Elemente in B
$ρρC$ ↔ ,1
$≡C$ ↔ 1.

Der Unterschied zur Funktion Aufreihen (,, S. 103) besteht darin, daß beim Strecken die Elemente von B vor dem Aufreihen „ausgepackt" werden. Für einfache Strukturgrößen gilt: $εB$ ↔ ,B.

B kann eine beliebige Strukturgröße sein.

```
        (ε7)≡,7
1
        (ε1 2)≡1 2
1

        □←T←3 1ρ'WO' 'BIST' 'DU'
WO
BIST
DU
        ≡T
2
        □←U←εT
WOBISTDU
        ρU
8
        ≡U
1
```

```
      DISPLAY A←(2 2ρι4)'TOM'
                             'ATE'
.+-------------------------.
|  .+--.   .+--.   .+--.   |
| +1  2|  |TOM|  |ATE|    |
| |3  4|  '---'  '---'    |
| '~--'                   |
'∈-------------------------'
         []←V←∈A
1 2 3 4 TOMATE
         ρV
10
         ≡V
1


      DISPLAY L←0 2ρ(1 2)'ABC'
.+------------------.
φ  .+--.   .+--.   |
|  |0 0|  |0 0|    |
|  '~--'  '~--'    |
'∈------------------'
      DISPLAY LL←∈L
.⊖.
|0|
'~'

         ρLL
0
```

Parallel Spiegeln	$C \leftarrow \phi B$
Parallel Spiegeln	$C \leftarrow \ominus B$

Das Ergebnis C ist eine Strukturgröße wie B, bei der aber die Reihenfolge der Komponenten in der letzten (ϕ) beziehungsweise der ersten Achse ($\ominus$) umgekehrt ist.

Es gilt: $\rho C \leftrightarrow \rho B$
$\qquad \rho \rho C \leftrightarrow \rho \rho B$.

Parallel Spiegeln darf auch links vom Zuweisungspfeil angewandt werden (selektive Wertzuweisung, S. 46).

Das Argument B kann eine beliebige Strukturgröße sein.

```
         φ'ADEL'
LEDA
         ⊖'ADEL'
LEDA
         []←M←2 4ρ'NOTEMADE'
NOTE
MADE
         φM
ETON
EDAM
         ⊖M
MADE
NOTE

         φ(1 2)3(4 5)
  4 5   3   1 2

         ρ⊖ι0
0
         ρφ0 2ρ'*'
0 2
```

```
                        A←'ADAM'
                        (⌽A)←1  2  3  4
                        A
      4  3  2  1
```

Bei dieser Funktion ist eine Achsenangabe
möglich: $C←⌽[X]B$, oder auch:
$C←⍉[X]B$.

X kann ein einfacher Skalar oder ein einfacher Vektor mit nur einem Element sein,
der eine gültige Achsennummer enthält.
Dann muß gelten: $X∈⍳⍴⍴B$. Der Wert in X
gibt die Achse an, entlang welcher die
Komponenten gespiegelt werden sollen.
Es gilt:

```
     ρC  ↔  ρB
    ρρC  ↔  ρρB
  ⌽[X]B  ↔  ⍉[X]B
    ⌽B  ↔  ⌽[ ̄1↑⍳ρρB]B
        ↔  ⍉[ ̄1↑⍳ρρB]B
    ⍉B  ↔  ⌽[⎕IO]B  ↔  ⍉[⎕IO]B.
```

Parallel Spiegeln mit Achsenangabe darf
auch links vom Zuweisungspfeil angewandt werden (selektive Wertzuweisung,
S. 46).

Der Indexanfang ($⎕IO$, S. 232) ist implizites Argument bei der Achsenangabe.

```
              ⎕←H←2  3  4ρ⍳24
   1   2   3   4
   5   6   7   8
   9  10  11  12

  13  14  15  16
  17  18  19  20
  21  22  23  24
           ⌽[1]H oder ⍉[1]H oder ⍉H
  13  14  15  16
  17  18  19  20
  21  22  23  24

   1   2   3   4
   5   6   7   8
   9  10  11  12
           ⌽[2]H oder ⍉[2]H:
   9  10  11  12
   5   6   7   8
   1   2   3   4

  21  22  23  24
  17  18  19  20
  13  14  15  16
           ⌽[3]H oder ⍉[3]H oder ⌽H
   4   3   2   1
   8   7   6   5
  12  11  10   9

  16  15  14  13
  20  19  18  17
  24  23  22  21
```

Diagonal Spiegeln	$C \leftarrow \lozenge B$

Das Ergebnis C ist eine Strukturgröße, die aus B durch Umkehrung der Achsen-Reihenfolge entsteht.

Es gilt: $\rho C \leftrightarrow \phi \rho B$

$\qquad \rho \rho C \leftrightarrow \rho \rho B.$

Diagonal Spiegeln darf auch links vom Zuweisungspfeil angewandt werden (selektive Wertzuweisung, S. 46).

```
      ⍴1 2 3
1 2 3

      A
SEE
AST
MAO
TUN

      ⍴A
4 3

      ⍉A
SAMT
ESAU
ETON

      ⍴⍉A
3 4

      ⍴⍉0 2⍴'*'
2 0

      ⎕←B←2 2⍴(1 2)3(4 5)6
 1 2   3
 4 5   6
      ⎕←C←⍉B
 1 2  4 5
    3    6
      (⍉B)←2 2⍴'ABCD'
      B
 AC
 BD

      ⎕←H←3 2 2⍴⍳12
 1  2
 3  4

 5  6
 7  8

 9 10
11 12
      ⍉H
1 5  9
3 7 11

2 6 10
4 8 12
      ⍴⍉H
2 2 3
```

Erste Komponente Zeigen $C \leftarrow \uparrow B$

Das Ergebnis C ist die im Sinne der Indexfolge (S. 29) erste Komponente von B. Wenn B eine leere Strukturgröße ist, dann ist C der **Prototyp** (S. 25) von B.

Strukturvektor ρC und Ordnungszahl $\rho\rho C$ von C entsprechen den Werten für die erste Komponente von B.

Für leere Strukturgrößen gilt: $\uparrow B \leftrightarrow \uparrow 0 \rho \subset B$.

Erste Komponente Zeigen ist insofern eine Umkehrfunktion von Einschließen ($\subset$, S. 98), als gilt: $\uparrow \subset B \leftrightarrow B$.

Erste Komponente Zeigen darf auch links vom Zuweisungspfeil angewandt werden (selektive Wertzuweisung, S. 46).

Das Argument B kann eine beliebige Strukturgröße sein.

```
      ↑'*'
*
      '*'≡↑'*'
1

      ↑1 2 3
1

      □←A←'WO' 'BIST' 'DU'
 WO BIST DU
      ρA
3
      ≡A
2
      □←B←↑A
WO
      ρB
2
      ≡B
1
      (↑A)←'DA'
      A
 DA BIST DU

      ↑ι0
0
      ' '≡↑''
1

      ↑0 2ρ(1 2 3)'AB'
0 0 0
```

Die zweistelligen gemischten Funktionen ?⊞⍋⍒⊥⊤⍎

Die im vorliegenden Abschnitt behandelten Elementarfunktionen sind überwiegend für einfache Strukturgrößen als Argumente definiert.

Stichprobe Nehmen	$C \leftarrow A \, ? \, B$

Das Ergebnis C ist ein einfacher numerischer Vektor von A verschiedenen ganzen Zahlen, die als Pseudo-Zufallszahlen aus ιB ausgewählt werden (Stichprobe ohne Zurücklegen).

A und B müssen einfache ganzzahlige Skalare (oder Vektoren mit einem Element) sein, und es muß gelten: $0 \leq A \leq B$.

Es gilt: $\rho C \leftrightarrow , A$
$\qquad \rho\rho C \leftrightarrow , 1$.

Wenn $A \leftrightarrow B$ ist, dann ist C eine „zufällige" Permutation von ιB.

Indexanfang $\square IO$ (S. 232) und Ausgangszufallszahl $\square RL$ (S. 233) sind implizite Argumente dieser Funktion. Durch Anwendung der Funktion wird $\square RL$ neu gesetzt (implizites Ergebnis).

```
        □RL
16807
        □IO
1
        3?10
9 3 5
        5?5
3 4 5 1 2
        6?49
4 30 23 8 44 42
        □RL
114807987

        □RL←16807
        □IO←0
        3?10
8 2 4
        5?5
2 3 4 0 1
        6?49
3 29 22 7 43 41
        □RL
114807987
```

Lineares Gleichungssystem Lösen	$C \leftarrow A \boxplus B$

C ist die Lösung des linearen Gleichungssystems mit der Koeffizientenmatrix B und den rechten Seiten A.

A und B können nur einfache numerische Skalare, Vektoren und Matrizen sein. Ein Vektor wird dabei als einspaltige Matrix, ein Skalar als einzeilige, einspaltige Matrix aufgefaßt.

Voraussetzung für die Durchführbarkeit dieser Funktion sind folgende Verträglichkeitsbedingungen:

- A und B (als Matrizen aufgefaßt) haben gleiche Zeilenzahl: $\uparrow(\rho A),1 \leftrightarrow \uparrow(\rho B),1$.

Die linearen Gleichungssysteme (in konventioneller Schreibweise):

$$2x + y = 1 \quad 2 \quad 4+3i$$
$$x - y = 2 \quad {}^{-}2 \quad {}^{-}1+3i$$

haben die Lösungen $x = 1$, $y = {}^{-}1$, beziehungsweise $x = 0$, $y = 2$, beziehungsweise $x = 1+2i$, $y = 2-i$.

```
        □←B←2 2ρ2 1 1 ¯1
2  1
1 ¯1

        1 2⊞B
1 ¯1

        2 ¯2⊞B
0 2
```

- Wenn B eine Matrix ist, müssen die Spalten von B linear unabhängig sein.

- B (als Matrix aufgefaßt) ist entweder quadratisch oder hochrechteckig: $(1↓2↑(\rho B),1) \le 1↑(\rho B),1$.

Wenn diese Voraussetzungen erfüllt sind, wird C so ermittelt, daß der Ausdruck $+/,(A-B+.×C)*2$ ein Minimum wird (Methode der kleinsten Quadrate).

Es gilt: $\rho C ↔ (1↓\rho B),1↓\rho A$
$\qquad \rho\rho C ↔ ,1\lceil^-2+(\rho\rho A)+\rho\rho B.$

- A ist ein Vektor. Dann ist C ebenfalls ein Vektor (ein lineares Gleichungssystem).

- A ist eine Matrix. Dann ist C ebenfalls eine Matrix (eine Koeffizientenmatrix, mehrere rechte Seiten bedeuten mehrere Gleichungssysteme).

In beiden Fällen gilt: $B+.×C ↔ A$.

Wenn A und B einfache numerische Leervektoren oder -matrizen sind, und die Verträglichkeitsbedingungen eingehalten werden, ist C ebenfalls eine einfache numerische leere Strukturgröße, deren Strukturvektor sich nach den oben angegebenen Formeln ermitteln läßt.

```
        ⎕←A←2 3ρ1 2 4J3 2 ¯2 ¯1J3
1  2  4J3
2 ¯2 ¯1J3
      A⌹B
 1 9.930136613E¯17 1J 2
¯1 2.000000000E0    2J¯1
```

(Eine Zahl, deren Betrag ungefähr $1E^-15$ mal dem Betrag der anderen Zahlen ausmacht, ist als 0 anzusehen: Rundungs-Ungenauigkeit).

```
      L←2 0ρ0
      ρL⌹B
2 0

      M←3 4ρ⍳12
      N←3 0ρ1
      ρM⌹N
0 4
```

<table>
<tr><td>Ordnungsvektor Bilden, steigend</td><td>$C←A⍋B$</td></tr>
<tr><td>Ordnungsvektor Bilden, fallend</td><td>$C←A⍒B$</td></tr>
</table>

Das Ergebnis C, ein einfacher numerischer Vektor, enthält die Indizes, mit denen man die Unterstrukturgrößen in der ersten Achse der Textstrukturgröße B indizieren muß, um diese steigend (⍋) beziehungsweise fallend (⍒) zu ordnen. Das linke Argument A liefert dabei die Sortiervorschrift.

Folgende Bedingungen müssen erfüllt sein:

- A muß eine einfache, nicht-leere Text-Strukturgröße sein, aber kein Skalar.

- B muß eine einfache Text-Strukturgröße sein, aber kein Skalar.

```
      ⎕IO
1
      V←'NADELN'
      ⎕←W←'ABCDE'⍋V
2 3 4 1 6 5
      V[W]
ADENNL  (N trat vor L auf)
      ⎕←X←'ABCDE'⍒V
5 1 6 4 3 2
      V[X]
LNNEDA
```

Dann ist C eine Permutation von $\iota \uparrow \rho B$, und $B[C;...]$, sowie $(\subset C)⌷[\square IO]B$ sind steigend beziehungsweise fallend sortiert.

Es gilt: $\rho C \leftrightarrow 1 \uparrow \rho B$
$\qquad\quad \rho\rho C \leftrightarrow ,1.$

- A ist ein einfacher, nicht-leerer Textvektor. Jedem Element $B[I;J;...]$ von B wird der Wert $A \iota B[I;J;...]$ zugeordnet, wobei die Elemente von B, die in A nicht vorkommen, in der Reihenfolge ihres Auftretens (aber hinter allen Zeichen in A) bewertet werden.

  Dann werden die Unterstrukturgrößen der ersten Achse von B hinsichtlich der Bewertungszahl ihres ersten Elementes miteinander verglichen. Bei Gleichheit wird die Bewertung des zweiten Elementes herangezogen, und so weiter im Sinne der Indexfolge (S. 29).

  Bei zwei oder mehr identischen Unterstrukturgrößen bleibt deren relative Stellung erhalten.

- A ist eine einfache, nicht-leere Textmatrix oder eine einfache Text-Strukturgröße höherer Ordnung. Dann gelten für die Bewertung der Unterstrukturgrößen alle Zeichen einer Spalte als gleichrangig.

  Nur, wenn dabei für zwei oder mehr Unterstrukturgrößen von B identische Bewertungen entstehen, werden die Zeilen (und dann die Matrizen usw.) von A zur Bewertung herangezogen. Ein gutes Beispiel dafür ist die Variable DCS im mitgelieferten Arbeitsbereich $EXAMPLES$:

```
          T
ALLE
ELLE
ELLA
ADEL
VEDA
LEDA
          □←I←'ABCDE'⍋T
4 1 3 2 5 6
          T[I;] oder (⊂I)⌷[1]T
ADEL
ALLE
ELLA
ELLE
VEDA
LEDA

          T['ABCDE'⍒T;]
VEDA
LEDA
ELLE
ELLA
ALLE
ADEL

          H
Ab
An
Ab
AB
AN
AB
AN
AN
ab
ab
an
Ab
          ρH
4 3 2
```

```
          DCS
ABCDEFGHIJKLMNOPQRSTUVWXYZ0
ABCDEFGHIJKLMNOPQRSTUVWXYZ
                          1
  abcdefghijklmnopqrstuvwxyz
                          2

                          3
        .
        .
                          9


        ρDCS
10  2  28
```

(Die erste Spalte von DCS besteht aus Leerstellen. Die erste Zeile jeder Matrix enthält an der 28. Stelle eine Ziffer (0 ... 9).

Mit Hilfe des Sortierbegriffes DCS erhält man eine lexikografische Anordnung der Unterstrukturgrößen von B:

Aalen vor *A̲alen* vor *aalen* (bei aufsteigender Sortierung), aber *aalen* vor *A̲as*.

- B darf auch eine einfache leere Text-Strukturgröße sein. Dann ist C der einfache numerische Leervektor: $C ↔ ι0$, und es gilt: $B[C;...] ↔ B$.

Der Indexanfang $□IO$ (S. 232) ist implizites Argument dieser beiden Funktionen.

```
       DCS▲H
2  1  4  3
(DCS aus 1 EXAMPLES)
    H[DCS ▲H;]
AB
AN
AB
Ab
An
Ab
ab
an
Ab
AN
AN
ab
    H[DCS ▼H;]
AN
AN
ab
ab
an
Ab
Ab
An
Ab
AB
AN
AB
      L←0 4ρ'*'
      LI←'ABC'▲L
      ρLI
0
      L[LI;]
(LZ)
      ρL[LI:]
0

      □IO←0
      'ABCDE'▲'NADELN'
1 2 3 0 4 5
      'ABCDE'▼'NADELN'
0 4 5 3 2 1
```

Entschlüsseln $C \leftarrow A \perp B$

Das Ergebnis C ist der Wert des rechten Argumentes B, wenn dieses als Zahl in einem (allgemeinen) Zahlensystem mit der Basis A aufgefaßt wird.

A und B müssen einfache numerische Strukturgrößen sein, und es muß wenigstens eine der folgenden Bedingungen erfüllt sein:

- A oder B oder beide sind skalar.

- $\bar{}1\uparrow\rho A \leftrightarrow ,1$ oder $\uparrow\rho B \leftrightarrow 1$ (oder beides).

- $\bar{}1\downarrow\rho A \leftrightarrow 1\uparrow\rho B$.

In den ersten beiden Fällen wird das betreffende Argument erweitert, damit die dritte Bedingung erfüllt ist.

Dann ist C ebenfalls eine einfache numerische Strukturgröße, und es gilt: $\rho C \leftrightarrow (\bar{}1\downarrow\rho A),1\downarrow\rho B$
$\rho\rho C \leftrightarrow (0\lceil\bar{}1+\rho\rho A)+0\lceil\bar{}1+\rho\rho B$

- A ist ein Skalar und B ein Vektor oder Skalar, und es gilt: $0\le B[I]<A$. Dann ist C die Dezimaldarstellung von B, aufgefaßt als Zahl im Zahlensystem zur Basis A.

- A ist ein Skalar und B ein Vektor. Dann kann man B als die Koeffizienten eines Polynoms
$P(x)=B[1]x^{n-1}+ \dots +B[n]$
auffassen, und A als Wert der Variablen x: $C \leftrightarrow P(A)$.

- Wenn A ein Vektor ist, ist A die Basis eines allgemeinen Zahlensystems, bei dem die einzelnen Stellen unterschiedliche Gewichtung haben. Zum Beispiel $A\leftrightarrow 24\ 60\ 60$ (Umrechnung von Stunden, Minuten und Sekunden in Sekunden). In diesem Fall wird das erste Element von A **nicht** zur Berechnung des Ergebnisses herangezogen.

- Für Strukturgrößen höherer Ordnung gilt:
$C \leftrightarrow$
$((\rho A)\uparrow\phi 1,\times\backslash\phi 1\downarrow[\rho\rho A]A)+.\times B$.

Zahlensysteme:

```
        2⊥1 0 1
5
        3⊥2 1 0
21
        10⊥7 8 9
789
```

Polynom: $3x^2+2x\text{-}4$

```
        1.2⊥3 2 ¯4
2.72
        1J1⊥3 2 ¯4
¯2J8
        (2 1ρ1.2 1.1)⊥3 2 ¯4
2.72 1.83
```

Umrechnungen:

```
        24 60 60⊥3 25 7.2
12307.2
        10 60 60⊥3 25 7.2
12307.2
(3 Std., 25 Min., 7.2 Sek. = 12307.2 Sek.)
        3 25 7.2⊥+.×3600 60 1
12307.2

        1 3 12⊥3 1 6
126
(3 Yards, 1 Fuß, 6 Zoll = 126 Zoll)

        ⎕←A←2 3ρ24 60 60 1 3 12
24 60 60
 1  3 12
        ⎕←B←3 2ρ3 3 25 1 7.2 6
 3   3
25   1
 7.2 6
        A⊥B
12307.2 10866
  415.2   126

        2⊥0 4ρ0
0 0 0 0
        ρ2⊥4 0ρ0
0
        (4 0ρ0)⊥3
0 0 0 0
        ρ(0 4ρ0)⊥3
0
```

- Wenn A eine leere Strukturgröße ist, und die Verträglichkeitsbedingungen erfüllt sind, gilt: $C \leftrightarrow (^-1\downarrow\rho A)\rho 0$, und wenn B leer ist: $C \leftrightarrow (1\downarrow\rho B)\rho 0$.

Verschlüsseln	$C\leftarrow A\top B$

Das Ergebnis C ist die Darstellung von B im (allgemeinen) Zahlensystem mit der Basis A

A und B müssen einfache numerische Strukturgrößen sein.
Es gilt: $\rho C \leftrightarrow (\rho A),\rho B$
$\rho\rho C \leftrightarrow (\rho\rho A)+\rho\rho B$.

- A ist ein Skalar. Dann gilt:
$C \leftrightarrow A\top B \leftrightarrow A\,|\,B$ und $\rho C \leftrightarrow \rho B$.
Bei skalarem linken Argument wirkt Verschlüsseln wie Rest Bilden.

  Rechnerisch gilt dies auch für nicht-skalare linke Argumente, die nur ein Element haben, nur der Strukturvektor unterscheidet sich bei beiden Funktionen.

- A ist ein Vektor, B ein Skalar. Wenn A aus lauter gleichen Zahlen besteht, dann ist C die Darstellung von B im Zahlensystem mit der Basis $\uparrow A$, sofern A lang genug ist, und es gilt: $\rho C \leftrightarrow \rho A$.

  Wenn A nicht lauter gleiche Elemente enthält, dann ist C die Darstellung von B im (allgemeinen) Zahlensystem mit der Basis A.

- Für höherrangige Strukturgrößen als Argumente gilt (rekursiv): $C \leftrightarrow$ $\supset[1]\ (\subset[1]A)\circ.\top B$.

- Wenn A oder B leere Strukturgrößen sind, dann ist auch C leer, mit $\rho C \leftrightarrow (\rho A),\rho B$.

Wenn A zu kurz ist, werden Stellen abgeschnitten. Das erste Element von $(0,A)\top B$ enthält dann den Teil von B, der bei $A\top B$ abgeschnitten würde.

```
      3⊤4
1

      3⊤2 4
2 1

      ρ(,3)⊤2 4
1 2

      ρ(1 1 1ρ3)⊤3 4
1 1 2

      5 5 5 5 5⊤2442
3 4 2 3 2
      5 5 5 5⊤2442
4 2 3 2
      5 5⊤2442
3 2
      0 5 5⊤2442
97 3 2

       ¯2 ¯2 ¯2 ¯2 ¯2⊤13
¯1 0 ¯1 ¯1 ¯1

      24 60 60⊤3723
1 2 3
```
(3723 Sekunden in Stunden, Minuten, Sekunden umgerechnet).

```
      1780 3 12⊤800
22 0 8
```
(800 Zoll in Yards, Fuß, Zoll).

```
      ⎕←A←3 2ρ24 1780 60 3 60 12
24 1780
60    3
60   12
      ⎕←B←2 2ρ3723 5000 1111 800
3723 5000
1111  800

      A⊤B
  1    1
  0    0

103 138
 30  22

  2   23
 18   13 (wird fortgesetzt)
```

```
                 1   2
                 2   0


                 3  20
                31  20


                 3   8
                 7   8

                        ρ(2 0ρ3)⊤4 5
                2 0 2
                        ρ3 3 3⊤0 2ρ4
                3 0 2
```

Formatieren $\qquad\qquad\qquad\qquad\qquad\qquad\qquad\qquad C \leftarrow A\, ⍕\, B$

Das Ergebnis C entsteht aus der (meist numerischen) Strukturgröße B, indem diese, entsprechend der Vorschrift A, in eine Textgröße verwandelt wird. Man unterscheidet zwei Fälle, je nachdem, ob A ein numerischer oder ein Textvektor ist: Formatieren mit Feld- und Formatieren mit Zeichensteuerung.

Formatieren mit Feldsteuerung

A muß ein einfacher numerischer Vektor oder Skalar von nicht-negativen ganzen Zahlen sein.

B muß eine Strukturgröße mit einer Tiefe ≤ 2 sein, deren Komponenten einfache reelle Skalare, einfache Textskalare oder einfache Textvektoren sind.

Mindestens eine der folgenden Bedingungen muß erfüllt sein:

- A enthält für jede Spalte von B ein Zahlenpaar: $(\rho A) \leftrightarrow 2\times\bar{}1\uparrow\rho B$.

- A ist ein Zahlenpaar, das dann für alle Spalten von B gelten soll.

- A ist eine einzelne Zahl (Vektor oder Skalar). In diesem Fall soll das Zahlenpaar $0,A$ für alle Spalten von B gelten.

```
              A
23.1   0    3.141592654
45.99  1   ¯2.718281828
 8.07  2   ¯0.6666666667
              0⍕A
23 0   3
46 1   3
 8 2  ¯1
              4 0⍕A
23     0     3
46     1     3
 8     2    ¯1
              5 2 4 1 7 3⍕A
23.10 0.0    3.142
45.99 1.0    2.718
 8.07 2.0   ¯.667
              2 0 1 0 9 ¯3⍕A
230    3.14E0
451    2.72E0
 82   ¯6.67E¯1
```

Bei jedem Zahlenpaar F,G in A gibt die erste Zahl F die Feldlänge, also die Anzahl der zur Verfügung stehenden Stellen, und die zweite Zahl G die Genauigkeit, also die Zahl der Dezimalen an, die für die betreffende Spalte von B im Ergebnis erscheinen sollen.

Im Falle F=0 wird die Feldlänge so groß gewählt, wie dies für die Darstellung erforderlich ist. Im Falle F≠0 wird die angegebene Länge verwendet. Dabei ist zu beachten, daß F die gesamte Länge, also einschließlich Dezimalen, Leerstellen, Dezimalpunkt, Exponential- und Vorzeichen angibt.

Wenn G>0 ist, dann gibt G die Anzahl der Dezimalstellen an, die in das Ergebnis übernommen werden sollen. Bei G=0 erscheint das Ergebnis ganzzahlig und ohne Dezimalpunkt. Bei negativem G erfolgt die Darstellung im E-Format (halblogarithmische Darstellung, S. 18), und der Betrag von G gibt die Anzahl der zu übernehmenden Ziffern an (davon steht immer eine vor, der Rest hinter dem Dezimalpunkt).

Es gilt:
${}^-1{\downarrow}\rho C \leftrightarrow {}^-1{\downarrow}\rho B$
${}^-1{\uparrow}\rho C$ ergibt sich aus den Feldlängen in
$A \quad \rho\rho C \leftrightarrow 1\lceil\rho\rho B$.

Die Funktion ist zwar in erster Linie für numerische Argumente B gedacht, aber Textvektoren und -skalare sind als Komponenten von B zugelassen. Sie erscheinen in den Ergebnisfeldern, im Gegensatz zu den Zahlen, linksbündig.

Numerische Vektoren sind als Komponenten von B nicht zugelassen, doch kann man auch sie formatieren, indem man den Komponentenoperator ¨ (S. 149) zur Hilfe nimmt.

```
        B
 NR TEXT     BETRAG
  1 EIER        23.1
  2 BUTTER     45.99
  3 MILCH       8.07
        2 0 7 0 7 2⍕B
 NR TEXT     BETRAG
  1 EIER       23.10
  2 BUTTER     45.99
  3 MILCH       8.07


      ⎕←C←2 2ρ(0 1)(2 3 4)(5 6)7
 0 1   2 3 4
 5 6   7
      4 1⍕C
UNGUELTIGES ARGUMENT
      4 1⍕C
      ∧    ∧
      1⍕¨C
 .0 1.0    2.0 3.0 4.0
 5.0 6.0   7.0


      3⍕'A' 1 '' 2
 A 1.000  2.000


        A
23.1  0  3.141592654
45.99 1  ‾2.718281828
 8.07 2 ‾0.6666666667
      ⎕FC[1 4 6]
.0‾
      ⎕FC[1 4 6]←',?-'
      4 2 2 0 5 2⍕A
???? 0 3,14
???? 1 2,72
8,07 2-0,67
```

Leere Strukturgrößen als rechtes Argument B: Wenn eine Komponente von B leer ist, dann erscheinen an dessen Platz im Ergebnis Leerstellen. Wenn B selbst leer ist, ist das Ergebnis eine leere Textstrukturgröße mit der Struktur von B: $\rho C \leftrightarrow \rho B$.

Die Systemvariable $\Box FC$ (Format-Steuerzeichen, S. 231) ist implizites Argument dieser Funktion, und zwar speziell $\Box FC[1\ 4\ 6]$:

$\Box FC[1]$: Dezimalzeichen (Punkt oder Komma).

$\Box FC[4]$: Überlauf-Kennzeichen. Wenn die angegebene Feldlänge nicht ausreicht, wird das Feld mit diesem Zeichen gefüllt. Im Standard-Fall '0' führt dies zur Fehlernachricht *UNGUELTIGES ARGUMENT*.

$\Box FC[6]$: Minuszeichen (¯ oder -).

Formatieren mit Zeichensteuerung

A muß ein einfacher Textvektor sein, und B eine einfache (reelle) numerische Strukturgröße..

Das linke Argument A gilt als Muster für alle Zeilen in C („Picture"-Format).

A besteht aus einer oder mehreren Gruppen von Steuer- und Füllzeichen, die man auch als „Felder" bezeichnet (nicht zu Verwechseln mit den Feldern beim Formatieren mit Feldsteuerung!). In A müssen entweder so viele Felder stehen, wie B Spalten hat, oder nur ein einziges Feld, das dann für alle Spalten von B als Formatierungsmuster dient.

```
      '5555 '⍕13.6 0.03 1234
14       1234
      '5555.55 '⍕13.6 0.03 1234
13.6          .03 1234
      ⎕FC[1]←','
      '5555.55 '⍕13.6 0.03 1234
13,6          ,03 1234
      ⎕FC[1]←'.'

      '55,555,555'⍕1234567
1,234,567
      ⎕FC[2]←' '
      '55,555,555'⍕1234567
1 234 567
      ⎕FC[2]←','

      '055.50 505.05 555.55'⍕3ρ
                             3.1
003.10   03.1     3.1

      '055.50 '⍕0 0.2
000.00 000.20
      '955.59 '⍕0 0.2
       000.20
      '955.50 '⍕0 0.2
  .00 000.20
```

Zulässige **Steuerzeichen** sind:
0123456789., Sie bestimmen, wie die
betreffende Spalte von B formatiert werden soll, erscheinen aber selbst nicht im
Ergebnis. Alle anderen Zeichen in A sind
Füllzeichen, welche, wenn dies nicht
durch Steuerzeichen anders bestimmt
wird, an der Stelle, an der sie in A stehen,
auch im Ergebnis erscheinen. Es gibt unbedingte, bedingte und gleitende Füllzeichen. Bedingte Füllzeichen erscheinen nur
unter gewissen Bedingungen (beispielsweise, wenn die zu formatierende Zahl
negativ ist); gleitende Füllzeichen erscheinen nicht immer an der selben Stelle.
Füllzeichen, die zum Auffüllen von Leerstellen vor Zahlen dienen, heißen auch
Schutzzeichen.

Die Steuerzeichen 0123456789 werden
im allgemeinen durch Ziffern der zu for-
matierenden Zahl ersetzt während ., den
Dezimalpunkt und das Trennzeichen für
Tausender-Gruppen markieren.

Nun zur Bedeutung der Steuerzeichen:

5 Normalfall. An seiner Stelle erscheint im
  Ergebnis eine Ziffer der formatierten
  Zahl. Führende Nullen werden aller-
  dings unterdrückt, ebenso anhängende
  Nullen hinter de n Dezimalpunkt. Die
  Zahl 0 wird durch Leerstellen ersetzt.
  Zur Darstellung eines Vorzeichens die-
  nen die Steuerzeichen 1 und 2.

. Dezimalpunkt. An seiner Stelle erscheint
  im Ergebnis das Zeichen $\Box FC[1]$ (Dezimalpunkt oder -komma). Die forma-
  tierte Zahl wird entsprechend der Stellung dieses Zeichens gerundet. Wird
  kein Punkt angegeben, dann erscheint
  das Ergebnis als ganze Zahl ohne Dezimalpunkt.

, Tausender-Trennung. An seiner Stelle
  erscheint im Ergebnis das Tausender-
  Trennzeichen $\Box FC[2]$.

```
      A←1.2 ⁻31.5 0 ⁻0.01
       '-55.10 '⍕A
  1.20 -31.50    .00   -0.01
       '(55.10) '⍕A
  1.20 (31.50)    .00     (.01)


       '+55.20 '⍕A
 +1.20  31.50  +.00    .01


       'Δ55.30∇'⍕1.2 31.5 0 0.01
 Δ1.20∇Δ31.50∇  Δ.00∇   Δ.01∇


       '-51.20+'⍕A
  1.20+-31.50    .00+  -.01
       '-51.40*'⍕A
  1.20*-31.50*    .00*  -.01*


       '06-06-55555 06:00'⍕
                 ⍈TS[3 2 1 4 5]
 08-06-1986 19:53


       '   -1.5570*-01'⍕
                 ⁻38.721 0.13
 -3.8721* 01    1.3000*-01


       ' 8555.50'⍕120.4 1.35 28
 *120.40 ***1.35 **28.00
       ⍈FC[3]←'.'
       ' 8555.50'⍕120.4 1.35 28
 .120.40 ...1.35 ..28.00
       ⍈FC[3]←'*'


       'X= 0.50 | Y= 0.50'⍕0 1
 X= 0.00 | Y= 1.00
```

0 Anzeigen von Nullen. Links vom Dezimalpunkt: Von dieser Stelle an dürfen
  Nullen im ganzzahligen Teil nicht unterdrückt werden. Rechts vom Dezimalpunkt: Bis zu dieser Stelle dürfen Nullen
  im Dezimalteil nicht unterdrückt werden.

9 Anzeigen von Nullen. Wie 0, aber die
  Zahl 0 wird durch Leerstellen ersetzt.

1 Gleitendes Minuszeichen. Füllzeichen
  vor und/oder hinter der Zahl werden an
  die Zahl herangerückt, wenn diese negativ ist (andernfalls werden sie unterdrückt).

2 Gleitendes Pluszeichen. Füllzeichen vor
  und/oder hinter der Zahl werden an die
  Zahl herangerückt, wenn diese positiv
  ist (andernfalls werden sie unterdrückt).

3 Gleitendes Zeichen. Füllzeichen vor
  und/oder hinter der Zahl werden an die
  Zahl herangerückt.

Wenn in B negative Zahlen auftreten, muß
im entsprechenden Feld in A ein Steuerzeichen 1 oder 2 angegeben werden. Die
Steuerzeichen 1, 2, und 3 gelten normalerweise für Füllzeichen vor und hinter der
Zahl. Wenn in einem Feld zwei dieser
Steuerzeichen auftreten, dann gilt das linke für Füllzeichen vor, und das rechte für
Füllzeichen hinter der Zahl.

4 Kein Gleitzeichen. In Verbindung mit 1,
  2 oder 3 bewirkt es, daß das Füllzeichen, das auf der gleichen Seite der
  Zahl wie die 4 steht, nicht zum gleitenden Füllzeichen wird, sondern unbe-
  dingtes Füllzeichen bleibt.

6 Feldbegrenzung. Das nächste Füllzeichen rechts zeigt das Ende des Feldes
  an, wird aber ins Ergebnis übernommen.

7 Exponentenzeichen. Das nächste Füllzeichen rechts wird, anstelle von E, zur
Kennzeichnung des Exponenten bei der
halblogarithmischen Darstellung (S. 18)
verwendet.

8 Schutzzeichen. Die Leerzeichen vor kür-
zeren Zahlen werden durch das Zeichen
$\Box FC[3]$ (Schutzstern) ersetzt.

Einfügen von Text: B muß eine numerische
Strukturgröße sein. Trotzdem kann man
Textzeichen in die Ausgabe einfügen, weil
alle Füllzeichen, die nicht durch Steuer-
zeichen zu bedingten oder gleitenden
Füllzeichen werden, unverändert in das
Ergebnis übernommen werden.

Die Systemvariable $\Box FC$ (Format-Steuerzeichen, S. 231) ist implizites Argument
dieser Funktion, und zwar speziell $\Box FC[1
\ 2\ 3]$.

Die Auswahlfunktionen [ ] ⎕ ⊃~↑↓

Die im vorliegenden Abschnitt behandelten Elementarfunktionen dienen zur Auswahl von Komponenten und Unterstrukturgrößen aus allgemeinen Strukturgrößen. Sie werden deshalb als **Auswahlfunktionen** bezeichnet.

Traditionell Indizieren	$C{\leftarrow}A[B]$

Diese Funktion - sie wurde früher einfach als „Indizieren" bezeichnet, wurde inzwischen durch die gleichnamige zweistellige Elementarfunktion ⎕ ersetzt. Man hat sie jedoch in **APL2** beibehalten, um den reibungslosen Übergang von älteren APL-Systemen auf **APL2** zu gewährleisten.

Ihre Schreibweise unterscheidet sich von der aller anderer Elementarfunktionen:

- Zwei Zeichen, [und], sind zu ihrem Aufruf erforderlich. Sie rahmen das rechte Argument ein.

- Das rechte Argument B besteht, wenn die Ordnungszahl von A größer als 1 ist, aus mehreren, durch ;-Zeichen getrennten Strukturgrößen.

A kann eine beliebige allgemeine Strukturgröße sein, jedoch kein Skalar.

B muß ein für die Strukturgröße A gültiger Indexausdruck sein (Indizes und Indexfolge, S. 29). Das heißt, wenn n die Ordnungszahl von A ist (n↔ρρA), dann muß B aus n einfachen Strukturgrößen $I_1;I_2;$ ... ;I_n bestehen, die durch n-1 Strichpunkte getrennt sind, und nur ganze Zahlen ≥⎕IO enthalten. Für jede Achse von A muß in B also eine Indexgröße enthalten sein.

C ist dann das Ergebnis der Auswahl von Komponenten ersten Grades von A, deren Indizes den Indexausdrücken in B entsprechen. Wenn man Komponenten von Komponenten ansprechen möchte, dann muß man entweder die indizierte Größe nochmals indizieren, oder die Funktion Herauspicken (⊃, S. 127) verwenden.

Es gilt: $\rho C \leftrightarrow (\rho I_1),$ ... $,\rho I_n$
$\rho\rho C \leftrightarrow (\rho\rho I_1)+$ ... $+\rho\rho I_n$

```
        ⎕IO
1
        A←'STUTTGART'
        A[3]
U
        ρA[3]

        A[,3]
U
        ρA[,3]
1
        A[1 2 7 8 9]
START
        A[7 3 6 3 1 2]
AUGUST
        A[]
STUTTGART
        ⎕←I←3 3ρ6 7 1 7 8 7 1 7 6
6 7 1
7 8 7
1 7 6
        A[I]
GAS
ARA
SAG
        ⎕IO←0
        A[0 1 6 7 8]
START
        ⎕IO←1
        A[3 4 7]←'ADU'
        A
STADTGURT

        ('MAL' 'WAS' 'ANDRES'
                          )[2 3]
 WAS ANDRES

        ⎕←M←3 4ρι12
1  2  3  4
5  6  7  8
9 10 11 12
        M[2;3]
7
        M[2;]
5 6 7 8
        M[;1]
1 5 9
        M[;,1]
1
5
9
```

Man kann einzelne dieser Indexgrößen weglassen (aber nicht die trennenden Strichpunkte!). Dies hat zur Folge, daß alle Komponenten entlang der betreffenden Achse ins Ergebnis übernommen werden.

- A ist ein (allgemeiner) Vektor. Der Indexausdruck muß aus einer einzigen Strukturgröße bestehen: $A[I_1]$, und es muß gelten: $I_1 \epsilon \iota \rho A$ für alle Elemente von I_1.

- A ist eine (allgemeine) Matrix. Der Indexausdruck B muß aus zwei Strukturgrößen bestehen, die durch einen Strichpunkt getrennt sind: $A[I_1;I_2]$, und es muß gelten: $I_1 \epsilon \iota 1 \uparrow \rho A$ und $I_2 \epsilon \iota 1 \downarrow \rho A$ für alle Elemente von I_1 und I_2. I_1 ist der Zeilen- und I_2 der Spaltenindex für A.

- A ist eine (allgemeine) Strukturgröße n-ter Ordnung. Der Indexausdruck B muß dann aus n Strukturgrößen bestehen, durch n-1 ;-Zeichen getrennt: $A[I_1; \ldots ;I_n]$ und es muß gelten: $I_k \epsilon \iota (\rho A)[k]$ für k = 1,2,...,n. Dabei ist I_{n-1} der Zeilen-, und I_n der Spaltenindex für A.

- A ist eine leere Strukturgröße. Dann muß der Index für jede Achse der Länge 0 der einfache numerische Leervektor sein, wenn er nicht einfach weggelassen wird.

- Ein Indexausdruck ist eine leere Strukturgröße. Dann ist das Ergebnis C ebenfalls eine leere Strukturgröße.

Das traditionelle Indizieren darf auch links vom Zuweisungspfeil angewandt werden (selektive Wertzuweisung, S. 46).

Der Indexanfang $\Box IO$ (S. 232) ist implizites Argument dieser Funktion.

```
        M[;4 1]
 4  1
 8  5
12  9
        M[2 3;3 4]
 7  8
11 12
        M[;]
 1  2  3  4
 5  6  7  8
 9 10 11 12

        []←H←2 3 4ρι24
 1  2  3  4
 5  6  7  8
 9 10 11 12

13 14 15 16
17 18 19 20
21 22 23 24
        H[1;2;3]
 7
        H[;2;3]
 7 19
        H[1;;]
 1  2  3  4
 5  6  7  8
 9 10 11 12
        H[;;] H
 1
        H[;2;]←'*'
        H
 1  2  3  4
 *  *  *  *
 9 10 11 12

13 14 15 16
 *  *  *  *
21 22 23 24

        L←0 3ρ0
        L[ι0;2]
(LV)
        ρL[ι0;2]
 0
```

Indizieren $C \leftarrow A\,⎕\,B$

Diese Funktion ersetzt die gleichnamige Funktion älterer APL-Systeme, die wir deshalb künftig als „Traditionell Indizieren" bezeichnen wollen.

An die Stelle des in eckigen Klammern stehenden, mit Strichpunkten versehenen Index-Ausdrucks beim traditionellen Indizieren tritt beim „modernen" Indizieren eine Strukturgröße, die als linkes Argument angegeben wird. Zwischen beiden Elementarfunktionen besteht folgender Zusammenhang:

$(A_1\ A_2\ ...)⎕B\ \leftrightarrow\ B[A_1;A_2;\,...]$

B kann eine beliebige allgemeine Strukturgröße sein (also auch ein Skalar).

A muß ein Skalar oder ein Vektor sein, dessen Tiefe höchstens 2 ist, und dessen Elemente nicht-negative ganze Zahlen sind. Diese müssen gültige Indizes für B sein. Außerdem muß die Zahl der Komponenten von A gleich der Ordnungszahl von B sein:

$(\equiv A)\ \leq\ 2$
$\rho,A\ \leftrightarrow\ \rho\rho B.$

Das Ergebnis C besteht dann aus den durch A ausgewählten (indizierten) Komponenten ersten Grades von B.

Zum Herausholen von Komponenten höheren Grades (und Elementen) verwendet man die Funktion Herauspicken (⊃, S. 127).

Es gilt: $\rho C\ \leftrightarrow\ ,/\rho^{..}A$
$\qquad\ \rho\rho C\ \leftrightarrow\ ,+/\rho^{..}\rho^{..}A.$

- B ist ein (allgemeiner) Skalar. Dann muß A ein leerer Vektor sein, und es gilt: $(ι0)⎕B\ \leftrightarrow\ B$. Hierfür gibt es beim traditionellen Indizieren keine Entsprechung!

- B ist ein (allgemeiner) Vektor. Dann muß A entweder ein Skalar oder ein Vektor mit nur einer Komponente sein. Es gilt: $A⎕B\ \leftrightarrow\ B[↑A]$.

```
            ''⎕1
1
            ρ''⎕1
(LV)
            (ι0)⎕'A'
A
            ρρ(ι0)⎕'A'
0

            ⎕IO←1
            A←'STUTTGART'
            3⎕A
U
            ρ3⎕A
(LV)
            (,3)⎕A
U
            ρ(,3)⎕A
(LV)
            (⊂,3)⎕A
U
            ρ(⊂,3)⎕A
1
            (⊂1 2 7 8 9)⎕A
START
            (⊂7 3 6 3 1 2)⎕A
AUGUST
            ⎕←I←3 3ρ6 7 1 7 8 7 1 7 6
6 7 1
7 8 7
1 7 6
            (⊂I)⎕A
GAS
ARA
SAG

            ⎕IO←0
            (⊂0 1 6 7 8)⎕A
START
            ⎕IO←1
            ((⊂3 4 7)⎕A)←'ADU'
            A
STADTGURT

            (⊂2 3)⎕'MAL' 'WAS'
                           'ANDRES'
WAS ANDRES
```

<table>
<tr><td>

- *B* ist eine (allgemeine) zwei- oder mehrdimensionale Strukturgröße. Dann muß *A* ein Vektor sein, dessen Länge gleich der Dimensionszahl von *B* ist.

- *B* ist eine leere Strukturgröße. Dann muß für jede Achse von *B*, welche die Länge 0 hat, die entsprechende Komponente von *A* ein leerer Vektor sein.

Das Indizieren darf auch links vom Zuweisungspfeil angewandt werden (selektive Wertzuweisung, S. 46).

Der Indexanfang $\Box IO$ (S. 232) ist implizites Argument dieser Funktion.

</td><td>

```
      □←M←3 4ριι2
 1  2  3  4
 5  6  7  8
 9 10 11 12
      2 3□M
7

      ((2 3)(4 5))□M
  7  8
11 12


      L←0 3ρ0
      ((ι0)1)□L
(LV)

      ρ((ι0)1)□L
0
```

</td></tr>
</table>

<table>
<tr><td>

Bei dieser Funktion ist eine Achsenangabe möglich: $C \leftarrow A \Box [X] B$.

X kann ein einfacher Skalar oder ein einfacher Vektor sein, der entweder keine (Leervektor), eine oder mehrere Achsennummern enthält, für welche gilt: $X \epsilon \rho \rho B$. Wenn mehrere Achsennummern angegeben werden, so müssen sie alle verschieden sein, ihre Reihenfolge ist beliebig.

Das Indizieren mit Achsenangabe entspricht dem Indizieren ohne Achsenangabe, mit dem Unterschied, daß nur die angegebenen Achsen von *B* davon betroffen sind. Fehlt eine Achsennummer in *X*, so wird die betreffende Achse ganz in das Ergebnis *C* übernommen, was dem Fehlen des entsprechenden Indexausdrucks beim traditionellen Indizieren entspricht:
$(A_1 A_2) \Box [1\ 3] B \leftrightarrow B[A_1;;A_2]$.

Indizieren mit Achsenangabe darf auch links vom Zuweisungspfeil angewandt werden (selektive Wertzuweisung, S. 46).

Der Indexanfang $\Box IO$ (S. 232) ist implizites Argument dieser Funktion, sowie bei der Achsenangabe.

</td><td>

```
      □←M←3 4ριι2
 1  2  3  4
 5  6  7  8
 9 10 11 12
      □IO←1
      2□[1]M
5 6 7 8
      □IO←0
      1□[0]M
5 6 7 8
      □IO←1
      1□[2]M
1 5 9
      (,1)□[2]M
1 5 9
      (⊂,1)□[2]M
1
5
9
      (⊂4 1)□[2]M
 4 1
 8 5
12 9
      (ι0)□[ι0]M
 1  2  3  4
 5  6  7  8
 9 10 11 12
```

</td></tr>
</table>

```
        ⎕←H←2 3 4ρι24
   1   2   3   4
   5   6   7   8
   9  10  11  12

  13  14  15  16
  17  18  19  20
  21  22  23  24
        1⎕[1]H
   1   2   3   4
   5   6   7   8
   9  10  11  12
        (2 3)⎕[2 3]H
   7  19
        (2⎕[2]H)←'*'
        H
   1   2   3   4
   *   *   *   *
   9  10  11  12

  13  14  15  16
   *   *   *   *
  21  22  23  24
```

Herauspicken $C←A⊃B$

Diese Funktion dient dazu, eine Komponente beliebigen Grades aus der Strukturgröße B herauszuholen. Das linke Argument A enthält dabei den **Suchpfad** in Form von Indizes.

B kann eine beliebige Strukturgröße sein.

A kann nur ein Skalar oder ein Vektor mit einer Tiefe ≤2 sein, und zwar ganzzahlig oder leer.

Es gilt: $ρC$ ↔ $ρ$Komponente
         $ρρC$ ↔ $ρρ$Komponente.

- A ist ein Skalar oder ein Vektor mit nur einer Komponente. Damit kann man eine Komponente ersten Grades aus B auswählen.

Die Ordnungszahl von B bestimmt die Anzahl der Elemente in der (einzigen) Komponente von A:

Wenn B ein Vektor ist, darf A nur eine Zahl, einen gültigen Index für B, enthalten: $A∈ιρB$. A ist dann die A-te Komponente von B: A ↔ $B[↑A]$.

```
        A←'ADAM' 'UND' 'EVA'
        ≡A
2
        ⎕IO
1
        ⎕←B←2⊃A
UND
        ρB
3
        ≡B
1
        ⎕IO←0
        2⊃A
EVA
        ⎕IO←1

        C←'A' 'AS' ('AST' 'ASTI')
        ≡C
3
        ⎕←D←3⊃C
 AST ASTI
        ρD
2
        ≡D
2
```

Wenn B eine Matrix oder eine Strukturgröße höherer Ordnung ist, dann muß die Komponente von A ein Vektor sein, der für jede Achse von B einen gültigen Index als Element enthält. Die Zahlen in A geben dann die Stelle an, wo die gesuchte Komponente ersten Grades zu finden ist.

- A ist ein Vektor mit mehr als einer Komponente. Dann gibt seine Länge den Grad der Komponente an, die herausgepickt werden soll. Die erste Komponente von A liefert eine Komponente ersten Grades von B. Die zweite Komponente von A wählt daraus eine Komponente 2. Grades aus, und so fort.

- A ist ein leerer Vektor. Dann wird die Komponente 0-ten Grades, also B selbst, ausgewählt: $(\iota 0)\supset B \leftrightarrow B$. Wenn B ein Skalar ist, muß die erste Komponente von A ein leerer Vektor sein.

Herauspicken darf auch links vom Zuweisungspfeil angewandt werden (selektive Wertzuweisung, S. 46).

Der Indexanfang $\square IO$ (S. 232) ist implizites Argument dieser Funktion.

```
      DISPLAY Z
.+- - - - - - - - - - - - - - - - - - - - - - .
+  .+- - - .      .+- - - .                    |
|  |VIER|      |FUENF|                         |
|  '- - - '      '- - - '                      |
|  .+- - - .      .+- - - - - - - - - - - - - .|
|  |SECHS|      |  .+- - - .  .+- - .         ||
|  '- - - - '   |  |ALTE|  |HEX|              ||
|               |  '- - - '  '- - - '         ||
|               '  ε- - - - - - - - - - - - - '|
' ε- - - - - - - - - - - - - - - - - - - - - - '
          ρZ
2 2
          ≡Z
3
          □←Y←( ⊂2  2 )⊃Z
  ALTE  HEX
          ρY
2
          ≡Y
2
          ( 2  2)  2⊃Z
HEX
          ( 2  2)( ⊂2 )3⊃Z
X
          ( 1  2)5⊃Z
F
          □←S←⊂2  4ρ'KAINABEL'
  KAIN
  ABEL
          ρS
(LV)
       ≡S
2
          S≡( ι0 )⊃S
1
          ( ι0 )( 2  4 )⊃S
L
          (( ι0 )( 2  4 )⊃S)←'R'
          S
  KAIN
  ABER
```

Eliminieren $C \leftarrow A \sim B$

Das Ergebnis C, ein Vektor, besteht aus allen Komponenten von A, die **nicht** in B enthalten sind. Aus A werden also alle Komponenten eliminiert, die auch Komponenten von B sind. Dabei werden nur solche Komponenten als gleich angesehen, die in Wert und Struktur übereinstimmen.

A muß ein Skalar oder ein Vektor sein.

B kann eine beliebige Strukturgröße sein.

Es gilt:
$A \sim B \leftrightarrow (\sim A \epsilon B)/A$
ρC hängt von den Komponenten in A und B ab.
$\rho \rho C \leftrightarrow ,1.$

Der **Durchschnitt** zweier, als Vektoren dargestellter (endlicher) Mengen ergibt sich aus $A \sim A \sim B$. Wiederholungen in A (die es bei echten Mengen nicht geben kann) bleiben dabei erhalten.

Die Vergleichstoleranz $\square CT$ (S. 230) ist implizites Argument dieser Funktion.

```
      'AUGSBURG'~'NUERNBERG'
AS
      'NUERNBERG'~'AUGSBURG'
NENE

      0 1 3 5 3~ι4
0 5
      0 1 3 5 3~0 1 3 5 3~ι4
1 3 3

      1~1  ↔  1~,1
(LV)
      ρ1~1
0
      1~0  ↔  1~,0
1

      'HA' 'LA' 'LI'~2 1ρ'LI'
                            'LA'
HA
      'HA' 'LA' 'LI'~2 2ρ'LILA'
HA LA LI

      'A' (ι0) 7~(ι0) 6 7 8
A
```

Entnehmen $C \leftarrow A \uparrow B$

Die Funktion dient zum Herausgreifen von Unterstrukturgrößen aus B, wobei jeweils die ersten oder die letzten Komponenten einer Achse entnommen werden. A enthält die Anzahl der Komponenten, die pro Achse von B, entnommen werden sollen.

B kann eine beliebige Strukturgröße sein.

A muß ein einfacher ganzzahliger Vektor oder Skalar sein. Ein Skalar wird dabei als Vektor mit nur einem Element aufgefaßt.

Es gilt: $\rho C \leftrightarrow |,A$
$\qquad\quad \rho \rho C \leftrightarrow \rho ,A.$

- B ist kein Skalar. Dann muß A ein Vektor mit ebensovielen Elementen sein, wie B Achsen hat. Wenn B ein Vektor ist, dann darf A auch ein Skalar sein, wird aber wie ein Vektor mit einem Element behandelt: $\rho ,A \leftrightarrow \rho \rho B.$

```
      V←6 8 9 1 2
      3↑V
6 8 9
      ‾3↑V
9 1 2
      0↑V
(LV)

0
      ρ0↑V

      5↑V  ↔  ‾5↑V  ↔  V
6 8 9 1 2
      7↑V
6 8 9 1 2 0 0
      ‾6↑V
0 6 8 9 1 2

      T←'HAUS'
      3↑T
HAU
      ‾3↑T
AUS
      5↑T
HAUS
      ρ5↑T
5
```

C entsteht aus B, indem aus der i-ten Achse von B die $A[i]$ **ersten** Komponenten übernommen werden, wenn $A[i] > 0$ ist

Wenn dagegen $A[i] < 0$ ist, dann werden die $|A[i]$ **letzten** Komponenten der i-ten Achse von B übernommen.

Wenn $A[i] = 0$ ist, dann ist das Ergebnis A eine leere Strukturgröße, deren Strukturvektor an der Stelle i eine 0 hat.

Wenn der Betrag von $A[i]$ größer ist, als die Länge der i-ten Achse von B, dann wird die entsprechende Achse von C durch Anhängen ($A[i] > 0$) beziehungsweise Voransetzen ($A[i] < 0$) von Füllkomponenten (S. 26) auf $|A[i]$ gebracht.

- B ist ein Skalar. Dann darf A ein Vektor beliebiger Länge sein (oder ein Skalar, der dann wie ein Vektor der Länge 1 behandelt wird), und B wird zu einer Strukturgröße der Ordnung ρ, A erweitert. Es gilt also: $A \uparrow B \leftrightarrow A \uparrow (, A) \rho B$, wodurch dieser Fall auf den vorherigen zurückgeführt ist.

Entnehmen darf auch links vom Zuweisungspfeil angewandt werden selektive Wertzuweisung, S. 46).

```
      ‾6↑T
   HAUS

      1↑⍳0
0
      ⍴1↑⍳0
1
      ‾3↑⍳0
0 0 0

      ⎕←M←3 4⍴'BERNBONNWIEN'
BERN
BONN
WIEN

      2 3↑M
BER
BON

      ‾1 3↑M

WIE

      ⍴‾1 3↑M
1 3
      ‾4 ‾5↑M
   BERN
   BONN
   WIEN

      2 ‾3↑5
0 0 5
0 0 0

      (2 3↑M)←2 3⍴'WIE'
M
WIEN
WIEN
WIEN

      ⎕←H←2 2 2⍴⍳8
1 2
3 4

5 6
7 8

      3 1 ‾3↑H
0 1 2

0 5 6

0 0 0

      A←1(2 3)(4 5)
      2↑A
 1   2 3
      ‾4↑A
 0 1 2 3 4 5
      4↑⌽A
 4 5 2 3 1 0 0
```

Bei dieser Funktion ist eine Achsenangabe möglich: $C \leftarrow A \uparrow [X] B$.

X kann ein einfacher Skalar oder Vektor sein, der entweder keine (Leervektor) eine oder mehrere Achsennummern enthält, für welche gilt: $X \in \iota \rho \rho B$. Wenn mehrere Achsen angegeben sind, müssen sie alle verschieden sein, ihre Reihenfolge ist jedoch beliebig.

B darf kein Skalar sein.

Das Entnehmen mit Achsenangabe erfolgt wie das Entnehmen ohne, mit dem Unterschied, daß nur die in X angegebenen Achsen von B davon betroffen sind. Die nicht angegebenen Achsen bleiben in ihrer ursprünglichen Länge erhalten.

Wenn eine Erweiterung stattfindet, dann wird dazu die Füllkomponente der durch X ausgewählten Unterstrukturgröße von B verwendet.

Es gilt:
$$(\rho C)[X] \leftrightarrow |,A$$
$$\rho \rho C \leftrightarrow \rho \rho B$$

Wenn X alle Achsen von B in der richtigen Reihenfolge enthält, dann gilt: $A \uparrow [\iota \rho \rho B] \leftrightarrow A \uparrow B$.

Wenn X ein leerer Vektor ist, dann muß auch A ein leerer Vektor sein, und das Ergebnis ist B: $(\iota 0) \uparrow [\iota 0] B \leftrightarrow B$.

Entnehmen mit Achsenangabe darf auch links vom Zuweisungspfeil verwendet werden (selektive Wertzuweisung, S. 46).

Der Indexanfang $\square IO$ (S. 232) ist implizites Argument bei der Achsenangabe.

```
      ⎕←M←3 4ρ'BERNBONNWIEN'
BERN
BONN
WIEN
      1↑[1]M
BERN
      ¯1↑[2]M
N
N
N
      ⎕IO←0
      1↑[1]M
B
B
B
      ⎕IO←1
      (¯1↑[1]M)←1 4ρ'OSLO'
      M
BERN
BONN
OSLO
      ⎕←N←2 2ρ'*' (1 2)3(4 5)
 *   1 2
 3   4 5
      3↑[1]N
 *   1 2
 3   4 5
 0   0
```

Entfernen $C \leftarrow A \downarrow B$

Die Funktion dient zum Entfernen von Unterstrukturgrößen aus B, wobei jeweils die ersten oder die letzten Komponenten einer Achse weggelassen werden. A enthält die Anzahl der Komponenten, die pro Achse von B, entfernt werden sollen.

B kann eine beliebige Strukturgröße sein.

A muß ein einfacher ganzzahliger Vektor oder Skalar sein. Ein Skalar wird dabei als Vektor mit nur einem Element aufgefaßt.

Es gilt: $\rho C \leftrightarrow 0 \lceil (\rho B) - |A$
$\quad\quad\quad \rho\rho C \leftrightarrow (\rho, A) \lceil \rho\rho B.$

- B ist kein Skalar. Dann muß A ein Vektor mit ebensovielen Elementen sein, wie B Achsen hat. Wenn B ein Vektor ist, dann darf A auch ein Skalar sein, wird aber wie ein Vektor mit einem Element behandelt: $\rho, A \leftrightarrow \rho\rho B$.

  C entsteht aus B, indem aus der i-ten Achse von B die $A[i]$ **ersten** Komponenten entfernt werden, wenn $A[i] > 0$ ist.

  Wenn dagegen $A[i] < 0$ ist, dann werden die **letzten** $|A[i]|$ Komponenten aus der i-ten Achse von B entfernt.

  Bei $A[i] = 0$ werden alle Komponenten der i-ten Achse von B übernommen.

  Wenn der Betrag von $A[i]$ größer oder gleich der Länge der i-ten Achse von B ist, dann werden alle Komponenten der i-ten Achse von B entfernt, das heißt, C wird eine leere Strukturgröße.

  Diese Aussagen gelten auch, wenn B eine leere Strukturgröße ist.

```
      V←6 8 9 1 2
      3↓V
1 2

      ¯3↓V
6 8

      5↓V ↔ ¯7↓V
(LV)

      ρ¯7↓V
0

      T←'HAUS'
      1↓T
AUS

      ¯1↓T
HAU

      5↓T
(LV)

      ρ5↓T
0

      □←M←3 4ρ'BERNBONNWIEN'
BERN
BONN
WIEN

      1 2↓M
NN
EN

      2 ¯1↓M
WIE

      ρ2 ¯1↓M
1 3

      (2 ¯1↓M)←1 3ρ'BOR'
BERN
BONN
BORN

      □←H←2 2 2ρι8
1 2
3 4

5 6
7 8

      1 ¯1 1↓H
6

      ρ1 ¯1 1↓H
1 1 1

      □←L←1 1↓0 3ρι
(LZ)

      ρL
0 2

      (ι0)↓3
3
```

- *B* ist ein Skalar. Dann darf *A* ein Vektor beliebiger Länge sein (oder ein Skalar, der dann wie ein Vektor der Länge 1 behandelt wird), und *B* wird zu einer Strukturgröße der Ordnung ρ,*A* erweitert. Es gilt also: $A \downarrow B \leftrightarrow A \downarrow (,A)\rho B$, wodurch dieser Fall auf den vorherigen zurückgeführt ist.

  (LV)

  (LZ)

  0 0

  ```
  ρ⎕ι0)↓3


  1  2↓5

  ρ1  2↓5
  ```

- *A* ist ein leerer Vektor. Dann muß *B* ein Skalar sein, und das Ergebnis ist *B*: $(\iota 0)\downarrow B \leftrightarrow B$.

Entfernen darf auch links vom Zuweisungspfeil angewandt werden (selektive Wertzuweisung, S. 46).

Bei dieser Funktion ist eine Achsenangabe möglich: $C \leftarrow A \downarrow [X]B$.

X kann ein einfacher Skalar oder Vektor sein, der entweder keine (Leervektor) eine oder mehrere Achsennummern enthält, für welche gilt: $X \in \iota \rho \rho B$. Wenn mehrere Achsen angegeben sind, müssen sie alle verschieden sein, ihre Reihenfolge ist jedoch beliebig.

B darf kein Skalar sein.

Das Entfernen mit Achsenangabe erfolgt wie das Entfernen ohne, mit dem Unterschied, daß nur die in *X* angegebenen Achsen von *B* davon betroffen sind. Die nicht angegebenen Achsen bleiben in ihrer ursprünglichen Länge erhalten.

Es gilt:
$(\rho C)[,X] \leftrightarrow 0 \lceil (\rho B)[,X] - |A$
$\rho\rho C \leftrightarrow \rho\rho B$

Wenn *X* alle Achsen von *B* in der richtigen Reihenfolge enthält, dann gilt:
$A \downarrow [\iota \rho \rho B]B \leftrightarrow A \downarrow B$.

Wenn *X* ein leerer Vektor ist, dann muß auch *A* ein leerer Vektor sein, und das Ergebnis ist *B*: $(\iota 0)\downarrow [\iota 0]B \leftrightarrow B$.

Entnehmen mit Achsenangabe darf auch links vom Zuweisungspfeil verwendet werden (selektive Wertzuweisung, S. 46).

Der Indexanfang $\square IO$ (S. 232) ist implizites Argument bei der Achsenangabe.

```
⎕←M←3  4ρ'BERNBONNWIEN'
BERN
BONN
WIEN

2↓[1]M
WIEN

¯1↓[2]M
BER
BON
WIE

⎕IO←0
2↓[1]M
RN
NN
EN

⎕IO←1
(2↓[1]M)←1  4ρ'OSLO'
M
BERN
BONN
OSLO
```

Die zweistelligen gemischten Funktionen ρ ⊂ , ⌽ ⊖ ɩ ≡ ∊ ∈

In diesem Abschnitt sind die restlichen gemischten Funktionen zusammengefaßt. Sie sind für allgemeine Strukturgrößen definiert.

Strukturieren	$C \leftarrow A \rho B$

Diese Funktion dient zum Erzeugen einer (allgemeinen) Strukturgöße, deren Strukturvektor durch A, und deren Komponenten durch B gegeben sind.

B kann eine beliebige Strukturgröße sein.

A muß ein einfacher Skalar oder Vektor mit nicht-negativen ganzzahligen Elementen sein. Ein Skalar wird als Vektor mit einem einzigen Element aufgefaßt.

Die Auswahl der ×/A Komponenten, die für eine Strukturgröße mit dem Strukturvektor ,A erforderlich sind, erfolgt aus B in Indexfolge (S. 29). Wenn die Komponenten von B nicht ausreichen, wird B mehrmals (zyklisch) ausgeschöpft.
Es gilt: $\rho C \leftrightarrow , A$
$\qquad \rho \rho C \leftrightarrow \rho , A$.

Wenn A mindestens eine 0 als Element enthält, dann ist das Ergebnis eine leere Strukturgröße, deren Prototyp der Prototyp von B ist.

Wenn B eine leere Strukturgröße ist, muß A mindestens eine 0 als Element enthalten, und das Ergebnis ist wieder eine leere Strukturgröße mit dem gleichen Prototyp wie B.

Wenn A eine leere Strukturgröße ist, dann ist das Ergebnis ein Skalar, dessen Wert die erste Komponente von B ist. Wenn A der leere Textvektor ist, dann wird dieser wie der leere numerische Vektor behandelt: $' ' \rho B \leftrightarrow (\iota 0) \rho B$.

Strukturieren darf auch links vom Zuweisungspfeil angewandt werden (selektive Wertzuweisung, S. 46).

```
      □←W←2 2 2ρι8
1 2
3 4

5 6
7 8
      3ρW ←→ ( ,3)ρW

1 2 3
      2 3ρW

1 2 3
4 5 6
      0ρW

(LV)
      ρ0ρW
0
      2 0ρW

(LZ)
      ρ2 0ρW
2 0
      1 1 1ρW

1
      ρ1 1 1ρW

1 1 1
      ( ι0)ρW ←→ ' 'ρW

1
      ρ' 'ρW

(LV)
      4ρ1
1 1 1 1
      4ρ'*'
****

      2 4ρ'HAUSTIER'
HAUS
TIER

      A←'AB' 'AM' 'AN' 'AR'
      2 3ρA
AB AM AN
AR AB AM
      5ρA
AB AM AN AR AB
```

```
      S←'    ****'
      3 32ρS
****        ****        ****        ****
****        ****        ****        ****
****        ****        ****        ****
      3 4ρS

****


      (3 4ρS)←3 4ρ'WIRTHAUSGAST'
      S
GASTHAUS
```

Gruppieren $\qquad C←A⊂B$

Mit Hilfe dieser Funktion kann man die Komponenten aufeinanderfolgender Spalten einer allgemeinen Strukturgröße B zu Vektoren zusammenfassen, wobei auch einzelne Spalten unterdrückt werden können. Mit dem linken Argument A steuert man, wie gruppiert werden soll.

B kann einer beliebige allgemeine Strukturgröße sein, nur kein Skalar.

A muß ein einfacher ganzzahliger Skalar oder ein einfacher ganzzahliger Vektor mit nicht-negativen Elementen sein. Wenn A ein Vektor ist, muß seine Länge entweder gleich 1 oder gleich der Spaltenzahl von B sein.

Das Ergebnis C, eine Strukturgröße gleicher Ordnungszahl wie B, aber mit einer gegenüber B um 1 größeren Tiefe, entsteht durch Gruppierung aus B nach folgenden Regeln (wenn A ein Skalar ist, oder ein Vektor mit einem Element, dann wird es als Vektor der Länge $^-1↑B$ aufgefaßt):

- Die Komponenten zweier aufeinanderfolgender Spalten i und i+1 von B erscheinen im Ergebnis C als Komponenten desselben Vektors, wenn für die entsprechenden Elemente von A gilt: $A[i]≥A[i+1]>0$ Das heißt, solange Elemente von A zwar nicht gleich 0, aber auch nicht aufsteigend angeordnet sind, werden die entsprechenden Komponenten von B zu Vektoren zusammengefaßt.

```
      A←'OSTERN'
      ≡A
1
      DISPLAY B←3 3 2 2 1 1⊂A
.→---------.
| .→-----. |
| |OSTERN| |
| '------' |
'ε---------'
      ρB
1
      ≡B
2
      DISPLAY C←1 5 4 3 2 1⊂A
.→-------------.
| .→. .→-----. |
| |O| |STERN| |
| '-' '------' |
'ε-------------'
      ρC
2
      DISPLAY 0 1⊂C
.→-------------.
| .→---------. |
| | .→----. | |
| | |STERN| | |
| | '-----' | |
| 'ε--------' |
'ε-------------'
      DISPLAY 0 3 0 2 0 1⊂A
.→-----------.
| .→. .→. .→. |
| |S| |E| |N| |
| '-' '-' '-' |
'ε-----------'
```

- Ein neuer Vektor wird mit Spalte i begonnen, wenn entweder i=1 ist, oder $A[i]>A[i-1]$, also bei aufsteigenden Werten in A.

- Die Spalte i von B wird nicht in das Ergebnis übernommen, wenn $A[i]=0$ ist.

Wenn also beispielsweise gilt:
$A \leftrightarrow$ 0 2 2 1 0 4 2 0 1 1, dann muß B 10 Spalten haben, und es werden die Komponenten der Spalten 2...4, 6...7 und 9...10 jeweils zu einem Vektor zusammengefaßt, während die Spalten 1, 5 und 8 nicht übernommen werden.

Es gilt: $\rho C \leftrightarrow (^-1\downarrow\rho B),+/2<0,A$
$\qquad \rho\rho C \leftrightarrow \rho\rho B$
$\qquad \equiv C \leftrightarrow 1+\equiv B$

Wenn A eine Boolesche Größe ist, wirkt Gruppieren wie Komprimieren: $\supset,/A\subset B$ $\leftrightarrow A/B$.

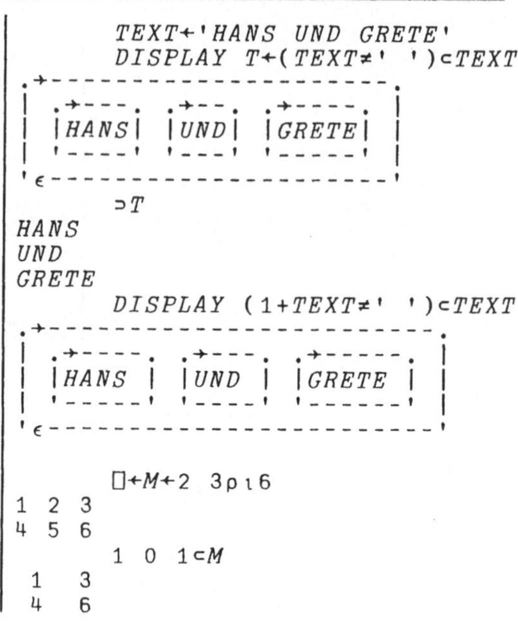

Bei dieser Funktion ist eine Achsenangabe möglich: $C \leftarrow A \subset [X]B$.

X darf nur ein einfacher Skalar oder ein einfacher Vektor mit einer einzigen gültigen Achsennummer für B sein: $X \in \iota\rho\rho B$.

Das Ergebnis C entsteht durch Gruppieren von Komponenten der Achse X von B.

Die Länge von A muß gleich der Länge der X-ten Komponente von ρB sein, wenn A kein Skalar oder Vektor der Länge 1 ist: $\rho A \leftrightarrow (\rho B)[X]$.

Der Indexanfang $\square IO$ (S. 232) ist implizites Argument bei der Achsenangabe.

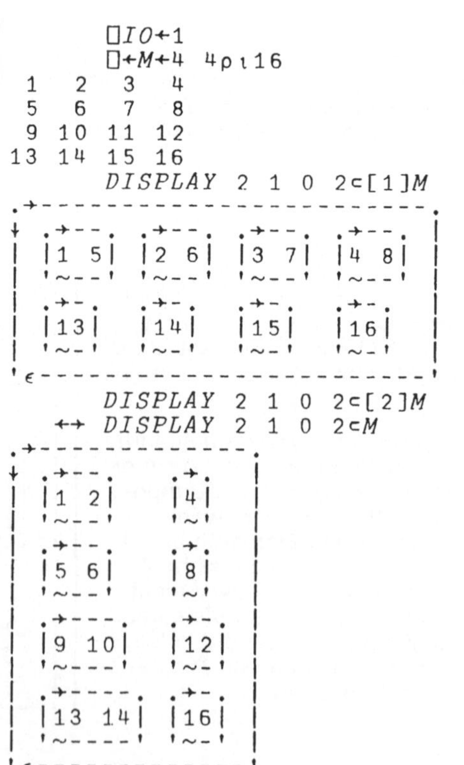

| Verketten | $C \leftarrow A , B$ |

Diese Funktion verbindet die beiden Strukturgrößen A und B entlang der **letzten** Achse (Spalten) zu einer neuen Strukturgröße.

A und B sind miteinander verträglich bezüglich der Verkettung, wenn wenigstens eine der drei folgenden Bedingungen erfüllt ist:

- A und B haben gleiche Ordnungszahlen: $\rho\rho A \leftrightarrow \rho\rho B$. Dann muß gelten: $^{-}1\downarrow\rho A \leftrightarrow {}^{-}1\downarrow\rho B$, das heißt, beide Argumente müssen, abgesehen von der Spaltenzahl, gleiche Struktur haben.

- A oder B ist ein Skalar, das andere Argument nicht.

- Die Ordnungszahlen von A und B unterscheiden sich um 1:
  $\rho\rho A \leftrightarrow {}^{-}1+\rho\rho B$ oder
  $\rho\rho A \leftrightarrow {}^{-}1+\rho\rho B$.

A und B können ansonsten beliebige allgemeine Strukturgrößen sein.

- A und B haben gleiche Ordnungszahlen und (bis auf die Anzahl der Spalten) gleiche Struktur.

  Wenn A und B Skalare sind, dann ist das Ergebnis C der Vektor mit den beiden Komponenten A und B
  Es gilt: $\rho C \leftrightarrow ,2$
  $\rho\rho C \leftrightarrow ,1$.

  Wenn A und B Vektoren sind, dann ist das Ergebnis C der um die Komponenten von B verlängerte Vektor A.
  Es gilt: $\rho C \leftrightarrow (\rho A)+\rho B$
  $\rho\rho C \leftrightarrow ,1$.

Sonst ist C eine Strukturgröße, deren Strukturvektor, abgesehen von der Spaltenzahl, mit dem von A und B übereinstimmt, und deren Spalten die Spalten von A und B (in dieser Reihenfolge) sind.

```
                3,4
3 4
                3,4      3 4
1

                0,1 2 3
0 1 2 3
                1 2 3,0
1 2 3 0

                1 2,3 4 5
1 2 3 4 5

                3,ι0
3
                ρ3,ι0
1

                1↑(ι0),''

                1↑'',ι0
0

                'AB','EL'
ABEL
                'AB' 'EL' 'AB','EL'
0

                'A','PL',2
APL 2

                □←M←2 3ρι6
1 2 3
4 5 6
                M,7
1 2 3 7
4 5 6 7

                L←3 5ρ'ABENDTISCHHOTEL'
                R←3 4ρ'LANDTUCHBETT'
                L,R
ABENDLAND
TISCHTUCH
HOTELBETT

                □←T←3 4ρ'FLUGHORNABEL'
FLUG
HORN
ABEL
                'PAN',T
PFLUG
AHORN
NABEL
```

Es gilt:

$$\underline{^-1\downarrow\rho C} \quad\leftrightarrow\quad (\,^-1\downarrow\rho A\,)+\,\underline{^-1}\downarrow\rho B$$
$$^-1\downarrow\rho C \quad\leftrightarrow\quad ^-1\downarrow\rho A \quad\leftrightarrow\quad ^-1\downarrow\rho B$$
$$\rho\rho C \quad\leftrightarrow\quad \rho\rho A \quad\leftrightarrow\quad \rho\rho B.$$

Diese Aussagen gelten auch für leere Strukturgrößen A und B.

Beim Verketten des leeren numerischen mit dem leeren Textvektor ist das Ergebnis gleich B:

$$(\,\iota 0\,),\text{''} \quad\leftrightarrow\quad \text{''}$$
$$\text{''},\iota 0 \quad\leftrightarrow\quad \iota 0.$$

- Ein Argument ist skalar, das andere nicht. Dann wird der Skalar zu einer Strukturgröße erweitert, deren Struktur mit der des anderen Argumentes bis auf die letzte Komponente (Spaltenzahl) übereinstimmt. Die Spaltenzahl wird zu 1 gemacht. Wenn also beispielsweise A der Skalar ist, dann wird $(\,(\,^-1\downarrow\rho B\,),1\,)\rho A$ statt A mit B verkettet.

  Beim Verketten eines Vektors mit einem Skalar wird der Vektor um eine Komponente, nämlich den Skalar, verlängert (nach vorn oder nach hinten, je nachdem, ob B oder A der Vektor ist).

  Beim Verketten einer Matrix mit einem Skalar wird die Matrix um eine Spalte verlängert, die den Skalar entsprechend oft enthält (nach vorn oder nach hinten, je nachdem, ob B oder A die Matrix ist).

- Die Ordnungszahlen von A und B unterscheiden sich um 1. Dann muß der Strukturvektor der Größe höherer Ordnung, wenn man ihm die letzte Komponente streicht, mit dem der anderen Strukturgröße übereinstimmen. Wenn also B die niedrigere Ordungszahl hat, dann muß gelten: $\rho B \leftrightarrow\ ^-1\downarrow\rho A$. In diesem Fall wird das Argument mit der kleineren Ordnungszahl durch Anhängen einer 1 an den Strukturvektor auf die höhere Ordnung umstrukturiert, damit es mit dem anderen Argument verkettet werden kann.

```
      ☐←H←2 2 2ρι8
1 2
3 4

5 6
7 8
        0,H
0 1 2
0 3 4

0 5 6
0 7 8

      H,2 2ρ9 10 11 12
1 2  9
3 4  10

5 6  11
7 8  12
```

Bei dieser Funktion ist eine Achsenangabe möglich: $C \leftarrow A , [X] B .$

Wenn X eine gebrochene Zahl ist, wird die Funktion nicht als Verketten mit Achsenangabe, sondern als Schichten bezeichnet. Dieser Fall wird weiter unten behandelt.

X muß ein einfacher Skalar oder ein einfacher Vektor mit nur einem Element sein, der eine gültige Achsenangabe für A oder B enthält. Das heißt, es muß gelten: $X \epsilon \iota (\rho \rho A) \lceil \rho \rho B .$

A und B dürfen nicht beide Skalare sein. Außerdem müssen sie die für das Verketten ohne Achsenangabe erforderlichen Verträglichkeitsbedingungen erfüllen, allerdings für die Achse X anstelle der letzten Achse.

Das Ergebnis entsteht durch Verketten von A und B entlang der Achse X.

Es gilt: $(\rho C) [X] \leftrightarrow (\rho A) [X] + (\rho B) [X]$
$\rho \rho C \leftrightarrow (\rho \rho A) \lceil \rho \rho B$ (gegebenenfalls nach Umstrukturieren).

Der Indexanfang $\Box I O$ (S. 232) ist implizites Argument bei der Achsenangabe.

```
      []←A←3 4ρ'BERNBONNWIEN'
BERN
BONN
WIEN

****
BERN
BONN
WIEN

      '*',[1]A

      []IO←0
      A,[0]'*'
BERN
BONN
WIEN
****

      []IO←1
      A,[1]'OSLO'
BERN
BONN
WIEN
OSLO

      H←2 2 2ρι8
1  2
3  4

5  6
7  8

      H,[1]0
1  2
3  4  .

5  6
7  8

0  0
0  0

      H,[2]0
1  2
3  4
0  0

5  6
7  8
0  0

      H,[3]0 ↔ H,0
1  2  0
3  4  0

5  6  0
7  8  0

      I←2 2ρ9 10 11 12
      H,[1]I
1     2
3     4

5     6
7     8

9    10
11   12
```

Schichten: $C \leftarrow A,[X]B$

Bei dieser speziellen Form der Achsenangabe muß X ein einfacher Skalar oder ein einfacher Vektor mit einem Element sein, dessen Wert eine gebrochene Zahl zwischen $\Box IO-1$ und $\Box IO+(\rho\rho A)\lceil\rho\rho B$ sein.

Das Ergebnis C ergibt sich durch Verbinden der Strukturgrößen A und B entlang einer **neuen** Achse, die oberhalb der Achse $\lfloor X$ und unterhalb der Achse $\lceil X$ (falls vorhanden) eingefügt wird. C wird dadurch zu einer Strukturgröße mit einer um 1 höheren Ordnungszahl als A und B.

A und B sind bezüglich des Schichtens miteinander verträglich, wenn eine der beiden folgenden Bedingungen erfüllt ist:

Entweder ist A oder B ein Skalar, oder A und B haben gleiche Strukturvektoren: $\rho A \leftrightarrow \rho B$.

- A und B sind Skalare. Dann gilt: $A,[X]B \leftrightarrow A,B$. Der Wert von X muß dabei zwischen $\Box IO-1$ und $\Box IO$ liegen.

- A und B haben gleiche Struktur. Dann ist C eine Strukturgröße, deren Strukturvektor aus dem von A (oder B) durch Einfügen einer 2 an der durch X markierten Stelle entsteht.
  Es gilt: $\rho C \leftrightarrow (2,\rho A)[\lfloor X, \iota\rho\rho A]$
  $\rho\rho C \leftrightarrow 1+\rho\rho A$.

- Entweder A oder B ist ein Skalar, das andere Argument nicht. Dann wird der Skalar durch Umstrukturieren auf die Struktur des anderen Argumentes erweitert, so daß, wie oben geschildert, geschichtet werden kann.

```
      1,[0.6]2
1 2
      ⎕IO←0
      1,[¯0.2]2
1 2
      ⎕IO←1

      0 1 2,[0.8]3 4 5
0 1 2
3 4 5

      0 1 2,[1.9]3 4 5
0 3
1 4
2 5


      T←'HE' 'XE'
      N←(1 2)(3 4)
      T,[0.25]N
 HE   XE
 1 2  3 4


      A←2 4ρ'BERNBONN'
      B←2 4ρ'PRAGWIEN'
      A,[0.1]B
BERN
BONN

PRAG
WIEN

      A,[1.5]B
BERN
PRAG

BONN
WIEN

      A,[2.3]B
BP
ER
RA
NG

BW
OI
NE
NN
```

Der Indexanfang □IO (S. 232) ist implizites
Argument beim Schichten.

```
                      '*',[0.25]'ABC'
 ***
 ABC
                      '*',[1.11]A
 ****
 BERN


 ****
 BONN
```

Rotieren	$C\leftarrow A\phi B$
Rotieren	$C\leftarrow A\ominus B$

Das Ergebnis C ist eine Strukturgröße wie
B, bei der aber die Komponenten der letzten (⌽) beziehungsweise der ersten (⊖)
Achse zyklisch verschoben wurden.

Die Anzahl der Positionen, um welche die
Rotation erfolgen soll, wird durch den
Betrag, die Richtung durch das Vorzeichen des entsprechenden Wertes in A
festgelegt.

B kann eine beliebige Strukturgröße sein.

A muß eine einfache ganzzahlige, nicht-
leere Strukturgröße sein.

Es gilt: $\rho C \leftrightarrow \rho B$
$\qquad\rho\rho C \leftrightarrow \rho\rho B$.

- A ist ein Skalar oder ein Vektor mit
  einem Element. Dann werden alle Vektoren der letzten (⌽) beziehungsweise
  ersten (⊖) Achse in sich um A Positionen nach links/rückwärts gedreht,
  wenn A positiv ist, und um |A Positio-
  nen nach rechts/vorwärts, wenn A
  negativ ist. Bei $A \leftrightarrow$ 0 erfolgt keine
  Rotation.

- A ist weder ein Skalar noch ein Vektor
  mit einem Element. Dann sind A und B
  miteinander verträglich, wenn gilt:
  $\rho A \leftrightarrow {}^-1\downarrow\rho B$ (bei ⌽),
  $\rho A \leftrightarrow 1\downarrow\rho B$ (bei ⊖).

  Alle Vektoren der letzten (⌽) beziehungsweise der ersten (⊖) Achse werden individuell, entsprechend dem
  jeweils zugehörigen Element von A,
  rotiert.

```
                    V←1 2 3 4 5
                      2⌽V ↔ 2⊖V ↔ 7⌽V ...
 3 4 5 1 2
                      ¯2⌽V ↔ ¯2⊖V ↔ 3⌽V ...
 4 5 1 2 3

                    W←'REGEN'
                      2⌽W ↔ ¯3⌽W ↔ 7⌽W
 GENRE
                    (2⌽W)←'GERNE'
                    W
 NEGER

                    □←M←3 4ρ'BERNBONNWIEN'
 BERN
 BONN
 WIEN
                    3⌽M
 NBER
 NBON
 NWIE
                    ¯1⊖M
 WIEN
 BERN
 BONN
                    ¯1 0 1⌽M
 NBER
 BONN
 IENW
                    ¯1 0 1 2⊖M
 WENN
 BOEN
 BIRN

                    □←T←2 2ρ'EINS' 'ZWEI'
                            'DREI' 'VIER'
 EINS ZWEI
 DREI VIER
                    1 0⌽T
 ZWEI EINS
 DREI VIER
                    1 0⊖T
 DREI ZWEI
 EINS VIER
```

- B ist eine leere Strukturgröße. Dann gilt: $A\Phi B \leftrightarrow B$ und $A\Theta B \leftrightarrow B$ für beliebige A, wenn die Verträglichkeitsbedingungen erfüllt sind.

Rotieren kann auch links vom Zuweisungspfeil angewandt werden (selektive Wertzuweisung, S. 46).

```
      L←0 2ρ0
      ρ1ΦL
0 2
      ρ1ΘL
0 2
      ρ0 1ΘL
0 2
      0 1ΦL
LAENGENFEHLER
      0 1ΦL
      ^   ^

      □←H←2 2 2ρι8
1 2
3 4

5 6
7 8
      1ΦH
2 1
4 3

6 5
8 7
      1ΘH
5 6
7 8

1 2
3 4
```

Bei dieser Funktion ist eine Achsenangabe möglich: $C\leftarrow A\Phi[X]B \leftrightarrow C\leftarrow A\Theta[X]B$.

X muß ein einfacher Skalar oder ein einfacher Vektor mit nur einem Element, dessen Wert eine gültige Achsennummer für B ist: $X\in\iota\rho\rho B$.

Für A und B gelten die gleichen Beschränkungen wie beim Rotieren ohne Achsenangabe.

Das Ergebnis C ergibt sich durch Rotieren von B entlang der Achse X entsprechend dem Wert oder den Werten in A.
Es gilt: $\rho C \leftrightarrow \rho B$
$\rho\rho C \leftrightarrow \rho\rho B$.

Beim Rotieren mit Achsenangabe sind Φ und Θ gleichbedeutend. Es gilt:
$A\Theta B \leftrightarrow A\Phi[\square IO]B$
$\leftrightarrow A\Theta[\square IO]B$
$A\Phi B \leftrightarrow A\Phi[{}^{-}1\uparrow\iota\rho\rho B]B$
$\leftrightarrow A\Theta[{}^{-}1\uparrow\iota\rho\rho B]B$

```
      W←'REGEN'
      2Φ[1]W ↔ 2Θ[1]W
GENRE

      □←M←3 4ρ'BERNBONNWIEN'
BERN
BONN
WIEN
      2Φ[1]M ↔ 2Θ[1]M
WIEN
BERN
BONN
      2Φ[2]M ↔ 2Θ[2]M
RNBE
NNBO
ENWI
      □IO←0
      ¯1Φ[0]M ↔ ¯1Θ[0]M
WIEN
BERN
BONN
```

- A ist ein Skalar oder ein Vektor mit einem Element. Dann erfolgt die Rotation aller Komponenten von B in der Achse X entsprechend dem Wert von A.

- A ist weder ein Skalar noch ein Vektor mit nur einem Element. Dann muß gelten: $\rho A \leftrightarrow (\rho B)[(\iota \rho \rho B) \sim X]$, das heißt, die Achsen von A entsprechen denen von B mit Ausnahme der Achse X.

Rotieren mit Achsenangabe kann auch links vom Zuweisungspfeil angewandt werden (selektive Wertzuweisung, S. 46).

Der Indexanfang $\Box IO$ (S. 232) ist implizites Argument bei der Achsenangabe.

```
      ☐IO←1
      (¯1⌽[1]M)←3 4ρι12
      M
 5  6  7  8
 9 10 11 12
 1  2  3  4

      ☐←H←2 2 2ρι8
1 2
3 4

5 6
7 8

      1⌽[2]H ↔ 1⊖[2]H
3 4
1 2

7 8
5 6

      1⌽[3]H ↔ 1⊖[3]H ↔ 1⌽H
2 1
4 3

6 5
8 7
```

<table>
<tr><td colspan="2">Transponieren</td><td align="right">$C \leftarrow A \unicode{9698} B$</td></tr>
</table>

Das Ergebnis C ist eine Strukturgröße wie B, aber mit vertauschten Achsen, deren Reihenfolge durch A bestimmt wird.

Ein Spezialfall ergibt sich, wenn in A Achsen von B mehrfach angegeben werden: Dann wird eine allgemeine Diagonale (Hauptdiagonale, Diagonalebene, ...) aus B herausgezogen.

B kann eine beliebige Strukturgröße sein.

A muß ein einfacher ganzzahliger Skalar oder Vektor sein, der als Elemente gültige Achsennummern von B enthält. Die Anzahl der Elemente von A muß gleich der Ordnungszahl (Anzahl der Achsen) von B sein: $\rho, A \leftrightarrow \rho \rho B$.

- A enthält alle Achsennummern von B jeweils einmal, aber in beliebiger Reihenfolge.

  Dann entsteht C aus B durch Vertauschung der Achsen, und zwar so, daß die i-te Achse von B zur $A[i]$-ten Achse von C wird.

```
      (ι0)⍉7
7

      ρ(ι0)⍉7
(LV)

      1⍉2 3
2 3

      ☐←M←3 4ρ'BERNBONNWIEN'
BERN
BONN
WIEN

      1 2⍉M
BERN
BONN
WIEN

      2 1⍉M ↔ ⍉M
BBW
EOI
RNE
NNN

      ☐IO←0
      1 0⍉M
BBW
EOI
RNE
NNN
```

Wenn B beispielsweise eine Strukturgröße dritter Ordnung mit dem Strukturvektor $\rho B \leftrightarrow$ 2 3 4 ist (2 Matrizen zu je 3 Zeilen und 4 Spalten), dann ergibt $C \leftarrow$ 1 3 2⍉B wieder eine Strukturgröße 3. Ordnung, mit dem Strukturvektor $\rho C \leftrightarrow$ 2 4 3, und es gilt (bei $\Box IO \leftrightarrow 1$):

```
C[I;K;J]  ↔  B[I;J;K]
  1 2 3        1 3 2
  ↑ ↑ ↑        ↓ ↓ ↓
```

Wenn B ein Skalar ist, muß A der leere numerische Vektor sein. Wenn B ein Vektor ist, muß A ein Skalar oder ein Vektor mit einem Element sein, dessen Wert gleich $\Box IO$ ist. In diesen beiden Fällen ist $A⍉B \leftrightarrow B$.

Ansonsten gilt:
$$\rho C \leftrightarrow (\rho B)[⍋A]$$
$$\rho\rho C \leftrightarrow \rho\rho B.$$

- A enthält eine oder mehrere Achsennummern mehrfach. Dies bedingt, daß entsprechend viele Achsennummern (und zwar die höchsten!) in A nicht mehr vorkommen können. B kann dann auch kein Skalar oder Vektor sein. Auch in diesem Fall brauchen die Achsennummern in A nicht sortiert zu sein.

Dann ist C, wenn A nur noch n verschiedene Achsennummern enthält, eine Strukturgröße n-ter Ordnung, mit Komponenten aus B Dabei werden in C zunächst die Achsen übernommen, deren Nummern in A stehen, und dann werden die Achsen von C, wenn ihre Nummern in A nicht in aufsteigender Folge stehen, entsprechend vertauscht.

So wird beispielsweise die Strukturgröße B mit dem Strukturvektor $\rho B \leftrightarrow$ 2 3 4 durch $D \leftarrow$ 2 1 1⍉B zu einer Strukturgröße zweiter Ordnung (Matrix) mit dem Strukturvektor $\rho D \leftrightarrow$ 3 2, und $E \leftarrow$ 1 1 1⍉B ergibt eine Strukturgröße erster Ordnung (Vektor) mit dem Strukturvektor $\rho E \leftrightarrow$ 2 (bei Indexanfang $\Box IO \leftrightarrow 1$).

```
      ⎕IO←1
      ( 2  1⍉M )←4  3ρ'Δ⎕∇'
      M
ΔΔΔΔ
⎕⎕⎕⎕
∇∇∇∇

      ⎕←H←2 3 4ρι24
 1  2  3  4
 5  6  7  8
 9 10 11 12

13 14 15 16
17 18 19 20
21 22 23 24
      1 3 2⍉H
 1  5  9
 2  6 10
 3  7 11
 4  8 12

13 17 21
14 18 22
15 19 23
16 20 24
      2 1 3⍉H
 1  2  3  4
13 14 15 16

 5  6  7  8
17 18 19 20

 9 10 11 12
21 22 23 24
      2 1 1⍉H
 1 13
 6 18
11 23
      ρ2 1 1⍉H
3 2
      1 1 1⍉H
1 18
      ρ1 1 1⍉H
2
      ⎕IO←0
      0 0 0⍉H
1 18
```

Zur Erläuterung von 2 1 1$\oslash B$ mit ρB ↔ 2 3 4: Es werden die Komponenten von B herausgesucht, deren 2. und 3. Koordinaten übereinstimmen. Anschließend wird das dabei entstehende Gebilde transponiert, wobei das erste Auftreten einer Achsennummer maßgeblich ist: Hier also 2 1. Das Ergebnis enthält somit die Komponenten $B[1;1;1]$, $B[1;2;2]$, $B[1;3;3]$, $B[2;1;1]$, $B[2;2;2]$, $B[2;3;3]$, und hat die Struktur 3 2.

Wenn B eine Matrix ist, dann ist 1 1$\oslash B$ die Hauptdiagonale von B (bei $\square IO \leftrightarrow 1$).

In beiden Fällen kann das Transponieren auch links vom Zuweisungspfeil angewandt werden (selektive Wertzuweisung, S. 46).

Der Indexanfang $\square IO$ (S. 232) ist implizites Argument dieser Funktion.

```
      □IO←1
      (1 1 1⍉H)←0 99
      H
 0  2  3  4
 5  6  7  8
 9 10 11 12

13 14 15 16
17 99 19 20
21 22 23 24

      M
BERN
BONN
WIEN
      1 1⍉M
BOE
```


Das Ergebnis C enthält für jede Komponente von B den Index ihres ersten Vorkommens im Vektor A

Wenn eine Komponente von B nicht in A enthalten ist, wird $\square IO + \rho A$ als entsprechendes Element in das Ergebnis eingesetzt.

B kann eine beliebige Strukturgröße sein.

A muß ein Vektor sein.

Es gilt: ρC ↔ ρB
        $\rho \rho C$ ↔ $\rho \rho B$.

Indexanfang $\square IO$ (S. 232) und Vergleichstoleranz $\square CT$ (S. 230) sind implizite Argumente dieser Funktion.

```
            2 3 5 7 11⍳1 2 3 4
6 1 2 6
            2 3 4⍳1 2 3 4
5 1 2 4
      M←4 3ρ'BERNBONNWIEN'
BERN
BONN
WIEN
      'BERLIN'⍳M
1 2 3 6
1 7 6 6
7 5 2 6
      □IO←0
      'BERLIN'⍳M
0 1 2 5
0 6 5 5
6 4 1 5
      □IO←1
      W←'OH' 'DU' 'FROEHLICHE'
      P←'ICH' 'DU' (⍳0)
      W⍳P
4 2 4

      ''⍳'ABC'
1 1 1
```

(LV)	`''ι''`
0	`ρ''ι''`
(LZ)	`1 2 3ι2 0ρ0`
2 0	`ρ1 2 3ι2 0ρ0`

Prüfen auf Identität $C \leftarrow A \equiv B$

Das Ergebnis C ist 1, wenn die Strukturgrößen A und B inhaltlich und strukturell identisch sind. In allen anderen Fällen gilt: $C \leftrightarrow 0$. A und B können beliebige Strukturgrößen sein. Es gilt: $\rho C \leftrightarrow \iota 0$ $\rho\rho C \leftrightarrow ,0$ Die Vergleichstoleranz $\square CT$ (S. 230) ist implizites Argument dieser Funktion.	`1 1 1 1 ≡ 4ρ1` → 1 `1≡,1` → 0 `1≡1 1 1ρ1` → 0 `''≡ι0` → 0 `'OMA'≡'O','MA'` → 1 `'OMA'≡'O' 'MA'` → 0

Existenz Prüfen $C \leftarrow A \in B$

Für jede Komponente von A wird geprüft, ob sie in B vorkommt, oder nicht. Im ersten Fall wird das entsprechende Element der einfachen Booleschen Größe C auf 1, sonst auf 0 gesetzt. A und B können beliebige Strukturgrößen sein. Es gilt: $\rho C \leftrightarrow \rho A$ $\rho\rho C \leftrightarrow \rho\rho A$ Wenn B leer ist, dann gilt: $C \leftrightarrow (\rho A)\rho 0$. Die Vergleichstoleranz $\square CT$ (S. 230) ist implizites Argument dieser Funktion.	`1 2 3∊0 2 4` → 0 1 0 `'PRAG'∊'STUTTGART'` → 0 1 1 1 `□←A←2 5ρ'0123456789'` → 01234 56789 `'0A2'∊A` → 1 0 1 `H←'HA' 'LA' 'LI'` `H∊'LA'` → 0 0 0 `H∊⊂'LA'` → 0 1 0 `H∊'LI' 'LA'` → 0 1 1 `1 2 3∊ι0` → 0 0 0

Muster Suchen	$C \leftarrow A \underline{\epsilon} B$

Es wird geprüft, ob A in B vorkommt. Das Ergebnis C ist eine einfache Boolesche Strukturgröße, mit einer Struktur wie B, die Nullen als Elemente hat, außer an den Stellen, wo A in B auftritt: Dort wird die Anfangsstelle mit einer 1 markiert.

Es gilt: $\rho C \leftrightarrow \rho B$
$\quad\quad \rho\rho C \leftrightarrow \rho\rho B$.

Sonderfälle:

- Die Ordnungszahl von A ist kleiner als die von B: $(\rho\rho A) < \rho\rho B$.
  Dann erstreckt sich die Suche nach A auf die letzten $\rho\rho A$ Achsen von B.

- Die Ordnungszahl von A ist größer als die von B: $(\rho\rho A) > \rho\rho B$.
  Dann kann A nicht in B enthalten sein, und alle Elemente von C sind 0.

Die Vergleichstoleranz $\Box CT$ (S. 230) ist implizites Argument dieser Funktion

```
      3 2 1_⊆1 2 3 2 1 2 3 2 1
0 0 1 0 0 0 0 1 0 0


      'BRA'_⊆3 4ρ'ABRACADABRA'
0 1 0 0
0 0 0 0
1 0 0 0
```

OPERATOREN UND ABGELEITETE FUNKTIONEN

Allgemeines

In diesem Kapitel werden die Elementaroperatoren des **APL2**, sowie die durch sie erzeugten abgeleiteten Funktionen behandelt.

Eine Einführung in die Operatoren findet man im ersten Teil dieses Buches (S. 39).

Zur Erinnerung: Einstellige Operatoren haben einen linken, zweistellige Operatoren einen linken und einen rechten Operanden. Das Ergebnis eines (ein- oder zweistelligen) Operators kann sowohl eine einstellige als auch eine zweistellige abgeleitete Funktion sein.

Der einstellige Komponentenoperator $\ddot{}$

Der einstellige Komponentenoperator $\ddot{}$ kann als Operanden L entweder eine einstellige oder eine zweistellige Funktion haben. Entsprechend ist das Ergebnis $L\ddot{}$ eine ein- beziehungsweise zweistellige abgeleitete Funktion.

Man kann den Komponentenoperator einsetzen, um Programmschleifen zu vermeiden: Soll beispielsweise die Funktion L der Reihe nach auf die Argumente $B1, B2, B3 \ldots$ angewandt werden, dann gelingt dies ohne Schleife mit: $C \leftarrow L\ddot{}\ B1\ B2\ B3\ \ldots$.

L ist eine einstellige Funktion

Komponentenweise Ausführen	$C \leftarrow L\ddot{}\ B$

Die einstellige Funktion L wird nicht auf das Argument ι als Ganzes, sondern auf jede Komponente 1. Grades von B angewandt.

Es gilt: $\rho C \leftrightarrow \rho B$
$\rho\rho C \leftrightarrow \rho\rho B$.

```
      A←ρ¨ 'HUND' 'UND' 'KATZE'
      A
4  3  5
      ρA
3
      ≡A
2
```

Wenn B nicht leer ist, gilt: $S \supset L\,\ddot{}\,B \;\leftrightarrow\; L\,S \supset B$ für alle skalaren Suchpfade S, die in B definiert sind.

Sonderfälle:

- B ist nicht leer. Wenn L eine einstellige Skalarfunktion (S. 69) ist, dann gilt: $L\,\ddot{}\,B \;\leftrightarrow\; L\,B$. Das heißt, der einstellige Komponentenoperator ist bei einstelligen Skalarfunktionen wirkungslos, weil diese durchdringende Funktionen sind.

- B ist leer. Wenn L eine Ersatzfunktion (S. 70) hat, dann wird diese mit $\uparrow B$ (Prototyp von B, S. 25) ausgeführt, und das Ergebnis wird wieder als Prototyp der ebenfalls leeren Strukturgröße $L\,\ddot{}\,B$ verwendet: $L\,\ddot{}\,B \;\leftrightarrow\; (\rho B)\rho \subset$Ersatzfunktion $\uparrow B$.

- L hat kein explizites Ergebnis: Dann wird L für jede Komponente 1. Grades von B ausgeführt, ohne daß ein explizites Ergebnis entsteht.

```
      B←ι¨1 2 3
      B
 1   1 2   1 2 3
      ρB
3
      ≡B
2
      -¨1 2 3  ↔  -1 2 3
-1  -2  -3
      PRIM 12
2 3 5 7 11
      PRIM¨4 8 12
 2 3   2 3 5 7   2 3 5 7 11
      DISPLAY ⊞¨0ρ⊂2 3ρ0
.⊖------.
| .→--. |
| ↓0 0| |
| |0 0| |
| |0 0| |
| '~--' |
'∈------'
      ⎕CR'ZEIGE'
ZEIGE X
X
      ZEIGE 3 4
3 4
      ZEIGE¨3 4
3
4
```

L ist eine zweistellige Funktion

<table><tr><td>Paarweise Ausführen</td><td align="right">$C \leftarrow A\ L\,\ddot{}\,B$</td></tr></table>

Die zweistellige Funktion L verknüpft nicht die beiden Argumente miteinander, sondern Paare entsprechender Komponenten 1. Grades von A und B.

A und B sind miteinander verträglich, wenn eine der folgenden Bedingungen erfüllt ist:

- A und B haben gleiche Struktur. Dann wird jede Komponente 1. Grades von A mit der entsprechenden Komponente von B, mit Hilfe von L verknüpft.

```
      ⎕←A←6 3ρ¨'TUT' 'GUTES'
 TUTTUT GUT
      ρA
2
      ρ¨A
 6   3
      ≡A
2
Aber:
      (⊂6 3)ρ¨'TUT' 'GUTES'
 TUT   GUT
 TUT   ESG
 TUT   UTE
 TUT   SGU
 TUT   TES
 TUT   GUT
```

* Entweder A oder B ist ein Skalar oder ein Vektor mit einer einzigen Komponente. In diesem Fall wird der Skalar beziehungsweise der Vektor mit allen Komponenten 1. Grades des anderen Argumentes verknüpft.

Es gilt: $\rho C \leftrightarrow \rho A$ oder ρB
　　　　$\rho\rho C \leftrightarrow \rho\rho A$ oder $\rho\rho B$.

Wenn A und B nicht leer sind, gilt: $S \supset A$ $L\ddot{}B \leftrightarrow (A \supset B)L\ S \supset B$ für alle skalaren Suchpfade S, für welche $S \supset A$ und $S \supset B$ definiert sind.

Sonderfälle:

* A und B sind nicht leer. Wenn L eine zweistellige Skalarfunktion (S. 74) ist, dann gilt: $A\ L\ddot{}\ B \leftrightarrow A\ L\ B$. Das heißt, der Komponentenoperator ist bei zweistelligen Skalarfunktionen wirkungslos, weil diese durchdringende Funktionen sind.

* A oder B ist leer. Wenn L eine Ersatzfunktion hat, wird diese ausgeführt. Wenn nur ein Argument leer ist, muß das andere ein Skalar sein. In jedem Fall gilt: $A\ L\ddot{}\ B \leftrightarrow S\rho \subset (\uparrow A)$ Ersatzfunktion $\uparrow B$, wobei S der Strukturvektor des leeren Argumentes ist.

* L hat kein explizites Ergebnis: Dann wird L für jedes Paar entsprechender Komponenten 1. Grades von A und B durchgeführt, ohne daß ein explizites Ergebnis entsteht.

```
      'ATK',¨'NIE'
AN TI KE

      1 2 3,¨0
1 0   2 0   3 0
      (1 2 3,¨0),[1.3]9
1 9   2 9   3 9
0 9   0 9   0 9

      L←3↑¨0ρ0 0
      ρL
3

      ⎕CR'UND'
X UND Y
(⍕X)'+'(⍕Y)'='(⍕X+Y)
      2 UND 3
2 + 3 = 5
      2 1 UND¨¯1 3
2 + ¯1 = 1
1 + 3 = 4
```

Der zweistellige Produktoperator .

Der zweistellige Produktoperator . hat als rechten Operanden R eine zweistellige
Funktion. Der linke Operand ist entweder ebenfalls eine zweistellige Funktion oder das
syntaktische Zeichen ∘. In beiden Fällen ist das Ergebnis $L.R$ eine zweistellige abgeleitete Funktion. L und R müssen beide ein explizites Ergebnis liefern.

L ist eine zweistellige Funktion

Skalares Produkt Bilden	$C{\leftarrow}A\ \ L.R\ \ B$

Wenn die beiden Operanden L und R speziell die Elementarfunktionen Addieren
und Multiplizieren sind, und die beiden
Argumente A und B einfache numerische
Vektoren oder Matrizen, dann stellt A
$+.×\ B$ (die Leerstellen können auch entfallen: $A+.×B$) das skalare oder innere
Produkt von A und B dar.

Die abgeleitete Funktion $L.R$ ist eine Ver-
allgemeinerung des Skalarproduktes, und
zwar in doppelter Hinsicht: Erstens können
L und R beliebige zweistellige Funktionen
sein; zweitens können A und B (im Rahmen der Verträglichkeitsbedingungen)
beliebige Strukturgrößen sein.

Die Unterstrukturgrößen der letzten Achse
von A werden mit allen Unterstrukturgrößen der ersten Achse von B mit Hilfe der
Funktion R verknüpft (also ein dyadisches
Produkt, wie es weiter unten beschrieben
wird). Die dabei entstehenden Zwischenergebnisse werden dann untereinander
mit Hilfe der Funktion L verbunden (also
eine Reduktion, wie im nächsten Abschnitt
beschrieben). Dies sei am Beispiel des
Skalarproduktes $A+.×B$ zweier Matrizen
schematisch dargestellt:

```
      2+.×3  ↔  2×3
6
      1 2+.× ¯1 3
5

      □←A←2 2⍴0 1 2 3
0 1
2 3
      □←B←2 3⍴3+⍳6
4 5 6
7 8 9
      A+.×B
 7  8  9
29 34 39

      □←H←2 3 4⍴⍳24
 1  2  3  4
 5  6  7  8
 9 10 11 12

13 14 15 16
17 18 19 20
21 22 23 24
      A+.×H
13 14 15 16
17 18 19 20
21 22 23 24

41 46 51 56
61 66 71 76
81 86 91 96
```

B	4	5	6
A	7	8	9

0 1	$(0×4)+1×7$	$(0×5)+1×8$	$(0×6)+1×9$
2 3	$(2×4)+3×7$	$(2×5)+3×8$	$(2×6)+3×9$

$A+.×B$

Mit dem Ergebnis:

7	8	9
29	34	39

```
      'WARM'∧.='KALT'
0

      'WARM'∨.='KALT'
1

      'WARM'∧.≠'KALT'
0

      'WARM'∨.≠'KALT'
1
```

Im obigen Beispiel ergibt sich das Element $C[I;K]$, indem die I-te Zeile von A mit der K-ten Spalte von B multipliziert, und die entstehenden Produkte anschließend aufsummiert werden: $A[I;K]$ ↔ $+/A[I;]×B[;K]$.

Es gilt: ρC ↔ $(^-1\downarrow\rho A),1\downarrow\rho B$
$\rho\rho C$ ↔ $,0\lceil^-2+(\rho\rho A)+\rho\rho B$.

Für nicht-skalare Argumente gilt
$(\Box IO$↔$1)$: $A\ L.R\ B$ ↔
$L/"(\subset[\rho\rho A]A)\circ.R\subset[1]B$.

Für skalare Argumente gilt: $A\ L.R\ B$
↔ $L/"(\subset A)\circ.R\subset B$.

A und B sind verträglich bezüglich des Skalarprodukts, wenn eine der beiden Bedingungen erfüllt ist:

- A oder B ist ein Skalar (oder beide).

- Die letzte Achse von A und die erste Achse von B haben die gleiche Länge: $^-1\downarrow\rho A$ ↔ $1\downarrow\rho B$.

Wenn eines der beiden Argumente leer ist, oder leere Strukturgrößen als Komponenten hat, dann werden anstelle von L und R deren Ersatzfunktionen verwendet. Aber auch in diesem Fall müssen die Verträglichkeitsbedingungen erfüllt sein.

  ∘ **anstelle von** L

```
      □←T←3 4ρ'BERNBONNWIEN'
BERN
BONN
WIEN

      □←U←⌽4 4ρ'BERNPRAGBONNKI
                            EL'
BPBK
EROI
RANE
NGNL
      T∧.=U
1 0 0 0
0 0 1 0
0 0 0 0
      T+.∈U
4 1 4 1
3 0 4 0
2 0 1 2

      M←2 2ρ'MIT' 'MANN' 'UND'
      M                   'MAUS'
MIT MANN
UND MAUS
      □←N←'KATZ' 'MAUS'
KATZ MAUS
      M∨.∈N
0 1

      K←2 2ρ1
      L←2 0ρ0
      K+.×L
(LZ)
      ρK+.×L
2 0
```

Dyadisches Produkt Bilden	$C\leftarrow A\ \circ.R\ B$

Alle Komponenten 1. Grades von A werden über die zweistellige Funktion R mit allen Komponenten 1. Grades von B verknüpft.

Es gilt: ρC ↔ $(\rho A),\rho B$
$\rho\rho C$ ↔ $(\rho\rho A)+\rho\rho B$

Wenn A und B nicht leer sind, gilt:
$(I,"K)\supset C$ ↔ $(I\supset A)\ R\ K\supset B$ für alle skalaren Suchpfade I, für die $I\supset A$, und für alle skalaren Suchpfade K, für die $K\supset B$ definiert ist.

```
      3∘.+4  ↔  3+4
7

      (ι5)∘.×ι5
1  2  3  4  5
2  4  6  8 10
3  6  9 12 15
4  8 12 16 20
5 10 15 20 25

      (ι3)∘.≤ι3
1 1 1
0 1 1
0 0 1
```

Wenn R kein explizites Ergebnis hat, dann wird R für alle Komponenten 1. Grades von A und B durchgeführt, ohne daß ein explizites Ergebnis entsteht.

Wenn A oder B eine leere Strukturgröße ist, dann wird die Ersatzfunktion (S. 70) von R ausgeführt.

```
      'AUE'∘.,'SIR'
AS AI AR
US UI UR
ES EI ER

      ⎕←M←2 2ρ'MIT' 'MANN' 'UND'
                              'MAUS'
MIT MANN
UND MAUS
      ⎕←N←'KATZ' 'MAUS'
KATZ MAUS
      M∘.∊N
0 0 1    1 0 0
0 1 0 0  1 1 0 0

0 0 0    1 0 0
0 1 0 0  1 1 1 1

      ⎕CR'UND'
X UND Y
(⍕X)'+'(⍕Y)'='(⍕X+Y)
      1 UND 8
 1 + 8 = 9
      1 2 3∘.UND 8 9
 1 + 8 = 9
 1 + 9 = 10
 2 + 8 = 10
 2 + 9 = 11
 3 + 8 = 11
 3 + 9 = 12

      K←2 2ρ1
      L←2 0ρ0
      K∘.×L
(LZ)
      ρK∘.×L
2 2 2 0
```

Einheitsfunktionen und Einselemente

Die abgeleiteten Funktionen Reduzieren $L/$ B und Gruppenweise Reduzieren A $L/$ B haben als Ersatzfunktionen , wenn leere Argumente auftreten, Funktionen, die man als **Einheitsfunktionen** bezeichnet. Sie liefern als Ergebnis das **Einselement** der zweistelligen Funktion L. Letzteres ist folgendermaßen definiert:

Wenn für eine zweistellige Funktion F gilt: A F E $\leftrightarrow$ A, dann nennt man E das Rechts-Einselement von F.

Wenn für eine zweistellige Funktion F gilt: E F B $\leftrightarrow$ B, dann nennt man E das Links-Einselement von F.

Wenn E sowohl Rechts- als auch Links-Einselement von von F ist, heißt E einfach das Einselement von F. Beispiele:

    3+0 $\leftrightarrow$ 3 und 0+3 $\leftrightarrow$ 3: 0 ist das Einselement der Addition.
    2×1 $\leftrightarrow$ 2 und 1×2 $\leftrightarrow$ 2: 1 ist das Einselement der Multiplikation.
    3-0 $\leftrightarrow$ 3 (aber nicht: 0-3 $\leftrightarrow$ 3):
    0 ist das Rechts-Einselement der Subtraktion.

Das Einselement der Funktion L (Minimieren) ergibt sich aus der Beziehung: $A L E$ $\leftrightarrow$ A und $E L B$ $\leftrightarrow$ B für alle (darstellbaren) Zahlen A und B. Das heißt, E muß, weil es den Begriff ∞ (unendlich) in **APL2** nicht gibt, die **größte** in **APL2 darstellbare Zahl** sein (denn nur die größte Zahl kann jede Vergleichszahl zum Minimum machen): G $\leftrightarrow$ 7.23700557733322621E75.

Die Einselemente der zweistelligen Skalarfunktionen (soweit solche existieren), sind in Abb. 13 zusammengefaßt. Ein +-Zeichen unter der Überschrift L R bedeutet, daß es sich dabei um ein Links- beziehungsweise Rechts-Einselement handelt. G ist die oben angegebene größte darstellbare Zahl.

Elementarfunktion F	Einselement $F/\iota 0$	L	R	
+ Addieren	0	+	+	
- Subtrahieren	0		+	
× Multiplizieren	1	+	+	
\ Dividieren	1		+	
| Rest Bilden	0	+		
* Potenzieren	1		+	
L Minimieren	G	+	+	
⌈ Maximieren	-G	+	+	
! Binomialkoeffizienten Bilden	1	+		
= Prüfen auf Gleich	1	+	+	1
≠ Prüfen auf Ungleich	0	+	+	1
< Prüfen auf Kleiner	0	+		1
≤ Prüfen auf Kleiner/Gleich	1	+	+	1
> Prüfen auf Größer	0		+	1
≥ Prüfen auf Größer/Gleich	1		+	1
∧ Verknüpfen mit Und	1	+	+	1
∨ Verknüpfen mit Oder	0	+	+	1
ρ Strukturieren	ρB	+		
, Verketten	$((^-1\uparrow\rho B),0)\rho\subseteq((^-1\downarrow\rho B),0)\rho B$	+	+	2
φ Rotieren	$(^-1\downarrow\rho B)\rho 0$	+		
⊖ Rotieren	$(1\downarrow\rho B)\rho 0$	+		
⍉ Transponieren	$\iota\rho\rho B$	+		
⊃ Herauspicken	$\iota 0$	+		
↓ Entfernen	$(\rho\rho B)\rho 0$	+		
↑ Entnehmen	ρB	+		
~ Eliminieren	$\iota 0$		+	3
⊞ Lineares Gleichungssystem Lösen	$(\iota\uparrow\rho B)\circ.=\iota\uparrow\rho B$		+	3

Erläuterung
1 Nur für Boolesche Größe
2 Nicht für Skalar
3 Nur für Vektor

Abb. 13: Einselemente zweistelliger Skalarfunktionen

Der einstellige Reduktionsoperator / oder ⌿

Der einstellige Reduktionsoperator / (⌿) hat als Operanden L entweder eine zweistellige Funktion oder eine einfache Strukturgröße (Vektor oder Skalar). Im ersten Fall ist das Ergebnis, die abgeleitete Funktion $L/$ ($L⌿$), ambivalent, im zweiten Fall stets einstellig.

Die abgeleitete Funktion $L/$ wirkt entlang der letzten Achse des Argumentes, während $L⌿$ entlang der ersten Achse wirkt. Eine Achsenangabe ist in allen Fällen möglich: Wenn eine Achse angegeben wird, sind $L/$ und $L⌿$ identisch.

L ist eine zweistellige Funktion mit explizitem Ergebnis

Reduzieren	$C \leftarrow L/\ B$
Reduzieren	$C \leftarrow L⌿\ B$

<table>
<tr><td>

Wenn kein linkes Argument angegeben wird (die abgeleitete Funktion ist ja ambivalent), bezeichnet man die einstellige abgeleitete Funktion $L/\ B$ beziehungsweise $L⌿\ B$ als L-Reduktion von B.

Das Ergebnis C entsteht, indem zwischen die Unterstrukturgrößen von B entlang der letzten ($L/\ B$) beziehungsweise der ersten ($L⌿\ B$) Achse, die zweistellige Funktion L eingefügt, und anschließend der dabei entstehende Ausdruck ausgeführt wird.

Die Ordnungszahl von C ist, wenn B kein Skalar ist, um 1 kleiner als die von B: B wird also um eine Achse reduziert (die letzte bei $L/\ B$, die erste bei $L⌿\ B$). Beispiele:

$+/1\ 2\ 3$ (oder $+⌿1\ 2\ 3$) wirkt wie $1+2+3$ Die $+$-Reduktion ist also eine Summierung: $+/X \leftrightarrow \sum x_i$.

$×/1\ 2\ 3$ (oder $×⌿1\ 2\ 3$) wirkt wie $1×2×3$ Die $×$-Reduktion ist also eine Produktbildung: $×/X \leftrightarrow \prod x_i$.

Entsprechend gilt: $\lceil /X \leftrightarrow \max(x_i)$ und $\lfloor /X \leftrightarrow \min(x_i)$.

B kann eine beliebige Strukturgröße sein.

</td><td>

```
        +/2  ↔  +⌿2
2

        +/ι4  ↔  +⌿ι4  ↔  1+2+3+4
10
        ×/ι4  ↔  ×⌿ι4  ↔  1×2×3×4
24

        ⌈/2  0  ¯1
2
        ⌊/2  0  ¯1
¯1

        -/ι4  ↔  1-2-3-4
              ↔  1-(2-(3-4))
¯2

        □←M←2 3ρι6
1  2  3
4  5  6
        +/M
6  15
        +⌿M
5  7  9

        □←H←2 3 4ρι24
 1   2   3   4
 5   6   7   8
 9  10  11  12

13  14  15  16
17  18  19  20
21  22  23  24
        +/H
10  26  42
58  74  90
```

</td></tr>
</table>

Es gilt: $\rho C \leftrightarrow {}^-1\downarrow\rho B$ bei $C \leftrightarrow L/\ B$
$\rho C \leftrightarrow 1\downarrow\rho B$ bei $C \leftrightarrow L\neq\ B$
$\rho\rho C \leftrightarrow 0\lceil\rho\rho B$.

- B ist ein Vektor, mit den Komponenten $B1, B2,...,Bn$. Dann ist $L/\ B$ oder $L\neq\ B$ $\leftrightarrow\ B1\ L\ B2\ L\ ...\ L\ Bn$.

  Wenn L eine Skalarfunktion ist, und B ein einfacher Vektor, dann ist das Ergebnis ein einfacher Skalar. Wenn L eine Skalarfunktion ist, und B ein allgemeiner Vektor, dann hat das Ergebnis die gleiche Tiefe wie B

- B ist eine Strukturgröße mit einer Ordnungszahl >1 (Matrix oder Strukturgröße höherer Ordnung).

  Matrix:
  $(L/\ B)[I] \leftrightarrow L/\ B[I;]$
  $(L\neq\ B)[J] \leftrightarrow L/\ B[;J]$

  Strukturgröße 3. Ordnung:
  $(L/\ B)[I;J] \leftrightarrow L/\ B[I;J;]$
  $(L\neq\ B)[J;K] \leftrightarrow L/\ B[;J;K]$

  Allgemein:
  $L/\ B \leftrightarrow \supset L/{}^{..}\subset[\rho\rho B]B$
  $L\neq\ B \leftrightarrow \supset L/{}^{..}\subset[\square IO]B$

- B ist ein Skalar. In diesem Fall erfolgt keine Reduktion, und es gilt: $C \leftrightarrow B$.

- B ist eine Strukturgröße, bei der die Länge der letzten ($L/\ B$) beziehungsweise der ersten ($L\neq\ B$) Achse 1 ist. Dann erfolgt zwar die Reduktion der Achsenzahl (die Achse mit der Länge 1 verschwindet), aber die Funktion L wird nicht angewandt.

- B ist eine leere Strukturgröße, und die letzte ($L/\ B$) beziehungsweise die erste ($L\neq\ B$) Achse hat die Länge 0. Dann wird anstelle der Funktion ihre zugehörige Einheitsfunktion (S. 155), falls vorhanden, ausgeführt. Das Ergebnis ist ($^-1\downarrow\rho B)\rho\subset E$ beziehungsweise ($1\downarrow\rho B)\rho\subset E$, wobei E das Einselement von L ist. Wenn L kein Einselement hat, führt $L/\ B$ zur Fehlermeldung *UNGUELTIGES ARGUMENT*.

```
        +/H
14  16  18  20
22  24  26  28
30  32  34  36

        []←N←4 1ρ⍳4
1
2
3
4
        +/N
1  2  3  4
        ρ+/N
4
        +/N
10
        ρ+/N
1

        R←3 2ρ'AAKIAE',¨'DMANBL
        R
 AD  AM
 KA  IN
 AB  EL
        ρR
3 2
        ≡R
2
        S←,/R
        S
 ADAM KAIN ABEL
        ρS
3
        ≡S
2

        []←L←2 0ρ0
(LZ)
        +/L
0  0
        ρ+/L
2
        +/L
(LV)
        ρ+/L
0
```

Bei der Reduktion ist eine Achsenangabe möglich, und es gilt:
$C{\leftarrow}L/[X]\ B\ {\leftrightarrow}\ C{\leftarrow}L/[X]\ B$.

X muß ein einfacher ganzzahliger Skalar sein, oder ein einfacher ganzzahliger Vektor mit nur einem Element, und es muß gelten: $X\in\iota\rho\rho B$.

Die Reduktion erfolgt dann entlang der durch X gegebenen Achse, wobei $L/[X]$ und $L/[X]$ gleichbedeutend sind.

Es gilt: $\rho C\ {\leftrightarrow}\ (\rho B)[(\iota\rho\rho B){\sim}X]$
$\rho\rho C\ {\leftrightarrow}\ 0\lceil^{-}1{+}\rho\rho B.$

Ferner gelten die Beziehungen:
$L/[X]\ B\ {\leftrightarrow}\ L/[X]\ B\ {\leftrightarrow}\ {\supset}L/\ddot{}c[X]\ B$
$L/[\rho\rho B]\ B\ {\leftrightarrow}\ L/B$
$L/[\Box IO]\ B\ {\leftrightarrow}\ L/B.$

Sonderfälle:

- Die Länge der Achse X von B ist 1 Dann gilt: $C\ {\leftrightarrow}\ (\rho B)[(\iota\rho\rho B){\sim}X]\rho B$. Das heißt, die Achse X verschwindet.

- Die Länge der Achse X von B ist 0 (B ist eine leere Strukturgröße). Dann wird anstelle von L die Einheitsfunktion von L ausgeführt, und zwar mit dem Prototypen ${\uparrow}B$ von B.

Der Indexanfang $\Box IO$ (S. 232) ist implizites Argument bei der Achsenangabe.

```
      □←M←2 3ρι6
1 2 3
4 5 6
      +/[1]M ↔ +/M

5 7 9
      +/[2]M ↔ +/M

6 15


      □←H←2 3 4ρι24
 1  2  3  4
 5  6  7  8
 9 10 11 12

13 14 15 16
17 18 19 20
21 22 23 24

      +/[1]H ↔ +/H
14 16 18 20
22 24 26 28
30 32 34 36
      +/[2]H ↔ +/[2]H
15 18 21 24
51 54 57 60
      +/[3]H ↔ +/H
10 26 42
58 74 90
```

Gruppenweise reduzieren	$C{\leftarrow}A\ L/\ B$
Gruppenweise reduzieren	$C{\leftarrow}A\ L/\ B$

Wenn ein linkes Argument A angegeben ist, bezeichnet man die zweistellige abgeleitete Funktion $A\ L/\ B$ ($A\ L/\ B$) als gruppenweise L-Reduktion von B.

A muß ein einfacher Skalar oder Vektor mit nur einem Element sein, der eine ganze Zahl enthält. B kann eine beliebige Strukturgröße sein. Wenn B leer ist, muß $A\ {\leftrightarrow}\ 0$ sein.

```
         +/ι5
15
         1+/ι5
1 2 3 4 5
         2+/ι5 ↔ 2+/ι5
3 5 7 9
         3+/ι5
6 9 12
         4+/ι5
10 14
         5+/ι5
15
```

Das Ergebnis C entsteht, wie beim einfachen Reduzieren, durch Einfügen der zweistelligen Funktion L zwischen je zwei Unterstrukturgrößen von B entlang der letzten ($L/$) beziehungsweise der ersten ($L\neq$) Achse von B. Die Reduktion selbst erfolgt dann aber nicht über alle Komponenten, sondern über alle Gruppen von je $|A$ aufeinanderfolgenden. Bei $2 \leftrightarrow |A$ sind dies Paare, bei $3 \leftrightarrow |A$ Tripel, allgemein $(|A)$-Tupel.

A gibt also den Ausschnitt von Komponenten an, der jeweils für die Reduktion in Betracht kommt, ist also eine Art Fenster für die Verarbeitung, das sich über B hinwegbewegt. Wenn A negativ ist, erfolgt vor der Reduktion eine Parallel-Spiegelung (ϕ) des durch $|A$ festgelegten Ausschnitts. Beispiele:

$1+/1\ 2\ 3\ 4\ 5$ wird behandelt wie:
$1+2+3+4+5$ und ergibt: 15.

$2+/1\ 2\ 3\ 4\ 5$ wird behandelt wie:
$1+2\ \ 2+3\ \ 3+4\ \ 4+5$ und ergibt: $3\ \ 5\ \ 7\ \ 9$.

$3+/1\ 2\ 3\ 4\ 5$ wird behandelt wie:
$1+2+3\ \ 2+3+4\ \ 3+4+5$ und ergibt: $6\ \ 9\ \ 12$.

$1-/1\ 2\ 3\ 4$ wird behandelt wie:
$1-2-3-4$ und ergibt: $^-2$.

$^-2-/1\ 2\ 3\ 4$ wird behandelt wie:
$2-1\ \ 3-2\ \ 4-3$ und ergibt: $1\ 1\ 1$ (die ersten Differenzen einer Zahlenfolge).

Es gilt:
$$\rho C \leftrightarrow (^-1{\downarrow}\rho B),1+(^-1{\uparrow}\rho B)-|A\quad (/)$$
$$\rho C \leftrightarrow (1+({\uparrow}\rho B)-|A),1{\downarrow}\rho B\quad (\neq)$$
$$\rho\rho C \leftrightarrow \rho\rho B.$$

Verträglichkeitsbedingung: Es muß gelten:
$(|A)\leq1+{}^-1{\uparrow}\rho B$ $(/)$ beziehungsweise
$(|A)\leq1+{\uparrow}B$ $(\neq)$.

Wenn $A \leftrightarrow 0$ ist, dann wird anstelle von L die Einheitsfunktion von L ausgeführt, falls eine existiert. Das Ergebnis besteht dann aus ρB Einheitskomponenten (wenn B ein Vektor ist: $1{\uparrow}\rho B$) von L.

```
      -/ι5
3
      ¯1-/ι5
1 2 3 4 5
      ¯2-/ι5  ↔  ¯2-/ι5
1 1 1 1
      ¯3-/ι5
2 3 4
      ¯4-/ι5
2 2
      ¯5-/ι5
3


      2,/ι5
 1 2  2 3  3 4  4 5
      ¯2,/ι5
 2 1  3 2  4 3  5 4

      ¯2ρ/ι5
 1 1  2 2 2  3 3 3 3  4 4 4 4 4

      2↑/ι5
 2  3 0  4 0 0  5 0 0 0

      □←T←3 3ρ'ABCDEFGHI'
ABC
DEF
GHI
      2,/T
 AB BC
 DE EF
 GH HI
      ¯2,≠T
 DA EB FC
 GD HE IF

      0+/1 2
0 0 0
      0+/2 0ρ1
0
0
```

Bei der Gruppenreduktion ist eine Achsenangabe möglich:
$C \leftarrow A\ L/[X]\ B \leftrightarrow C \leftarrow A\ L/[X]\ B$.

A muß ein einfacher Skalar oder Vektor mit nur einem Element sein, der eine ganze Zahl enthält, und es muß gelten: $X \in \iota\rho\rho B$.

Die Gruppenreduktion erfolgt dann entlang der durch X gegebenen Achse, wobei $L/[X]$ und $L/[X]$ gleichbedeutend sind.

Es gilt: $(\rho C)[X] \leftrightarrow 1+(\rho B)[,X]-|A$
$\rho\rho C \leftrightarrow \rho\rho B$.

Verträglichkeitsbedingung: Es muß gelten: $(|A) \leq 1+(\rho B)[X]$..

Ferner: $A\ L/[\rho\rho B]\ B \leftrightarrow A\ L/\ B$
$A\ L/[\Box IO]\ B \leftrightarrow A\ L/\ B$.

Der Indexanfang $\Box IO$ (S. 232) ist implizites Argument bei der Achsenangabe.

```
      []←M←3 3ρι9
1 2 3
4 5 6
7 8 9
      2+/[1]M ↔ 2+/M
  5  7  9
11 13 15
      ¯2-/[1]M
3 3 3
3 3 3
      0×/[1]M
1 1 1
1 1 1
1 1 1
1 1 1
```

L ist ein einfacher ganzzahliger Skalar oder Vektor

Mehrfach Auswählen, Komprimieren	$C \leftarrow L/\ B$
Mehrfach Auswählen, Komprimieren	$C \leftarrow L/\ B$

L muß ein einfacher ganzzahliger Vektor oder Skalar sein. B kann eine beliebige Strukturgröße sein. Die dabei entstehende abgeleitete Funktion $L/$ $(L/)$ ist einstellig.

C entsteht, indem die Unterstrukturgrößen von B der letzten $(L/)$ beziehungsweise der ersten $(L/)$ Achse so oft wiederholt werden, wie die entsprechenden (positiven) Elemente von L dies angeben. Ist ein Element von L gleich 0, dann wird die entsprechende Unterstrukturgröße von B nicht in das Ergebnis übernommen. Zusätzliche negative Elemente in L bewirken, daß ein oder mehrere (entsprechend dem Betrag des negativen Wertes) Füllkomponenten (S. 26) in das Ergebnis an der angegebenen Stelle eingefügt werden.

Es gilt: $\ \ \ ¯1\downarrow\rho C \leftrightarrow ¯1\downarrow\rho B$ bei $L/$
oder $\ \ \ \ \ 1\downarrow\rho C \leftrightarrow 1\downarrow\rho B$ bei $L/$
$\rho\rho C \leftrightarrow \rho\rho B$.

```
      1 ¯1 2 0 3/ι4
1 0 2 2 4 4 4
      2/0 1
0 0 1 1
      1 2 1 0/'MOST'
MOOS
      1 ¯2 3/'*'
*   ***
      []←T←2 4ρ'KAINABEL'
KAIN
ABEL
      2 ¯1 3/T
KAIN
KAIN

ABEL
ABEL
ABEL
      1 ¯2 0 2 1/T
K   IIN
A   EEL
```

Verträglichkeitsbedingungen:

Die Länge der letzten ($L/$) beziehungsweise der ersten ($L\!\!\nearrow$) Achse von B muß entweder gleich der Anzahl der nicht-negativen Elemente von L sein, oder gleich 1.

Im letzgenannten Fall, oder wenn entweder L oder B ein Skalar ist, werden L beziehungsweise B folgendermaßen erweitert:

- Wenn L ein Skalar oder ein Vektor mit nur einem Element ist, wird L zu einem Vektor der Länge $^-1\!\uparrow\!1,\rho B$ ($L/$) beziehungsweise $\uparrow(\rho B),1$ ($L\!\!\nearrow$) erweitert.

- Wenn B ein Skalar ist, wird B als Vektor der Länge 1 aufgefaßt.

- Wenn $^-1\!\uparrow\rho B \leftrightarrow ,1$ ($L/$) beziehungsweise $\uparrow\rho B \leftrightarrow 1$ ($L\!\!\nearrow$), dann erfolgt die Auswahl $(+/L\geq0)$-fach.

Abgesehen von solchen Erweiterungen, gilt:

$$1\!\uparrow\rho C \leftrightarrow ,+/|L \ (L/)$$
$$\uparrow\rho C \leftrightarrow +/|L \ (L\!\!\nearrow).$$

Sonderfälle:

- L ist ein leerer Vektor. Dann muß $^-1\!\uparrow\rho B$ ($L/$) beziehungsweise $\uparrow\rho B$ ($L\!\!\nearrow$) den Wert 0 oder 1 haben. C ist dann ebenfalls leer.

- B ist eine leere Strukturgröße. Wenn L keine negativen Elemente hat (also keine Erweiterung um Füllkomponenten erfolgen soll), dann ist C ebenfalls leer. Treten dagegen in L negative Komponenten auf, dann wird die Füllkomponente entsprechend oft ausgewählt und in das Ergebnis eingefügt.

Mehrfach Auswählen darf auch links vom Zuweisungspfeil angewandt werden (selektive Wertzuweisung, S. 46).

```
                M
      1  2
      A  B
      3  4
                2 ¯1  1 ¯2/M
      1  1  0  2  0  0
      A  A  B
      3  3  0  4  0  0

                ρ(ι0)/ι0
      0

                ρ3/0  2ρ0
      0  6

                ρ0/4  1ρ'HUND'
      4  0

                ¯2/ι0
      0  0

                1  0  0  1  1  1  1/'FLEISCH'
      FISCH

                A
      WIND
      WARE
      WORT
                B
      BETA
      ELCH
      KANU

                (1 ¯1  2  0  0/A)←B
                A
      BAND
      EHRE
      KURT
```

Bemerkung:

Wenn L eine Boolesche Größe ist, also nur aus Einsen und Nullen besteht, dann werden Unterstrukturgrößen weder wiederholt noch hinzugefügt. Aus B werden die Unterstrukturgrößen ausgewählt, die einer 1 in L entsprechen, und die anderen Unterstrukturgrößen von B werden unterdrückt. Deshalb spricht man hier auch von **Komprimieren**.

Komprimieren wird häufig zur bedingten Verzweigung innerhalb von definierten Funktionen benützt:
`→(Bedingung)/Zeilenmarke`
`→((Bed1),(Bed2))/ZM1,ZM2`

Beim mehrfachen Auswählen ist eine Achsenangabe möglich:
$C←L/[X]\ B\ ↔\ C←L/[X]\ B.$

X muß ein einfacher ganzzahliger Skalar oder Vektor mit nur einem Element sein, und es muß gelten: $X∈ιρρB.$

Die Auswahl erfolgt dann entlang der durch X gegebenen Achse, wobei $L/[X]$ und $L/[X]$ gleichbedeutend sind.

Abgesehen von den Fällen, wo eine Erweiterung von L oder B durchgeführt wird, gilt:
$(ρC)[X]\ ↔\ +/|L$
$ρρC\ ↔\ ρρB.$

Verträglichkeit und Erweiterungen:

- Es muß gelten: Entweder $(ρB)[X]$ $↔\ +/L≥0$ oder $(ρB)[X]\ ↔\ 1$. Im letztgenannten Fall erfolgt die Auswahl $(+/L≥0)$-fach.

- Wenn L ein Skalar oder ein Vektor mit nur einem Element ist, wird L erweitert auf $(ρB)[X]ρL.$

Der Indexanfang $\Box IO$ (S. 232) ist implizites Argument bei der Achsenangabe.

Mehrfach Auswählen mit Achsenangabe darf auch links vom Zuweisungspfeil angewandt werden (selektive Wertzuweisung, S. 46).

```
□←H←2 2 2ρι8
1 2
3 4

5 6
7 8

   0 1/[1]H  ↔  0 1/[1]H
             ↔  0 1/H
5 6
7 8
   0 1 ¯1/[2]H  ↔  0 1 ¯1/[2]H
3 4
0 0

7 8
0 0
     1 ¯1 2/[3]H  ↔  1 ¯1 2/[3]H
1 0 2 2          ↔  1 ¯1 2/H
3 0 4 4

5 0 6 6
7 0 8 8
```

Der einstellige Expansionsoperator \ oder ⍀

Der einstellige Expansionsoperator \ (⍀) hat als Operanden entweder eine zweistellige Funktion oder eine einfache Strukturgröße (Vektor oder Skalar). In beiden Fällen ist das Ergebnis, die abgeleitete Funktion $L \backslash$ oder $L⍀$, einstellig.

Die abgeleitete Funktion $L \backslash$ wirkt entlang der letzten, $L⍀$ entlang der ersten Achse des Argumentes B. Eine Achsenangabe ist in allen Fällen möglich. Wenn eine Achse angegeben wird, sind $L \backslash$ und $L⍀$ identisch.

L ist eine zweistellige Funktion mit explizitem Ergebnis

Aufstufen	$C \leftarrow L \backslash\ B$
Aufstufen	$C \leftarrow L⍀\ B$

<table>
<tr><td>

Die I-te Unterstrukturgröße entlang der letzten (\) beziehungsweise der ersten (⍀) Achse von C entsteht durch die L-Reduktion der ersten I Unterstrukturgrößen von B (entlang der entsprechenden Achse), also $L/I\uparrow[\rho\rho B]B$, beziehungsweise $L/I\uparrow[\Box IO]B$.

B kann eine beliebige Strukturgröße sein.

Es gilt: $\rho C \leftrightarrow \rho B$
$\rho\rho C \leftrightarrow \rho\rho B$.

Ein Beispiel: $+\backslash 1\ 2\ 3\ 4$ wird folgendermaßen verarbeitet:
$1, (1+2), (1+2+3), (1+2+3+4)$.
Dies ergibt: $1\ 3\ 6\ 10$ (auflaufende Summe).

Wenn die Länge der letzten $(L\backslash)$ beziehungsweise der ersten $(L⍀)$ Achse von B gleich 0 ist, dann ist $C \leftrightarrow B$.

</td><td>

```
      +\⍳5
1 3 6 10 15
      -\⍳5
1 ¯1 2 ¯2 3

      ∨\0 0 1 0 1
0 0 1 1 1

      ,\'AU' 'TO' 'MAT'
 AU AUTO AUTOMAT

      □←M←2 3⍴⍳6
1 2 3
4 5 6
      ×\M
1  2   6
4 20 120
      ×⍀M
1  2  3
4 10 18

      ρ+\⍳0
0

      ρ+\3 0ρ1
3 0
      ρ+⍀0 3ρ1
0 3
```

</td></tr>
</table>

<table>
<tr><td>

Beim Aufstufen ist eine Achsenangabe möglich: $C \leftarrow L\backslash[X]\ B \leftrightarrow C \leftarrow L⍀[X]\ B$.

X muß ein einfacher ganzzahliger Skalar sein oder ein einfacher ganzzahliger Vektor mit nur einem Element, und es muß gelten: $X \in \iota\rho\rho B$

</td><td>

```
      □←H←2 2 2⍴⍳8
1 2
3 4

5 6
7 8
```

</td></tr>
</table>

Das Aufstufen erfolgt dann entlang der durch X gegebenen Achse, wobei $L\backslash[X]$ und $L\diagdown[X]$ gleichbedeutend sind.

Es gilt: $\rho C \leftrightarrow \rho B$
$\quad\quad \rho\rho C \leftrightarrow \rho\rho B$

Der Indexanfang $\Box IO$ (S. 232) ist implizites Argument bei der Achsenangabe.

```
                    +\[1]H  ↔  +↘[1]H
        1   2                ↔  +↘H
        3   4

        6   8
       10  12
                    +\[2]H  ↔  +↘[2]H
        1   2
        4   6

        5   6
       12  14
                    +\[3]H  ↔  +↘[3]H
        1   3                ↔  +\H
        3   7

        5  11
        7  15
```

L ist ein einfacher Boolescher Skalar oder Vektor

Expandieren	$C\leftarrow L\backslash\ B$
Expandieren	$C\leftarrow L\diagdown\ B$

L muß ein einfacher Boolescher Vektor oder Skalar sein. B kann eine beliebige Strukturgröße sein.

Alle Unterstrukturen entlang der letzten $(L\backslash)$ beziehungsweise der ersten $(L\diagdown)$ Achse von B werden in das Ergebnis C übernommen, aber an die Stellen, die in L durch Einsen gekennzeichnet sind. An die Stellen in C, die in L durch Nullen markiert sind, werden Füllkomponenten (S. 26) eingefügt.

Verträglichkeitsbedingungen:

Die Länge der letzten $(L\backslash)$ beziehungsweise der ersten $(L\diagdown)$ Achse von B muß entweder gleich $+/L$ oder gleich 1 sein. Im letztgenannten Fall wird B $(+/L)$-mal übernommen.

Wenn B ein Skalar ist, wird B als Vektor mit nur einer Komponente aufgefaßt.

Es gilt: $\rho C \leftrightarrow (\,^{-}1\downarrow\rho B),\rho,L$ bei $L\backslash$
oder: $\rho C \leftrightarrow (\rho,L),1\downarrow\rho B$ bei $L\diagdown$
$\quad\quad \rho\rho C \leftrightarrow \rho\rho B$

```
            1  0  1  0  0  1\ι3
  1  0  2   0  0  3
            1  0  1  0  0  1\'ROT'
  R  O  T

            1  0  0\2
  2  0  0

            1  0  1  0\1  ( 2  3 )
    1  0    2  3   0
            1  0  1  0\( 1  2 )  3
    1  2    0  0   3   0  0

            M
  1  2  3
  A  B  C
  4  E  6
  G  8  I
            1  0  1  0  0  1\M
  1  0  2   0  0  3
  A     B         C
  4  0  E  0  0  6
  G     8         I
            1  1  0  1  1\M
  1  2  3
  A  B  C
  0  0  0
  4  E  6
  G  8  I
```

Sonderfälle:

- L ist leer. Dann muß B entweder ein Skalar sein, oder die Länge der letzten $(L\setminus)$ beziehungsweise der ersten $(L\diagdown)$ Achse von B ist 0 oder 1.

- B ist leer, und die Länge der letzten $(L\setminus)$ beziehungsweise der ersten $(L\diagdown)$ Achse von B ist 0 Dann muß L aus lauter Nullen bestehen.

- B ist leer, aber die Länge der letzten $(L\setminus)$ beziehungsweise der ersten $(L\diagdown)$ Achse von B ist $\neq$0. Dann muß +/,L gleich der Länge dieser Achse sein.

Expandieren darf auch links vom Zuweisungspfeil angewandt werden (selektive Wertzuweisung, S. 46).

Expandieren $L\setminus$ und Mehrfach Auswählen $L/$ liefern das gleiche Ergebnis, wenn der Operand von Mehrfach Auswählen nur aus Einsen und negativen Zahlen besteht, und der Operand von Expandieren entsprechend viele Nullen anstelle der negativen Zahlen enthält.

```
        ρ( ι0 )\2 0ρ0
2 0
        ρ( ι0 )\0 2ρ0
0 2

        ρ1 0 1\0 2ρ0
0 3
        0 0 0\2 0ρ0
0 0 0
0 0 0

        □←A←2 3ρι6
1 2 3
4 5 6
        B
ARMUT
UNTAT
        ( 0 0 1 1 1\A )←B
A
MUT
TAT

        1 0 1 0 0 1\ι3
1 0 2 0 0 3
        1 ¯1 1 ¯2 1/ι3
1 0 2 0 0 3
```

Beim Expandieren ist eine Achsenangabe möglich:
$C\leftarrow L\setminus[X]\ B\ \leftrightarrow\ C\leftarrow L\diagdown[X]\ B.$

X muß ein einfacher ganzzahliger Skalar sein, oder ein einfacher ganzzahliger Vektor mit nur einem Element, und es muß gelten: $X\in\iota\rho\rho B.$

Das Expandieren erfolgt dann entlang der durch X gegebenen Achse, wobei $L\setminus[X]$ und $L\diagdown[X]$ gleichbedeutend sind.

Es gilt: $(\rho C)[,X]\ \leftrightarrow\ \rho,L$
          $\rho\rho C\ \leftrightarrow\ \rho\rho B.$

Der Indexanfang $\square IO$ (S. 232) ist implizites Argument bei der Achsenangabe.

Expandieren mit Achsenangabe darf auch links vom Zuweisungspfeil angewandt werden (selektive Wertzuweisung, S. 46).

```
        □←H←2 2 2ρι8
1 2
3 4

5 6
7 8

        1 0 1\[1]H ↔ 1 0 1\[1]H
1 2               ↔ 1 0 1\H
3 4

0 0
0 0

5 6
7 8

        1 0 1\[2]H ↔ 1 0 1\[2]H
1 2
0 0
3 4

5 6
0 0
7 8

        1 0 1\[3]H ↔ 1 0 1\[3]H
1 0 2             ↔ 1 0 1\H
3 0 4

5 0 6
7 0 8
```

TEIL III DEFINIERTE FUNKTIONEN UND DEFINIERTE OPERATOREN

EINFÜHRUNG

Notwendigkeit der Programmierung

Keine andere Computer-Sprache bietet eine derartige Fülle von Funktionen wie **APL2**: Zu den Elementarfunktionen und -operatoren, sowie den von ihnen abgeleiteten Funktionen, die im zweiten Teil dieses Handbuches beschrieben wurden, kommen noch die Systemfunktionen hinzu, die im vierten Teil behandelt werden. Aber alle diese eingebauten Funktionen sind lediglich elementare Bausteine für die Entwicklung von Anwendungen, für die Programmierung.

In einem **APL2**-System ist es zwar möglich, **APL2**-Anweisungen im Dialog Zeile für Zeile einzugeben und ausführen zu lassen. Man könnte die Ergebnisse dieser Anweisungen irgendwelchen Variablen zuweisen, und sie damit zwischenspeichern. Man könnte die derart abgespeicherten Zwischenergebnisse weiterverarbeiten, und so fort, bis man das Endergebnis hat.

Aber ein solches Vorgehen wäre nur dann gerechtfertigt, wenn es sich:

- um eine **einfache Anwendung** handelt,

- die zudem **einmalig** ausgeführt werden muß.

In allen anderen Fällen wird man bestrebt sein, die Anweisungen, aus denen die Anwendung besteht, erst einmal zusammenstellen und zu speichern, um sie, nachdem sie ausgeprüft sind, bei Bedarf abrufen zu können. Solche „Anweisungskonserven" bezeichnet man gewöhnlich als **Programme**, ihre Erstellung als **Programmierung**.

Programme in APL2 sind definierte Funktionen

Auch in **APL2** gibt es die Möglichkeit, Programme zu schreiben. Solche **APL2**-Programme haben einen **Namen**, unter dem man sie aufruft. Sie können **Argumente** haben, und sie können ein **explizites Ergebnis** liefern. Dies sind aber alles Eigenschaften, die auch die eingebauten Funktionen des **APL2**, die Elementarfunktionen, auszeichnen. Aus diesem Grund werden Programme in **APL2** als **definierte Funktionen** bezeichnet.

Programmieren in **APL2** bedeutet demnach nichts anderes, als neue, eigene Funktionen zu definieren, und dadurch den Funktionsvorrat des **APL2** zu erweitern.

Darüber hinaus besteht die Möglichkeit, auch eigene Operatoren zu definieren, die man dementsprechend **definierte Operatoren** nennt.

DAS DEFINIEREN VON FUNKTIONEN UND OPERATOREN

Möglichkeiten, Funktionen und Operatoren zu definieren

Eine gespeicherte Funktions- oder Operatordefinition ist keine **APL2**-Variable, sondern ein eigenständiges Gebilde, und es muß als solches im **APL2**-Arbeitsbereich definiert werden. Hierzu gibt es verschiedene Wege:

- Man kann mit einem **APL2**-Editor eine neue Definition eröffnen. Nach dem Verlassen des Editors existiert die definierte Funktion beziehungsweise der definierte Operator im aktiven Arbeitsbereich. Die ∇-Editoren des **APL2** werden in eigenen Kapiteln vorgestellt.

- Man benützt dazu einen Editor des Wirtssystems, der **APL2**-Zeichen einzugeben erlaubt.

- Man kann eine bestehende Definition in den aktiven Arbeitsbereich kopieren. Dies geschieht mit Hilfe von Systemanweisungen wie $)LADE$, $)KOPIERE$, $)SKOPIERE$ oder $)EIN$. Die Systemanweisungen des **APL2** werden im fünften Teil dieses Handbuches behandelt.

- Man kann die Definition aber auch in Form einer Textmatrix oder eines allgemeinen Vektors von Textvektoren mit Hilfe von **APL2**-Anweisungen erzeugen, verändern und speichern. Sie muß dann aber erst mittels einer Systemfunktion wie $\Box FX$ oder $\Box TF$ als definierte Funktion beziehungsweise als definierter Operator etabliert werden. Umgekehrt ermöglichen die Systemfunktionen $\Box CR$ und $\Box TF$ die Umwandlung einer Definition in eine Textmatrix. Von diesen Möglichkeiten macht man Gebrauch, wenn man innerhalb eines Programms eine Funktion automatisch erzeugen möchte. Die Systemfunktionen werden im vierten Teil dieses Buches besprochen.

Der Aufbau definierter Funktionen und Operatoren

Abb. 14 zeigt eine Funktionsdefinition, wie sie der ∇-Editor 1 darstellt:

Definierte Funktionen und Operatoren bestehen aus drei Teilen. der Kopfzeile, dem Rumpf und der Zeitangabe.

In der **Kopfzeile** werden Name und Syntax der definierten Größe festgelegt.

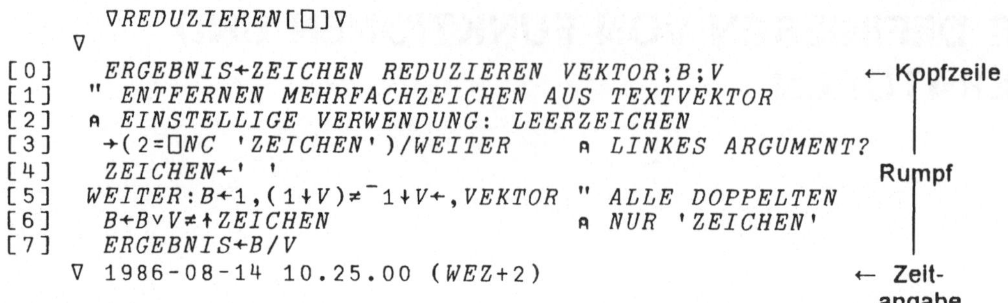

```
       ∇REDUZIEREN[□]∇
     ∇
[0]    ERGEBNIS←ZEICHEN REDUZIEREN VEKTOR;B;V          ← Kopfzeile
[1]    " ENTFERNEN MEHRFACHZEICHEN AUS TEXTVEKTOR
[2]    ⍝ EINSTELLIGE VERWENDUNG: LEERZEICHEN
[3]     →(2=□NC 'ZEICHEN')/WEITER      ⍝ LINKES ARGUMENT?
[4]     ZEICHEN←' '                                   Rumpf
[5]    WEITER:B←1,(1↓V)≠¯1↓V←,VEKTOR  " ALLE DOPPELTEN
[6]     B←B∨V≠↑ZEICHEN              ⍝ NUR 'ZEICHEN'
[7]     ERGEBNIS←B/V
     ∇ 1986-08-14 10.25.00 (WEZ+2)           ← Zeit-
                                               angabe
```

Abb. 14. Muster einer Funktionsdefinition

Der **Rumpf** besteht aus den **APL2**-Anweisungen, welche die eigentliche Definition der definierten Größe ausmachen.

Kopfzeile und Rumpf werden in den folgenden Abschnitten eingehend behandelt.

Die **Zeitangabe** besteht aus dem Datum und der Uhrzeit des Zeitpunktes, an dem die Definition abgeschlossen wurde. Sie tritt als Zeile nur in Erscheinung, wenn man die Definition mit Hilfe des ∇-Editors 1 anzeigt. Man kann sie außerdem mit Hilfe der Systemfunktion □AT (Attribut Zeigen, S. 246) abfragen.

Beim Anzeigen einer Definition mittels eines ∇-Editors werden, wie man sieht, alle Zeilen mit einer laufenden Nummer in eckigen Klammern versehen. [0] ist immer die Kopfzeile der Definition.

Die Kopfzeile der Definition, Syntax und Valenz

Wie im vorigen Abschnitt bereits gesagt, enthält die **Kopfzeile** der Definition unter anderem den konstruierten **Namen** und die **Syntax** der Funktion beziehungsweise des Operators. Bezüglich der Namensvergabe und der Syntax sei auf die Ausführungen im ersten Teil dieses Buches verwiesen (S. 33, 37, 39 und 37), insbesondere auf die Abbildungen 4 und 5. Die dort gemachten Aussagen sollen jedoch hier für die definierten Funktionen und Operatoren präzisiert werden.

Folgende Formen der Kopfzeile sind möglich:

1. $E←LA\ (LO\ O\ RO)\ RA$	8. $LA\ (LO\ O\ RO)\ RA$
2. $E←(LO\ O\ RO)\ RA$	9. $(LO\ O\ RO)\ RA$
3. $E←LA\ (LO\ O)\ RA$	10. $LA\ (LO\ O)\ RA$
4. $E←(LO\ O)\ RA$	11. $(LO\ O)\ RA$
5. $E←LA\ F\ RA$	12. $LA\ F\ RA$
6. $E←F\ RA$	13. $F\ RA$
7. $E←F$	14. F

Dabei ist: O/F der Name des Operators/der Funktion,
LA/RA das linke/rechte Argument,
LO/RO der linke/rechte Operand,
E der Name des Ergebnisses.

Dazu ist zu bemerken:

- Bei der Definition eines Operators wird gleich die Syntax der abgeleiteten Funktion mit angegeben. 1.-4. und 8.-11. sind Operator-Definitionen.

- Der Name des Operators und seiner Operanden wird in Klammern gesetzt. Dies gilt auch für den späteren Aufruf.

- Es gibt nur ein- oder zweistellige, keine nullstelligen oder ambivalenten Operatoren. Die von ihnen abgeleiteten Funktionen können jedoch ambivalent sein.

- Definierte Funktionen können null-, ein- oder zweistellig sein, aber auch ambivalent.

- Die **Valenz** einer definierten oder abgeleiteten Funktion geht nur bei null- und einstelligen Funktionen eindeutig aus der Kopfzeile hervor. Ob eine Funktion zweistellig oder ambivalent (wahlweise ein- und zweistellig) ist, das muß im im Rumpf der Definition bestimmt werden.

- Ein definierter Operator hat stets ein explizites Ergebnis, nämlich die von ihm abgeleitete Funktion. In der Kopfzeile wird festgelegt, ob die definierte, beziehungsweise abgeleitete Funktion ein explizites Ergebnis hat (1.-7.) oder nicht (8.-14.).

Angehängt an das Ende all dieser eigentlichen Kopfzeilen, können noch die Namen von Variablen oder Funktionen erscheinen, die nur **lokale**, keine globale Bedeutung haben sollen, und zwar untereinander und vom Rest der Kopfzeile durch Strichpunkte getrennt (Falls man die Strichpunkte beim Anlegen der Definition vergißt, werden sie vom System eingefügt). Darüber mehr im folgenden Abschnitt!

Das in Abb. 14 gezeigte Beispiel stellt eine zweistellige (genauer: ambivalente) definierte Funktion mit dem (konstruierten) Namen $REDUZIEREN$ dar, die ein explizites Ergebnis liefert, und in welcher die Variablennamen B und V lokal verwendet werden sollen.

Die Argumente, Operanden und das explizite Ergebnis (im Beispiel also $VEKTOR$, $ZEICHEN$ und $ERGEBNIS$) sind **Parameter**. Ihre Namen haben also nur symbolische Bedeutung, da sie nach außen hin nicht in Erscheinung treten. Es sind spezielle lokale Variablen, die sich von anderen lokalen Variablen (im Beispiel: B, V oder $WEITER$) dadurch unterscheiden, daß sie beim Aufruf der Funktion beziehungsweise des Operators durch einen passenden Ausdruck ersetzt werden müssen ($VEKTOR$) oder können ($ZEICHEN$, $ERGEBNIS$). Hierzu einige Beispiele, unter Verwendung der definierten Funktion $REDUZIEREN$:

```
      TEXT←'***   AA  --TE*XT--  ZZ   ***'
      STERN←'*'
      ABC←STERN REDUZIEREN TEXT   (1)
      STERN REDUZIEREN TEXT       (2)
 *  AA  --TE*XT--  ZZ   *
      '*' REDUZIEREN TEXT         (3)
 *  AA  --TE*XT--  ZZ   *
      REDUZIEREN TEXT             (4)
*** AA  --TE*XT--  ZZ  ***
      REDUZIEREN '□   □'          (5)
□□
      REDUZIEREN                  (6)
SYNTAXFEHLER
```

In den Beispielen (1) und (2) werden den Parametern $ZEICHEN$ und $VEKTOR$ die Variablen $STERN$ beziehungsweise $TEXT$ zugewiesen. Dem dritten Parameter, $ERGEB$-

NIS wird automatisch nach erfolgter Ausführung der Funktion das explizite Ergebnis als Wert zugewiesen, und es steht im Belieben des Benutzers, ob er diesen Wert wieder einer Variablen übergeben oder unmittelbar weiterverarbeiten möchte (1) oder nicht (2). Im letzteren Fall wird das Ergebnis am Bildschirm angezeigt.

Anstelle einer Variablen kann auch ein beliebiger Ausdruck als Parameterwert eingesetzt werden: (3) und (5).

Bei einer ambivalenten Funktion darf das linke Argument auch ganz weggelassen werden: (4) und (5). Das rechte Argument muß, laut Kopfzeile, in unserem Fall angegeben werden, andernfalls erhält man die Fehlermeldung *SYNTAXFEHLER* (6). Daß *REDU-ZIEREN* tatsächlich eine ambivalente Funktion ist, erkennt man übrigens an Programmzeile [3]: Dort wird das Vorhandensein des linken Argumentes geprüft.

Die Definition eines Operators ist, wie man an der Kopfzeile erkennt, gleichzeitig die Definition der von diesem Operator abgeleiteten Funktion(en). In den folgenden Abschnitten wird daher nicht immer zwischen der Definition von Operatoren und Funktionen unterschieden, wenn von definierten Funktionen die Rede ist.

Lokale Variablen und lokale Funktionen

Variablen und Funktionen, die in einer definierten Funktion angesprochen werden, sind von Hause aus **global**, das heißt, ihr Wirkungsbereich ist nicht auf diese Funktion beschränkt, sondern reicht über sie hinaus.

Eine globale Variable kann vor dem Aufruf der Funktion gesetzt werden, und ihr Wert steht dann während der Ausführung zur Verfügung. Wird ihr Wert während der Ausführung geändert, dann steht nach Beendigung der Ausführung der neue Wert zur Verfügung, andernfalls der alte. Ein Beispiel:

Die Funktion *LOTTO* liefert dem Lottospieler eine aufsteigend sortierte Tippreihe (6 aus 49). Der Zufallszahlengenerator erhält eine, aus Datum und Uhrzeit errechnete, „willkürliche" Ausgangszufallszahl ⎕*RL* vorgesetzt, damit die Tippreihe einigermaßen „zufällig" wird:

```
      ∇
[0]     LOTTO
[1]     ⎕RL←+/⎕TS
[2]     L[⍋L←6?49]
      ∇ 1987 ...
```

Vor dem Aufruf von *LOTTO*:

```
      ⎕RL
16807
      L←'EINS ZWEI DREI'
      M←'OH LA LA'
      LOTTO
2 15 24 28 39 48
```

Nach dem Aufruf von *LOTTO*:

```
      ⎕RL
164897
      L
```

```
15 2 24 48 39 28
          M
OH LA LA
```

Wie man sieht, sind ⎕RL und L globale Variablen: Ihr Wert wurde in der Funktion
LOTTO neu gesetzt, und dieser neue Wert blieb auch nach der Ausführung erhalten.
Auch M ist für LOTTO global, wurde aber während der Ausführung nicht verändert.
Übrigens sind L und ⎕RL implizite Ergebnisse der Funktion LOTTO, die ja kein explizi-
tes Ergebnis liefert.

Wenn man Werte, die in einer definierten Funktion gesetzt werden, nach der Ausführung nicht mehr benötigt, dann wird man sie zu **lokalen** Variablen machen, indem man
ihren Namen in der Kopfzeile der Funktionsdefinition angibt, wie dies im vorigen Abschnitt beschrieben wurde.

Wird eine Variable in einer Funktion lokal gemacht, dann hat ein Setzen (Verändern)
ihres Wertes während der Ausführung keinen Einfluß auf die Umgebung: Nach been-
digter Ausführung haben globale Größen gleichen Namens, falls es solche gibt, ihren
ursprünglichen Wert, und, falls es keine gleichnamigen globalen Größen vor der Ausführung gab, werden solche auch nicht erzeugt. Zur Verdeutlichung wieder ein Beispiel:

Die Funktion LOTTO wird jetzt dahingegend geändert, daß ⎕RL und L lokal gesetzt
werden:

```
      ∇
[0]     LOTTO;⎕RL;L
[1]     ⎕RL←+/⎕TS
[2]     L[⍋L←6?49]
      ∇ 1987 ...
      L
15 2 24 48 39 28
      ⎕RL
164897
      LOTTO
1 10 25 26 29 39
      ⎕RL
164897
      L
15 2 24 48 39 28
```

Die Variablen ⎕RL und L sind jetzt im Arbeitsbereich global. Ihr Wert ist 164897
beziehungsweise 15 2 24 48 39 28. Ihre Namensvettern in LOTTO sind dagegen
lokal, und ihr Wert hat mit dem der gleichnamigen globalen Variablen nichts zu tun.
Nun wird der globale Wert L gelöscht:

```
      )ERASE L
      LOTTO
5 14 22 27 39 42
      L
NAME OHNE WERT
      L
      ∧
```

Der Name L ist jetzt ganz auf die Funktion beschränkt, L ist eine lokale Variable. Eine
globale Variable gleichen Namens gibt es nicht.

Normalerweise wird man alle Variablen, die nach der Ausführung einer Funktion nicht mehr benötigt werden, in der Funktion zu lokalen Variablen machen. Dies hat folgende Vorteile:

- Globale Größen gleichen Namens werden durch den Aufruf der definierten Funktion nicht zerstört, und es treten auch keine Namenskonflikte auf: Wenn beispielsweise eine definierte Funktion im Arbeitsbereich PR heißt, kann in einer anderen Funktion keine globale Variable PR benützt werden, eine lokale Variable namens PR dagegen jederzeit!

- Man spart Speicherplatz, weil alle Zwischenergebnisse, die in lokalen Variablen stehen, mit Beendigung der Funktionsausführung verschwinden.

Es ist sinnvoll, Systemvariablen, deren Wert während der Ausführung direkt oder indirekt verändert wird, ebenfalls lokal zu machen. Dies gilt insbesondere für den Indexanfang $\Box IO$ (S. 232) und für die Ausgangszufallszahl $\Box RL$ (S. 233), weil sie die Arbeitsweise einiger Elementarfunktionen beeinflussen.

Alles, was über die lokalen Variablen gesagt wurde, gilt auch für die lokalen Funktionen: Man kann nämlich auch die Namen von definierten Funktionen durch Aufnahme ir die Kopfzeile einer anderen definierten Funktion lokal machen. Dies hat dann einen Sinn, wenn man während der Ausführung einer Funktion eine andere mit Hilfe von $\Box FX$ (S. 251) aus einer Variablen erzeugt, um sie gleich auszuführen. Diese „ad hoc" erzeugte Funktion wird, wenn die aufrufende Funktion beendet ist, wieder aus dem Arbeitsbereich verschwinden.

Wenn innerhalb einer definierten Funktion andere definierte Funktionen aufgerufen werden („Unterprogramme" in einem „Hauptprogramm"), dann sind sowohl die globalen als auch die lokalen Variablen der aufrufenden Funktion für die aufgerufene Funktion automatisch global, so daß sie dort erst lokal gesetzt werden müssen. Das Lokalsetzen schirmt also „nach außen" ab, nicht „nach innen". Ein Beispiel hierzu:

Die Funktion H ruft die Funktion U auf:

```
        ∇                        ∇
[0]     H;B              [0]     U;A;C;E
[1]     B←3×A←7          [1]     E←1+D←20-C←B-A←3
[2]     U                     ∇ 1987 ...
      ∇ 1987 ...
```

Vor dem Aufruf von H werden die globalen Variablen gesetzt:

```
(A  B  C  D)←¯1+ι4
E←'ALT'
```

Aufruf der Funktion H:

```
      H
      A  B  C  D  E
  7  1  2  2  ALT
```

In U sind die Variablen A, C und E lokal gesetzt. Ihre Werte sind 3, 18 und 3, aber die dringt nicht nach „außen" durch. Die anderen Variablen, nämlich B und D sind in U global: Der Wert von B wird außerhalb von U, in H gesetzt, der Wert von D in U: 2.

In H ist nur B lokal gesetzt. Deshalb hat B am Ende seinen alten Wert, nämlich 1. Alle anderen Variablen sind in H global und können daher, wenn sie in U oder H veränder werden (was nur bei E zufällig nicht der Fall war), die globalen Variablen A, B, C, D und E im Arbeitsbereich überschreiben.

Folgende spezielle Variablen sind grundsätzlich lokal:

1. Die Parameter in der Kopfzeile, welche die Argumente, die Operanden und das explizite Ergebnis darstellen.

2. Alle Zeilenmarken.

Der Rumpf der Definition, Kommentare

Der **Rumpf** der Definition ist der ausführbare Teil. Er besteht aus einer oder mehreren Zeilen, die von 1 an fortlaufend numeriert sind. Er ist das eigentliche Programm.

Die Zeilennummern erscheinen, wenn man einen der ∇-Editoren des **APL2** benützt, in eckigen Klammern, wie dies an vielen Beispielen bereits gezeigt wurde. Beim Ändern einer Definition mit Hilfe eines solchen Editors, kann diese laufende Zeilennumerierung für kurze Zeit durch Einfügungen und Streichungen unterbrochen werden, aber nach Beendigung des Definitionsvorganges erfolgt automatisch eine erneute Numerierung. Dies ist insofern wichtig, als die **Zeilennummer** bei der später zu besprechenden Programmverzweigung eine Rolle spielt.

Alle Zeilen des Rumpfes sind **APL2**-Anweisungen. Wie bereits dargelegt, (S. 44), hat eine **APL2**-Anweisung allgemein das Format:

   Zeilenmarke : Ausdruck ⍝ Kommentar

Von den drei Bestandteilen Zeilenmarke :, Ausdruck und ⍝ Kommentar können jeweils einer oder zwei entfallen, so daß folgende Arten von **APL2**-Anweisungen im Definitions-Rumpf möglich sind:

1. Zeilenmarke : Ausdruck ⍝ Kommentar

2. Zeilenmarke : Ausdruck

3. Zeilenmarke : ⍝ Kommentar

4. Zeilenmarke :

5. Ausdruck ⍝ Kommentar

6. Ausdruck

7. ⍝ Kommentar

Wenn in einer **APL2**-Anweisung das syntaktische Zeichen ⍝ auftritt, so wird es, samt allen dahinter stehenden Zeichen der Zeile, als **Kommentar** aufgefaßt, der bei der Ausführung nicht beachtet wird. Ist das erste gültige Zeichen der **APL2**-Anweisung das Kommentarzeichen, dann wird die ganze Zeile als Kommentar aufgefaßt, und bei der Ausführung übergangen. Ähnliches gilt übrigens, wenn in der Definition eine Leerzeile auftritt: Sie wird ebenfalls als Kommentarzeile aufgefaßt.

Von den oben dargestellten 7 Arten von **APL2**-Anweisungen bleiben, wenn man von den Kommentaren absieht, nur die drei wesentlich verschiedenen Arten 2., 4. und 6. übrig.

Verzweigen

Wenn man es nicht anders bestimmt, dann wird die definierte oder abgeleitete Funktion, wenn sie aufgerufen wird, von oben nach unten, Zeile für Zeile , bei Zeile 1 beginnend, bis einschließlich der letzten Anweisungszeile, ausgeführt.

In vielen Fällen muß dieser lineare Programmablauf allerdings unterbrochen werden, beispielsweise, weil das weitere Vorgehen von Bedingungen abhängig ist, die während der Ausführung geprüft werden müssen. Kurz, es muß auch in **APL2** Verzweigungen und Programmschleifen geben.

Wie bereits ausgeführt, sind in einer Funktionsdefinition die Anweisungszeilen ab 1 fortlaufend numeriert. Soll nun aneiner Stelle die Verarbeitung nicht mit der nächstfolgenden, sondern mit einer beliebigen anderen Anweisung fortgesetzt werden, dann geschieht dies mit Hilfe des syntaktischen Zeichens →, des Verzweigungspfeiles. Mit

        [7]   →4

erreicht man, daß nach Anweisung 7 nicht die Anweisung in Zeile 8, sondern die in Zeile 4 ausgeführt wird. Es handelt sich also um eine **unbedingte Verzweigung**. Das gleiche wird bewirkt, wenn hinter dem Verzweigungspfeil ein einfacher numerischer Vektor steht, dessen erstes Element eine für die Definition gültige Zeilennummer ist:

        [7]   →4 0 2.1

Hier wird ebenfalls zur Anweisung 4 verzweigt.

Noch allgemeiner gilt: Wenn hinter dem Verzweigungspfeil ein ausführbarer **APL2**-Ausdruck steht, der als explizites Ergebnis einen einfachen numerischen Skalar oder Vektor liefert, dessen erstes Element eine gültige Zeilennummer ist, dann wird zu der betreffenden Zeile hin verzweigt:

        [7]   →2×2
        oder
        [6] A←2
        [7]   →A⌽0 8 4

bewirken ebenfalls, daß in Zeile 7 zur Zeile 4 verzweigt wird.

Dieses Verfahren hat natürlich einen ganz großen Nachteil: Durch Änderungen in der Definition, Einfügungen und Streichungen, ändert sich automatisch auch die Zeilennumerierung, wodurch man gezwungen wäre, alle Verzweigungen zu überprüfen. Aus diesem Grund wurde die Zeilenmarke geschaffen: Eine **Zeilenmarke** ist eine lokale Variable, deren Name, gefolgt von einem Doppelpunkt, als erster Teil einer **APL2**-Anweisungszeile auftritt. Zum Beispiel:

        [4] A17:X←0
        .
        .
        .
        [7]   →A17

Der Wert einer Zeilenmarke, die ja eine spezielle lokale Variable ist (für die auch die Namensregeln wie für alle anderen Variablen gelten), ist die Nummer der Zeile, in der die Marke steht. Beim Aufruf der Funktion wird er automatisch gesetzt, so daß er auch nach Definitionsänderungen immer auf dem neuesten Stand ist. Im Unterschied zu anderen Variablen kann man den Wert einer Zeilenmarke natürlich nicht selbst setzen, doch kann man sie ansonsten wie jede andere Variable in **APL2**-Ausdrücken verwenden. Im letzten Beispiel war der Wert der Variablen $A17$ der Skalar 4.

Die Ausführung der Funktion ist beendet, wenn die letzte Anweisungszeile ausgeführt ist. Das gleiche erreicht man durch Verzweigen zur Zeile 0 oder zu einer positiven ganzen Zahl, die oberhalb der der für die Funktion gültigen Zeilennummern liegt:

```
[21]    →0
oder
[21]    →0 1 2
oder
[21]    →999
```

bewirken, daß die Ausführung der Funktion nach Anweisung 21 beendet wird.

Wenn die **APL2**-Anweisung hinter dem →-Zeichen einen leeren Vektor zum Ergebnis hat, dann erfolgt keine Verzweigung, sondern die Verarbeitung wird mit der nächstfolgenden Anweisungszeile fortgesetzt:

```
[10]    →ι0
oder
[10]    →0/A17
```

bewirken beide, daß nicht verzweigt wird, sondern daß mit der nächsten Anweisungszeile, also mit Anweisung 11 fortgefahren wird.

Das bisher Gesagte wird in nachstehender Abbildung zusammengefaßt:

Ausdruck	Wirkung von →Ausdruck
Positive ganze Zahl N, im Bereich der Zeilennummern	Verzweigen zur Anweisung [N]
0 oder positive ganze Zahl außerhalb Bereich der Zeilennummern	Beenden der Ausführung
Leerer Vektor	Fortfahren mit nächster Anweisung
Einfacher numerischer Vektor	Das erste Element bestimmt, was geschehen soll

Abb. 15: Verzweigungsarten in Abhängigkeit vom Verzweigungsausdruck

Zu beachten: Der Verzweigungspfeil muß, abgesehen von einer Zeilenmarke, das erste Zeichen der **APL2**-Anweisung sein.

Nun zu den **bedingten Verzweigungen**: Begriffe wie „IF ... THEN ... ELSE ..." oder „DO ... UNTIL ..." gibt es in **APL2** nicht! Hier wird der Fortgang der Verarbeitung durch den Wert des Ausdrucks hinter dem →-Zeichen bestimmt. Von der großen Zahl von Möglichkeiten, bedingte Verzweigungen in **APL2** zu programmieren, sollen hier nur die gebräuchlichsten in Beispielen vorgestellt werden: Jeder kann seinen eigenen Stil entwickeln, der Fantasie sind keine Grenzen gesetzt!

1. →(Bedingung)/Zeilenmarke
Verzweigen, wenn Bedingung erfüllt ist (das heißt, wenn der durch „Bedingung"
gekennzeichnete **APL2**-Ausdruck den Wert 1 hat), sonst (Wert des Ausdrucks ↔
0) nicht verzweigen.

Begründung: $1/Z$ ↔ Z und: $0/Z$ ↔ LV.

Beispiel: →$(A>B)/M1$ Verzweigen nach $M1$, wenn $A>B$, sonst nächste Anweisung.

2. →Zeilenmarke×Bedingung oder: →(Bedingung)×Zeilenmarke
Verzweigen, wenn Bedingung erfüllt ist, sonst Funktion beenden.

Begründung: $Z×1$ ↔ Z und: $Z×0$ ↔ 0.

Beispiel: →$A13×X≠Y$ Verzweigen nach $A13$, wenn $X≠Y$ ist, sonst Funktion beenden.

3. →(Marke1,Marke2)[Bedingung], wenn $\Box IO$ ↔ 0
→(Marke1,Marke2)[1+Bedingung], wenn $\Box IO$ ↔ 1
→(Bedingung)φMarke1,Marke2
Verzweigen nach Marke1, wenn Bedingung nicht erfüllt ist, nach Marke2, wenn
Bedingung erfüllt ist.

Begründung: $(Z1,Z2)[0+\Box IO]$ ↔ $Z1$ und $(Z1,Z2)[1+\Box IO]$ ↔ $Z2$
          $0φZ1,Z2$ ↔ $Z1,Z2$ und $1φZ1,Z2$ ↔ $Z2,Z1$

Beispiel: →$(B2,B3)[\Box IO+J>85]$ oder: →$(J>85)φB2,B3$
Verzweigen nach $B3$, wenn $J>85$, sonst nach $B2$.

4. →((Bed1),(Bed2),...,BedN)/Marke1,Marke2,...,MarkeN
Verzweigen nach Marke1, falls Bed1 erfüllt. Wenn nicht:
Verzweigen nach Marke2, falls Bed2 erfüllt. Wenn nicht:

    ...

Verzweigen nach MarkeN, falls BedN erfüllt. Wenn nicht:
Nächste Anweisung.

Begründung: $1\ \ 0\ \ 1\ \ ...\ \ /\ \ Z1,Z2,Z3,...$ ↔ $Z1,Z2,Z3,...$
           $0\ \ 0\ \ 1\ \ ...\ \ /\ \ Z1,Z2,Z3,...$ ↔ $Z3,...$

Beispiel: →$(Z>3\ \ 1\ \ 0)/M1,M2,M3$
    Wenn $Z>3$ Verzweigen nach $M1$,
    Wenn $1<Z≤3$ Verzweigen nach $M2$,
    Wenn $0<Z≤1$ Verzweigen nach $M3$,
    Wenn $Z≤0$ Nächste Anweisung.

Alle diese Beispiele beruhen auf den in Abb. 15 zusammengefaßten Gesetzen der Verzweigung, sowie auf den Eigenschaften der Elementarfunktionen und -operatoren des
APL2. Insbesondere wird davon Gebrauch gemacht, daß in **APL2** eine Bedingung nichts
anderes ist, als ein **APL2**-Ausdruck, der ein explizites Ergebnis 1 oder 0, oder eine
Kombination von Einsen und Nullen liefert, mit denen gerechnet werden kann.

Mit Hilfe von bedingten Verzweigungen kann man **Schleifen** programmieren. Ein Beispiel hierzu: Die Funktion $UPROG$ (Unterprogramm) soll für verschiedene Werte x_i ausgeführt werden. Die Ergebnisse y_i sollen für die spätere Weiterverarbeitung aufbewahrt
werden. Dies könnte in folgender Schleife geschehen:

```
[10]      Y←ι0                 Setzen Ergebnisvektor auf Anfangswert (LV)
[11]      A:Y←Y,UPROG ↑X       Verarbeiten ersten Wert von X, Aufbauen Y
[12]        →(0≠ρX←1↓X)/A       Eliminieren ersten Wert von X, Prüfen ob
                               noch Werte da, wenn ja: Zurück nach A.
```

In vielen Fällen ist das Programmieren von Schleifen nicht erforderlich, und dann sollte
man auch davon absehen, weil sie die die definierte Funktion unübersichtlich, und
damit fehleranfällig machen können. Außerdem bedeutet eine Schleife immer auch
zusätzlichen Aufwand an Rechenzeit, weil jede Zeile in der Schleife mehrmals interpretiert wird.

Das obige Beispiel könnte auch so programmiert werden:

```
[10]    Y←UPROG¨X
```

also ohne Schleife, mit Hilfe des Komponentenoperators ¨ (S. 149). Dieses Verfahren
ist viel übersichtlicher und auch etwas schneller als die „selbstgestrickte" Schleife.
Trotzdem führt auch dies zu einer Schleife, weil **APL2** den Operator ¨ als elementweise
Wiederholung interpretiert.

Am besten ist es, in **APL2** durch Ausschöpfung der vollen Sprachmöglichkeiten Schleifen, auch indirekte mit ¨, überhaupt zu vermeiden. Also Vektoren, Matrizen und höhere
Datenstrukturen einsetzen, deren Elemente von den Elementarfunktionen simultan verarbeitet werden, so daß sich die Zusammenfassung gleichartiger Daten eigentlich
immer lohnt. Das gleiche gilt für die Zusammenfassung zu allgemeinen Strukturgrößen:
Sie werden von **APL2** optimal verarbeitet!

Beispiele für definierte Operatoren

Das Definieren von Funktionen, die Programmierung, ist in **APL2** ein wichtiger Vorgang.
Aber auch das Definieren von Operatoren ist nicht nur von theoretischem Interesse.

Trotzdem sind die folgenden Beispiele, die auf Vorträge von K. E. Iverson[4] und B.
Smith[5] zurückgehen, nicht als praxisnahe Anwendungen, sondern eben als Beispiele
für die Möglichkeiten anzusehen, die dem Programmierer in **APL2** angeboten werden.

Die verallgemeinerte Determinante

Der zweistellige definierte Operator GD (generalisierte Determinante) hat als Operanden zwei zweistellige Funktionen F und G. Das Ergebnis von F GD G ist eine einstellige
abgeleitete Funktion, deren Argument in der Kopfzeile als R erscheint:

```
     ∇
[0]    Z←(F  GD  G)R
[1]    Z←F/G/(□IO+1  0  1)⍉R[□IO+PERM⍴R;]
     ∇
```

---

4 K. E. Iverson: Two Combinatoric Operators. In: APL 76: Conference Proceedings. Assoc. for
Computing Machinery, New York, 1976.

5 Bob Smith: A Programming Technique for non-rectangular Data. In: APL 79: Conference
Proceedings. Assoc. for Computing Machinery, Rochester, NY, 1979

Wenn man für die Operanden die Funktionen - und × einsetzt, dann berechnet die abgeleitete Funktion $-GD\times$ die **Determinante** einer nicht-singulären Matrix: $-GD\times$ M ↔ det M. Zum Beispiel:

```
      -GD× 3 3ρ2 3 ¯4 5 4 3 ¯1 2 5
¯112
```

Die Determinante einer Matrix ist ja bekanntlich eine alternierende Summe (-) von Produkten (×) von Elementen der Matrix. Indem man andere Funktionen als Operanden einsetzt, erhält man neue Funktionen: Verallgemeinerte Determinanten. Der Fall $+GD\times$ wird auch als **Permanente** einer Matrix bezeichnet. Interessant ist auch der Fall $\neq GD\times$ $A\circ.-B$, der das **Doppelverhältnis** zweier Punktepaare A und B angibt, wobei die Punktepaare A und B durch ihre Koordinaten auf einem Zahlenstrahl gegeben sind:

```
      ≠GD× 2 5°.-3 8
¯0.25
```

Eine Funktion zur Berechnung „normaler" Determinanten könnte also folgendermaßen aussehen:

```
      ∇
[0]   D←DET M
[1]   ⍝ DETERMINANTE EINER NICHT-SINGULAEREN MATRIX
[2]   D←-DG× M
      ∇
```

Zum Beispiel:

```
      □←M←2 2ρ1 1J1 2 0
1 1J1
2 0
      DET M
¯2J¯2
```

In GD wird die Funktion $PERM$ aufgerufen. $PERM$ $2\rho N$ liefert eine Matrix mit den **Permutationen** der Zahlen $(\iota N)-\Box IO$, also von 0 1 2 ... $(N-1)$.

```
      ∇
[0]   E←PERM V;P;R;Z;□IO
[1]   □IO←0
[2]   E←(0 MOD Z)[;(ιρP)+P-(ρP←2|+/Z←REP V)ρ0 1]
      ∇
```

Zum Beispiel:

```
      PERM 2 2
0 1
1 0
      PERM 3 3
0 0 1 1 2 2
1 2 2 0 0 1
2 1 0 2 1 0
```

In $PERM$ schließlich werden die Funktionen MOD und REP aufgerufen (beide setzen $\Box IO\leftarrow 0$ voraus):

```
        ∇
[0]    M←A MOD B;Z
[1]    →(0=↑ρM←B)/0
[2]    M←B[0;],[0]Z+B[(↑ρZ)ρ0;]≤Z←A MOD 1 0↓B
        ∇
```

und

```
        ∇
[0]    E←REP V;R
[1]    E←R⊤ι×/R←(1↓V)↑⌽1+ι1↓V
        ∇
```


Die Funktionstafel

Der einstellige Operator FT (Funktionstafel) hat als Operanden eine zweistellige Funktion F. Das Ergebnis von F FT ist eine einstellige abgeleitete Funktion, deren Argument in der Kopfzeile als R erscheint:

```
        ∇
[0]    Z←(F FT)R
[1]    →(0 1=ρR←,R)/A2,A1
[2]    Z←(ι↑R) ∘.F F FT 1↓R
[3]    →0
[4]    A1:Z←ιR
[5]    →0
[6]    A2:Z←F/ι0
        ∇
```

Wie man an Zeile [2] erkennt, ist FT rekursiv definiert. Im Gegensatz zu GD ist FT abhängig vom Indexanfang $\Box IO$. Das Argument von F FT muß ein einfacher ganzzahliger Vektor sein, mit positiven Elementen $X1,X2,X3,...,Xn$, und es gilt:
$$(F\ FT)\ X1,X2,\ ...\ ,Xn\ \leftrightarrow\ (ιX1)\circ.F\ (ιX2)\ ...\ \circ.F\ (ιXn)$$

```
        +FT 4 2 ↔ 1 2 3 4∘.+1 2
2 3
3 4
4 5
5 6
        ×FT 3 3 ↔ 1 2 3∘.×1 2 3
1 2 3
2 4 6
3 6 9
        ×FT 2 3 4 ↔ 1 2∘.×1 2 3∘.×1 2 3 4
1  2  3  4
2  4  6  8
3  6  9 12

2  4  6  8
4  8 12 16
6 12 18 24
        ,FT 3 3
1 1  1 2  1 3
2 1  2 2  2 3
3 1  3 2  3 3
```

Die Gruppenbildung

Der einstellige Operator GR (Gruppierung) hat als Operanden eine einstellige Funktion F. Das Ergebnis von $F\ GR$ ist eine zweistellige abgeleitete Funktion, deren Argumente in der Kopfzeile als L und R erscheinen:

```
      ∇
[0]    Z←L(F GR)R
[1]    Z←0,F¨(+\L)↑¨⊂R
[2]    Z←(1↓Z)-¯1↓Z
      ∇
```

Das rechte Argument R muß ein einfacher Vektor sein, und das linke Argument L ein einfacher Vektor von positiven ganzen Zahlen, deren Summe gleich der Länge von R ist. Der Operator GR bewirkt, daß der Vektor R in Gruppen von $L[I]$ Elementen aufgeteilt wird. Anschließend wird auf jeden dieser Teilvektoren die Funktion F angewandt:

```
      3 1 4 2+/GR ι10 ↔ (+/1 2 3),(+/4),(+/5 6 7 8),+/9 10
6 4 26 19
```

Eine Anwendung: Von einigen Artikeln wurden verschiedene Mengen dem Lager entnommen. Wie hoch war die Gesamtentnahme pro Artikel?

```
      ARTIKEL←4711 4712 4711 4713 4712 4711

      MENGE←25 17 3 11 18 9

      A←ARTIKEL[S←⍋ARTIKEL]

      M←MENGE[S]

      ARTIKEL←(1,(1↓A)≠¯1↓A)/A

      MENGE←(+/ARTIKEL∘.=A) +/GR M

      ARTIKEL
4711 4712 4713

      MENGE
37 35 11
```

DIE AUSFÜHRUNG DEFINIERTER FUNKTIONEN

Allgemeines

Wenn in einer **APL2**-Anweisung definierte Funktionen und Operatoren auftreten, dann
werden sie wie Elementarfunktionen und -operatoren behandelt, das heißt, sie unter-
liegen den gleichen syntaktischen Regeln wie diese. Insbesondere gilt dies für die
Regeln über die Reihenfolge der Ausführung (S. 53).

Wenn eine definierte Funktion ein explizites Ergebnis liefert, dann kann dieses, wie bei
einer Elementarfunktion, unmittelbar weiterverwendet werden: $A \leftarrow 3 \times SUMME$ 1 2 3.

Innerhalb von definierten Funktionen und Operatoren läuft die Verarbeitung von oben
nach unten, wenn keine Verzweigungen eine andere Reihenfolge erzwingen. Innerhalb
einer Anweisungszeile gelten wiederum die oben angesprochenen Reihenfolge-Regeln.

Unterprogramme, Verarbeitungsebenen und rekursive Funktionen

Den in anderen Programmiersprachen häufig gemachten Unterschied zwischen Haupt-
und Unterprogrammen, sowie zwischen Unterprogrammen und Funktionen gibt es in
APL2 nicht: Jede Funktion, die innerhalb einer anderen definierten Funktion auftritt, ist
dadurch automatisch ein „Unterprogramm" dieser aufrufenden Funktion. Dieses selbe
„Unterprogramm" kann aber auch unmittelbar im Dialog aufgerufen werden, so daß es
also auch „Hauptprogramm" sein kann!

Wenn man eine **APL2**-Anweisung eingibt, dann wird diese interpretiert und verarbeitet.
Diese Stufe der Verarbeitung wollen wir als die erste **Verarbeitungsebene** bezeichnen.
Wenn in dieser Anweisung eine definierte Funktion auftritt, dann wird während deren
Verarbeitung die erste Verarbeitungsebene verlassen, und die Verarbeitung spielt sich
in der zweiten Verarbeitungsebene ab. Wird in der zweiten Ebene, also in der definier-
ten Funktion, eine weitere definierte Funktion aufgerufen, so gelangt man in die dritte
Verarbeitungsebene und so fort.

Zur Erinnerung: Ein (globaler oder lokaler) Name in einer Verarbeitungsebene ist stets
global für die nächste Verarbeitungsebene.

Im nachstehenden Beispiel, das sich an die Beispiele für definierte Operatoren (S. 181)
anlehnt, wird die Funktion DET aufgerufen. In DET, also in der zweiten Verarbeitungsebene, wird der Operator GD aufgerufen (3. Ebene). Dieser ruft seinerseits die Funktion
$PERM$ auf (4. Verarbeitungsebene), welche wiederum die Funktionen MOD und REP
anspricht (5. Verarbeitungsebene):

1. Ebene: **APL2**-Ausdruck: $B \leftarrow DET \ A \leftarrow 2 \ \ 2 \rho 3 \ \ 0 \ \ 1 \ \ ^{-}1$
2. Ebene: Funktion DET: [2] $D \leftarrow -GD \times \ M$
3. Ebene: Operator GD: [1] .... $PERM$ ....
4. Ebene: Funktion $PERM$: [2] ... MOD ... REP ...
5. Ebene: Funktionen MOD und REP.

Die Variablen A und B der 1. Verarbeitungsebene sind, weil sie weder in DET noch in GD lokal gesetzt wurden, in diesen Funktionen global. Die in $PERM$ lokal gesetzte Variable P ist in GD (und damit auch in DET und in der **APL2**-Anweisung) nicht ansprechbar, wohl aber in MOD und REP (weil P dort nicht lokal gemacht wurde).

Die Anzahl der möglichen Verarbeitungsebenen, der Verschachtelungsgrad einer definierten Funktion, hängt von der Größe des Arbeitsbereiches ab, der zur Verfügnung steht: **APL2** muß alle Informationen über die aktuelle Verarbeitungsebene festhalten, wenn die nächste Ebene angesteuert wird.

Eine Funktion, die sich selbst aufruft, sich selbst also als „Unterprogramm" enthält, nennt man **rekursiv**. MOD ist beispielsweise eine rekursive Funktion, FT ein rekursiver Operator. Als weitere Beispiel für eine rekursive Funktion kann auch folgende Funktion $PRIM$ dienen, deren Argument N eine ganze Zahl ≥ 2 sein muß: $PRIM$ ermittelt rekursiv die Primzahlen $\leq N$, indem geprüft wird, ob eine der Primzahlen $\leq N-1$ in N enthalten ist, oder nicht:

```
        ∇
[0]     P←PRIM N;M
[1]     →(N≤P←2)/0
[2]     P←M,(~0∈(M←PRIM N-1)|N)/N
        ∇
```

Vor einer allzu intensiven Verwendung rekursiver Funktionen muß aber gewarnt werden: Man kommt recht schnell in Speicherplatz-Probleme (tiefe Verschachtelung bedeutet Speicheraufwand!), und auch die Ausführungszeit wächst rasch bei hoher Rekursivität!

Ausführungsunterbrechung, hängende Funktionen

Die Ausführung einer definierten Funktion, eines definierten Operators oder einer **APL2**-Anweisung wird vorzeitig unterbrochen, wenn ein Fehler auftritt, wenn ein Stoppvektor gesetzt wurde (S. 189) oder wenn eine **Unterbrechungstaste** betätigt wird.

Die Tasten, mit deren Hilfe man eine Unterbrechung signalisieren kann, sind von System zu System verschieden. Man unterscheidet **starke** und **schwache** Unterbrechungssignale: Bei einer starken Unterbrechung wird die Verarbeitung sofort (bei einem Fehler an der Stelle, wo der Fehler bemerkt wurde, sonst nach Beendigung der gerade bearbeiteten Elementarfunktion) unterbrochen, während bei einer schwachen Unterbrechung die gerade bearbeitete **APL2**-Anweisung noch vollständig bearbeitet wird.

Entsprechend der Ursache wird bei der Ausführungsunterbrechung eine Fehler- oder Unterbrechungsnachricht angezeigt (S. 305), sowie die **APL2**-Anweisung, welche gerade in Bearbeitung war:

```
      20 PROZENT 0
UNGUELTIGES ARGUMENT
PROZENT[1]    C+100×A÷B
              ∧   ∧
      _
```

beziehungsweise:

```
      PERMUTATIONEN 7
```
(Taste für starke Unterbrechung)
```
UNTERBRECHUNG
MOD[2]    M+B[0;],[0]Z+B[(↑ρZ)ρ0;]≤Z+A MOD 1 0÷B
          ∧                          ∧
      _
```

Das Zeichen _ gibt in obigen Beispielen die Stellung des Positionsanzeigers nach der Unterbrechung an. Dieser wird also um 6 Stellen eingerückt. Das bedeutet: Es wird Eingabe vom Benutzer erwartet.

Wenn die Unterbrechung während der Ausführung einer definierten Funktion (oder in einem definierten Operator) erfolgte, dann sind die lokalen Variablen und Funktionen der definierten Größe aktiv: Man kann sie sich ansehen, und man kann sie auch ändern. Außerdem ist es, mit einigen Einschränkungen, möglich, die unterbrochene Funktion wieder zu starten (gegebenfalls nachdem man sie und/oder Variablen geändert hat), und zwar von einer beliebigen Anweisungszeile an. Mit →9 wird beispielsweise die Verarbeitung der unterbrochenen Funktion ab Zeile 9 wieder aufgenommen. Es ist allerdings nicht möglich, in die Mitte einer Anweisung zu springen, so daß bei Fehlern und starken Unterbrechungen unter Umständen bereits bearbeitete Teile einer Anweisung nochmals durchlaufen werden.

Die Funktion, bei deren Ausführung die Unterbrechung stattfand, bezeichnet man logischerweise als **unterbrochene** Funktion. Wenn diese ihrerseits von einer anderen Funktion aufgerufen wurde, dann wird letztere als **hängende** Funktion bezeichnet. Eine Funktion, die eine hängende Funktion aufgerufen hatte, ist selbst hängend. Der Sammelbegriff für unterbrochene und hängende Funktionen ist **wartende** Funktionen.

Hängende Funktionen kann man nicht ändern, unterbrochene Funktionen nur, wenn die Werte der Zeilenmarken nicht davon betroffen sind. Also kein Einfügen, Ändern oder Löschen von Zeilenmarken, und kein Einfügen oder Entfernen von Zeilen!

Ausführungsbereich und Statusanzeiger

Wenn eine definierte Funktion, ein definierter Operator oder ein **APL2**-Ausdruck aufgerufen wird, dann wird dieses Gebilde in den **Ausführungsbereich** gestellt. Die davon jeweils gerade auszuführende Zeile wird in den sogenannten **Statusanzeiger** übernommen, ebenfalls ein Bereich im Speicher, in dem sie so lange bleibt, bis ihre Ausführung beendet ist. Wenn die Funktion (beziehungsweise der Operator oder **APL2**-Ausdruck) erfolgreich ausgeführt ist, wird sie wieder aus dem Ausführungsbereich entfernt.

Bei einer Ausführungsunterbrechung stehen alle wartenden (unterbrochenen und hängenden) Funktionen im Ausführungsbereich, und die gerade aktiven Zeilen von ihnen im Statusanzeiger.

Im Zustand der Ausführungsunterbrechung kann man den Statusanzeiger mit Hilfe der Systemanweisungen)*SI*,)*SINL* und)*SIA* (S. 291) abfragen. Ein Beispiel hierzu, das schon im vorigen Abschnitt verwendet wurde:

```
        PERMUTATIONEN 7
(Unterbrechungstaste)
UNTERBRECHUNG
MOD[2] M←  ...
```

Mit `)SI` werden die Nummern der gerade aktiven Anweisungen aller wartenden Funktionen angezeigt. Unterbrochene Funktionen sind dabei durch einen Stern gekennzeichnet:

```
        )SI
MOD[2]
MOD[2]
   .
   .
   .
PERM[2]
PERMUTATIONEN[1]
*
```

Mit `)SINL` erhält man zusätzlich die Namen der lokalen Variablen und Funktionen angezeigt:

```
        )SINL
MOD[2]   M        A        B        Z        □IO
MOD[2]   M        A        B        Z        □IO
   .
   .
   .
PERM[2]           E        V        P        R        Z        □IO
PERMUTATIONEN[1]           P        N
*
```

Mit `)SIA` erhält man alle aktiven Anweisungen angezeigt, wobei durch ein oder zwei ∧-Zeichen die Stelle markiert ist, bis zu der die Verarbeitung fortgeschritten ist:

```
        )SIA
MOD[2] M←B[0;],[0]Z←B[(↑ρZ)ρ0;]≤Z←A MOD 1 0↓B
       ∧          ∧
MOD[2] M←B[0;],[0]Z←B[(↑ρZ)ρ0;]≤Z←A MOD 1 0↓B
                                  ∧   ∧
   .
   .
PERM[2] E←(0 MOD Z)[;(ιρP)+P-(ρP←2|+/Z←REP V)ρ0 1]
        ∧   ∧
PERMUTATIONEN[1] P←PERM N,N
                 ∧∧
*   P←PERMUTATIONEN 7
    ∧∧
```

Wenn man die Verarbeitung nach der Unterbrechung mit →n fortsetzt, dann leeren sich Statusanzeiger und Ausführungsbereich allmählich. Geschieht dies nicht, sondern beginnt man die Ausführung der gleichen oder einer anderen Funktion oder **APL2**-Anweisung von vorn, dann bleiben die genannten Bereiche in ihrem gegenwärtigen Zustand erhalten, und sie werden um die Informationen über die neu aufgerufenen Funktionen erweitert. Man erkennt dies daran, daß bei einer erneuten Unterbrechung mehrere Sternchen im Statusanzeiger stehen. Dies kann recht schnell zu Speicherplatz-Engpässen führen, sowie zu einem Durcheinander von lokalen und globalen Variablen.

Man sollte also, wenn die Verarbeitung nicht ordnungsgemäß beendet wurde, den Statusanzeiger löschen, bevor man den Arbeitsbereich sichert oder eine neue Verarbei-

tung startet. Zum Löschen von Statusanzeiger und Ausführungsbereich gibt es zwei
verschiedene Verfahren:

1. Mit Hilfe der Systemanweisung $)GRUNDSTELLUNG$ (S. 292) wird die Verarbeitung
   aller (beziehungsweise der letzten n) wartenden Funktionen und
   APL2-Anweisungen beendet:
   ```
         )GRUNDSTELLUNG
         )SI
   ```
   (ohne Ergebnis)

2. Mit Hilfe des Verzweigungspfeiles → (ohne Zeilenangabe) wird die zuletzt aufgerufene unterbrochene Funktion oder **APL2**-Anweisung, mit allen zugehörigen hängenden Funktionen beendet. Das heißt, jeder Pfeil löscht ein Sternchen im Statusanzeiger:
   ```
           1÷0
   UNGUELTIGES ARGUMENT
           1÷0
           ∧∧
           2×'A'
   UNGUELTIGES ARGUMENT
           2×'A'
           ∧∧
           )SIA
   *     2×'A'
         ∧∧
   *     1÷0
         ∧∧
           →
           )SIA
   *     1÷0
         ∧∧
           →
           )SIA
   ```
   (ohne Ergebnis)

Testhilfen: Stoppvektor $S\Delta$ und Testvektor $T\Delta$

Man kann zu Testzwecken die Ausführung einer definierten Funktion (eines definierten
Operators), zumindest, wenn keine Verdeckungskennzeichen (S. 191) gesetzt wurden,
durch Setzen geeigneter **Programmstopps** vor der Verarbeitung bestimmter Anweisungszeilen unterbrechen, indem man deren Zeilennummern dem sogenannten **Stoppvektor** der Funktion (des Operators) zuweist. Der Name des Stoppvektors entsteht aus
dem der Funktion (des Operators) durch Voransetzen von $S\Delta$:

```
      ∇
[0]      P←PRIM N;A;I;M
[1]      M←⌊N*0.5
[2]      I←2
[3]      A←0,(N-1)ρ1
[4]      A1:P←Nρ((I-1)ρ1),0
[5]      →(M≥I←I+(I↓A←A∧P)ιP[I]←1)/A1
[6]      P←A/ιN
      ∇
```

Setzen des Stoppvektors:

```
      SΔPRIM←5 7
```

```
      PRIM 20
PRIM[5]
      I
2
      →□LC
PRIM[5]
      I
3
```

usw. Löschen des Stoppvektors:

```
    SΔPRIM←0
```

Ein Stopp bewirkt dasselbe, wie eine schwache Unterbrechung an der betreffenden
Stelle. Man kann sich dann in Ruhe die Variablen ansehen und so weiter. Durch eine
Verzweigung kann die Verarbeitung wieder aufgenommen (beispielsweise mit →□LC,
→ι0 oder →4 oder →M2) oder beendet werden (mit → oder)GRUNDSTELLUNG).

Soll die Verarbeitung vor jeder Zeile angehalten werden, dann gibt man SΔName←ιn
ein, wobei n eine Zahl ≥ der Zeilenzahl der Definition ist. Der Programmstopp wird
aufgehoben durch SΔName←0 oder SΔName←ι0.

Eine weitere Testhilfe ist das **Ausführungsprotokoll**. Wenn man dem **Test-** oder **Proto-
kollvektor** einer definierten Größe einen einfachen Skalar oder Vektor von Zeilennummern zuweist, dann erhält man bei der Ausführung der so ausgewählten Anweisungszeilen, deren Zeilennummer, sowie ihr explizites Ergebnis (falls vorhanden; bei Verzweigungen das Zeichen → mit der Nummer der nächsten auszuführenden Anweisung)
angezeigt, wodurch ein **Protokoll** über die Durchführung dieser Anweisungen entsteht.
Der Name des Testvektors ergibt sich aus dem der zu protokollierenden Funktion durch
Voransetzen von TΔ:

```
      TΔPRIM←ι20
      PRIM 20
PRIM[1] 4
PRIM[2] 2
PRIM[3] 0 1 1 1 1 1 1 1 1 1 1 1 1 1 1 1 1 1 1 1
PRIM[4] 1 0 1 0 1 0 1 0 1 0 1 0 1 0 1 0 1 0 1 0
PRIM[5] →4
PRIM[4] 1 1 0 1 1 0 1 1 0 1 1 0 1 1 0 1 1 0 1 1
PRIM[5] →6
PRIM[6] 2 3 5 7 11 13 17 19
2 3 5 7 11 13 17 19
```

Analog zum Stoppvektor kann man alle Zeilen protokollieren, wenn man dem Testvektor ιn mit hinreichend großem n zuweist, und man beendet das Protokollieren mit
TΔName←0 oder TΔName←ι0.

Sowohl beim Stopp- als auch beim Testvektor werden ungültige Zeilennummern igno-
riert. Beide Vektoren kann man übrigens auch abfragen, und das Setzen wie das Abfragen kann auch innerhalb einer definierten Funktion (ja sogar innerhalb der Funktion
selbst) erfolgen.

Ändert man eine Funktion, bei der ein Stopp- und/oder Testvektor gesetzt wurde, dann
werden die Zeilennummern in diesen Vektoren der neuen Zeilennumerierung der ge-
änderten Funktion angepaßt.

Wegen der Namenskonvention für Stopp- und Testvektor dürfen konstruierte Namen
nicht mit SΔ oder TΔ beginnen.

Verdeckungskennzeichen, Verdecken von Funktionen

Mit Hilfe der zweistelligen Systemfunktion $\Box FX$ (Eingeschränkt zur Funktion Erheben,
S. 251) kann man für die entstehende definierte oder abgeleitete Funktion gewisse
Beschränkungen festlegen, in der Hinsicht, daß bestimmte Informationen über die
Funktion unterdrückt werden. Dabei gibt es vier derartige **Verdeckungskennzeichen**,
die als Einsen in einem vierstelligen Booleschen Vektor gesetzt werden können:

1. Ihre Definition wird verdeckt, so daß sie weder mit Hilfe eines Editors noch mittels
   einer Systemfunktion wie $\Box CR$ oder $\Box TF$ mehr angezeigt werden kann. Protokollieren und Ändern ist natürlich erst recht nicht mehr möglich.

2. Jede Art von Unterbrechung wird unterdrückt, so daß die Unterbrechungstasten
   wirkungslos bleiben, aber auch Unterbrechungen durch Fehler oder Programmstopps nicht mehr möglich sind. Trotzdem werden die Fehler- und Unterbre-
   chungsnachrichten angezeigt, und auch der Statusanzeiger wird gesetzt, allerdings
   so, wie wenn die Unterbrechung beim Aufruf der definierten Größe erfolgt wäre.

3. Schwache Unterbrechungen und Programmstopps werden nicht beachtet. Starke
   Unterbrechungen sind allerdings möglich.

4. Fehler, die nur durch fehlende System-Ressourcen bedingt sind, wie $AB\ VOLL$,
   $SYSTEMBESCHRAENKUNG$, $SYSTEMFEHLER$ oder $UNTERBRECHUNG$ werden nor-
   mal angezeigt. Alle anderen Fehler werden durch $UNGUELTIGES\ ARGUMENT$
   gekennzeichnet.

Eine definierte Funktion (ein definierter Operator, beziehungsweise die von ihm abgeleitete Funktion) kann auch mehrere Verdeckungskennzeichen erhalten. Im Normalfall
sind sie natürlich nicht gesetzt. Abfragen kann man die Verdeckungskennzeichen einer
Funktion mit Hilfe der Systemfunktion $\Box AT$ (Attribut Zeigen, S. 246).

Eine Funktion mit allen vier Verdeckungskennzeichen nennt man **verdeckt**. Dieses voll-
ständige Verdecken kann auch bei der Definition mittels eines ∇-Editors durchgeführt
werden, indem man beim Eröffnen oder beim Abschließen der Definition anstelle des
Zeichens ∇ das Zeichen $\not\nabla$ verwendet.

Wenn eine Funktion eine andere aufruft, dann gelten für die aufgerufene Funktion auch
die Verdeckungskennzeichen der aufrufenden Funktion: Die Booleschen Verdeckungs-
vektoren beider Funktionen werden bei der aufgerufenen Funktion mit $\vee$ verknüpft.

Hierzu einige Beispiele (Alle Beispiele gehen von einem leeren Statusanzeiger aus).
Wir beginnen mit der „offenen" Funktion $PLUS$, die als Textmatrix den Namen DEF hat:

```
      □←DEF←□CR'PLUS'
C←A PLUS B
ⱥ ADDITION
C←A+B
```

0. Offene Funktion:

```
      1 PLUS 1
2
      1 2 PLUS 3 4 5
LAENGENFEHLER
PLUS[2]   C←A+B
          ^ ^
```

1. Definition wird verdeckt:

```
      1 0 0 0 ⎕FX DEF
PLUS
      1 2 PLUS 3 4 5
LAENGENFEHLER
PLUS[2]
      )SIA
PLUS[2]
*     1 2 PLUS 3 4 5
      ∧     ∧
      ∇PLUS[⎕]∇
DEFINITIONSFEHLER
      ∇PLUS[⎕]∇
             ∧
```

2. Unterbrechung wird verhindert:

```
      0 1 0 0 ⎕FX DEF
PLUS
      1 2 PLUS 3 4 5
LAENGENFEHLER
      1 2 PLUS 3 4 5
      ∧     ∧
      )SIA
*     1 2 PLUS 3 4 5
      ∧     ∧
```

3. Unterbrechungen und Stopps werden nicht beachtet:

```
      0 0 1 0 ⎕FX DEF
PLUS
      SΔPLUS←2
      1 PLUS 1
2
      )SIA
      1 2 PLUS 3 4 5
LAENGENFEHLER
PLUS[2]   C←A+B
          ∧ ∧
      )SIA
PLUS[2] C←A+B
          ∧ ∧
*     1 2 PLUS 3 4 5
      ∧     ∧
```

4. Fehlernachrichten werden verfremdet:

```
        0  0  0  1  □FX DEF
PLUS
        1  2 PLUS  3  4  5
UNGUELTIGES ARGUMENT
PLUS[2]   C←A+B
          ^  ^
        )SIA
PLUS[2]  C←A+B
         ^  ^
*   1  2 PLUS  3  4  5
    ^       ^
```

5. Verdeckte Funktion:

```
        1  1  1  1  □FX DEF
PLUS (oder auch: ∇PLUS∇)
        ∇PLUS
DEFINITIONSFEHLER
        ∇PLUS
            ^
        1  2 PLUS  3  4  5
UNGUELTIGES ARGUMENT
        1  2 PLUS  3  4  5
        ^     ^
        S∆PLUS←2
        1 PLUS 1
2
        )SIA
*   1  2 PLUS  3  4  5
    ^      ^
```

EDITOREN IN APL2

Allgemeines

Der Benutzer von **APL2** hat zur Definition von Funktionen und Operatoren in der Regel mehrere **Editoren** zur Auswahl:

1. Den **APL2**-Zeileneditor EDITOR1. Er erlaubt zeilenweises Eingeben und Ändern von **APL2**-Anweisungen. Er wird mit dem **APL2**-System mitgeliefert und steht immer zur Verfügung.

2. Den **APL2**-Seiteneditor EDITOR2. Er erlaubt die gleichzeitige Bearbeitung mehrerer Zeilen auf einer Bildschirmseite. Er wird ebenfalls mit dem **APL2**-System mitgeliefert, steht aber nur dann zur Verfügung, wenn das Bildschirm-Unterstützungssystem GDDM installiert ist.

3. Einen beliebigen Editor des Wirtssystems, sofern er die Eingabe von **APL2**-Zeichen gestattet (oft ist dazu das Erteilen einer Editor-Anweisung wie SET APL ON oder Ähnliches erforderlich).

Grundsätzlich kann man mit allen Editoren nur **APL2**-Funktionen und -Operatoren bearbeiten. Lediglich der Seiteneditor EDITOR2 ermöglicht das Ändern, nicht aber das Anlegen, von einfachen Textvektoren und Textmatrizen, also von Daten.

Mit Hilfe der Systemanweisung $)EDITOR$ (S. 299) bestimmt man am Anfang der **APL2**-Sitzung, welcher Editor verwendet werden soll:

```
)EDITOR 1      APL2-Zeileneditor
)EDITOR 2      APL2-Seiteneditor
)EDITOR Name   System-Editor „Name", zum Beispiel:
)EDITOR XEDIT
```

Wenn man dies nicht anders bestimmt, bleibt der so ausgewählte Editor während der ganzen **APL2**-Sitzung wirksam. Wenn man nichts angibt, wird EDITOR1 verwendet.

Der Aufruf des ausgewählten Editors erfolgt im Ausführungszustand mit:

∇Name

(unter Umständen gefolgt von Informationen in eckigen Klammern). „Name" ist dabei der Name des zu bearbeitenden Gegenstandes.

Bei neuen Definitionen wird man die gesamte Kopfzeile der Funktion (des Operators) eingeben:

        ∇Kopfzeile

In beiden Fällen befindet sich jetzt das System nicht mehr im Ausführungs-, sondern im
Definitionszustand.

Verwendet man anstelle des Zeichens ∇ das Zeichen ⍫, dann bewirkt dies das Verdek-
ken (S. 191) der Funktion (des Operators).

Bei der Arbeit mit einem Systemeditor wird die Definition des **APL2**-Gegenstandes in
Form eines sequentiellen Datenbestandes auf einem externen Speichermedium er-
zeugt. Nach Abschluß der Edition wird die Definition in den aktiven
APL2-Arbeitsbereich übernommen, und der Datenbestand wird gelöscht.

Über die Benützung eines Systemeditors wird man sich in der Systemliteratur infor-
mieren. Die beiden mitgelieferten ∇-Editoren werden in den folgenden Abschnitten
behandelt.

Wenn der zu bearbeitende Gegenstand Steuerzeichen aus dem Vektor $\Box CT$ enthält,
oder andere Zeichen, die nicht über die Tastatur eingegeben werden können, dann
kann dies zu Schwierigkeiten führen (insbesondere, wenn diese Zeichen innerhalb der
Zeile verschoben werden müssen). In solchen Fällen kan man die Funktion (den Operator) mit $\Box CR$ (S. 249) zu einer Textmatrix machen, und diese mit **APL2**-Funktionen
bearbeiten.

Der APL2-Zeileneditor $EDITOR1$

Wenn bei der Generierung des **APL2** nicht anders bestimmt, wird beim Editor-Aufruf
mit ∇ der **Zelleneditor** des **APL2** aktiviert. Man kann dies auch erzwingen mit der
APL2-Systemanweisung $)EDITOR\ 1$.

Wie sein Name verrät, erlaubt der Zelleneditor das zellenweise Erstellen und Ändern
von definierten Funktionen und Operatoren, nicht aber von Variablen.

Der Aufruf erfolgt entweder in der Form:
        ∇Name
oder, falls die Definition noch nicht existiert, auch wahlweise mit:
        ∇Kopfzeile

Bei ∇Name kann noch eine Editor-Anweisung angefügt werden, beispielsweise:
        ∇Name[□]
Hiermit erreicht man, daß nach Eröffnung der Definition die gesamte Definition angezeigt
wird. Man kann die Definition auch gleich wieder abschließen:
        ∇Name[□]∇
oder:
        ∇Name[□]⍫
oder:
        ⍫Name[□]∇
oder:
        ⍫Name[□]⍫
In den letzten drei Fällen wird die Funktion nach dem Anzeigen verdeckt (S. 191, 251).

Jede Zeile der Definition erhält beim Eröffnen eine laufende Nummer. Die Kopfzeile hat
die Nummer 0.

Nach dem Eröffnen wird in eckigen Klammern die Nummer der nächsten Zeile (also die um 1 erhöhte Nummer der letzten Zeile der Definition) angezeigt, weil zunächst angenommen wird, daß die Definition verlängert werden soll:

```
        ∇E←A PERMUTATIONEN B;C
[1]     _
oder:
        ∇PLUS
[3]     _
```

PERMUTATIONEN ist also eine neue Funktion, während *PLUS* bereits existiert und zwei Zeilen enthält. Das Zeichen _ soll in den Beispielen die Stellung des Positionsanzeigers nach der Eröffnung anzeigen

Durch die Eröffnung der Definition befindet sich das **APL2**-System jetzt im Definitions- und nicht mehr im Ausführungszustand.

Das weitere Vorgehen hängt natürlich davon ab, was der Benutzer beabsichtigt: Er kann Zeilen an- und einfügen, anzeigen und ändern. er kann aber auch **APL2**-Anweisungen oder Systemanweisungen ausführen lassen. Er hat die Möglichkeit, eine zweite Definition zu eröffnen, und er kann schließlich die Definition beenden. Dies alles wird im Folgenden besprochen.

In den Beispielen wird angenommen, daß eine Funktion namens *LOTTO* definiert wird, mit der man eine Tippreihe von Lottozahlen (6 verschiedene Zahlen zwischen 1 und 49) ermittelt.

Eröffnen Definition:

```
        ∇LOTTO
[1]     _
```

LOTTO existiert also noch nicht.

Anfügen, Einfügen und Überschreiben einer Zeile:

Wenn eine Zeilennummer angezeigt wird, gibt man die Zeile ein und betätigt die Freigabetaste. Dies bewirkt, daß die nächste Zeilennummer angezeigt wird:

```
[1]     ∇LOTTOZAHLEN
[2]     _
Weiter:
[2]     6749
[3]     _
```

Man kann aber durch Eingabe einer (ganzen oder gebrochenen) Zeilennummer bewirken, daß die Eingabe an der angegebenen Stelle erfolgen soll. Dabei können bestehende Zeilen überschrieben oder Zeilen zwischen bestehende Zeilen eingefügt werden:

```
[3]     [1.1]
[1.1]   _
und anschließend:
[1.1]   ⍝ EINE NEUE DEFINITION
```

```
[1.2]
oder gleich:
[3]    [1.1] ⍝ EINE NEUE FUNKTION
[1.2] _
```

Man kann auf diese Weise auch den Namen in der Kopfzeile ändern. Dies bewirkt, daß
ein neuer Gegenstand mit diesem Namen entsteht, und daß der bisherige Gegenstand,
unter dessen Namen die Definition eröffnet wurde, in unveränderter Form erhalten
bleibt (falls er schon vorher existierte).

Löschen einer oder mehrerer Zeilen:

```
Mit:
[2] [Δ1]
[1.01] _
```
löscht man (nach der Aufforderung zur Eingabe von Zeile 2) Zeile 1; die Zeilen 1, 3 und
4 würde man mit [Δ1 3 4] löschen, Zellen 2-5 mit [Δ2-5], mit [Δ5-] alle Zeilen
ab Zeile 5 und mit [Δ-5] schließlich die Zeilen 1-5. Die Kopfzeile kann auf diese
Weise aber nicht gelöscht werden!

Ändern einer Zeile:

```
[1.01] [2□0]
[2]    6?49_
oder:
[1.01] [2□8]
[2]    6?49
```

Das Zeichen □ bewirkt das Anzeigen (s. unten) der Zelle, deren Nummer links vom □
steht. Rechts davon gibt man die Stelle an, an welcher der Positionsanzeiger nachher
stehen soll (0 heißt, am Ende der Zeile). Jetzt kann man die Zeile durch Überschreiben,
Einfügen und Löschen von Zeichen (Einfüge- und Löschtasten) ändern:

```
[2]    6?49_
wird durch Einfügen und Verlängern zu:
[2]    L[⍋L←6?49]
[3]    _
```


Kopieren und Verschieben einer Zeile:

Man ändert, wie beschrieben, die Nummer der zu kopierenden oder zu verschiebenden
Zeile entsprechend ab:

```
[3]    [2□1]
[2]    L[⍋L←6?49]
[1.2]    L[⍋L←6?49] (durch Einfügen der Zeichen 1.)
[1.3]  [Δ2]
[3]    _
```

Auf diese Weise wird eine Kopie der Zeile 2 als Zeile 1.2 erstellt. Anschließend kann
man, wie im Beispiel gezeigt, die Originalzeile löschen.

Anzeigen einer oder mehrerer Zeilen:

```
[3] [□]
      ∇
[0]    LOTTO
[1.1] ⍝ EINE NEUE FUNKTION
[1.2] L[⍋L←6?49]
    ∇ 1986-10-13  8.35.12 (WEZ+1)
[1.3] _
```

Mit [□] wird die ganze Funktion angezeigt, mit [□0 2 4] die Kopfzeile und die Zeilen
2 und 4, mit [□2-5] die Zeilen 2-5, mit [□-5] die Zeilen 0-5, und mit [□2-] alle
Zeilen ab Zeile 2.

Beim Anzeigen einer Zeile für die Korrektur (s. oben) bleibt die angezeigte Zeile im
Eingabebereich des Bildschirms, im Gegensatz zum hier geschilderten Verfahren.

Eröffnen einer zweiten Definition:

```
[1.3] _
```

Entweder man bewegt den Positionsanzeiger an den Anfang der Zeile und überschreibt
die angezeigte Zeilennummer, oder man geht zu irgendeiner leeren Zeile auf dem
Bildschirm:

```
∇NEUEFUNKTION
[1] _
```

Nun kann mit der Bearbeitung der Funktion *NEUEFUNKTION* fortgefahren werden. Erst
nach dem Abschließen dieser Definition kann *LOTTO* weiterbearbeitet werden. Vorsicht: Man darf die bereits eröffnete Funktion nicht nochmals eröffnen!

APL2-Anweisungen während des Editierens:

Wenn man die angezeigte Zeilennummer überschreibt, und wenn das erste Zeichen
nicht [oder ∇ ist (oder wenn man in eine Leerzeile schreibt), dann wird die Zeile als
APL2-Anweisung oder -Systemanweisung aufgefaßt und sofort ausgeführt:

```
[1.3] _
1+1
2
[1.3] _
)SI
LOTTO[1.3]∇
*
[1.3] _
```

Tritt in einer **APL2**-Anweisung ein Fehler auf, dann wird der Statusanzeiger entsprechend gesetzt. In diesem Fall sollte man ihn mit)*GRUNDSTELLUNG* löschen, weil es
sonst beispielsweise beim Eröffnen einer zweiten Definition zu Fehlern kommen kann.

Die Systemanweisung)*EDITOR* 2 wirkt sich nicht auf die gerade bearbeitete Funktion
aus, sondern gilt für nachfolgende Definitionen.

)*SICHERE* ist erlaubt, um das Erreichte zu retten.

Die **APL2**-Anweisungen)*LEERE*,)*LADE*,)*ENDE*,)*WEITER* und)*GRUNDSTELLUNG*
beenden die laufende Definition, ohne daß der letzte Änderungsstand gespeichert wird.

Beenden der Definition und Festhalten der Änderungen:

Die Zeichen ∇ und ⍣ beenden die Definition (bei ⍣ wird die Funktion verschlossen, S.
251 und 191). Dabei bleiben die durchgeführten Änderungen erhalten, und die Zeilen
der Definition werden neu durchnumeriert:

```
[3]  ∇
```
oder auch:
```
[2]  L[⍋L←6?49]∇
```

Die neue Definition existiert jetzt im aktiven Arbeitsbereich. Wenn man sie für die spätere Verwendung speichern möchte, so geschieht dies anschließend mit
APL2-Systemanweisungen, wie)*SICHERE* (S. 278).

Beenden der Definition und Rückgängigmachen der Änderungen:

Mit [→] wird die Definition verlassen, ohne daß die Änderungen wirksam werden:

```
[3]  [→]
```


Der APL2-Seiteneditor *EDITOR* 2

Wenn das Steuerprogramm für graphische Bildschirmfunktionen GDDM im Wirtssystem
installiert ist, gibt es neben dem **APL2**-Zeileneditor einen weiteren **APL2**-Editor, der
dem Benutzer erweiterte Bildschirmfunktionen für das Editieren von
APL2-Gegenständen (definierte Funktionen und Operatoren, einfache Textmatrizen) in
die Hand gibt. Diesen **Seiteneditor** aktiviert man mit:)*EDITOR* 2.

Wie gesagt, GDDM ist Voraussetzung für diesen Editor; wenn aber GDDM aus War-
tungsgründen zeitweilig nicht verfügbar ist, kann man den Seiteneditor zwar aufrufen,
aber er bietet dann nur die Funktionen des Zeileneditors. Im Gegensatz zu diesem,
erfolgt beim Seiteneditor kein automatisches Anzeigen der nächsten Zeilennummer als
Eingabeaufforderung.

Wird ein Sitzungsprotokoll geführt, dann werden beim Zeileneditor alle Änderungs-
schritte im Protokoll festgehalten, beim Seiteneditor nur der Aufruf.

Der Aufruf erfolgt entweder mit:
        ∇Name
oder, falls die Definition noch nicht existiert, mit:
        ∇Kopfzeile
Im letzteren Fall erhält man, wenn die Definition bereits existiert, die Fehlernachricht
DEFINITIONSFEHLER. Einfache Textmatrizen und -vektoren kann man, wenn sie bereits existieren, mit
        ∇Name
ändern. Dabei darf keine Zeile so lang werden, daß sie nicht mehr auf den Bildschirm
paßt.

Beim Aufruf mit ∇Name kann man gleich eine Editoranweisung in eckigen Klammern
anfügen, die zu Beginn ausgeführt werden soll:
        ∇Name[□]∇
bewirkt beispielsweise, daß der Gegenstand angezeigt, und der Editor sofort wieder
verlassen wird.

Verwendet man beim Aufruf oder beim Verlassen des Seiteneditors anstelle des
∇-Zeichens das Zeichen ⍊, dann wird die Funktion verdeckt (S. 191, 251).

Nach der Eröffnung wird der zu bearbeitende Gegenstand am Bildschirm angezeigt,
und zwar in folgender Form:
[∧]∇ Name.t ρ: s jjjj-mm-tt hh.mm.ss
[0]   Kopfzeile
Dahinter folgen, falls vorhanden, weitere Definitionszeilen mit vorangestellter Zeilennummer in eckigen Klammern.

Dabei ist:
 Name: Der Name des bearbeiteten Gegenstandes
 t: Der Typ des Gegenstandes (2 = Variable, 3 = Funktion, 4 = Operator)
 s: Der Strukturvektor der Variablen (ρName) beziehungsweise die Anzahl der
          Zeilen in der Definition (↑ρ□CR'Name').
Die anschließende Angabe des Datums und der Uhrzeit entfällt bei Textvariablen.

Nach der Eröffnung befindet sich das **APL2**-System nicht mehr im Ausführungs- sondern im Definitionszustand. Beim Seiteneditor bedeutet dies, daß der gesamte Bildschirm für Eingabe, Änderung und Editoranweisungen zur Verfügung steht. Eine Einga-
bezeile für Anweisungen und dergleichen gibt es nicht!

Zur Ergänzung der Editoranweisungen dienen die Programmfunktionstasten PF1-PF3
und PF6-PF9. Ihre Funktion wird zusammen mit den Editoranweisungen beschrieben.

Eine Vorbemerkung noch zu diesen Editoranweisungen: In einigen dieser Anweisungen
ist die Angabe von Zeilennummern möglich oder erforderlich. Grundsätzlich gibt es
dabei folgende Möglichkeiten:

● Eine oder mehrere Zeilennummern: 3 oder 3 4 7 8.

● Ein Bereich von Zeilennummern: 3-8 oder 3- oder -8.

● Läßt man den Parameter weg, dann werden alle Zeilen der Definition oder Variablen ausgewählt.

Diese Zeilenangaben sind, wie man erkennt, nicht als Vektoren im Sinne des **APL2**
aufzufassen; sie können daher auch nicht durch eine Variable oder einen
APL2-Ausdruck ersetzt werden!

Nun zu den Möglichkeiten des Seiteneditors:

Anfügen und Einfügen neuer Zeilen. Überlange Zeilen

Das Anhängen neuer Zeilen an das Ende der Definition kann erfolgen, indem man:

● in irgendeine freie Zeile des Bildschirms die neue Zeile eingibt, mit oder ohne Zeilennummer. Auf diese Weise kann man auch mehrere Zeilen anhängen, ehe man
  die Freigabetaste betätigt. Das Drücken der Freigabetaste bewirkt, daß die neuen
  Zeilen mit Zeilennummer in der richtigen Reihenfolge am Bildschirm erscheinen.

- die Zeile [0] (Kopfzeile) mit der anzuhängenden Zeile überschreibt. Die Kopfzeile wird dadurch nicht zerstört! Nach Drücken der Freigabetaste erscheint die neue Zeile am Ende der Definition, und die Kopfzeile ist wieder hergestellt.

- eine beliebige Bildschirmzeile mit neuer Zeilennummer und neuem Inhalt überschreibt. Die überschriebene Zeile wird hierdurch nicht zerstört! Achtung: Doppelte Zeilennummern sind unbedingt zu vermeiden: [4] [7] ⍝ *TEXT* bewirkt, daß der „Ausdruck" [7] ⍝ *TEXT* als vierte Definitionszeile gespeichert wird, so daß beim Aufruf der Funktion ein *SYNTAXFEHLER* auftritt.

Ein Beispiel hierzu: Die Funktion *LOTTO* wurde neu eröffnet:

```
[⍝]∇  LOTTO.3   ρ:0    0000-00-00  00.00.00
[0]    LOTTO
```

Nun soll die nächste Zeile eingegeben werden (die durch [⍝] gekennzeichnete Überschriftszeile wird, der Übersichtlichkeit halber, weggelassen):

```
[0]     LOTTO
6?49 oder [1]  6?49 (in freie Zeile eingetippt)
oder:
6?49 oder [1]  6?49 (über Zeile [0] geschrieben)
```

Alle diese Eingaben führen zu folgendem Ergebnis:

```
[0]     LOTTO
[1]       6?49
```

Auf die gleiche Weise können Zeilen zwischen bestehende Zeilen eingegeben werden, indem man:

- die Zeile überschreibt, **vor** welche die neue Zeile eingefügt werden soll (wodurch die überschriebene Zeile nicht zerstört wird).

- in irgendeine Zeile des Bildschirms die einzufügende Zeile samt (gebrochener) Zeilennummer schreibt.

Fortsetzung des Beispiels: Es soll eine Kommentarzeile vor die erste Zeile eingefügt werden:

```
[0]     LOTTO
⍝ LIEFERT TIPPREIHE
oder: [0.1] ⍝ LIEFERT TIPPREIHE
[1]       6?49
oder: [0]     LOTTO
[1]     6?49
[0.1] ⍝ LIEFERT TIPPREIHE
```

Alle diese Eingaben führen zum gleichen Ergebnis:

```
[0  ]     LOTTO
[0.1]     ⍝ LIEFERT TIPPREIHE
[1  ]       6?49
```

Zeilen, deren Länge größer ist, als die Bildschirmbreite, müssen stückweise eingegeben werden: Eine Zeile, welche die vorangegangene fortsetzen soll, wird durch eine leere Zeilennummer [ ] als Fortsetzungszeile gekennzeichnet. Will man zwei aufeinanderfolgende, bereits eingegebene Zeilen zu einer einzigen (logischen) Zeile vereini-

gen, dann braucht man nur bei der zweiten Zeile die Nummer in der eckigen Klammer
zu löschen, so daß diese als Fortsetzung der vorhergehenden Zeile erkannt wird.

Beim Anzeigen der Definition oder Variablen werden die Fortsetzungszeichen [   ]
nicht angezeigt.

Löschen einer oder mehrerer Zeilen

Zum Löschen von Zeilen verwendet man die Editoranweisung [ΔZeilen] Der Parameter
„Zeilen" wurde in der Vorbemerkung erläutert. Beispiele:

[Δ3] Löschen Zeile 3.
[Δ5 7 8] Löschen Zeilen 5, 7 und 8
[Δ-10] Löschen aller Zeilen von 1 bis 10 (nicht Zeile 0!)

Die Zeile 0 kann im Definitionszustand nicht gelöscht werden. Dies muß im Ausführungszustand mit Hilfe von **APL2**-Systemfunktionen oder -anweisungen geschehen
(*☐EX* oder *)LOESCHE*).

Ändern von Zeilen, Namensänderung

Das Ändern von Zeilen geschieht am einfachsten unmittelbar an den auf dem Bildschirm angezeigten Zeilen, und zwar mit den Positionsanzeiger-, Lösch- und Einfüge-
tasten. Ein Beispiel:

```
[0   ]      LOTTO
[0.1]     ⍝ LIEFERT TIPPREIHE
[1   ]      6749
```

Man bewegt den Positionsanzeiger an die durch _ markierte Stelle, drückt die Taste
„Zeichen Einfügen" und tippt anschließend ein: $L[\text{↓}L←$ (dadurch werden diese Zeichen
vor den Ausdruck 6749 eingeschoben). Dann tippt man hinter der 9 noch das Zeichen
] ein, und schließt die Änderung mit der Freigabetaste ab. Die Zeile 1 hat jetzt folgende
Gestalt:

```
[1    ]      L[↓L←6749]
```

Selbstverständlich hätte man das gleiche auch durch Neueingabe dieser Zeile bewerkstelligen können!

Bei einer Definition kann man auf diese Weise auch den Namen in der Kopfzeile ändern
(bei einer Variablen nicht). Dies bewirkt, daß eine Definition unter dem neuen Namen
angelegt wird, während die bestehende Definition unverändert unter dem alten Namen
erhalten bleibt.

Automatisches Suchen und Ändern von Zeichenfolgen

Bei umfangreichen Definitionen oder Variablen kann es wünschenswert sein, bestimmte
Zeichenfolgen auffinden, und diese gegebenenfalls durch andere Zeichen ersetzen zu
lassen. Dies geschieht mit Hilfe der Editoranweisungen [//] und [///].

Suchen einer Zeichenfolge. Die Anweisung lautet: [/Zeichen/N Zeilen]. Dabei ist:

/   Ein nicht in der Zeichenfolge enthaltenes beliebiges Begrenzungszeichen (aber **nicht**] → ↓ ↑ ι ? ∩ □ ∆ ∇ ∧ ∨ τ, weil diese Zeichen für die Editoranweisungen vergeben sind, aber auch keine Buchstaben oder Ziffern).

Zeichen   Das zu suchende Zeichen, beziehungsweise die zu suchende Zeichenfolge.

N Der Hinweis, daß es sich bei der Zeichenfolge um einen **APL2**-Namen handelt. Wird der Parameter angegeben, dann wird nur das Auftreten eines **Namens** festgestellt, und nicht das Auftreten der Zeichenfolge schlechthin. Läßt man die Angabe N weg, wird jedes Auftreten der Zeichenfolge angezeigt.

Zeilen   Dieser Parameter wurde in der Vorbemerkung erklärt.

Als Ergebnis dieser Anweisung werden von den durchsuchten Zeilen alle diejenigen angezeigt, die den Suchbegriff enthalten (jedenfalls, soweit sie auf dem Bildschirm Platz finden), so daß man sie gegebenenfalls ändern kann. Beispiele:

[*MAYER*] Anzeigen aller Zeilen, in denen die Buchstabenfolge $MAYER$ auftritt, also einschließlich der Zeilen mit $OBERMAYER$, $MAYERHOFEN$ oder $'MAYER'$.

[|UMSATZ|N -30] Anzeigen aller Zeilen (bis einschließlich Zeile 30), in denen der **APL2**-Name $UMSATZ$ auftritt, also nicht Zeilen mit $'UMSATZ'$, $GESAMTUMSATZ$ oder $UMSATZPLANUNG$.

Ändern einer Zeichenfolge. Die Anweisung lautet: [/Zeichen/Neue Zeichen/Art Zeilen]

Die Begriffe / und „Zeilen" wurden bereits erläutert.

Zeichen   Dieses Zeichen (beziehungsweise Zeichenfolge) soll durch das Zeichen (die Zeichenfolge) „Neue Zeichen" ersetzt werden.

Art   Die Art der Ersetzung: N bedeutet, nur **APL2**-Namen, ¨ bedeutet, daß die Ersetzung überall stattfinden soll. Beide Angaben sind auch gemeinsam möglich. Wird der Parameter weggelassen, dann wird die Zeichenfolge dort, wo sie zuerst auftritt, ersetzt.

Als Ergebnis dieser Anweisung werden die Zeichen „Zeichen" an den gewünschten Stellen durch „Neue Zeichen" ersetzt. Beispiele:

[/MAYER/SCHULZE/¨] Die Zeichenfolge $MAYER$ wird überall durch $SCHULZE$ ersetzt, also etwa auch in $'MAYER'$, $OBERMAYER$ oder $MAYERHOFEN$.

[+UMSATZ+UMS+ N¨] Der Name $UMSATZ$ (also nicht $'UMSATZ'$ oder $GESAMT$-$UMSATZ$) wird überall durch UMS ersetzt.

[-6?49-L[∆L←6?49]- 2] In Zeile 2 (die auch länger als eine Bildschirmzeile sein kann) wird $6?49$ durch $L[∆L←6?49]$ ersetzt.

[/E//¨] Der Buchstabe E wird überall eliminiert.

Kopieren und Verschieben von Zeilen

Um eine Zeile zu kopieren genügt es, die Zeilennummer der zu kopierenden Zeile entsprechend zu ändern (gegebenenfalls auch die Zeile selbst). Nach Betätigung der Freigabetaste steht die kopierte (und gegebenenfalls geänderte) Zeile an der richtigen Stelle, und die Originalzeile unverändert an ihrem Platz.

Zum Kopieren mehrerer Zeilen genügt es, die Nummer der ersten zu kopierenden Zeile
entsprechend zu ändern, und die Nummern der anderen Zeilen, die kopiert werden
sollen, zu löschen. Ein Beispiel:

Vorher:

```
[10]    ES WAR
[11]    EINMAL
  .
  .
[20]    MAN SAGT,
[21]    EIN MANN
```

Zeilennummern geändert/gelöscht:

```
[20.1]    ES WAR
[  ]      EINMAL
  .
  .
[20]    MAN SAGT,
[21]    EIN MANN
```

Nach Datenfreigabe:

```
[10]    ES WAR
[11]    EINMAL
  .
  .
[20]      MAN SAGT,
[20.1]    ES WAR
[20.2]    EINMAL
[21]      EIN MANN
```

Das Verschieben von Zeilen bewerkstelligt man durch Kopieren mit anschließendem
Löschen der Originalzeilen.

Herausschreiben und Hereinholen von Zeilen

Mit Hilfe der Editoranweisung [∇Name Zeilen] erreicht man, daß Teile der Definition,
beziehungsweise der Variablen, in Form einer Textmatrix (ohne Zeilennummern) im
aktiven Arbeitsbereich gespeichert werden. Dabei ist:

Name   Der Name, den die Textmatrix erhalten soll.
Zeilen   Dieser Parameter wurde in der Vorbemerkung erläutert.

Will man umgekehrt aus einer Definition oder einer Variablen Zeilen holen, dann geschieht dies mit der Anweisung [∧Name Zeilen].

Achtung: Die Zeilennumerierung beginnt bei dieser Anweisung mit 0! Das heißt, Zeile
4 ist die fünfte Zeile der Definition (Kopfzeile mitgerechnet) oder der Variablen.

Anzeigen von Zeilen, Blättern am Bildschirm

Wenn man im Ausführungszustand die Definition mit ∇Name[◻ Zeilen] eröffnet, erhält
man die gewünschten Zeilen angezeigt (der Zeilennummern-Parameter wurde in der

Vorbemerkung besprochen). Wenn die anzuzeigenden Zeilen nicht auf den Bildschirm passen, wird nur der erste Teil angezeigt. Die durch [ᴀ] gekennzeichnete Überschriftszeile erscheint zu diesem Zeitpunkt noch nicht, aber das System befindet sich jetzt im Definitionszustand (den man beispielsweise mit ∇ oder PF3 gleich wieder beenden könnte). Betätigt man jetzt die Freigabe- oder eine für das Blättern definierte PF-Taste, dann erscheint auch die Überschriftszeile, und der Bildschirminhalt wird entsprechend verschoben.

Im Definitionszustand bewirkt die Editoranweisung [□Zeilen], daß die ausgewählten Zeilen ab der Stelle angezeigt werden, an der die Anweisung erfolgte. Wenn man jetzt die Freigabetaste betätigt, wird die Anzeige zur ersten Bildschirmzeile hin verschoben.

Blättern: Wenn die Anzeige der Definition oder Variablen mehr als eine Bildschirmseite umfaßt, kann man von einer Bildschirmseite zur nächsten „blättern" mit der Anweisung [↓] oder mit der Taste PF8. Dies bewirkt, daß die vorher unterste Zeile des Bildschirms zur obersten wird.

Zurückblättern geschieht entsprechend mit [↑] oder PF7, wobei die vorher oberste zur untersten Zeile auf dem Bildschirm wird.

Mit [⊤] oder PF9 wird auch weitergeblättert, aber nur so weit, daß die Zeile, in der die Anweisung erfolgte (beziehungsweise, in der sich der Positionsanzeiger befand), zur obersten Zeile auf dem Bildschirm wird. Schematisch dargestellt:

Bildschirm vorher:

```
[0]      KOPFZEILE
          .
[10]      ZEILE 10
          .
[23]      ZEILE 23
```

Nach [↓] oder PF8:

```
[23]      ZEILE 23
          .
[47]      ZEILE 47
```

Nach [↑] oder PF7:

```
[0]      KOPFZEILE
          .
[10]      ZEILE 10
          .
[23]      ZEILE 23
```

Nach [⊤] oder PF9 (in Zeile 10):

```
[10]      ZEILE 10
          .
[33]      ZEILE 33
```


Durchnumerieren

Wenn man nach Einfügungen oder Streichungen erreichen möchte, daß alle Zeilen des bearbeiteten Gegenstandes wieder fortlaufend numeriert werden, dann geschieht dies mit der Editoranweisung [ι] oder der Taste PF2:

Vorher:

```
[0]     LOTTO
[0.1]     ⍝ LIEFERT TIPPREIHE
[1]     L[⍋L←6?49]
```

Nachher:

```
[0]     LOTTO
[1]     ⍝ LIEFERT TIPPREIHE
[2]     L[⍋L←6?49]
```

Beenden der Definition, Sichern der Änderungen

Mit ∇ oder Taste PF3 beendet man den Definitionszustand, wobei die Änderungen
festgehalten werden (anschließend das Speichern nicht vergessen!). Das gleiche, aber
mit anschließendem Verdecken (S. 191, 251), erreicht man mit ⍒.

Will man den Definitionszustand verlassen, ohne daß die gemachten Änderungen
wirksam werden, dann geschieht dies mit [→].

Mit [∇] kann man dagegen den erreichten Änderungsstand sichern, ohne den Definitionszustand zu beenden.

Belegung der Programmfunktionstasten

Mit der Anweisung [?] oder Taste PF1 erhält man die Definition der Programmfunktionstasten angezeigt.

Die Anzeige erfolgt in der Zeile, in der die Anweisung erteilt wurde, beziehungsweise,
in welcher der Positionsanzeiger stand. Alle folgenden Bildschirmzeilen werden gelöscht:

```
[⍝]∇VERSUCH.2   ρ: 53 9
[0]     VERSUCH
[1]     ZEILE A
[2]     ZEILE B
[⍝]   PF:  1 [?]   2 [⍳]   3 ∇   6[∇]   7 (↑)   8[↓]   9 [⊤]
```

Eröffnen nächste Definition

Man kann im Definitionszustand weitere Definitionen eröffnen, indem man das Symbol ∇ (oder ⍒), gefolgt von Namen oder Kopfzeile, ganz vorn in irgendeine (nur nicht die unterste!) Bildschirmzeile hineinschreibt.

Allerdings ist Vorsicht geboten, wenn Zeilen von mehreren Definitionen oder Variablen gleichzeitig am Bildschirm angezeigt werden: Eine Editoranweisung wirkt sich zwar immer nur auf den Gegenstand aus, in dessen Anzeigebereich die Anweisung erteilt wurde. Durch einmaliges Betätigen der Freigabetaste können aber dennoch unter Umständen mehrere Gegenstände gleichzeitig geändert werden!

Ein abschließendes ∇- oder ⍒-Zeichen beendet nur die Definition, in der das Zeichen eingegeben wurde.

Ausführen von APL2-Anweisungen

Mit [⍕] Ausdruck erreicht man, daß der **APL2**-Ausdruck (keine Systemanweisung!) wie im Ausführungszustand ausgeführt wird. Wenn am Bildschirm Ergebniszeilen erscheinen, dann kann man diese in die Definition übernehmen, indem man sie durch Überschreiben, Löschen oder Einfügen mindestens eines Zeichens ändert.

Abb. 16 liefert eine Zusammenfassung der Editoranweisungen und Programmfunktionstasten des Seiteneditors.

Funktion	PF-Taste	Bedeutung
∇		Eröffnen (nächste) Definition
∇	PF3	Abschließen Definition
⍒		Eröffnen/Abschließen und Verdecken
[→]		Beenden Definition. Änderungen gehen verloren
[∇]	PF6	Sichern Änderungszustand
[?]	PF1	Anzeigen PF-Tastenbelegung
[□]		Anzeigen Zeilen
[Δ]		Löschen Zeilen
[∧]		Hereinkopieren Zeilen
[∨]		Hinausschreiben Zeilen
[↓]	PF8	Vorwärtsblättern
[↑]	PF7	Zurückblättern
[⊤]	PF9	Vorwärtsblättern bis Zeile
[⍳]	PF2	Umnumerieren
[⍕]		Ausführen APL2-Anweisungen

Abb. 16: Funktionen und Funktionstasten von *EDITOR2*

TEIL IV GEMEINSAME VARIABLEN, SYSTEMVARIABLEN UND SYSTEMFUNKTIONEN

EINFÜHRUNG

Die in den ersten drei Teilen dieses Buches besprochenen **APL2**-Sprachelemente reichen aus, um formelmäßige Zusammenhänge und kaufmännische, wissenschaftliche oder technische Abläufe vollständig zu beschreiben; eine EDV-Anlage ist dazu nicht erforderlich.

Wenn nun aber ein **APL2**-System auf einer Datenverarbeitungsanlage installiert ist, mit dessen Hilfe **APL2**-Anweisungen interpretiert und ausgeführt werden sollen, dann muß es möglich sein,

- im Dialog Daten ein- und auszugeben,

- Informationen über die Systemumgebung (Betriebssystem, Wirtssystem, **APL2**-System, Arbeitsbereich) zu erhalten, und diese Umgebung auch zu beeinflussen,

- Einrichtungen des Wirtssystems (Anweisungen an das Wirtssystem, volle Bildschirmfunktionen, Verarbeiten von Datenbeständen, Datenbanken und externen Geräten) zu benützen.

Für diese Funktionen wurde als einheitliche Schnittstelle, als „Fenster" zur nicht APL2-orientierten Systemumgebung, der Begriff der **gemeinsamen Variablen** geschaffen. Eine gemeinsame Variable unterscheidet sich von einer „gewöhnlichen" Variablen dadurch, daß ihr Wert von zwei Seiten her gesetzt werden kann: Zum einen durch normale Zuweisung aus dem **APL2**-Arbeitsbereich heraus, zum andern durch einen Partner, der sie mitbenützt. Ein solcher Partner wird in den meisten Fällen ein Programm sein, das Dienstleistungen der Umgebung verfügbar macht, ein **Partnerprogramm**.

Spezielle gemeinsame Variablen sind die **Systemvariablen**. Bei ihnen ist der Partner das **APL2**-System.

Die **Systemfunktionen** stellen Dienstleistungen des **APL2**-Systems zur Verfügung. Sie ermöglichen auch die Arbeit mit den gemeinsamen Variablen.

Den Systemfunktionen und -variablen ist gemeinsam, daß sie reservierte Namen haben, die mit dem Zeichen ⎕ beginnen.

GEMEINSAME VARIABLEN

Gemeinsame Variablen, Partnerprogramme, Angebot und Kopplungsgrad

Im Kapitel über Systemfunktionen (Abschnitt: Verbindungsprogramme, S. 261) wird gezeigt, wie man mit Hilfe von geeigneten Verbindungsprogrammen innerhalb von **APL2**-Funktionen Unterprogramme aufrufen kann, die nicht in **APL2** geschrieben wurden.

Eine ganz andere Form der Kommunikation zwischen **APL2** und der „Außenwelt" geschieht über die gemeinsamen Variablen: Sie erlauben den Datenaustausch zwischen dem aktiven Arbeitsbereich und einem Partner. Wie bereits angedeutet, kann dieser Partner entweder ein anderer **APL2**-Benutzer (genauer: dessen Arbeitsbereich) oder ein außerhalb **APL2** laufendes **Partnerprogramm** sein.

Eine **gemeinsame Variable** unterscheidet sich von einer gewöhnlichen Variablen des **APL2**-Arbeitsbereiches darin, daß sie nicht nur dem Benutzer, sondern gleichzeitig auch dessen **Partner** gehört. Beide Partner (eine Variable kann höchstens zwei Partnern gleichzeitig gehören) können ihrer gemeinsamen Variablen Werte zuweisen und sie dann abfragen. Beim Abfragen erhält man stets den zuletzt gesetzten Wert. Hierzu ein schematisches Beispiel:

Partner A	**Partner B**
Angebot an B, die Variable *VAR* gemeinsam zu benützen. (*VAR* braucht zu diesem Zeitpunkt noch nicht zu existieren)	
	Gegenangebot an A, *VAR* gemeinsam zu verwenden. (Jetzt ist *VAR* gemeinsame Variable von A und B)

```
      VAR←ι3
      VAR
1 2 3
```

```
           VAR
      1 2 3
           VAR←'ABCD'
```

```
      VAR
ABCD
```

Lesen bedeutet Abfragen der
Variablen *DAT*. Der Blockungs-
faktor war 2, also wurden zwei
Sätze gelesen.

```
      CTL←0 1 0,¯1+CTL[3]
      CTL
0 1 5 4
```

Beim Setzen von *CTL* bewirken
Nullen keine Veränderung: Der
Lese-Zeiger wird auf 1 gesetzt,
der Blockungsfaktor auf die
Anzahl der Sätze = erreichter
Schreib-Zeiger - 1.

```
      □←MAT←DAT
1. ZEILE
2. ZEILE
3. ZEILE
4. ZEILE
      ρMAT
4 8
      CTL
0 5 5 4
```

Die gesamte Datei wurde auf einmal gelesen.

```
      DAT
(LZ)
      CTL
12 5 5 4
```

Das Ende des Datenbestandes
ist erreicht.

```
      □SVR¨'DAT' 'CTL'
2 2
```

Zurückziehen des Angebotes. Der
zuletzt erreichte Kopplungsgrad
war 2.

```
      CTL
12 5 5 4
      DAT←'ABCDEFGH'
      CTL
12 5 5 4
      DAT
ABCDEFGH
```

DAT und *CTL* sind keine gemeinsamen Variablen mehr. Sie enthalten den
jeweils zuletzt gesetzten Wert.

Durch Zurückziehen des Angebotes wird eine gemeinsame Variable wieder zu einer
gewöhnlichen Variablen.

Kennzeichnend für eine gemeinsame Variable ist der sogenannte **Kopplungsgrad**: Eine
gewöhnliche Variable hat den Kopplungsgrad 0. Wenn sie einem Partner zur gemeinsamen Benutzung angeboten wird, dann wird der Kopplungsgrad auf 1 erhöht, und

In beiden Fällen ist der
Fehler-Code 0: Die Anfangswerte
waren also korrekt!

        $DAT \leftarrow {}'1.\ ZEILE'$
Der erste Satz wird übergeben

Das Partnerprogramm schreibt
den ersten Satz, den es in
DAT findet, und setzt einen
vierstelligen numerischen
Vektor in CTL:
$CTL[1]$: Fehler-Code. 0 be-
        deutet korrekt, 12 Datei-
        Ende und so weiter.
$CTL[2]$: Lese-Zeiger. Die
        Nummer des nächsten zu
        lesenden Satzes.
$CTL[3]$: Schreib-Zeiger. Die
        Nummer des nächsten zu
        schreibenden Satzes.
$CTL[4]$: Blockungsfaktor. Die
        Anzahl gleichzeitig zu le-
        sender oder zu schreibender
        Sätze, bei fester Satzlänge.

        CTL
0 1 2 1
Fehler-Prüfung: Alles korrekt,
Partner wartet auf Satz 2.

        $DAT \leftarrow {}'2.\ ZEILE'$
        CTL
0 1 3 1
Schreiben zweiten Satz, mit
Fehlerprüfung.

        $CTL \leftarrow 0\ \ 0\ \ 0\ \ 2$
Setzen Blockungsfaktor auf 2.

        CTL
0 1 3 2
Prüfung und Bestätigung.

        $DAT \leftarrow 2\ \ 8\rho{}'3.\ ZEILE4.\ ZEILE'$
        CTL
0 1 5 2
Die nächsten beiden Zeilen,
Fehlerprüfung.

        DAT
$1.\ ZEILE$
$2.\ ZEILE$
        CTL
0 3 5 2

Lesen bedeutet Abfragen der
Variablen DAT. Der Blockungs-
faktor war 2, also wurden zwei
Sätze gelesen.

```
      CTL←0 1 0,‾1+CTL[3]
      CTL
0 1 5 4
```

Beim Setzen von CTL bewirken
Nullen keine Veränderung: Der
Lese-Zeiger wird auf 1 gesetzt,
der Blockungsfaktor auf die
Anzahl der Sätze = erreichter
Schreib-Zeiger - 1.

```
      □←MAT←DAT
1. ZEILE
2. ZEILE
3. ZEILE
4. ZEILE
      ρMAT
4 8
      CTL
0 5 5 4
```

Die gesamte Datei wurde auf einmal gelesen.

```
      DAT
(LZ)
      CTL
12 5 5 4
```

Das Ende des Datenbestandes
ist erreicht.

```
      □SVR¨'DAT' 'CTL'
2 2
```

Zurückziehen des Angebotes. Der
zuletzt erreichte Kopplungsgrad
war 2.

```
      CTL
12 5 5 4
      DAT←'ABCDEFGH'
      CTL
12 5 5 4
      DAT
ABCDEFGH
```

DAT und CTL sind keine gemeinsamen Variablen mehr. Sie enthalten den
jeweils zuletzt gesetzten Wert.

Durch Zurückziehen des Angebotes wird eine gemeinsame Variable wieder zu einer
gewöhnlichen Variablen.

Kennzeichnend für eine gemeinsame Variable ist der sogenannte **Kopplungsgrad**: Eine
gewöhnliche Variable hat den Kopplungsgrad 0. Wenn sie einem Partner zur gemeinsamen Benutzung angeboten wird, dann wird der Kopplungsgrad auf 1 erhöht, und

nach erfolgtem Gegenangebot auf 2. Beim Zurückziehen geht der Kopplungsgrad erst auf 1, dann auf 0 zurück.

Zugriffssteuerung und Zugriffszustand

Die Arbeit mit einem Parterprogramm muß synchronisiert erfolgen: Beim sequentiellen Lesen eines Datenbestandes dürfen beispielsweise keine Sätze mehrfach verarbeitet oder übersprungen werden. Das heißt, nach dem Abfragen der Variablen durch den Benutzer (beziehungsweise durch eine Funktion in seinem Arbeitsbereich) muß erst das Partnerprogramm einen neuen Satz bereitstellen, bevor wieder abgefragt werden darf, und zwischen zwei Zuweisungen (Bereitstellen von Sätzen) durch das Partnerprogramm muß stets eine Abfrage durch den Benutzer stattfinden.

Diese Synchronisation erfolgt mit Hilfe des **Zugriffssteuerungs-** (ZSV) und des **Zugriffszustandsvektors** (ZZV), die zu jeder gemeinsamen Variablen gehören.

Es handelt sich um Boolesche Vektoren mit vier Elementen.

Für den Partner A gilt:

$ZSV[1] \leftrightarrow 1$ erzwingt Zugriff durch B zwischen zweimaligem Setzen durch A.
$ZSV[2] \leftrightarrow 1$ erzwingt Zugriff durch A zwischen zweimaligem Setzen durch B.
$ZSV[3] \leftrightarrow 1$ erzwingt Setzen durch B zwischen zwei Abfragen von A.
$ZSV[4] \leftrightarrow 1$ erzwingt Setzen durch A zwischen zwei Abfragen von B.

Der Anfangszustand ist: $ZSV \leftrightarrow 0\ 0\ 0\ 0$ (volle Freiheit bei der Zugriffsreihenfolge). Für den Partner B sieht der ZSV ähnlich aus: Gegenüber dem ZSV von A sind die Elemente 1 und 2, sowie 3 und 4 vertauscht.

Der ZZV ist analog aufgebaut. Für A gilt:

$ZZV[1] \leftrightarrow 1$: Durch A zuletzt gesetzt.
$ZZV[2] \leftrightarrow 1$: Durch B zuletzt gesetzt.
$ZZV[3] \leftrightarrow 1$: Durch A zuletzt abgefragt.
$ZZV[4] \leftrightarrow 1$: Durch B zuletzt abgefragt.

Der Anfangszustand ist: $ZVV \leftrightarrow 0\ 0\ 1\ 1$. Der ZZV sieht für den Partner B genauso aus, nur daß wieder jeweils die ersten und die letzten beiden Elemente vertauscht sind.

Zu einem bestimmten Zeitpunkt, der durch den Zustand ZZV charakterisiert ist, sind nur die Zugriffe erlaubt, die einer Null in ZSV$\wedge$ZZV entsprechen. Dabei wird der Zugriffszustandsvektor ZZV vom System gesetzt. Er kann mit der Systemfunktion $\Box SVS$ abgefragt werden. Der Zugriffssteuerungsvektor ZSV wird dagegen von den Partnern gesetzt, damit sie sich bezüglich der gemeinsamen Verwendung der Variablen synchronisieren können. Das Setzen und Abfragen des ZSV geschieht mit Hilfe der Systemfunktion $\Box SVC$.

In Abb. 17 sind die möglichen Werte des ZZV (aus der Sicht des Partners A) dargestellt. Außerdem erkennt man, in welcher Weise die Einsen im ZSV die Möglichkeiten des Setzens und Abfragens der Variablen einschränken können. Wie man sieht, gibt es nur drei Zustände für eine gemeinsame Variable (der Wert $0\ 0\ 0\ 0$ besagt, daß die Variable keine gemeinsame Variable ist): $0\ 0\ 1\ 1, 0\ 1\ 0\ 1$ und $0\ 0\ 0\ 0$.

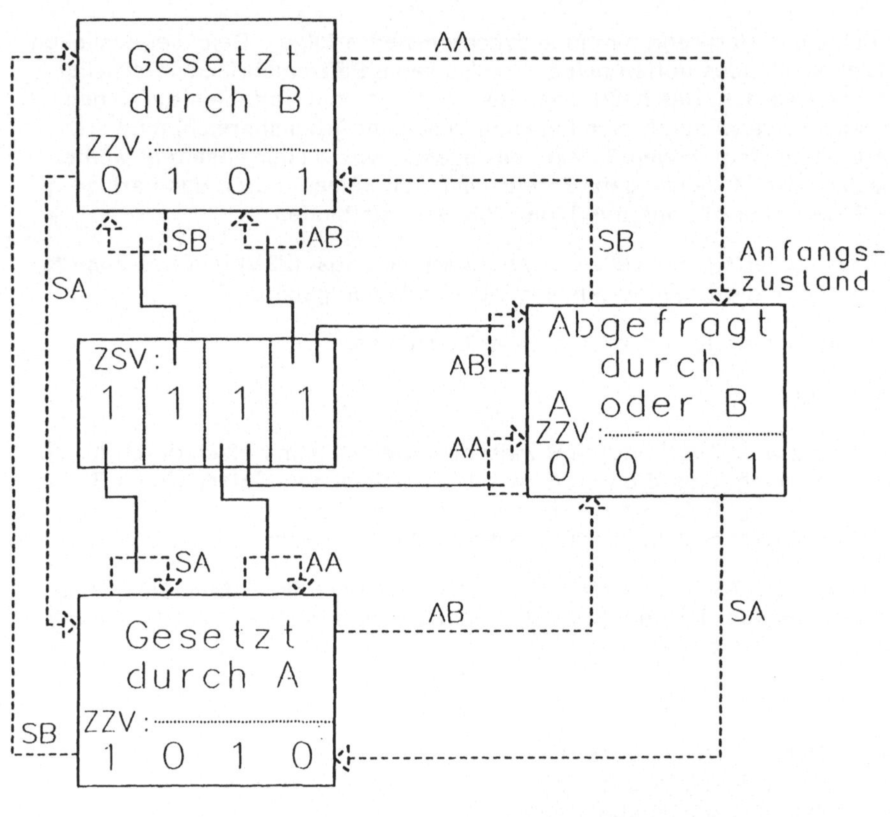

**Abb. 17: Zugriffszustände und Zugriffssteuerung
bei gemeinsamen Variablen**

SYSTEMVARIABLEN

Allgemeines

Systemvariablen sind Variablen, die vom Benutzer (beziehungsweise von Funktionen im aktiven Arbeitsbereich des Benutzers) und vom **APL2**-System gemeinsam verwendet werden.

Es gibt Systemvariablen, die lediglich Auskunft über die Systemumgebung liefern: Sie werden grundsätzlich vom **APL2**-System gesetzt und können vom Benutzer nur abgefragt werden. Wenn man ihnen einen Wert zuweist, bleibt dies wirkungslos, denn beim nächsten Abfragen hat das System bereits einen neuen Wert gesetzt. Deshalb hat es auch keinen Sinn, derartige Systemvariablen innerhalb einer definierten Funktion lokal zu machen.

Andere Systemvariablen dienen zur Steuerung der Arbeitsumgebung: Sie haben einen Anfangswert, der aber vom Benutzer überschrieben werden kann. Die Zuweisung eines ungültigen Wertes bewirkt, daß der alte Wert erhalten bleibt. Man kann solche Systemvariablen innerhalb von definierten Funktionen auch lokal machen.

Die meisten Systemvariablen sind vom aktiven Arbeitsbereich abhängig: Sie werden durch Systemanweisungen wie $)LEERE$ oder $)LADE$ automatisch neu gesetzt. Bestimmte Systemvariablen sind aber von der **APL2**-Sitzung abhängig: Sie behalten auch nach $)LEERE$ und $)LADE$ ihren Wert. Bei der Besprechung der einzelnen Systemvariablen wird auf diese Eigenschaft hingewiesen.

Ein- und Ausgabe im Dialog: Die Systemvariablen □ ⍞ □PR

Mit Hilfe eines Partnerprogramms für volle Bildschirmfunktionen (beispielsweise mit dem GDDM-Partnerprogramm AP126) kann man auf einfache Weise Eingabemenüs erzeugen. Es gibt jedoch auch einfachere Möglichkeiten zur **Ein- und Ausgabe im Dialog**, bei denen man nicht auf externe Programme angewiesen ist, sondern sich auf **APL2**-Sprachelemente stützen kann. Dies geschieht mit Hilfe der Systemvariablen □ und ⍞. Eine Wertzuweisung zu einer dieser Systemvariablen bedeutet Ausgabe, das Abfragen bedeutet Eingabe (beziehungsweise Aufforderung zur Eingabe).

Eingabeanforderung mit Auswertung   □ oder $C \leftarrow$ □

Das Abfragen der Systemvariablen □
(wenn das Symbol □ nicht unmittelbar vor
dem Zuweisungspfeil ← steht) bewirkt:

- Die Verarbeitung der
  APL2-Anweisung, in der das Zeichen
  □ steht, wird beim Erreichen des □
  gestoppt.

- Die Zeichen □: werden, als Aufforderung zur Eingabe, am Bildschirm angezeigt.

- Das System erwartet vom Benutzer die
  Eingabe eines **APL2**-Ausdrucks, der
  als explizites Ergebnis eine Strukturgröße liefert.

- Nach erfolgter Eingabe, die mit der
  Freigabetaste abgeschlossen wurde,
  wird der Wert des eingegebenen Ausdrucks ermittelt und, als explizites
  Ergebnis des Eingabevorganges, weitergereicht.

Bei der Ausführung wird also das Zeichen
□ durch das Ergebnis des im Dialog eingegebenen Ausdrucks ersetzt.

Dieses Verfahren hat aber auch eine
„Nebenwirkung", ein implizites Ergebnis:
Bei der Auswertung des eingegebenen
Ausdrucks gilt die Standard-Fehler- und
Unterbrechungs-Behandlung. Falls vorher
eine programmgesteuerte Fehler- oder
Unterbrechungs-Behandlung aktiv war,
dann tritt diese nach erfolgter Eingabe
wieder in Kraft.

```
      4×□           Anweisung
□:                  Aufforderung
      3             Eingabe
12                  Ergebnis


      X←¯1 0 1
      4×□
□:
      X
¯4 0 4
      Y←o□×0.5
□:
      X
      Y
¯1.570796327 0 1.570796327

      '*',□,'*'
□:
      'ABC'
*ABC*

      □÷□
□:
      2
□:
      3
1.5

      1+□
□:
      2+3
6

      1+□
□:
      1÷0
UNGUELTIGES ARGUMENT
      1÷0
      ^ ^
□:
      ⍎''
□:
      →
```

Die Eingabe von Text muß - im Gegensatz
zum weiter unten beschriebenen Verfahren mit Ü - in Hochkommas erfolgen, denn
die Eingabe wird ja als **APL2**-Ausdruck
aufgefaßt.

Innerhalb einer **APL2**-Anweisung sind
mehrere Eingabeanforderungen erlaubt.

Wird auf die Eingabeaufforderung ein feh-
lerhafter **APL2**-Ausdruck eingegeben,
dann wird die entsprechende Fehlernachricht angezeigt, und die Eingabeaufforderung wird wiederholt, weil die Verarbeitung bereits vor der eigentlichen Eingabe
unterbrochen wurde. Wenn der eingegebene Ausdruck zwar richtig war, aber kein
explizites Ergebnis lieferte, dann wird die
Eingabeaufforderung ebenfalls wiederholt.

Durch Eingabe eines Verzweigungspfeiles
→ ohne Verzweigungsadresse wird die
Eingabeanforderung beendet (ebenso die
APL2-Funktion, in der die Anforderung
gegebenenfalls erfolgte). Bei Angabe einer
Verzweigungsadresse wird die Verarbeitung der Funktion gegebenenfalls an der
angegebenen Stelle fortgesetzt.

Wird ein korrekter **APL2**-Ausdruck eingegeben, der zwar ein explizites Ergebnis
liefert, bei dem die Weiterverarbeitung
aber auf Fehler stößt, dann erscheint eine
entsprechende Fehlernachricht, die Verarbeitung wird abgebrochen, und der Statusanzeiger wird gesetzt.

Gibt man anstelle eines **APL2**-Ausdrucks
eine **APL2**-Systemanweisung ein, dann
wird diese ausgeführt. Falls der Statusanzeiger dabei nicht zerstört wurde, wird die
Eingabeaufforderung anschließend wiederholt. Dies ist beispielsweise bei folgenden Systemanweisungen nicht möglich: *)ENDE*, *)GRUNDSTELLUNG*,
)LADE, *)LEERE*, sowie bei bestimmten
)WIRT-Anweisungen.

```
        1+□
□:
        'ABC'
UNGUELTIGES ARGUMENT
        1+□
        ^^
        )SIA
*    1+□
     ^^

        1×□
□:
        )VAR
A ABC ...
□:
        )GRUNDSTELLUNG
```

Ausgabe im Dialog   ⎕←

Das Setzen der Systemvariablen ⎕ (wenn das Symbol ⎕ unmittelbar vor dem Zuweisungspfeil ← steht), also das Zuweisen eines **APL2**-Ausdrucks, bewirkt, daß das Ergebnis dieses Ausdrucks am Bildschirm angezeigt wird.	⎕←¯1+2×3 5 ⎕←'ABC' 'DEF' ABC DEF ⍚⎕←1+⎕←⍚⎕←1+A←3
Dies kann auch mehrmals innerhalb einer **APL2**-Anweisung geschehen.	4 0.25 1.25
Die hierdurch geschaffene Möglichkeit, Zwischenergebnisse anzuzeigen, wird gerne zum Ausprüfen von definierten Funktionen benützt.	0.8

Anforderung von Texteingabe   ⎕ oder C←⎕

Das Abfragen der Systemvariablen ⎕ (wenn das Symbol ⎕ nicht unmittelbar vor dem Zuweisungspfeil ← steht) bewirkt:

* Die Verarbeitung der **APL2**-Anweisung, in der das Zeichen steht, wird beim Erreichen des ⎕ gestoppt.

* Der Positionsanzeiger rückt, als Aufforderung zur Texteingabe, an den Anfang der nächsten Zeile.

* Das System erwartet vom Benutzer die Eingabe beliebiger Zeichen.

* Nach erfolgter Eingabe, die mit der Freigabetaste abgeschlossen wurde, werden die eingegebenen Zeichen unverändert, in Form eines Textvektors, als explizites Ergebnis des Eingabevorgangs weitergereicht.

Wenn die Freigabetaste gedrückt wird, ohne daß vorher Zeichen eingegeben worden sind, dann ist das Ergebnis der einfache leere Textvektor.

Hochkommas werden als Bestandteil des Textes aufgefaßt und in das Ergebnis übernommen, weil keine Verarbeitung des eingegebenen Textes erfolgt.

Die Anforderung von Texteingabe kann durch Drücken einer Unterbrechungstaste unterbrochen werden. Dabei wird die Nachricht *UNTERBRECHUNG* angezeigt.

Zugehörige APL2-Beispiele:

```
      A←⎕
1+1              Eingabe
      A
1+1
      ρA
3

      B←⎕
1
      B
1
      ρB
1                Vektor!

      C←⎕
(Freigabetaste)
      C
(LV)
      ρC
0

      TEXT←⎕
' '
      TEXT
' '
      ρTEXT
2

      TEXT←⎕
(Unterbrechungstaste)
UNTERBRECHUNG
      TEXT←⎕
      ∧
```

Ausgabe mit Anhalten   ▯←

Das Setzen der Systemvariablen ▯ (wenn
das Symbol ▯ unmittelbar vor dem Zuweisungspfeil ← steht), also die Zuweisung
eines **APL2**-Ausdrucks, bewirkt:

- Das Ergebnis des Ausdrucks wird am
  Bildschirm angezeigt.

- Der Positionsanzeiger bleibt unmittelbar hinter dem ausgegebenen Wert
  stehen, wenn anschließend eine weitere Ausgabe mit Anhalten (▯←) oder
  eine Aufforderung zur Texteingabe
  (←▯) folgt. Bei jeder anderen Art von
  Eingabeanforderung rückt der Positionsanzeiger wieder auf den Anfang
  der Folgezeile vor.

Erfolgt nach einer Ausgabe mit Anhalten
wieder eine solche Ausgabe, ohne daß
inzwischen eine Eingabeanforderung erfolgte, dann versucht das System, beide
Ergebnisse hintereinander in einer Zeile
unterzubringen. In diesem Fall ist es
sinnvoll, nur Textvektoren auszugeben.

Erfolgt nach einer Ausgabe mit Anhalten
eine Anforderung von Texteingabe, dann
handelt es sich um die sogenannte kombinierte Aus-/Eingabe, die anschließend
besprochen wird.

```
        ▯←1+1
2
        ▯←▯←1+1
22
        ∇
[0]     ZEIGE A
[1]     ▯←'A'
[2]     ▯←'='
[3]     ▯←A
        ∇
        ZEIGE 3
A=3
        ∇
[0]     A NEBEN B
[1]     ▯←A
[2]     ▯←B
        ∇
        (2 3ρ'TATZEN')NEBEN 1+1
TAT
ZEN2
        (1+1)NEBEN 2 3ρ'TATZEN'
2TAT
ZEN
        '*' NEBEN 'O'
*O
```

Kombinierte Ausgabe-Eingabe   ▯← und später ←▯

Erfolgt nach einer Ausgabe mit Anhalten
eine Anforderung von Texteingabe, ohne
daß in der Zwischenzeit Ein- oder Ausgabe
erfolgte, dann spricht man von kombinier-
ter Aus-/Eingabe. Dabei geschieht folgendes:

- Aufgrund der Textausgabe wird eine
  Strukturgröße ausgegeben.

- Der Positionsanzeiger bleibt hinter
  dem letzten ausgegebenen Zeichen
  stehen, als Aufforderung an den Benutzer, eine Textzeile einzugeben.

```
        ∇
[0]     Y←AUSEIN X
[1]     ▯←X
[2]     Y←▯
        ∇
        □PR←''
        Z←AUSEIN 2×11
22A̲BC
```

(Das Zeichen _ markiert die Stelle, an der
der Positionsanzeiger stehen blieb. Der
Benutzer gibt die Zeichen ABC ein und
betätigt die Freigabetaste)

```
        Z
22ABC
        ρZ
5
```

- Das System erwartet jetzt vom Benutzer die Eingabe eines Textvektors.

- Nach Beendigung der Texteingabe wird der eingegebene Text an die vorher ausgegebenen Zeichen (die jetzt als Textvektor aufgefaßt werden), angehängt. Der dabei entstehende Textvektor wird als explizites Ergebnis des Aus-/Eingabevorgangs weitergereicht, falls die Systemvariable □PR (Aufforderungs-Ersatzzeichen) leer ist.

Wenn □PR ein Zeichen enthält, dann ersetzt dieses Zeichen die ursprünglich ausgegebenen Zeichen, soweit diese nicht bei der Eingabe vom Benutzer überschrieben wurden.

```
      □PR←'*'
      N←AUSEIN 'EINGABE BITTE:
EINGABE BITTE: _
```

(Der Benutzer übertippt einige der angezeigten Zeichen)

```
EINE ZAHL      : 3
       N
***E ZAHL      **3
      ρN
16

      ∇
[0]    E←ANFORDERN T
[1]    ⍞←T←,T
[2]    E←(ρT)↓⍞
      ∇
      N←ANFORDERN 'EINE ZAHL:
EINE ZAHL: 17
       N
17
      ρN
2
```

Anforderungs-Ersatzzeichen   □PR

Bei der kombinierten Aus-/Eingabe werden die Ausgabezeichen, die den Benutzer zur Eingabe auffordern, und die von diesem nicht durch Überschreiben verändert wurden, durch das in □PR stehende Zeichen ersetzt. Wenn □PR leer ist, erfolgt keine Ersetzung.

□PR ist also implizites Argument der kombinierten Aus-/Eingabe.

Erlaubte Werte für □PR: Einfacher Textskalar oder Textvektor der Länge 1 oder 0. Weist man □PR einen falschen Wert zu, dann wird □PR FEHLER angezeigt, wenn □PR direkt oder indirekt benützt wird.

Der Wert von □PR im leeren Arbeitsbereich ist
1ρ' ' (Leerzeichen).

```
      ∇
[0]    Y←AUSEIN X
[1]    ⍞←X
[2]    Y←⍞
      ∇

      □PR←''
      Z←AUSEIN 'EINGABE: '
EINGABE: ABC
      Z
EINGABE: ABC

      □PR←' '
      Z←AUSEIN 'EINGABE: '
EINGABE: ABC
      Z
         ABC

      □PR←'*'
      Z←AUSEIN 'EINGABE: '
EINGABE: ABC
      Z
*********ABC

      Z←AUSEIN 'EINGABE: '
EINGAABC
      Z
*****ABC*
```

Eigenschaften der Sitzung: Die Systemvariablen $\square NLT$ $\square TZ$ $\square PW$

Der Wert der in diesem Abschnitt behandelten Systemvariablen gilt für die Dauer der Sitzung, sofern man ihn nicht in der Zwischenzeit verändert. Er ist unabhängig vom gerade aktiven Arbeitsbereich und wird deshalb auch nicht durch Systemanweisungen wie $)LEERE$ oder $)LADE$ beeinflußt.

Sprache	$\square NLT$

Bei der Installation des **APL2**-Systems wird festgelegt, ob der Dialog zwischen Benutzer (**APL2**-Systemanweisungen) und System (Fehler- und Systemnachrichten) in Englisch oder in einer anderen Sprache, beispielsweise in Deutsch, stattfinden soll.

Unabhängig von dieser Standard-Sprachregelung kann der Benutzer durch Setzen der Systemvariablen $\square NLT$ die Sprache für seinen Dialog selbst bestimmen. Welche Sprachen möglich sind, das wird ebenfalls bei der Systemgenerierung festgelegt.

In diesem Buch wird davon ausgegangen, daß der Benutzer Deutsch als Dialogsprache wählt.

Wird $\square NLT$ auf einen leeren Textvektor oder auf einen ungültigen Wert gesetzt, wird Englisch als Umgangssprache angenommen.

Unabhängig vom Inhalt von $\square NLT$ wird die englische Form der Systemanweisungen immer akzeptiert.

```
      □NLT←' '
      1+'*'
DOMAIN ERROR
      . . .

      □NLT←'DEUTSCH'
      □NLT
DEUTSCH
      1+'*'
UNGUELTIGES ARGUMENT
      . . .

      □NLT←'SCHWAEBISCH'
      □NLT
(LV)

      □NLT←ι5
      □NLT
(LV)
      1+'*'
DOMAIN ERROR
      . . .
```

Zeitzone	$\square TZ$

Grundlage für Zeitangaben in aller Welt ist in **APL2** die Zeit von Greenwich (GMT oder WEZ). Der Wert in $\square TZ$ gibt die Differenz der örtlichen Zeitzone zur GMT an. Er wird zu Beginn der **APL2**-Sitzung automatisch gesetzt, beispielsweise auf 1 für MEZ, kann aber auch vom Benutzer geändert werden.

Zulässige Werte sind: $^{-}12 \leq \square TZ \leq 12$. Gebrochene Werte sind erlaubt. Versucht man $\square TZ$ auf einen falschen Wert zu setzen, so bleibt dies ohne Wirkung.

```
      □TZ
1                   MEZ
      □TS
1987 1 2 14 32 43 123

      □TZ←⁻5      Eastern
      □TS        Standard Time
1987 1 2 8 33 1 702
```

Der Wert in $\Box TZ$ beeinflußt:

- Das Ergebnis von $\Box TS$,

- Die Zeitangaben bestimmter Systemanweisungen, wie $)LADE$,

- Die Zeitangaben von 3 $\Box AT$ B,

- Die Zeitangaben beim Editieren von
  definierten Funktionen und Operatoren.

Zellenbreite $\Box PW$

Die Anzahl der Zeichen, die in einer Ausgabezeile Platz finden, hängt von der
Breite des Bildschirmes ab. Dieser Wert
steht zu Beginn der Sitzung in $\Box PW$.

Ausgabezeilen, die mehr als $\Box PW$ Zeichen
enthalten, werden bei der Ausgabe „gefaltet", das heißt, auf mehrere Ausgabezeilen
verteilt. Jede Fortsetzungszeile wird dabei
um 6 Stellen eingerückt.

Die Zeilen einer Matrix, sowie die Matrizen eines mehrdimensionalen Gebildes
werden gemeinsam gefaltet.

Der Wert von $\Box PW$ muß eine ganze Zahl
≥ 30 sein. Versucht man, $\Box PW$ einen falschen Wert zuzuweisen, so bleibt dies
ohne Wirkung.

```
      □PW
79
   B←'DONAUDAMPFSCHIFFAHRTS
         SELLSCHAFT'
      ρB
33
   B
DONAUDAMPFSCHIFFAHRTSGESELLSCH.

   □PW←30
   B
DONAUDAMPFSCHIFFAHRTSGESELLSCH
   AFT

   2 33ρB
DONAUDAMPFSCHIFFAHRTSGESELLSCH
DONAUDAMPFSCHIFFAHRTSGESELLSCH

   AFT
   AFT
```

Eigenschaften des Systems: Die Systemvariablen $\Box TS$ $\Box WA$ $\Box AI$ $\Box UL$ $\Box AV$ $\Box TC$

Die in diesem Abschnitt behandelten Systemvariablen liefern Informationen über die Systemumgebung. Für sie gilt:

Man kann sie nur abfragen, nicht setzen. Wenn man versucht, einer solchen Variablen einen Wert zuzuweisen, dann bleibt dies ohne Wirkung.

Es hat deshalb auch keinen Sinn, sie innerhalb von definierten Funktionen oder Operatoren lokal zu machen.

Ihr Wert ist unabhängig vom gerade aktiven Arbeitsbereich und wird deshalb auch nicht durch Systemanweisungen wie $)LEERE$ oder $)LADE$ beeinflußt.

Datum und Uhrzeit	$\Box TS$

Beim Abfragen der Systemvariablen $\Box TS$ erhält man das System-Datum und die System-Uhrzeit als 7-stelligen einfachen ganzzahligen Vektor geliefert. Seine Elemente sind:

$\Box TS[1]$ ↔ Jahr
$\Box TS[2]$ ↔ Monat
$\Box TS[3]$ ↔ Tag
$\Box TS[4]$ ↔ Stunde
$\Box TS[5]$ ↔ Minute
$\Box TS[6]$ ↔ Sekunde
$\Box TS[7]$ ↔ Millisekunde

$\Box TS$ wird durch $\Box TZ$ beeinflußt.

```
      ⎕TS
1987 1 23 18 3 44 250
```

Umwandlung in Textform:

```
      F←'06*06*0006 06:06:06*006
      D←F⍕⎕TS[3 2 1 4 5 6 7]
      D
23*01*1987 18:33:43*670
      ρD
23
      D[3 6 20]←'..,'
      D
23.01.1987 18:33:43,670'
```

Freier Speicherplatz	$\Box WA$

Beim Abfragen der Systemvariablen $\Box WA$ erhält man die Anzahl nicht belegter Speicherstellen in Bytes in Form eines einfachen numerischen Skalars.

$\Box WA$ ist installationsabhängig.

```
      ⎕WA
224386
```

Abrechnungsdaten ⎕AI

Beim Abfragen der Systemvariablen ⎕AI erhält man verschiedene Abrechnungsdaten als 4-stelligen einfachen ganzzahligen Vektor geliefert. Seine Elemente sind:

```
⎕AI[1]  ↔  Benutzer-Identifikation
⎕AI[2]  ↔  Rechenzeit (CPU)
⎕AI[3]  ↔  Anschlußzeit
⎕AI[4]  ↔  Eintippzeit
```

Die Benutzer-Identifikation ist abhängig vom Wirtssystem.

Die Zeitangaben sind in Millisekunden, vom Beginn der **APL2**-Sitzung an gerechnet.

Die Eintippzeit gibt an, wie lange das System auf die Eingabe des Benutzers warten mußte.

```
      ⎕AI
1001 110 58500 38392
```

Ermitteln CPU-Zeit für ein Testprogramm *TESTPROG*:

```
      T←⎕AI[2]
      TESTPROG
      T←0.001×⎕AI[2]-T
      '550.000 SEK.'⍕T
  1.940 SEK.
```

Anzahl Benutzer ⎕UL

Beim Abfragen der Systemvariablen ⎕UL erhält man die Anzahl der gerade aktiven Benutzer des Systems in Form eines einfachen numerischen Skalars.

In Systemen, bei denen die Anzahl der Benutzer nicht festgestellt werden kann, ist das Ergebnis 1.

```
      ⎕UL
127
```

Alle Zeichen ⎕AV

Beim Abfragen der Systemvariablen ⎕AV erhält man alle 256 EBCDIC- beziehungsweise ASCII-Zeichen in der Reihenfolge ihrer Hexadezimaldarstellung (00 - FF) als einfachen Textvektor. Der Inhalt von ⎕AV hängt von der Systemumgebung (Zeichendarstellung EBCDIC oder ASCII) ab.

Die Darstellung von ⎕AV, in dem auch Ausgabe-Steuerzeichen enthalten sind, hängt von der Ausrüstung der verwendeten Datenstation (Bildschirm, Drucker, schreibende Datenstation) ab. Das Ergebnis der **APL2**-Systemanweisungen)FUN,)NAM,)OPE und)VAR, eine Liste von Namen, ist nach ⎕AV sortiert.

```
      ¯25↑⎕AV
XYZ⍀⍀ ⊖⌹⍕0123456789 ⍫⍙⊛⍎
      ⎕←I←⎕AV⍳'TEXT'
228 198 232 228
      ⎕AV[I]
TEXT
      ⎕AV[I-64]
text
      ⎕AV[I-128]
T̲E̲X̲T̲

      T←'T0E1X2T*'
      ⎕←U←⎕AV⍋T
8 3 1 7 5 2 4 6
      T[U]
*ETTX012
```

Steuerzeichen $\Box TC$

Beim Abfragen der Systemvariablen $\Box TC$ erhält man drei Ausgabe-Steuerzeichen in Form eines einfachen Textvektors gelie-fert. Seine Elemente sind:

$\Box TC[1]$ ↔ Rücksetzen
$\Box TC[2]$ ↔ Zeilenende
$\Box TC[3]$ ↔ Vertikalsprung

Bei Bildschirm-Datenstationen wird beim Rücksetzen das übertippte Zeichen ge-löscht, bei schreibenden Stationen dage-gen nicht: Bei ihnen wird ein Doppelzei-chen erzeugt.

```
      'A',□TC[2],'BC',□TC[3 1],
                           'DEF'
A
BC
  DEF
```

Bildschirm-Station:

```
      'U',□TC[1],'¨'
¨
```

Schreibende Station:

```
      'U',□TC[1],'¨'
Ü

      □AVι□TC
23 22 38
```

Eigenschaften des Arbeitsbereiches: Die Systemvariablen
$\Box CT$ $\Box FC$ $\Box IO$ $\Box PP$ $\Box RL$ $\Box LX$

Die in diesem Abschnitt behandelten Systemvariablen stellen Eigenschaften des aktiven Arbeitsbereiches dar. Sie werden deshalb auch beim Laden oder Löschen des aktiven Arbeitsbereiches automatisch neu gesetzt, und beim Speichern des Arbeitsbereiches mitgespeichert. Man kann sie jederzeit abfragen und setzen, und man kann sie auch innerhalb von definierten Funktionen und Operatoren lokal machen.

Jede von ihnen hat im leeren Arbeitsbereich einen bestimmten Anfangswert (der bei der Besprechung der einzelnen Systemvariablen jeweils angegeben wird).

Bis auf $\Box LX$ sind alle hier behandelten Systemvariablen implizite Argumente bestimmter Elementarfunktionen, während $\Box LX$ implizites Argument der Systemanweisung $)LADE$ ist (auf diese Tatsache wird später ebenfalls hingewiesen).

Wenn man diesen Systemvariablen einen ungültigen Wert zuweist, bleibt der alte Wert erhalten. Außer bei $\Box LX$ erscheint in diesem Fall eine entsprechende Fehlernachricht, wenn die Systemvariable als implizites Argument auftritt:

```
      □IO←5
      'ABC'[1]  □IO FEHLER
      'ABC'[1]
       ^        ^
```

Vergleichstoleranz	$\Box CT$

Das **Vergleichen** von Zahlen erfolgt in **APL2 nicht** mit **absoluter Genauigkeit**: Wenn sich zwei (reelle) Zahlen um weniger als einen bestimmten Betrag unterscheiden, dann werden sie als gleich betrachtet.

Diese Genauigkeitsschwelle wird aus der Systemvariablen $\Box CT$ folgendermaßen ermittelt:

Wenn für die von 0 verschiedenen reellen Zahlen A und B gilt:

$$(\,|A-B\,)\le\Box CT\times\lceil/\,|A\,,B,$$

das heißt, wenn die Differenz von A und B betragsmäßig kleiner oder gleich $\Box CT$ mal der betragsmäßig größeren der beiden Zahlen ist, dann werden A und B in **APL2** als gleich angesehen (**relative Genauigkeit!**). Dies gilt **nicht** für den Vergleich mit 0: Eine von 0 verschiedene Zahl wird nicht mit 0 gleich gesetzt!

```
      □PP←15
      □CT
1E¯13
      A
2.111111111111111
      B
2.111111111111119
      A-B
¯8.99280649946377E¯14
      A=B
1
      A∊B
1
      0=A-B
0
```

Zwei komplexe Zahlen gelten als gleich, wenn Real- und Imaginärteil im obigen Sinn gleich sind.

Eine komplexe Zahl gilt als reell, wenn ihr Imaginärteil und der Tangens ihres Richtungswinkels „nahezu" gleich 0 sind. Dabei spielt aber auch die vom Benutzer nicht beinflußbare **Systemtoleranz** eine Rolle: Sie entscheidet, ob eine Zahl als komplexe, reelle, ganze oder Boolesche Zahl gespeichert wird.

Zulässige Werte für $\square CT$: $0 \leq \square CT < 1$. Allerdings wird von Werten $> 1E^{-}9$ abgeraten.

Im leeren Arbeitsbereich ist $\square CT \leftrightarrow 1E^{-}13$.

Folgende Elementarfunktionen haben $\square CT$ als implizites Argument:

    Einstellig: ⌈ ⌊

    Zweistellig: < ≤ = ≥ > ≠ ≡ | ι ∈ ⊆ ~

Format-Steuerzeichen $\square FC$

Die Systemvariable $\square FC$ ist ein einfacher Textvektor, der 6 Steuerzeichen für das Formatieren enthält:

$\square FC[1]$ ↔ Dezimalpunkt
$\square FC[2]$ ↔ Tausender-Trennung
$\square FC[3]$ ↔ Schutzstern
$\square FC[4]$ ↔ Füllzeichen bei Überlauf
$\square FC[5]$ ↔ Leerzeichen-Einsteuerung
$\square FC[6]$ ↔ Negatives Vorzeichen

Die Format-Steuerzeichen können einzeln und gemeinsam zugewiesen werden. Bei Zuweisung eines Vektors mit weniger als 6 Elementen werden nur die ersten Zeichen von $\square FC$ geändert, bei mehr als 6 Elementen werden nur die ersten 6 Zeichen übernommen.

Im leeren Arbeitsbereich ist:
$\square FC \leftrightarrow ' . , *0\_^{-} '$.

```
      □FC
.,*0_¯

      '55,555,50'⍕1234.56
1,234.56
      '55_555.50'⍕1234.56
1 234.56
      8 2⍕¯1234.56
¯1234.56

      □FC[1 2 5 6]←',.*-'
      □FC
,.*0*-

      '55,555.50'⍕1234.56
1.234,56
      '55_555.50'⍕1234.56
1_234,56
      '55*555.50'⍕1234.56
1 234,56
      8 2⍕¯1234.56
-1234,56
```

Die Format-Steuerzeichen $\square FC[1 \quad 4 \quad 6]$
sind implizites Argument für das Forma-
tieren mit Feldsteuerung (S. 117), und
$\square FC[1 \quad 2 \quad 3 \quad 4 \quad 5]$ für das Formatieren
mit Zeichensteuerung (S. 119).

Indexanfang $\square IO$

Die Systemvariable $\square IO$, ein einfacher
ganzzahliger Skalar mit dem Wert 0 oder
1, gibt an, ob Indizes und Achsenangaben
ab 0 oder 1 gezählt werden sollen.

Im leeren Arbeitsbereich ist: $\square IO \leftrightarrow 1$.

Der Indexanfang $\square IO$ ist implizites Argument folgender Funktionen:

    $\square$ [ ] (Indizieren und Achsenangabe)

    Einstellig: $\Delta \quad \nabla \quad \iota \quad ?$

    Zweistellig: $\Delta \quad \nabla \quad \iota \quad \supset \quad ? \quad \notin$

    $\square FX$

```
        □IO
1
        V←2 4 6
        V[1 3]
2 6
        Vι4 7
2 4
        ?1
1

        □IO←0
        V[0 2]
2 6
        Vι4 7
1 3
        ?1
0
```

Ausgabe-Stellenzahl $\square PP$

Die Systemvariable $\square PP$, ein einfacher
ganzzahliger Skalar, gibt an, wieviele
Stellen einer Zahl höchstens angezeigt
werden sollen.

Auf die Darstellung ganzer Zahlen hat
$\square PP$ nur beschränkt Einfluß.

Es gilt: $\square PP \geq 1$. Der Maximalwert von $\square PP$
ist abhängig vom Wirtssystem. Wenn man
$\square PP$ einen größeren Wert als erlaubt,
zuweist, wird der Maximalwert gesetzt.

Im leeren Arbeitsbereich ist: $\square PP \leftrightarrow 10$.

Die Ausgabe-Stellenzahl $\square PP$ ist implizites
Argument der einstelligen Funktion Deaktivieren $\mp$.

```
        □PP
10
        ÷6
0.1666666667
        10÷3
3.333333333

        □PP←3
        ÷6
0.167
        10÷3
3.33
        1234
1234
        1234.567
1.23E3

        □PP←1
        1234
1234
        ÷6
0.2
        10÷3
3
```

```
                    □PP←100
                    □PP
    18
                    ÷6
    0.166666666666666666
```

Ausgangszufallszahl $\square RL$

Die Systemvariable $\square RL$, ein einfacher ganzzahliger Skalar, dient als Basis für die Berechnung von (Pseudo-) Zufallszahlen.

Wenn man mit Hilfe der $?$-Funktionen eine Zufallszahl ermittelt hat, wird $\square RL$ nach einem fest vorgegebenen Algorithmus neu gesetzt. Die Folge der „Zufallszahlen" ist also determiniert, weshalb man eigentlich von **Pseudozufallszahlen** sprechen müßte.

Zulässige Werte für $\square RL$:
$1 \le \square RL \le {}^- 2 + 2 * 31$.

Im leeren Arbeitsbereich ist:
$\square RL \leftrightarrow 16807 \leftrightarrow 7 * 5$.

Mit Hilfe von $\square TS$ oder $\square AI$ erhält man „zufälligere" Zufallszahlen.

Die Ausgangszufallszahl $\square RL$ ist implizites Argument der (ein- und zweistelligen) Elementarfunktion $?$.

```
                    □RL
    16807
                    ?5
    1
                    □RL
    282475249
                    ?5
    4
                    □RL←16807
                    ?6
    1
                    □RL
    282475249
                    ?6
    5
                    □RL←+/□TS
                    □RL
    2126
                    □RL←+/□TS
                    □RL
    2459
```

Latenter Ausdruck $\square LX$

$\square LX$ muß ein einfacher Textskalar oder -vektor sein, der einen ausführbaren **APL2**-Ausdruck in Textform enthält.

Speichert man diesen Ausdruck mit dem aktiven Arbeitsbereich weg, dann wird er bei jedem Laden des Arbeitsbereiches automatisch ausgeführt. Beim Laden läuft also $\text{\textbullet}\square LX$ ab.

Wenn nur ein Text angezeigt werden soll, dann muß dieser Text bei der Zuweisung zu $\square LX$ in dreifachen Hochkommas stehen.

Im leeren Arbeitsbereich ist: $\square LX \leftrightarrow ' '$.

```
              )LADE TEST
GESICHERT 1987-01-12   9.01.32 ...
              □LX
(LV)
              □LX←'1+1'
              )SICHERE
1987-01-12   9.03.10 (WEZ+1) TEST
              )LADE TEST
GESICHERT 1987-01-12   9.03.10 ...
2
              □LX←'FUNKTION'
              )SICHERE
1987-01-12   9.03.35 (WEZ+1) TEST
              )LADE TEST
GESICHERT 1987-01-12   9.03.35 ...
ERGEBNIS VON 'FUNKTION'
              □LX←'''GUTEN TAG'''
              )SICHERE
1987-01-12   9.04.56 (WEZ+1) TEST
              )LADE TEST
GESICHERT 1987-01-12   9.04.56 ...
GUTEN TAG
```

Ausführungsunterbrechung und Fehlerbehandlung: Die Systemvariablen $\square LC$ $\square ET$ $\square EM$ $\square R$ $\square L$

Die in diesem Abschnitt behandelten Systemvariablen werden vom System gesetzt, wenn die Ausführung einer **APL2**-Anweisung durch einen Fehler, einen simulierten Fehler oder auf andere Weise unterbrochen wird. Man verwendet sie deshalb vorzugsweise beim Ausprüfen von definierten Funktionen und Operatoren.

Eine weitere gemeinsame Eigenschaft: Sie sind lokal in der unterbrochenen Funktion, beziehungsweise in der obersten Funktion der Funktions-Hierarchie, wenn die Funktion von einer anderen aufgerufen wurde.

Außerdem sind sie Eigenschaften des aktiven Arbeitsbereiches insoweit, als sie von Systemanweisungen wie $)LADE$, $)LEERE$ oder $)GRUNDSTELLUNG$ beeinflußt werden.

$\square LC$, $\square ET$ und $\square EM$ können nur abgefragt, nicht gesetzt werden.

$\square R$ und $\square L$ existieren nur, wenn eine **APL2**-Elementarfunktion unterbrochen wurde.

Zellenzähler	$\square LC$

$\square LC$ ist ein einfacher ganzzahliger Vektor von Zeilennummern.

Wird die Verarbeitung einer **APL2**-Anweisung durch Fehler oder auf andere Weise unterbrochen, dann werden folgende Zeilennummern in $\square LC$ hineingestellt:

- Nummer der gerade bearbeiteten Zeile.

- Falls die gerade bearbeitete Funktion in einer definierten Funktion oder in einem definierten Operator aufgerufen wurde, die Nummer der Zeile, in welcher der Aufruf erfolgte, gegebenenfalls die Zeilennummern der ganzen Hierarchie von wartenden Funktionen.

Die vorher in $\square LC$ vorhandenen Zeilennummern werden dabei **nicht gelöscht**: Die neue Information wird **vor** die vorhandenen Nummern gestellt. Die in $\square LC$ stehenden Zeilennummern entsprechen daher den Zeilennummern, die $)SI$ liefert, auch in der Reihenfolge. Wie dort, steht die jüngste Information an erster Stelle (S. 187).

```
      )LADE TEST
GESICHERT 1987-01-13 ...
      ∇FUNKTA[□]∇
    ∇
[0]     FUNKTA
[1]     'ZEILE A1'
[2]     'ZEILE A2'
[3]     FUNKTB
    ∇ 1987-01-13 ...
      ∇FUNKTB[□]∇
    ∇
[0]     FUNKTB
[1]     'ZEILE B1'
[2]     'ZEILE B2'
[3]     'ZEILE B3'
[4]     FUNKTC
    ∇ 1987-01-13 ...
      ∇FUNKTC[□]∇
    ∇
[0]     FUNKTC
[1]     1+'A'
    ∇ 1987-01-13 ...

      □LC
(LV)
      FUNKTA
ZEILE A1
ZEILE A2
ZEILE B1
ZEILE B2
ZEILE B3
UNGUELTIGES ARGUMENT
FUNKTC[1]  1+'A'
              ^ ^
      □LC
1 4 3
```

Durch (gegebenenfalls teilweises) Löschen
des Statusanzeigers mit → oder
)*GRUNDSTELLUNG* werden die zuletzt
eingestellten Zeilennummern in $\Box LC$ gelöscht.

Im leeren Arbeitsbereich, oder wenn keine
Unterbrechung erfolgte, hat die Systemvariable den Wert $\Box LC \leftrightarrow \iota 0$.

Beim Ausprüfen von definierten Funktionen führt →$\Box LC$ (gegebenenfalls nach
Änderungen an Funktion oder Daten) nach
einer Unterbrechung zur Wiederaufnahme
der Bearbeitung, und zwar an der Stelle,
an der die Unterbrechung stattgefunden
hatte.

```
      FUNKTC
UNGUELTIGES ARGUMENT
FUNKTC[1]   1+'A'
              ^^
      □LC
1  1  4  3
      )SI
FUNKTC[1]
*
FUNKTC[1]
FUNKTB[4]
FUNKTA[3]
*

      )GRUNDSTELLUNG 1
      □LC
1  4  3
      )SI
*
FUNKTC[1]
FUNKTB[4]
FUNKTA[3]
*
```

Fehlernachricht $\Box EM$

Wird eine **APL2**-Anweisung durch einen
Fehler, einen mit $\Box ES$ simulierten Fehler,
oder auf andere Weise unterbrochen, dann
werden folgende drei Zellen angezeigt:

- Eine Fehler- oder Unterbrechungsnachricht,

- die gerade bearbeitete Anweisung,

- ein oder zwei ∧-Zeichen.

Diese Zeilen werden in Form einer einfachen, dreizeiligen Textmatrix in $\Box EM$ gespeichert.

Wenn der aktive Arbeitsbereich so belegt
ist, daß die Unterbrechungs-Informationen
nicht gespeichert werden können, oder
wenn $\Box EM$ aus diesem Grund nicht gefüllt
werden kann, dann wird $\Box EM$ auf den Wert
3 0ρ' ' gesetzt.

Bei einer Fehlersimulation mit $\Box ES$ erhält
$\Box EM$ die entsprechende Fehlerinformation
zugewiesen.

```
      □EM
(LZ)
(LZ)
(LZ)
      ρ□EM
3  0

      1+'A'
UNGUELTIGES ARGUMENT
      1+'A'
      ^^
      □EM
UNGUELTIGES ARGUMENT
      1+'A'
      ^^
      ρ□EM
3  20

      X←(65ρ2)ρ0 1
SYSTEMBESCHRAENKUNG
      X←(65ρ2)ρ0 1
      ^        ^
      □EM
SYSTEMBESCHRAENKUNG
      X←(65ρ2)ρ0 1
      ^        ^
      ρ□EM
3  19
```

□*EM* enthält stets die Fehlernachricht, die
der ersten Zeile des Statusanzeigers entspricht. Wird dieser ganz oder teilweise
gelöscht, ändert sich der Inhalt von □*EM*
entsprechend.

Wenn der Statusanzeiger leer ist, also
entweder im leeren Arbeitsbereich, wenn
kein Fehler und keine Unterbrechung erfolgte, oder nach dem Löschen des Statusanzeigers mit → oder
)*GRUNDSTELLUNG*, hat die Systemvariable den Wert: □*EM*↔3 0ρ' '.

```
      )GRUNDSTELLUNG 1
      □EM
UNGUELTIGES ARGUMENT
      1+'A'
      ^ ^
```

Fehlerkennzeichen   □*ET*

Wird eine **APL2**-Anweisung durch einen
Fehler, einen mit □*ES* simulierten Fehler,
oder auf andere Weise unterbrochen, dann
enthält Die Systemvariable □*ET* einen einfachen, zweistelligen numerischen Vektor,
der die Art der Unterbrechung kennzeichnet. Die verschiedenen Unterbrechungsar-
ten sind in Abb. 18 zusammengestellt.

Wenn der aktive Arbeitsbereich so belegt
ist, daß die Unterbrechungs-Informationen
nicht gespeichert werden können, dann
wird □*ET* auf den Wert 1 3 (*AB VOLL*)
gesetzt.

□*ET* enthält stets das Fehlerkennzeichen,
das der ersten Zeile des Statusanzeigers
entspricht, Wird dieser ganz oder teilweise
gelöscht, ändert sich der Inhalt von □*ET*
entsprechend.

Wenn der Statusanzeiger leer ist, also
entweder im leeren Arbeitsbereich, wenn
kein Fehler und keine Unterbrechung erfolgte, oder nach dem Löschen des Statusanzeigers mit → oder
)*GRUNDSTELLUNG*, hat die Systemvariable den Wert: □*ET*↔0 0.

```
      □ET
0  0

      1+'A'
UNGUELTIGES ARGUMENT
      1+'A'
      ^ ^
      □ET
5  4

      X←(65ρ2)ρ0 1
SYSTEMBESCHRAENKUNG
      X←(65ρ2)ρ0 1
      ^          ^
      □ET
1  8

      )GRUNDSTELLUNG 1
      □ET
5  4
```

Kzch		Art des Fehlers/der Unterbrechung
0	0	Keine Unterbrechung
0	1	Sonstige (z.B. $\Box ES$ ' ... ')
1	1	*UNTERBRECHUNG*
1	2	*SYSTEMFEHLER*
1	3	*AB VOLL*
1	4	*SYSTEMBESCHRAENKUNG* (Symboltabelle)
1	5	*SYSTEMBESCHRAENKUNG* (GV-Verwalter nicht aktiv)
1	6	*SYSTEMBESCHRAENKUNG* (Anzahl gemeinsamer Variablen)
1	7	*SYSTEMBESCHRAENKUNG* (Größe gemeinsamer Variablen).
1	8	*SYSTEMBESCHRAENKUNG* (Ordnungszahl der Strukturgröße)
1	9	*SYSTEMBESCHRAENKUNG* (Größe der Strukturgröße)
1	10	*SYSTEMBESCHRAENKUNG* (Tiefe der Strukturgröße)
1	11	*SYSTEMBESCHRAENKUNG* (Länge der Ein-/ Ausgabe)
1	12	*SYSTEMBESCHRAENKUNG*
2	1	*SYNTAXFEHLER* (Keine Strukturgröße angegeben)
2	2	*SYNTAXFEHLER* (Fehlende/überzählige Klammer)
2	3	*SYNTAXFEHLER* (Falsche Kategorie)
2	4	*SYNTAXFEHLER* (Ungültige Funktion)
2	5	*SYNTAXFEHLER* (Wegen)VG)
3	1	*NAME OHNE WERT* (Name nicht belegt)
3	2	*NAME OHNE WERT* (Funktion ohne Ergebnis)
4	1	$\Box PP$ *FEHLER*
4	2	$\Box IO$ *FEHLER*
4	3	$\Box CT$ *FEHLER*
4	4	$\Box FC$ *FEHLER*
4	5	$\Box RL$ *FEHLER*
4	6	$\Box PR$ *FEHLER*
5	1	*FALSCHE ARGUMENTANZAHL*
5	2	*RANGFEHLER*
5	3	*LAENGENFEHLER*
5	4	*UNGUELTIGES ARGUMENT*
5	5	*INDEXFEHLER*
5	6	*KOORDINATENFEHLER*

Abb. 18: Fehlerkennzeichen

Rechtes Argument $\Box R$

Die Systemvariable $\Box R$ existiert nur, wenn innerhalb einer **APL2**-Anweisung durch einen Fehler oder eine sonstige Unterbrechung die Ausführung einer **APL2**-Elementarfunktion unterbrochen wurde. In diesem Fall enthält $\Box R$ den Wert des rechten Argumentes der unterbrochenen Elementarfunktion.

Im leeren Arbeitsbereich existiert $\Box R$ daher nicht.

```
        ∇FUNKTC[□]∇
     ∇
[0]    FUNKTC
[1]    1+'A'
     ∇ 1987-01-13 ...

       FUNKTC
UNGUELTIGES ARGUMENT
FUNKTC[1]   1+'A'
              ^^
       □R
A
```

Wenn die Systemvariable $\Box R$ vorhanden ist, kann man ihr auch einen Wert zuweisen, der dann bei der Wiederaufnahme der Bearbeitung mit $\to\iota 0$ als rechtes Argument verwendet wird. Dies gilt allerdings nur, wenn die Ursache der Unterbrechung weder ein *NAME OHNE WERT* noch ein *SYNTAXFEHLER* war.

Wenn der aktive Arbeitsbereich so belegt ist, daß die Unterbrechungs-Informationen nicht gespeichert werden können, wird auch $\Box R$ nicht gesetzt.

Wenn $\Box R$ nicht gesetzt wurde, führt das Abfragen dieser Systemvariablen zur Fehlernachricht *NAME OHNE WERT*.

$\Box R$ gehört stets zur ersten Zeile des Statusanzeigers. Wenn die Unterbrechung, die zu dieser Zeile im Statusanzeiger führte, nicht innerhalb einer **APL2**-Elementarfunktion erfolgte, existiert auch $\Box R$ nicht. Wird der Statusanzeiger mit $\to$ oder $)GRUNDSTELLUNG$ (teilweise) gelöscht, dann ändert sich der Wert von $\Box R$ entsprechend.

```
        □R←0 1 2
        →ι0
1  2  3
        □R
NAME OHNE WERT
        □R
        ∧
```

Linkes Argument	$\Box L$

Die Systemvariable $\Box L$ existiert nur, wenn innerhalb einer **APL2**-Anweisung durch einen Fehler oder eine sonstige Unterbrechung die Ausführung einer **APL2**-Elementarfunktion unterbrochen wurde. In diesem Fall enthält $\Box L$ den Wert des linken Argumentes der unterbochenen Elementarfunktion.

Im leeren Arbeitsbereich existiert $\Box L$ daher nicht.

Wenn die Systemvariable $\Box L$ vorhanden ist, kann man ihr auch einen Wert zuweisen, der dann bei der Wiederaufnahme der Bearbeitung mit $\to\iota 0$ als linkes Argument verwendet wird. Allerdings sind hierbei folgende Einschränkungen zu beachten:

- Wenn die Ursache der Unterbrechung ein *NAME OHNE WERT* oder ein *SYNTAXFEHLER* war, existiert $\Box L$ nicht, und man kann der Systemvariablen auch keinen Wert zuweisen.

```
        ∇FUNKTD[□]∇
     ∇
[0]     FUNKTD
[1]     'A'+1
     ∇ 1987-01-13 ...

        FUNKTD
UNGUELTIGES ARGUMENT
FUNKTD[1]   'A'+1
            ∧   ∧
        □L
A

        □L←3 4 5
        →ι0
4  5 6
        □L
NAME OHNE WERT
        □L
        ∧
```

- Wenn die Ursache der Unterbrechung eine *FALSCHE ARGUMENTENANZAHL* war, existiert $\Box L$ nicht, wenn das linke Argument vor dem rechten Argument verarbeitet wird. Auch in diesem Fall kann man $\Box L$ nicht setzen.

Wenn der aktive Arbeitsbereich so belegt ist, daß die Unterbrechungs-Informationen nicht gespeichert werden können, wird auch $\Box L$ nicht gesetzt.

Wenn $\Box L$ nicht gesetzt wurde, führt das Abfragen dieser Systemvariablen zur Fehlernachricht *NAME OHNE WERT*.

$\Box L$ gehört stets zur ersten Zeile des Statusanzeigers. Wenn die Unterbrechung, die zu dieser Zeile im Statusanzeiger führte, nicht innerhalb einer **APL2**-Elementarfunktion erfolgte, existiert auch $\Box L$ nicht. Wird der Statusanzeiger mit → oder)*GRUNDSTELLUNG* (teilweise) gelöscht, dann ändert sich der Wert von $\Box L$ entsprechend.

Gemeinsame Variablen: Die Systemvariable $\Box SVE$

Bei der gemeinsamen Verwendung einer Variablen durch zwei Partner ist es wichtig zu erfahren, ob eines der nachstehend aufgeführten **relevanten Ereignisse** eingetreten ist, damit eine Synchronisation der Arbeit stattfinden kann. Bei diesen Ereignissen, die für gemeinsame Variablen relevant sind, wird der Kopplungsgrad, der Zugriffszustands-(ZZV) oder der Zugriffssteuerungsvektor (ZSV) durch Tätigkeiten des anderen Partners verändert:

- Der Partner bietet eine gemeinsame Variable an (Angebot oder Gegenangebot), oder er zieht ein Angebot zurück.

- Der Partner versucht einen Zugriff, der durch Einsen im ZSV in Verbindung mit dem ZZV blockiert ist. Zum Beispiel: ZSV[2] $\leftrightarrow$ 1 und Versuch des Partners, die Variable zu setzen, ehe man sie gesetzt oder abgefragt hat; oder ZSV[4] $\leftrightarrow$ 1 und Versuch des Partners, die Variable abzufragen, ehe man sie gesetzt hat.

- Es besteht eine Zugriffsbeschränkung, und der Partner setzt die Variable oder fragt sie ab (erlaubterweise), wodurch sich der ZZV ändert. Zum Beispiel: ZSV[1] $\leftrightarrow$ 1 und der Partner setzt die Variable oder fragt sie ab, nachdem man sie gesetzt hat; oder ZSV[3] $\leftrightarrow$ 1 und der Partner setzt die Variable, nachdem man sie abgefragt hat.

Das Abfragen des Kopplungsgrades, des Zugriffszustandes oder der Zugriffssteuerung mit $\Box SVO$, $\Box SVS$ oder $\Box SVC$ gilt nicht als relevantes Ereignis.

Zur Feststellung, ob innerhalb eines vorgegebenen Zeitraumes ein relevantes Ereignis eingetreten ist, dient die Systemvariable $\Box SVE$.

Zeitspanne für relevantes Ereignis	$\Box SVE$

Wenn man auf ein relevantes Ereignis wartet, dann kann man durch Setzen dieser Systemvariablen einen Zeitraum festlegen, in dem das Eintreten des Ereignisses angezeigt werden soll.

Zulässige Werte für $\Box SVE$ sind Skalare ≥ 0. Sie werden als Wartezeit in Sekunden aufgefaßt. Der Anfangswert ist: $\Box SVE \leftrightarrow 0$

Nach dem Setzen der Systemvariablen wird ihr Wert automatisch auf 0 heruntergezählt.

Wird die Systemvariable abgefragt, dann wird die Verarbeitung der definierten Funktion, in der sie abgefragt wird, so lange angehalten, bis entweder ein relevantes Ereignis eintritt, oder bis $\Box SVE \leftrightarrow 0$ ist.

Bei der Wiederaufnahme der Verarbeitung enthält $\Box SVE$ die noch nicht verstrichene Wartezeit.

```
        ∇
[0]     K←V ANGEBOTAN P
[1]     ⍝ ANBIETEN VARIABLE V
[2]     ⍝ AN PARTNERPROGRAMM P,
[3]     ⍝ WARTEZEIT ≤ 5 SEKUNDEN
[4]     ⍝ K = KOPPLUNGSGRAD
[5]     □SVE←5
[6]     A:→(1≠K←P □SVO V)/0
[7]     →(□SVE≠0)/A
        ∇ 1987-03-02  8.49.30 ...

        'ANW' ANGEBOTAN 100
2

        'CTLA' ANGEBOTAN 121
2

        'VAR' ANGEBOTAN 222
1
(Partnerprogramm 222 gibt es nicht)
```

Will man verhindern, daß zurückliegende
Ereignisse abgefragt werden, dann muß
man $\square SVE$ löschen, zum Beispiel durch
Setzen auf 0 und anschließendes Abfragen:

      $\square SVE \leftarrow 0$
      $\square SVE$

0

Man kann dies auch erreichen durch Zurückziehen des Angebotes oder durch
Zerstören des Arbeitsbereiches mit
$)LEERE$, $)LADE$ oder $)OFF$.

$\square SVE$ ist stets global, und kann daher
nicht lokal gesetzt werden.

SYSTEMFUNKTIONEN

Allgemeines

Wie die Systemvariablen dienen die **Systemfunktionen** überwiegend zum Austausch
von Informationen über die Umgebung, die in diesem Zusammenhang aus dem aktiven
Arbeitsbereich des Benutzers, dem Wirtssystem, sowie den unter dem Wirtssystem
laufenden Partner- und Verbindungsprogrammen besteht. Einige von ihnen verändern
diese Umgebung auch.

Mit Hilfe von Systemfunktionen können Informationen über die Gegenstände im aktiven
Arbeitsbereich gewonnen, Fehler simuliert, Daten transformiert und Partnerprogramme
angesprochen werden, um nur einige Verwendungsmöglichkeiten aufzuzählen.

Der Aufruf der Systemfunktionen erfolgt wie bei den Elementarfunktionen in der Form:
$C \leftarrow \Box XX \; B$ (einstellig) beziehungsweise $C \leftarrow A \; \Box XX \; B$ (zweistellig/ambivalent).

Bekanntlich kann man alle „normalen", sowie einige Systemvariablen, aber auch beliebige definierte Funktionen innerhalb von definierten Funktionen lokal setzen. Dies ist
bei den Systemfunktionen nicht möglich.

Gegenstände im aktiven Arbeitsbereich: Die Systemfunktionen $\Box NL$ $\Box NC$ $\Box AT$ $\Box EX$

Die in diesem Abschnitt behandelten Systemfunktionen liefern oder verwenden **Na-
menslisten** von Gegenständen im aktiven Arbeitsbereich. Es sind dies einfache Textmatrizen (-vektoren, -skalare), bei denen in jeder Zeile der Name eines Gegenstandes
steht.

Wenn ein solcher Name in der definierten Funktion lokal ist, in welcher die Systemfunktion aufgerufen wird, dann hat er in der Liste die **lokale Bedeutung** (unabhängig
davon, ob es diesen Namen auch außerhalb der Funktion, also global, gibt), andernfalls
hat er die globale Bedeutung.

Die Systemanweisungen $)VAR$, $)FUN$ oder $)OPE$ liefern dagegen stets die globalen
Namen!

Namen Zelgen	$C \leftarrow \Box NL\ B$

Das Argument B der einstelligen Systemfunktion $\Box NL$ muß ein einfacher ganzzahliger Skalar oder Vektor sein, der nur Werte
1, 2, 3 oder 4 enthält.

Das Ergebnis C ist dann eine einfache
(gegebenenfalls leere) Textmatrix (Namensliste) mit den Namen der Gegenstände im aktiven Arbeitsbereich, deren Ka-
tagorie in B angegeben ist.

Es gibt 4 Kategorien:

1 Zeilenmarke
2 Variable
3 Definierte Funktion
4 Definierter Operator

```
        A←'TEXT'
        □NL 2
A
WERT
X3
ZAHLEN

        FUNKT1
UNGUELTIGES ARGUMENT
FUNKT1[7]   1+'A'
            ^^
        □NL 1
A
A1
A2
B
Z1
        □NL 1 2
A
A1
A2
B
WERT
X3
ZAHLEN
Z1

        )VAR
A        WERT      X3        ZAHLEN

        A
1

        □NL 3
FUNKTA
FUNKTB
FUNKTC
FUNKTD
FUNKT1
        □NL 4
GR
        □NL 3 4 2
A
FUNKTA
FUNKTB
FUNKTC
FUNKTD
FUNKT1
GR
WERT
X3
ZAHLEN
```

Ausgewählte Namen Zeigen	$C \leftarrow A \ \Box NL \ B$

Die zweistellige Systemfunktion $\Box NL$ wirkt wie die einstellige insofern, als sie ebenfalls eine Namensliste der Gegenstände liefert, deren Kategorie in B angegeben ist.

Allerdings werden jetzt nicht alle Namen mit dieser Eigenschaft in das Ergebnis übernommen, sondern nur die, deren Anfangsbuchstabe in A steht.

A muß ein einfacher Textskalar oder -vektor sein.

```
      □NL  3  4  2
A
FUNKTA
FUNKTB
FUNKTC
FUNKTD
FUNKT1
GR
WERT
X3
ZAHLEN

     'G'  □NL  2  3  4
GR

     'XYZ'  □NL  2  3  4
X3
ZAHLEN
```

Kategorie Zeigen	$C \leftarrow \Box NC \ B$

Die einstellige Systemfunktion $\Box NC$ ist die Umkehrfunktion zu $\Box NL$:

Das Argument B muß eine Namensliste (S. 243) sein.

Das Ergebnis C ist ein einfacher ganzzahliger Vektor oder Skalar, der die Kategorien der Namen in B, in entsprechender Reihenfolge als Elemente enthält.

Die **Kategorie** kann in diesem Fall sein:

- ‾1 Ungültiger Name; nicht belegter reservierter Name
- 0 Gültiger, aber nicht belegter Name
- 1 Zeilenmarke
- 2 Variable
- 3 Definierte Funktion
- 4 Definierter Operator

Elementarnamen (Symbole, Zahlen) werden als ungültige Namen behandelt.

Eine gemeinsame Variable, auch wenn sie noch keinen Wert hat, wird als Variable behandelt.

```
      □NC  2  2ρ'X3GR'
2  4
      □NC  ⊃'GR'  'X3'
4  2

      □NC  3  3ρ'□NC□IO□OK'
3  2  ‾1
      □NC¨'□NC'  '□IO'  'OK'
3  2  ‾1

      □NC'FRANZ'
0

      □NC  2  1ρ'*5'
‾1  ‾1

      126 □SVO¨'CTLA'  'DATA'
2  2
      □NC¨'CTLA'  'DATA'
2  2

      2  50 □NA  'X'
0

      3  50 □NA  'F'
0
      □NC  2  1ρ'XF'
2  3
```

Ein Name, der mit Hilfe von $\Box NA$ einem Verbindungsprogramm, unter Angabe der Kategorie assoziiert wurde, liefert eben diese Kategorie, auch wenn er noch keinen Wert zugewiesen bekommen hat.

Es gilt: $\rho C \leftrightarrow {}^{-}1\downarrow\rho B$
$\rho\rho C \leftrightarrow 0\lceil{}^{-}1+\rho\rho B$

Attribut Zeigen $C \leftarrow A\ \Box AT\ B$

Die zweistellige Systemfunktion $\Box AT$ liefert einen durch das linke Argument A bestimmten **Attributvektor** für alle durch das rechte Argument B gegebenen Namen.

A muß ein einfacher ganzzahliger Skalar mit einem Wert zwischen 1 und 4 sein. Die vier hierdurch ausgewählten Attribute werden unten erläutert.

B muß eine Namensliste (S. 243) sein.

Das Ergebnis C ist eine einfache ganzzahlige Matrix oder ein einfacher ganzzahliger Vektor, und es gilt:
$\rho C \leftrightarrow ({}^{-}1\downarrow B),(3\ 7\ 4\ 2)[A]$
$\rho\rho C \leftrightarrow 1\lceil\rho\rho B$

Die Attributvektoren sind:

Für $A \leftrightarrow 1$: Valenz. $\rho C \leftrightarrow 3$ (S. 37)
- $C[1]$ Explizites Ergebnis.
  Wenn der Gegenstand eine Variable, ein definierter Operator oder eine definierte Funktion mit explizitem Ergebnis ist: $C[1] \leftrightarrow 1$, sonst: $C[1] \leftrightarrow 0$.
- $C[2]$ Valenz einer Funktion.
  Wenn der Gegenstand eine zweistellige (ambivalente) definierte Funktion ist: $C[2] \leftrightarrow 2$.
  Wenn der Gegenstand eine einstellige definierte Funktion ist: $C[2] \leftrightarrow 1$, sonst: $C[2] \leftrightarrow 0$.

```
        ∇SUM[□]∇
    ∇
[0]     SUM W
[1]     ('SUMME:')(+/W)
    ∇ 1987-01-22   8.52.57 ...

        ∇ADD[□]∇
    ∇
[0]     S←X ADD Y
[1]     S←X+Y
    ∇ 1987-01-22   8.53.55 ...

      1 □AT 'SUM'
  0 1 0
      1 □AT 'ADD'
  1 2 0
      1 □AT 2 3ρ'SUMADD'
  0 1 0
  1 2 0

      2 □AT 2 3ρ'SUMADD'
1987 1 22 8 52 57  23
1987 1 22 8 53 55 798

      3 □AT 3 3ρ'SUMADD□AT'
  0 0 0 0
  0 0 0 0
  1 1 1 0

      ∇ADD∇
      3 □AT 'ADD'
  1 1 1 1

      4 □AT 2 3ρ'SUMADD'
  0 0
  0 0

      DATA←'MEINE DATEN(EBCD'
      CTLA←'MEINE DATEN(CTL'
      110 □SVO 2 4ρ'DATACTLA'
  2 2
      4   □AT 2 4ρ'DATACTLA'
 32 16
 32 16
```

$C[3]$ Valenz eines Operators.
Wenn der Gegenstand ein
zweistelliger definierter
Operator ist: $C[3]$ ↔ 2.
Wenn der Gegenstand ein einstelliger definierter Operator ist: $C[3]$ ↔ 1,
sonst: $C[3]$ ↔ 0.

Für A ↔ 2: Entstehungszeit ρC ↔ 7.
(S. 227)

C ↔ Jahr, Monat, Tag, Stunde,
Minute, Sekunde, Millisekunde der letzten Änderung bei
einer definierten Funktion
oder einem definierten Operator ($\Box TS$-Format),

C ↔ 7ρ0 sonst.

Für A ↔ 3: Verdeckungskennzeichen
ρC ↔ 4.
(S. 191 und 251)

$C[1]$ Definition verdeckt.
$C[2]$ Unterbrechung verhindert.
$C[3]$ Unterbrechungen und Stops
nicht beachtet.
$C[4]$ Fehlernachrichten verfremdet
Der betreffende Wert ist 1, wenn
das entsprechende Verdeckungs-
kennzeichen gesetzt ist, sonst 0.
Für Variablen gilt: C ↔ 4ρ0.
Systemfunktionen (in bestimmten
Fällen auch Elementarfunktionen)
liefern: C ↔ 1 1 1 0.

Für A ↔ 4: Größe der gemeinsamen
Variablen: ρC ↔ 2.
(S. 213)

Der Speicherplatz, den eine ge-
meinsame Variable belegt.
$C[1]$ Strukturinformation (Bytes).
$C[2]$ Umfang der Variablen (Bytes).
Ist der Gegenstand keine gemein-
same Variable, dann gilt: C ↔ 0 0.

Löschen $C \leftarrow \Box EX\ B$

Das rechte Argument B muß eine Namensliste (S. 243) sein.

Als implizites Ergebnis dieser Systemfunktion werden die Gegenstände, deren Namen in B stehen, gelöscht; das heißt, die Zuordnung von Werten zu diesen Namen wird aufgelöst.

Das explizite Ergebnis C ist ein einfacher Boolescher Vektor oder Skalar, der für jede Zeile von B einen Wert enthält, und zwar:

1, wenn der betreffende Gegenstand gelöscht wurde, oder wenn es sich um eine Systemvariable handelt.

0, wenn es sich um eine Systemfunktion oder um einen ungültigen Namen handelt.

Bei den Systemvariablen $\Box CT$, $\Box FC$, $\Box IO$, $\Box LX$, $\Box PP$, $\Box PR$ und $\Box RL$ wird mit $\Box EX$ der aktuelle Wert gelöscht, so daß bei der nächsten Verwendung dieser Variablen ein Fehler auftritt. Das Löschen der anderen Systemvariablen ist nicht möglich.

Unterbrochene oder hängende Funktionen können mit $\Box EX$ ebenfalls gelöscht werden. Man kann sie dann nicht mehr editieren. Ihr Name wird dadurch allerdings im Statusanzeiger nicht gelöscht.

Wenn ein Gegenstand innerhalb einer definierten Funktion oder in einem definierten Operator lokal ist, dann wird mit $\Box EX$ der lokale Gegenstand gelöscht, und nicht etwa ein globaler Gegenstand gleichen Namens (Vgl. dagegen die Systemanweisung $)LOESCHE$, S. 289).

```
      DATEN←2134 5000
      □EX 'DATEN'
1
      DATEN
NAME OHNE WERT
      DATEN
      ∧

      ∇PROG[□]∇
   ∇
[0]   PROG;DATEN
[1]   DATEN←'ABC'
[2]   2+DATEN
   ∇ 1987-01-26  9.27.59 ...
      DATEN←2134 5000
      PROG
UNGUELTIGES ARGUMENT
PROG[2]  2+DATEN
         ∧∧
      DATEN
ABC
      □EX'DATEN'
1
      DATEN
NAME OHNE WERT
      DATEN
      ∧
      )GRUNDSTELLUNG
      DATEN
2134 5000
      □EX 2 5ρ'PROG DATEN'
1 1

      □EX 'ABC'
1
      □NC 'ABC'
0
      □EX 'ABC'
1

      NAMEN
ABC
□OK
1+1
□EX
      □EX NAMEN
1 0  0 0
```

Datentransformationen: Die Systemfunktionen $\Box CR$ $\Box FX$ $\Box TF$ $\Box AF$

In diesem Abschnitt werden Systemfunktionen behandelt, die Zahlen, Strukturgrößen, definierte Funktionen oder Operatoren in Textgrößen umwandeln, und umgekehrt.

Sie haben alle ein explizites und, mit Ausnahme von $\Box FX$, kein implizites Ergebnis.

$\Box FX$ ist die Umkehrfunktion von $\Box CR$, und umgekehrt. Die anderen beiden Funktionen sind ihre eigenen Umkehrfunktionen.

Neutralisieren	$C \leftarrow \Box CR\ B$

Diese Systemfunktion dient zur Umwandlung einer definierten Größe (Funktion oder Operator) in eine Textmatrix.

Das Argument B muß ein einfacher Textvektor oder -skalar sein, der den Namen einer definierten Größe enthält, die angezeigt werden kann, also nicht verdeckt ist.

Das explizite Ergebnis C ist eine einfache Textmatrix mit der Definition der durch B gegebenen definierten Größe. Diese Textdarstellung enthält weder Zeilennummern noch die begrenzenden ∇-Zeichen. Überflüssige Leerstellen werden, außer in Kommentaren, eliminiert.

Wenn die definierte Größe verdeckt ist, so daß sie nicht angezeigt werden kann, wenn sie gar nicht existiert oder wenn es sich nicht um eine definierte Größe handelt, dann ist das Ergebnis eine leere Textmatrix: $C \leftrightarrow 0\ 0\rho'\ '$. Dieses Ergebnis erhält man auch, wenn B der Name einer assoziierten Größe ist.

```
        ∇SINUS[□]∇
     ∇
[0]    Y←SINUS X
[1]  A SINUS-FUNKTION
[2]    Y←1○X
     ∇ 1987-02-05 8.16.19

        □←S←□CR'SINUS'
Y←SINUS X
A SINUS-FUNKTION
Y←1○X
        ρS
3 16

        □FX □CR'SINUS'
SINUS

        ∇SINUS∇
        ρ□←□CR'SINUS'
0 0

        ρ□CR'123'
0 0

        □NC'AAA'
0
        ρ□CR'AAA'
0 0
```

Zur Funktion Erheben	$C \leftarrow \Box FX\ B$

Die einstellige Systemfunktion $\Box FX$ dient zur Umwandlung einer in Textform gegebenen Funktions- oder Operatordefinition in deren ausführbare Form.

Das Argument muß entweder eine einfache Textmatrix oder ein allgemeiner Vektor von einfachen Textvektoren sein.

```
          F
Y←SINUS X
A SINUS-FUNKTION
Y←1○X
        ρF
3 16
        □FX F
SINUS
        SINUS ○0.5
1
```

Wenn sich aus der Textdarstellung eine definierte Funktion oder ein definierter Operator erstellen läßt, dann wird dies durchgeführt (implizites Ergebnis), unter der Voraussetzung, daß der Name der definierten Größe entweder noch frei oder durch eine gleichartige Größe belegt ist. Das explizite Ergebnis ist dann ein Textvektor mit dem Namen der entstandenen Größe.

Wenn in B keine gültige Definition steht, dann ist das explizite Ergebnis ein einfacher ganzzahliger Skalar, und zwar die (von $\Box IO$ abhängige) Nummer der ersten als falsch erkannten Zeile.

$\Box FX$ ist die Umkehrfunktion von $\Box CR$, das heißt, es gilt:

$\Box FX$ $\Box CR$ 'Name' $\leftrightarrow$ 'Name'.

$\Box FX$ kann also das Ergebnis von $\Box CR$ verarbeiten. Doch ist das von $\Box FX$ geforderte Format nicht ganz so starr festgelegt, wie das von $\Box CR$ gelieferte: Als Argument von $\Box FX$ sind außer Textmatrizen auch Vektoren von Vektoren zugelassen, und es dürfen auch redundante Leerstellen im Argument vorkommen.

Es ist möglich, mit $\Box FX$ eine neue Definition einer bereits bestehenden definierten Größe zu erzeugen. Wenn die betreffende definierte Funktion infolge einer Unterbrechung im Statusanzeiger steht, dann bleibt ihre alte Definition im Statusanzeiger noch erhalten, bis man sie dort löscht, obwohl sich die neue Definition bereits im aktiven Arbeitsbereich befindet.

Der Indexanfang $\Box IO$ (S. 232) ist implizites Argument dieser Systemfunktion.

```
      □FX'Y←SIN X'  'Y←1○X'
SIN

      SIN ○0.5
1

      FF
1+1
2×2

      □FX FF
1

      □IO←0
      □FX FF
0

      □IO←1

      □FX'DREI'  '1+A'
DREI

      DREI
NAME OHNE WERT
DREI[1]  1+A
         ^
      □FX'DREI'  '2+2'
DREI

      A←2
      →□LC
3        (alte Version)
      DREI
4        (neue Version).
```

Eingeschränkt zur Funktion Erheben	$C \leftarrow A \ \Box FX \ B$

Wie die einstellige, dient auch die zweistellige Systemfunktion $\Box FX$ zur Erzeugung einer definierten Funktion oder eines definierten Operators aus einer einfachen Textmatrix beziehungsweise aus einem Vektor von einfachen Textvektoren. Zusätzlich werden aber mit Hilfe des linken Argumentes die Verdeckungskennzeichen (S. 191) gesetzt oder gelöscht.

Das linke Argument A muß ein einfacher Boolescher Vektor mit 4 Elementen sein, der den 4 Verdeckungskennzeichen entspricht. Dabei bedeutet eine 1, daß das betreffende Kennzeichen gesetzt, und eine 0, daß es gelöscht werden soll:

$A[1] \leftrightarrow 1$: Die Definition kann nicht angezeigt werden. Dies kann mit $\Box FX$ nicht rückgängig gemacht werden!

$A[2] \leftrightarrow 1$: Die Funktion/der Operator kann nicht unterbrochen werden.

$A[3] \leftrightarrow 1$: Schwache Unterbrechungen und Programmstops werden nicht beachtet.

$A[4] \leftrightarrow 1$: Fehler, die nicht auf fehlende System-Ressourcen zurückzuführen sind, werden durch die neutrale Fehlernachricht $UNGUELTIGES\ ARGUMENT$ gekennzeichnet.

Nur wenn $A[1] \leftrightarrow 0$, die Definition also „offen" ist und nicht verdeckt, können die anderen Verdeckungskennzeichen durch Nullen im linken Argument gelöscht werden.

Im übrigen gilt alles, was bei der einstelligen Systemfunktion $\Box FX$ bezüglich des rechten Argumentes und des Ergebnisses gesagt wurde, auch für die zweistellige Form.

Das Löschen der Verdeckungskennzeichen kann, wenn $A[1] \leftrightarrow 0$ ist, mit $0\ 0\ 0\ 0\ \Box FX\ \Box CR$ 'Name' oder auch mit $0\ \Box FX\ \Box CR$ 'Name' erfolgen.

```
        F
Y←SINUS X
A SINUS-FUNKTION
Y←1○X
      1 0 0 0 □FX F
SINUS
      ∇SINUS[□]∇
DEFINITIONSFEHLER
      ∇SINUS[□]∇
          ∧

      0 1 0 0 □FX F
SINUS
      SINUS 'A'
UNGUELTIGES ARGUMENT
      SINUS 'A'
      ∧
      )SIS
*   SINUS 'A'
      ∧

      0 0 1 0 □FX F
SINUS
      SΔSINUS←2
      SINUS ○0.5
1

        G
C←A AN B
C←A,[2]B
      □FX G
AN
      1 AN 2
KOORDINATENFEHLER
AN[1]   C←A,[2]B
        ∧ ∧
      0 0 0 1 □FX G
AN
      1 AN 2
UNGUELTIGES ARGUMENT
AN[1]   C←C,[2]B
        ∧ ∧
      3 □AT 'AN'
0 0 0 1
```

Umformatieren $C \leftarrow A \; \Box TF \; B$

Diese Systemfunktion dient zur Umwandlung von Gegenständen des aktiven Arbeitsbereiches, also von Variablen, definierten Funktionen und Operatoren, in Textvektoren. Dies ist beispielsweise erforderlich, wenn diese Gegenstände mit anderen APL-Systemen ausgetauscht werden sollen. Man kann aber mit $\Box TF$ aus der so erzeugten **Übertragungsform** den ursprünglichen Gegenstand wieder gewinnen, so daß die Systemfunktion auch ihre eigene Umkehrfunktion ist.

Das linke Argument A muß ein einfacher ganzzahliger Skalar (oder ein einfacher ganzzahliger Vektor mit nur einem Element) sein, der entweder 1 oder 2 ist. Hierdurch wird entweder die einfache oder die (weiter unten besprochene) erweiterte Übertragungsform ausgewählt.

- Herstellen der einfachen oder der erweiterten Übertragungsform:

  Das rechte Argument B muß ein einfacher Textvektor oder -skalar sein, der den Namen eines (nicht verdeckten) Gegenstandes im aktiven Arbeitsbereich enthält.

  Das explizite Ergebnis C ist die Darstellung des durch B bezeichneten Gegenstandes als Textvektor.

  Wenn $A \leftrightarrow 1$ ist, wird die **einfache Übertragungsform** gewählt. Sie ist nur für einfache rein numerische oder reine Textstrukturgrößen, sowie für definierte Funktionen vorgesehen, also für die „klassischen" APL-Gegenstände, nicht für gemischte oder allgemeine Strukturgrößen oder definierte Operatoren. Man verwendet diese Form, wenn mit anderen APL-Systemen, die nicht **APL2**-Systeme sind, Gegenstände ausgetauscht werden sollen. Der Ergebnisvektor C enthält, der Reihe nach:

```
      I←ι4
      T←1 □TF 'I'
      T
NI 1 4 1 2 3 4
      ρT
14

      ABC←'ABCD'
      A←1 □TF 'ABC'
      A
CABC 1 4 ABCD
      ρA
13

      ∇AN[□]∇
    ∇
[0]    C←A AN B
[1]    C←A,B
    ∇ 1987-02-10 14.46.05 ...
      F←1 □TF 'AN'
      F
FAN 2 2 8 C←A AN BC←A,B
      ρF
26

      1 □TF'□IO'
N□IO 0 1
      1 □TF'□TF'
(LV)

      I←ι4
      T←2 □TF 'I'
      T
I←1-□IO-ι4
      ρT
10

      ABC←'ABCD'
      A←2 □TF 'ABC'
      A
ABC←'ABCD'
      ρA
10

      ∇AN[□]∇
    ∇
[0]    C←A AN B
[1]    C←A,B
    ∇ 1987-02-10 14.46.05 ...
      F←2 □TF 'AN'
      F
□FX 'C←A AN B' 'C←A,B'
      ρF
22
```

1. Einen Buchstaben, der angibt, ob es sich um eine definierte Funktion (F), eine numerische (N) oder eine Textvariable (C) handelt, gefolgt von einer Leerstelle.

2. Den Namen der Größe, ebenfalls von einer Leerstelle gefolgt.

3. Die Ordnungszahl und den Strukturvektor des Gegenstandes, wobei alle Zahlen durch Leerstellen getrennt sind, gefolgt von einer Leerstelle.

4. Die Textdarstellung des Gegenstandes, wobei alle Zahlenwerte auf 18 Stellen beschränkt sind.

Systemfunktionen und verdeckte Funktionen liefern als Ergebnis einen leeren Textvektor. Systemvariablen werden wie andere Variablen behandelt.

Wenn $A \leftrightarrow 2$ ist, wird die **erweiterte Übertragungsform** gewählt. Sie ist für alle Gegenstände des aktiven Arbeitsbereiches erlaubt, und dient zum Austausch von Gegenständen mit anderen **APL2**-Systemen.

C ist in diesem Fall ein einfacher Textvektor, der durch Aktivieren ($⍎C$) wieder den ursprünglichen Gegenstand erzeugt. Bei Vektoren stellt der Text in C eine Zuweisung in der Form Name←StrukturvektorρWert dar; bei definierten Größen wird ⎕FX angewandt:
⎕FX 'Kopfzeile' 'Zeile 1' ...

System- und gemeinsame Variablen werden wie andere Variablen behandelt. Verdeckte und Systemfunktionen liefern einen leeren Textvektor.

• Wiederherstellen des Gegenstandes aus der Übertragungsform:

Das rechte Argument B muß in der zum linken Argument A passenden Übertragungsform vorliegen.

```
        2 ⎕TF '⎕IO'
⎕IO←1

        2 ⎕TF '⎕TF'
(LV)

        123 ⎕SVO 'CTL'
2
        2 ⎕TF 'CTL'
(LV)
        CTL
NAME OHNE WERT
        CTL
        ∧
        CTL←1
        2 ⎕TF 'CTL'
CTL←1 12
        ρ2 ⎕TF 'CTL'
8
        CTL
1 12
        ρCTL
2

        WERTE←⍳3
        ⎕←W←1 ⎕TF'WERTE'
NWERTE 1 3 1 2 3
        )LOESCHE WERTE
        WERTE
NAME OHNE WERT
        WERTE
        ∧
        1 ⎕TF W
WERTE
        WERTE
1 2 3
```

In diesem Fall ist das implizite Ergebnis die Wiederherstellung des ursprünglichen Gegenstandes, und das explizite Ergebnis ist ein Textvektor mit dem Namen des wiederhergestellten Gegenstandes. Wenn die Wiederherstellung nicht möglich ist, ist das Ergebnis der leere Textvektor: $C \leftrightarrow$ ' '.

Zeichen Suchen $C \leftarrow \Box AF \ B$

Diese Systemfunktion dient sowohl zum Aufsuchen von Zeichen in der Systemvariablen $\Box AV$, als auch zum Indizieren von $\Box AV$.

- Suchen von Zeichen in $\Box AV$:

  Das Argument B muß eine einfache Strukturgröße sein.

  Dann ist das Ergebnis C eine einfache ganzzahlige Strukturgröße mit den Indizes der Zeichen von B, in $\Box AV$, von 0 an gezählt:
  $C \ \leftrightarrow \ \Box AV \iota B$ (bei $\Box IO \ \leftrightarrow \ 0$).

- Indizieren von $\Box AV$:

  Das Argument B muß eine einfache ganzzahlige Strukturgröße sein, die nur Zahlen zwischen 0 und 2147483647 ($^-1+2*31$) enthält.

  Dann ist das Ergebnis C eine einfache Text-Strukturgröße, mit den durch B in $\Box AV$ induzierten Zeichen, wobei der Index ab 0 gezählt wird:
  $C \ \leftrightarrow \ \Box AV[B]$ (bei $\Box IO \ \leftrightarrow \ 0$).

  Bei Indizes >255 werden nicht-druckbare Zeichen übergeben.

Es gilt in beiden Fällen:
$\rho C \ \leftrightarrow \ \rho B$
$\rho \rho C \ \leftrightarrow \ \rho \rho B$.

Die Systemfunktion $\Box AF$ ist ihre eigene Umkehrfunktion. Das heißt, es gilt:
$\Box AF \ \Box AF \ B \ \leftrightarrow \ B$.

$\Box AF$ ist unabhängig vom Indexanfang $\Box IO$.

```
        □IO←1
        T←'Aa⍙0'
        □AVιT
194 130 66 241
        □AF T
193 129 65 240
        □AV[□AVιT]
Aa⍙0
        □AF □AF T
Aa⍙0

        □AV[260]
INDEXFEHLER
        □AV[260]
        ^   ^
        □AF 260 12000
ωω
```

Ausführungsunterbrechung und Fehlerbehebung: Die Systemfunktionen $\Box DL$ $\Box EA$ $\Box EC$ $\Box ES$

In diesem Abschnitt werden Systemfunktionen behandelt, mit denen Fehler und andere Unterbrechungen simuliert oder abgefangen werden können. Aus diesem Grund sind sie besonders für Anwendungsprogrammierer von Interesse.

Alle diese Funktionen haben ein implizites, die meisten auch ein explizites Ergebnis.

Verzögern	$C \leftarrow \Box DL\ B$

<table>
<tr><td>

Mit dieser Systemfunktion kann man die Ausführung (beispielsweise einer definierten Funktion) für eine bestimmte Zeit anhalten.

Das Argument B muß ein einfacher, nicht-negativer numerischer Skalar sein, der die Dauer der Verarbeitungspause in Sekunden angibt. Diese Pause ist das implizite Ergebnis von $\Box DL$.

Da die Reaktionszeit des Systems von vielen Faktoren abhängt, kann die Dauer nicht ganz genau festgelegt werden: Sie ist in der Regel etwas größer als die Zahl in B. Das explizite Ergebnis ist die vom System gemessene tatsächliche Dauer der Verzögerung.

Man kann während der Pause eine Unterbrechung signalisieren. Dies führt zur Nachricht $UNTERBRECHUNG$, und es wird in diesem Fall auch kein explizites Ergebnis erzeugt.

</td><td>

```
      □DL 3
3.025530187
      □DL
3.011560312
```

</td></tr>
</table>

Aktivieren mit Alternative	$C \leftarrow A\ \Box EA\ B$

<table>
<tr><td>

Die beiden Argumente A und B müssen einfache Textvektoren oder -skalare sein.

Die Systemfunktion bewirkt, daß zunächst das **rechte** Argument aktiviert wird (S. 92): $\triangleq B$.

Wenn dies zu einem Fehler führen würde, beispielsweise, weil B keinen ausführbaren Ausdruck enthält, dann wird das **linke** Argument aktiviert: $\triangleq A$. A enthält also die Alternative zur Anweisung in B. Auf diese Weise kann man innerhalb von definierten Funktionen Fehler abfangen.

</td><td>

```
        '1+1'  □EA  'ι3'
1 2 3
        E←'1+1'  □EA  ι3
E
1 2 3
        '1+1'  □EA  'ι1.2'
2
        E←'1+1'  □EA  'ι1.2'
E
2
        !X←3
6
        'Y←0'  □EA  'Y←!X'
Y
6
```

</td></tr>
</table>

Der Ausdruck A $\Box EA$ B hat nur dann ein explizites Ergebnis, wenn der tatsächlich ausgeführte Ausdruck ⍎B, beziehungsweise ⍎A, ein explizites Ergebnis hat, und es gilt dann: $C \leftrightarrow$ ⍎B beziehungsweise $C \leftrightarrow$ ⍎A.

Ein Spezialfall ergibt sich, wenn ⍎B zwar ausgeführt werden kann, aber kein explizites Ergebnis liefert, und wenn dann das explizite Ergebnis des Ausdrucks A $\Box EA$ B abgefragt wird: Dann wird entweder ⍎B als ungültig aufgefaßt (und ⍎A ausgeführt), oder es erscheint die Fehlernachricht *NAME OHNE WERT*.

Wenn, aus einem der oben angegebenen Gründen, ⍎A ausgeführt werden muß, dann verhält sich A $\Box EA$ B wie ⍎A, was Fehler und explizites Ergebnis anbelangt.

```
      !X←¯3
UNGUELTIGES ARGUMENT
      !X←¯3
      ^
      'Y←0'  □EA  'Y←!X'
      Y
0

      '1+1'  □EA  ''
(ohne Ergebnis)
      E←'1+1'  □EA  ''
NAME OHNE WERT
      E←'1+1'  □EA  ''
      ^          ^

      ''  □EA  '⍳1.2'
(ohne Ergebnis)
      E←''  □EA  '⍳1.2'
NAME OHNE WERT
      E←''  □EA  '⍳1.2'
      ^       ^

      ∇FUNKT1[□]∇
    ∇
[0]    FUNKT1
[1]    1+'A'
    ∇ ...
      '1+1'  □EA  'FUNKT1'
2

      1 □EA 2
UNGUELTIGES ARGUMENT
      1 □EA 2
      ^ ^
```

Probeweise Ausführen $C \leftarrow \Box EC$ B

Das Argument B muß ein einfacher Textvektor oder -skalar sein.

Die Systemfunktion bewirkt, daß der Ausdruck in B probeweise ausgeführt wird.

Das explizite Ergebnis C ist ein allgemeiner Vektor mit drei Komponenten, der angibt, was bei normaler Ausführung von ⍎B zu erwarten ist. Im einzelnen gilt:

$C[1]$ gibt Auskunft über die Art der Anweisung in B:

    ⍎B führt zu einem Fehler: $C[1] \leftrightarrow 0$.

```
      □EC←'1+1'
  1  0  0  2

      (F1 F2 E)←□EC'→'
      F1
5
      F2
0 0
      E
(ohne Ergebnis)

      (F1 F2 E)←□EC'⍳1.2'
      F1
0
      F2
5 4
      E
UNGUELTIGES ARGUMENT
      ⍳1.2
      ^
```


$\pounds B$ ist ausführbar und hat ein explizites
Ergebnis. Wird dieses nur angezeigt:
$C[1]\leftrightarrow 1$; wird es zugewiesen:
$C[1]\leftrightarrow 2$.

$\pounds B$ ist ausführbar, liefert aber kein
explizites Ergebnis: $C[1]\leftrightarrow 3$.

B enthält eine Verzweigung mit Sprungadresse: $C[1]\leftrightarrow 4$. Eine Verzweigung ohne Sprungadresse liefert:
$C[1]\leftrightarrow 5$.

$C[2]$ enthält das Fehlerkennzeichen $\Box ET$,
das bei der Ausführung von $\pounds B$ gesetzt
würde (S. 236). Wenn $\pounds B$ zu keinem Fehler
führt: $C[2]\leftrightarrow 0\ 0$.

$C[3]$ enthält das Ergebnis von $\pounds B$:

$\pounds B$ hat ein explizites Ergebnis ($C[1]$
$\leftrightarrow 1$ oder $C[1]\leftrightarrow 2$): $C[3]\leftrightarrow$
$\pounds B$.

$\pounds B$ führt zu einem Fehler ($C[1]\leftrightarrow$
0): Dann steht in $C[3]$ die Fehlernachricht $\Box EM$ (S. 235): $C[3]\leftrightarrow$
$\Box EM$.

In B steht eine Verzweigung mit
Sprungadresse $\rightarrow$n ($C[1]\leftrightarrow 4$).
Dann steht in $C[3]$ die Nummer der
Zeile, zu der verzweigt werden soll:
$C[3]\leftrightarrow$ n.

$\pounds B$ hat kein explizites Ergebnis ($C[1]$
$\leftrightarrow 3$) oder B enthält eine Verzweigung ohne Adresse ($C[1]\leftrightarrow 5$).
Dann steht in $C[3]$ eine leere Matrix:
$C[3]\leftrightarrow 0\ 0\rho 0$.

Bei der probeweisen Ausführung gelten
besondere Bedingungen: Ein gesetzter
Stopvektor $S\Delta\ldots$ wird nicht beachtet, Eingabeanforderungen ebenfalls nicht (was
zur Fehlernachricht $NAME\ OHNE\ WERT$
führt). Der Wert von $\Box ET$ bleibt erhalten;
er wird nicht etwa von dem Wert, den er
bei Ausführung von $\pounds B$ erhalten würde,
überschrieben!

Fehler Simulieren	$\Box ES\ B$

Die einstellige Systemfunktion $\Box ES$ dient zur Simulation von Fehlern und anderen Unterbrechungen. Sie hat kein explizites Ergebnis. Als implizites Ergebnis werden die Systemvariablen $\Box ET$ (Fehlerkennzeichen, S. 236) und $\Box EM$ (Fehlernachricht S. 235) gesetzt, wie wenn ein entsprechender Fehler aufgetreten wäre.

Das Argument B gibt an, welche Art von Fehler oder Unterbrechung simuliert werden soll:

B ist ein leerer Vektor: Dies hat keinerlei Auswirkung!

B ist ein einfacher Textvektor oder -skalar: Dann wird B als Fehlertext in $\Box EM$ eingesetzt, und $\Box ET$ erhält den Wert 0 1 (unbestimmter Fehler).

$B \leftrightarrow 0\ 0$: Innerhalb einer definierten Funktion oder in einem definierten Operator bewirkt dies, daß die Variablen $\Box EM$ und $\Box ET$ auf ihren Anfangswert (3 0' ' beziehungsweise 0 0) gesetzt werden. Im Ausführungszustand hat dies keine Veränderung von $\Box EM$ und $\Box ET$ zur Folge.

B ist ein Fehlerkennzeichen (ein einfacher ganzzahliger Vektor mit zwei Elementen, wie $\Box ET$). Dann wird das Fehlerkennzeichen $\Box ET$ auf den Wert von B gesetzt ($\Box ET \leftrightarrow B$), und es erscheint die für diesen Fall vorgesehene Fehlernachricht $\Box EM$, wenn B ein gültiges Fehlerkennzeichen enthält. Wenn B kein gültiges Fehlerkennzeichen enthält, wird keine Fehlernachricht angezeigt, und in $\Box EM$ wird eine Leerzeile eingesetzt.

B darf nur Werte zwischen 0 und 32767 enthalten.

```
      ∇DURCH[□]∇
    ∇
[0]    C←A DURCH B
[1]    □ES(0=B)/'NENNER = 0!'
[2]    C←A÷B
    ∇ 1987-02-02   9.15.02 ...
      7 DURCH 2
3.5
      7 DURCH 0
NENNER = 0!
      7 DURCH 0
      ^ ^
      □ET
0 1
      □ES 0 0
      □EM
NENNER = 0!
      7 DURCH 0
      ^ ^
      □ET
0 1

      ∇ERHOEHE[□]∇
    ∇
[0]    Y←ERHOEHE X
[1]    □ES(0≠↑0ρX)/5 4
[2]    Y←X+1
    ∇ 1987-02-02   9.22.26 ...
      ERHOEHE 4
5

      ERHOEHE 'A'
UNGUELTIGES ARGUMENT
      ERHOEHE 'A'
      ^
      □ET
5 4
      □EM
UNGUELTIGES ARGUMENT
      ERHOEHE 'A'
      ^
```

```
                              ∇ERH[□]∇
                        ∇
                  [0]    Y←ERH H
                  [1]    □ES(0≠↑0ρX)/17 18
                  [2]    Y←X+1
                        ∇ 1987-02-02   9.25.24
                              ERH  4
                  5
                              ERH  'A'
                              ERH  'A'
                              ∧
                              □ET
                  17 18
                              □EM

                              ERH  'A'
                              ∧
```

Fehler Simulieren mit Nachricht   A □ES B

Mit der einstelligen Systemfunktion □ES
kann man entweder einen bestimmten
Fehler simulieren (wobei man die zugehörige Standard-Nachricht erhält), oder eine
Unterbrechung herbeiführen (wobei der
eingegebene Text als Nachricht erscheint).

Die zweistellige Systemfunktion □ES vereinigt beide Eigenschaften: Der durch das
im rechten Argument B stehende Fehlerkennzeichen (S. 236) charakterisierte Fehler wird simuliert, und der durch das linke
Argument A gegebene Fehlertext wird
ausgegeben.

A muß ein einfacher Textvektor oder -ska-
lar sein.

B muß entweder ein einfacher ganzzahliger zweistelliger oder ein leerer Vektor
sein.

Wenn B ein leerer Vektor ist, dann hat
□ES keinerlei Auswirkung.

Wenn B ein ganzzahliger Vektor mit zwei
Elementen ist, dann wird eine Unterbre-
chung erzeugt. Das Fehlerkennzeichen
□ET wird auf den Inhalt von B gesetzt:
□ET ↔ B. Der Fehlertext A wird ange-
zeigt und außerdem in die erste Zeile von
□EM eingesetzt.

B darf nur Werte zwischen 0 und 32767
enthalten.

```
            'NEUER  FEHLER'  □ES  17 12
      NEUER  FEHLER
            'NEUER  FEHLER'  □ES  17 12
            ∧                     ∧
            □ET
      17 12

            □EM
      NEUER  FEHLER
            'NEUER  FEHLER'  □ES  17 12
            ∧                     ∧
            ∇DURCH[□]∇
        ∇
  [0]    C←A DURCH B
  [1]    'NENNER=0!'  □ES(B=0)/17 12
  [2]    C←A÷B
        ∇ 1987-02-02 9.27.14  ...
            7 DURCH 2
      3.5

            7 DURCH 0
      NENNER=0!
            7 DURCH 0
            ∧ ∧
            □ET
      17 12
```

Wenn die Systemfunktion innerhalb einer
definierten Funktion oder in einem definierten Operator aufgerufen wird, dann
wird diese Funktion, beziehungsweise dieser Operator, als verdeckt betrachtet: Das
heißt, der Fehler wird nicht in der Funktion
oder im Operator angezeigt, sondern in
der nächsthöheren Ebene.

Ein Sonderfall ist $B \leftrightarrow 0\ 0$: Innerhalb
einer definierten Funktion oder in einem
definierten Operator bewirkt dies, daß
$\square EM$ und $\square ET$ auf ihren ursprünglichen
Wert (3 0ρ' ' beziehungsweise 0 0)
gesetzt werden, während dies im Ausführungszustand keine Veränderung von $\square EM$
und $\square ET$ bewirkt.

Verbindungsprogramme: Die Systemfunktion $\Box NA$

APL2 ist nach außen „offen" das heißt, man kann innerhalb von **APL2**-Anweisungen Unterprogramme, die in anderen Sprachen geschrieben wurden, unmittelbar aufrufen. Voraussetzung dafür ist allerdings, daß man geeignete Schnittstellen, sogenannte **Verbindungsprogramme** hat, die den Kontakt zur Außenwelt herstellen. Es gibt beispielsweise Verbindungsprogramme für kompilierte FORTRAN- und Assemblerprogramme, sowie für REXX-Prozeduren.

Ein Verbindungsprogramm wird in **APL2** mit einer (von Installation zu Installation verschiedenen) Nummer angesprochen, ähnlich wie ein Partnerprogramm.

Bevor man ein solches „sprachfremdes" Unterprogramm (welches selbstverständlich bestimmte Bedingungen erfüllen muß) als **APL2**-Funktion aufrufen kann, muß man seinen Namen (gegebenenfalls sogar mehrere Namen) dem Verbindungsprogramm mitteilen. Dies geschieht mit Hilfe der zweistelligen Systemfunktion $\Box NA$ (Assoziieren).

Das Verbindungsprogramm 0 ist **APL2** selbst: Eine Assoziation zu ihm hat keine Auswirkung.

Wenn die Assoziation hergestellt ist, kann das „eingemeindete" Unterprogramm wie eine definierte **APL2**-Funktion aufgerufen werden.

Anders als bei Partnerprogrammen, bleibt die Assoziation eines Namens so lange bestehen (beim gespeicherten Arbeitsbereich sogar über das Ende der **APL2**-Sitzung hinaus!), bis sie beispielsweise durch 0 $\Box NA$, $\Box EX$, $)KOPIERE$, $)LOESCHE$ oder $)EIN$ wieder aufgehoben wird.

Umgekehrt kann durch $)LADE$, $)KOPIERE$, $)SKOPIERE$ oder $)EIN$ eine Assoziation wieder hergestellt werden. Bei $)AUS$ und $)SICHERE$ bleibt sie erhalten.

Wird der Name eines assoziierten Gegenstandes gelöscht, dann wird der Gegenstand selbst nur dann ebenfalls gelöscht, wenn er nicht in einer unterbrochenen Funktion noch angesprochen ist.

Assoziieren	$C \leftarrow A \;\; \Box NA \;\; B$

Die zweistellige Systemfunktion $\Box NA$ dient dazu, die Verbindung zwischen Gegenständen im aktiven Arbeitsbereich zu einem Verbindungsprogramm herzustellen.

Das rechte Argument B muß eine Namensliste (S. 243) sein. Der Inhalt jeder Zeile wird als Name eines Gegenstandes aufgefaßt, der einem Verbindungsprogramm assoziiert werden soll.

Das linke Argument A muß eine einfache ganzzahlige Matrix mit zwei Spalten oder ein zweielementiger ganzzahliger Vektor sein.

```
      3 50 ⎕NA 'PROG1'
1
      0 50 ⎕NA 'PROG2'
1
      ⎕NA 'PROG2'
3


      3 81 ⎕NA 'HUGO'
0
      )MEHR
AP2VN81 UNAVAILABLE

      3 50 ⎕NA 2 5ρ'PROG3PROG4'
1 1


      L←2 2ρ2 50
      L ⎕NA 2 1ρ'AB'
1 1
```

A und B sind miteinander verträglich,
wenn eine der folgenden Bedingungen
erfüllt ist:

- A und B sind Matrizen mit gleicher
  Zeilenzahl: $\dagger\rho A \leftrightarrow \dagger\rho B$.

- B ist eine Matrix und A ein Vektor. In
  diesem Fall wird A vor der Ausführung
  von $\Box NA$ zu einer Matrix mit der Zeilenzahl von B erweitert.

- B ist ein Skalar oder Vektor. Dann muß
  A ein Vektor sein.

Die erste Spalte von A gibt die Kategorie
des entsprechenden Namens in B an, die
zweite Spalte die Nummer des Verbindungsprogramms.

Gültige Kategorien sind:

  0 Die Kategorie wird vom Verbin-
     dungsprogramm ermittelt.
  1 Zeilenmarke
  2 Variable
  3 Definierte Funktion
  4 Definierter Operator

Das explizite Ergebnis C ist ein einfacher
numerischer Skalar oder Vektor, der angibt, ob die Assoziation hergestellt ist (1)
oder nicht (0). Letzteres bedeutet, daß es
entweder kein Verbindungsprogramm mit
der Nummer gibt, oder daß es nicht aktiv
ist. Hier liefert die Systemanweisung
$)MEHR$ zusätzliche Informationen.

Man kann in B, zusätzlich zum Namen
eines Gegenstandes, einen zweiten Namen
angeben, durch eine Leerstelle vom ersten
Namen getrennt, den **Aliasnamen** des
Gegenstandes. Dabei ist der Aliasname
der (externe) Name, unter dem der Gegenstand dem Verbindungsprogramm
bekannt ist, während der erste Name im
APL2-Arbeitsbereich gültig ist.

Es gilt: $\rho C \leftrightarrow {}^-1\dagger\rho B$
$\qquad\quad \rho\rho C \leftrightarrow 0\lceil{}^-1+\rho\rho B$

```
      3 50 □NA 'FUNKT PROG'
1
```
(Das externe Programm PROG
soll in **APL2** unter dem Namen
$FUNKT$ angesprochen werden).
```
      FUNKT ι10
55
```

<table>
<tr><td>Assoziation Zeigen</td><td align="right">$C \leftarrow \Box NA\ B$</td></tr>
</table>

Die einstellige Systemfunktion $\Box NA$ liefert die Kategorien und die Verbindungsprogramm-Nummern der durch das Argument B gegebenen assoziierten Namen.

B muß eine Namensliste (S. 243) sein, bei der jede Zeile als Name eines Gegenstandes aufgefaßt wird. Anstelle eines Namens kann auch sein Alias-Name angegeben werden.

Das Ergebnis C ist eine einfache ganzzahlige Matrix oder ein einfacher ganzzahliger Vektor mit zwei Spalten. Die erste Spalte gibt die Kategorie des Namens an, die zweite Spalte die Nummer des Verbindungsprogramms, zu dem der Name assoziiert ist (beziehungsweise 0, wenn keine Assoziation besteht).

Folgende Kategorien sind in diesem Zusammenhang möglich:

$^-$1   Falscher (Alias-)Name
1   Zeilenmarke
2   Variable
3   Definierte Funktion
4   Definierter Operator

Es gilt: $\rho C \leftrightarrow (^-1\downarrow\rho B),2$
        $\rho\rho C \leftrightarrow 0\lceil^-1+\rho\rho B$

```
      3 50 □NA 'PROG'
1
      □NA 'PROG'
3 50

      HUGO←'TEXT'
      □NA 2 4ρ'PROGHUGO'
3 50
2  0
```

Gemeinsame Variablen: Die Systemfunktionen $\square SVO$ $\square SVR$ $\square SVQ$ $\square SVS$ $\square SVC$

Nachstehende Systemfunktionen benötigt man für die Arbeit mit gemeinsamen Variablen, die wiederum zum Ansprechen der Partnerprogramme erforderlich sind.

Anbieten	$C \leftarrow A \ \square SVO \ B$

Mit dieser zweistelligen Systemfunktion werden die Variablen, deren Namen in B stehen, an die **Partner** angeboten, deren Nummern in A stehen.

Das rechte Argument B muß eine Namensliste sein (S. 243), in der jede Zeile als Name einer Variablen aufgefaßt wird, die zur gemeinsamen Verwendung angeboten werden soll.

Das linke Argument A muß ein einfacher ganzzahliger Vektor von **Partnernummern** (Benutzer- oder Partnerprogrammnummern) sein. Diese werden bei der Installation des Systems festgelegt.

Die Argumente A und B sind verträglich, wenn A so viele Elemente hat, wie B Zeilen, oder wenn A ein Skalar ist (in diesem Fall wird A zu einem Vektor mit entsprechend vielen Elementen erweitert).

Das implizite Ergebnis dieser Systemfunktion ist, daß die Variablen in B an die Partner in A angeboten werden.

Das explizite Ergebnis C ist ein einfacher ganzzahliger Vektor mit dem erreichten Kopplungsgrad (0, 1 oder 2) jeder Variablen.
Es gilt: $\rho C \leftrightarrow \ ^{-}1\downarrow\rho B$
$\qquad \rho\rho C \leftrightarrow 0\lceil \ ^{-}1\downarrow\rho\rho B$
und: $\quad \wedge/C \ \epsilon 0 \ 1 \ 2 \leftrightarrow 1$

Der erreichte Kopplungsgrad ist 0, wenn aus irgendeinem Grund keine Kopplung zustande kam, sonst 1 oder 2. Der Kopplungsgrad 2 wird erst erreicht, wenn der Partner das Gegenangebot für die betreffende Variable gemacht hat.

```
        127 □SVO 'CTL'
1

        110 □SVO'DATCMS'
2
        110 □SVO'CTLCMS'
2
oder auch:
        110 □SVO 2 6ρ'DATCMSCTLCMS'
2 2
oder auch:
        110 □SVO¨'DATCMS' 'CTLCMS'
2 2
oder auch:
        110 □SVO'VAR1 DATCMS'
2
        110 □SVO'VAR2 CTLCMS'
2
```

(Der erste Name, also $VAR1$ oder $VAR2$, wird benützt, während der zweite, der Aliasname, dem Partner genannt wird).

Bei zwei unabhängigen Partnern besteht die Möglichkeit, daß ein Partner die gemeinsame Variable unter einem anderen Namen ansprechen will, als der andere. In diesem Fall gibt man beim Anbieten zwei Namen an, getrennt durch eine Leerstelle. Dabei ist der erste Name derjenige, den man selbst verwenden möchte, während der zweite, der **Aliasname**, dem Partner bekannt ist.

Wenn in A eine 0 als Partnernummer auftritt, bedeutet dies ein **generelles Angebot** der Variablen. Eine Kopplung erfolgt aber erst, wenn ein Partner ein Gegenangebot für die betreffende Variable ausspricht.

Kopplungsgrad Abfragen	$C \leftarrow \square SVO\ B$

Die einstellige Form dieser Systemfunktion dient zum Abfragen des erreichten Kopplungsgrades der in B aufgeführten (gemeinsamen) Variablen.

```
      110 ⎕SVO'CTL'
2
      ⎕SVO¨'CTL'  'ABC'
2 0
```

Das Argument B muß eine Namensliste sein (S.243), die in jeder Zeile den Namen einer Variablen (gegebenenfalls noch einen Aliasnamen) enthält.

Das explizite Ergebnis C ist der erreichte Kopplungsgrad aller in B aufgeführten Variablen, in Form eines einfachen ganzzahligen Skalars oder Vektors.

Es gilt: $\rho C \leftrightarrow {}^-1 \downarrow \rho B$
$\qquad\quad \rho\rho C \leftrightarrow 0 \lceil {}^-1 + \rho\rho B$

Angebot Zurückziehen	$C \leftarrow \square SVR\ B$

Mit dieser einstelligen Systemfunktion zieht man das Angebot der gemeinsamen Variablen, deren Namen in B stehen, zurück.

```
      127 ⎕SVO'CTL'
2
      ⎕SVR¨'CTL'  'ABC'
2 0
      ⎕SVO¨'CTL'  'ABC'
0 0
```

Das Argument B muß eine Namensliste (S. 243) sein, bei der in jeder Zeile der Name (gegebenenfalls auch der Aliasname) einer Variablen steht.

Das implizite Ergebnis dieser Systemfunktion ist, daß das Angebot der betreffenden Variablen zurückgezogen wird, so daß die Variablen nicht mehr gemeinsame, sondern nur noch „normale" Variablen sind.

Das explizite Ergebnis C ist der Kopplungsgrad der Variablen, wie er **vorher**
bestand, in Form eines einfachen ganzzahligen Skalars oder Vektors.

Es gilt: $\rho C \leftrightarrow {}^-1\downarrow\rho B$
$\qquad\rho\rho C \leftrightarrow 0\lceil {}^-1+\rho\rho B$

Indirekt kann man das Zurückziehen eines
Angebotes auch dadurch bewerkstelligen,
daß man die betreffende Variable zerstört.
Dies kann beispielsweise geschehen mit:
$\Box EX$ oder $)LOESCHE$, durch Überschreiben mit $)KOPIERE$, $)SKOPIERE$,
$)UEKOPIERE$, $)EIN$ oder $\Box TF$, auch
durch Beenden der Funktion, in der die
Variable lokal war, oder schließlich durch
Zerstören des aktiven Arbeitsbereiches
mit $)LEERE$, $)LADE$, $)ENDE$ oder
$)WEITER$.

Wenn eine gemeinsame Variable noch
keinen Wert zugewiesen bekommen hat,
dann existiert sie nach dem Zurückziehen
nicht mehr im aktiven Arbeitsbereich.

Zugriffszustand Abfragen $C\leftarrow\Box SVS\ B$

Mit dieser einstelligen Systemfunktion
kann man den Zugriffszustandsvektor ZZV
abfragen. Das heißt, man kann feststellen,
welcher der beiden Partner eine gemeinsame Variable zuletzt abgefragt oder gesetzt hat.

Das Argument B muß eine Namensliste
sein (S. 243), in der jede Zeile den Namen
einer (gemeinsamen) Variablen, gegebenenfalls mit Aliasnamen enthält.

Das Ergebnis C ist ein einfacher Boolescher Vektor mit 4 Elementen oder einfache Boolesche Matrix mit 4 Spalten, wobei
jede Zeile von C der ZZV der entsprechenden Variablen in B ist.

Die möglichen Werte für den ZZV wurden
im vorigen Abschnitt aufgezeigt (S. 217).

Wie man an den Beispielen erkennt, unterscheiden sich am Anfang die Ergebnisse von $\Box SVS$ bei verschiedenen Partnerprogrammen.

```
        □SVS'ANW'
0 0 0 0
(Noch kein Angebot)

        100 □SVO'ANW'
2
        □SVS'ANW'
0 1 0 1
(Partner hat schon gesetzt!)

        ANW←'BEFEHL'
        □SVS'ANW'
0 1 0 1
(Partner hat sofort wieder
gesetzt!)

        FEHLER←ANW
        □SVS'ANW'
(Benutzer hat zuletzt abgefragt)

        □SVS'CTL'
0 0 0 0
        121 □SVO'CTL'
2
        □SVS'CTL'
0 0 1 1
(Anfangszustand)
```

```
          CTL←'C MEINE DATEN S'
          □SVS'CTL'
    0  1  0  1
```
(Partner hat gesetzt)

```
          FEHLER←CTL
          □SVS'CTL'
    0  0  1  1
```
(Benutzer hat abgefragt)

Partner Abfragen $C←\Box SVQ$ B

Mit dieser einstelligen Systemfunktion kann man feststellen, ob ein Partner, und gegebenenfalls welcher, Variablen zur gemeinsamen Benutzung anbietet.

Das Argument B muß entweder ein einfacher ganzzahliger Skalar oder ein einfacher numerischer Vektor mit einem einzigen ganzzahligen Element sein, oder aber ein leerer Vektor.

Wenn B einen ganzzahligen Wer hat, dann wird dieser als Partnernummer aufgefaßt. Das Ergebnis C ist in diesem Fall eine Namensliste (S. 243), die in jeder Zeile den Namen einer Variablen enthält, die von dem angegebenen Partner angeboten wurde, und für die noch kein Gegenangebot seitens des Benutzers erfolgte. Wenn es keine solchen Variablen gibt, ist C eine leere Matrix.

Wenn B ein leerer Vektor ist, dann ist das Ergebnis C ein einfacher numerischer Vektor mit den Nummern aller Partner, welche Variablen angeboten haben, ohne daß ein Gegenangebot erfolgte.

Es gilt: $\rho\rho B$ ↔ ,1 wenn ρB ↔ 0,
       $\rho\rho B$ ↔ ,2 wenn B nicht leer.

```
               MAT
    CTLX
    CTLZ
               126 121 □SVO MAT
    2  2
               □SVQ ι0
    121 126

               □SVQ 126
    DATX
               □SVQ 121
    DATZ
               ρ□SVQ 121
    4

               )LEERE
    AB OHNE NAMEN
               □SVQ ι0
    (LV)
               ρ□SVQ ι0
    0

               □SVQ 100
    (LZ)
               ρ□SVQ 100
    0  0
```

Zugriffssteuerung Setzen $C←A$ $\Box SVC$ B

Mit der zweistelligen Systemfunktion $\Box SVC$ setzt man den Zugriffssteuerungsvektor ZSV für gemeinsame Variablen (S. 217).

```
          MAT←2 3ρ'ANWCTL'
          100 121 □SVO MAT
    2  2
```

Das rechte Argument B muß eine Namensliste sein (S. 243), bei der in jeder Zeile der Name einer (gemeinsamen) Variablen steht.

Das linke Argument A muß ein einfacher Boolescher Vektor oder eine einfache Boolesche Matrix mit vier Spalten sein, wobei jede Zeile von A den ZSV für den entsprechenden Namen in B darstellt.

Beide Argumente sind verträglich, wenn entweder A ein Vektor ist oder ein Skalar, (der dann entsprechend der Zeilenzahl von B erweitert wird), oder wenn gilt: $↑\rho A \leftrightarrow ↑\rho B$.

Das implizite Ergebnis dieser Systemfunktion ist, daß für jede Variable in B der entsprechende ZSV gesetzt wird, allerdings mit folgender Einschränkung: Die Einsen im ZSV, die vom Partner gesetzt wurden, bleiben erhalten. Wenn der Kopplungsgrad der Variablen 0 ist (keine gemeinsame Variable), dann wird der ZSV auf 0 0 0 0 gesetzt.

Das explizite Ergebnis C ist der resultierende ZSV für jede Variable in B, ein einfacher Boolescher Vektor oder eine einfache Boolesche Matrix mit vier Spalten.

Es gilt: $\rho C \leftrightarrow (^-1 ↓ \rho B),4$
  $\rho\rho C \leftrightarrow 1\lceil\rho\rho B$

```
        1 □SVC'CTL'
1  1  1  1
        1  0  1  0 □SVC MAT,[1]'VAR'
1  0  1  1
1  1  1  1
0  0  0  0
```
(Der ZSV war vorher
  bei ANW: 0 0 0 1
  bei CTL: 1 1 1 1
  bei VAR: 0 0 0 0
VAR ist keine gemeinsame Variable)

Zugriffssteuerung Abfragen	$C \leftarrow \Box SVC\ B$

Mit der einstelligen Systemfunktion $\Box SVC$ kann man den Zugriffssteuerungsvektor ZSV gemeinsamer Variablen abfragen.

Das Argument B muß eine Namensliste sein (S. 243), bei der jede Zeile den Namen einer (gemeinsamen) Variablen enthält.

Das Ergebnis C ist ein einfacher Boolescher Vektor oder eine einfache Boolesche Matrix mit vier Spalten. Jede Zeile von C enthält den ZSV für die entsprechende Variable in B.

Es gilt: $\rho C \leftrightarrow (^-1 ↓ \rho B),4$
  $\rho\rho C \leftrightarrow 1\lceil\rho\rho B$

```
        □SVC'VAR'
0  0  0  0
(keine gemeinsame Variable)

        100 □SVO'ANW'
2
        □SVC'ANW'
0  0  0  1
(Benutzer soll Variable setzen, ehe
das Partnerprogramm sie anspricht)
        1  0  1  0 □SVC'ANW'
1  0  1  1
        □SVC'ANW'
1  0  1  1
```

TEIL V SYSTEMANWEISUNGEN

EINFÜHRUNG

Systemanweisungen

Die **Systemanweisungen** dienen zum Steuern der Sitzung, sowie zum Verwalten von Bibliotheken, Arbeitsbereichen und deren Inhalt.

Im Gegensatz zu den Systemfunktionen, sind die Systemanweisungen nicht Bestandteil der **APL2**-Sprache. Sie können daher auch nicht in **APL2**-Anweisungen oder in definierten Funktionen auftreten. Sollte in bestimmten Fällen der Aufruf einer Systemanweisung in einer definierten Funktion unumgänglich sein, dann muß man die Systemanweisung als Text mit Hilfe des Partnerprogramms AP101 für Vorauseingabe in den Lesepuffer stellen, und anschließend die Funktion durch Setzen eines Stopvektors anhalten. Dies bewirkt, daß die Systemanweisung aus dem Puffer gelesen und ausgeführt wird.

Es gibt Systemfunktionen, die Ähnliches leisten, wie bestimmte Systemanweisungen. So entsprechen sich $)LOESCHE$ und $\square EX$, $)NAM$ und $\square NL$ 1 2 3, $)VAR$ und $\square NL$ 2, $)FUN$ und $\square NL$ 3, $)OPE$ und $\square NL$ 4. Der Hauptunterschied zwischen ihnen besteht darin, daß sich die Systemanweisungen stets auf **globale** und die Systemfunktionen vorrangig auf **lokale** Gegenstände beziehen.

Die Systemanweisungen hängen noch mehr von der Umgebung (dem Wirtssystem) ab als die Systemfunktionen, insbesondere gibt es verschiedene Systemanweisungen, die nicht in jeder Umgebung unterstützt sind. Ich habe mich deshalb auf eine Auswahl der gebräuchlichsten beschränkt und damit bewußt auf Vollständigkeit verzichtet.

Ich habe mich für die deutschen Anweisungsnamen entschieden, wie sie unter MVS/TSO oder VM/CMS durch $\square NLT\leftarrow'DEUTSCH'$ aktiviert werden (S. 225). Weil aber immer auch die englische Fassung akzeptiert wird, habe ich diese zusätzlich angegeben.

Systemanweisungen beginnen stets mit dem Zeichen), so daß keine Verwechslungen mit **APL2**-Anweisungen möglich sind. Daran schließt sich das Anweisungswort an (ohne Leerstelle!). In vielen Fällen können oder müssen Parameter angegeben werden: Diese werden vom Anweisungswort und untereinander durch mindestens eine Leerstelle getrennt.

Die Informationen, die man als Ergebnis einer Systemanweisung erhält, sind überwiegend in der Sprache gehalten, die in $\square NLT$ steht. Ein Beispiel:

```
 □NLT←' '          □NLT←'DEUTSCH'
 )CLEAR            )LEERE
CLEAR WS          AB OHNE NAMEN
```

Der Text *CLEAR WS* oder *AB OHNE NAMEN* ist **kein explizites Ergebnis**, keine **APL2**-Textkonstante. Er kann deshalb auch nicht veiterverarbeitet werden: Er erscheint lediglich am Bildschirm.

Bei der Darstellung der Systemanweisungen sollen folgende Vereinbarungen gelten:

* Die Systemanweisung ist in **APL2**-Schrift (Großbuchstaben) gehalten.

* Parameter sind in Kleinbuchstaben angegeben.

* Parameter, die weggelassen werden können, stehen in eckigen Klammern.

Beispiele:

```
)LOESCHE [groesse]
)LADE ident
```

Arbeitsbereiche und Bibliotheken

Während der **APL2**-Sitzung hat jeder Benutzer einen eigenen Bereich im (virtuellen) Speicher des Systems zur Verfügung, den man als seinen **aktiven Arbeitsbereich** bezeichnet. In ihm findet das ganze **APL2**-Geschehen statt: Die Definition von Funktionen und Operatoren, das Erstellen von Variablen und Datenbeständen, die Verarbeitung von **APL2**-Anweisungen. Wenn man eine Anwendung ausführen möchte, dann müssen die anfangs benötigten Funktionen und Variablen vorher in diesen aktiven Arbeitsbereich geladen werden.

Die **Größe** des aktiven Arbeitsbereiches hängt von der Größe des Adreßraumes, des virtuellen oder realen Speichers ab, den das Wirtssystem zur Verfügung stellt.

Zu Beginn der **APL2**-Sitzung erhält der Benutzer normalerweise einen **leeren Arbeitsbereich** als aktiven Arbeitsbereich. Dieser ist keineswegs ganz leer: Er enthält Systemvariablen und er hat bestimmte Eigenschaften, die in einem späteren Abschnitt eingehender besprochen werden (S. 274).

Mit Hilfe von Systemanweisungen kann man eine Kopie des aktiven Arbeitsbereiches in eine **Bibliothek** von Arbeitsbereichen stellen (Speichern), und umgekehrt kann man eine Kopie eines solchen **Bibliotheks-Arbeitsbereiches** in den aktiven Arbeitsbereich holen (Laden). Bibliotheks-Arbeitsbereiche sind Datenbestände des Wirtssystems (S. 313).

Es ist üblich, alles, was zu einer kompletten Anwendung gehört, in einem eigenen Arbeitsbereich zusammenzufassen. Eine Ausnahme bilden die Datenbestände und als Textdateien gespeicherte, neutralisierte definierte Funktionen, die im Bedarfsfall während der Verarbeitung geholt werden.

Die Größe eines Arbeitsbereiches, der Platz, den er auf einem Speichermedium belegt, hängt von seinem Inhalt ab.

Es gibt zwei Arten von Bibliotheken, **private** und **öffentliche**. Jeder Benutzer hat eine eigene Bibliothek, deren Inhalt ihm allein gehört. Er kann in seiner privaten Bibliothek Arbeitsbereiche nach Gutdünken speichern und löschen. Öffentliche Bibliotheken können von mehreren (Projektbibliothek) oder allen Benutzern (Öffentliche Bibliothek im engeren Sinn) „angezapft" werden, indem diese die Bibliotheks-Arbeitsbereiche laden können. Das Verändern des Inhaltes öffentlicher Bibliotheken, also das Speichern und Löschen von Arbeitsbereichen ist nur dem jeweiligen Inhaber erlaubt.

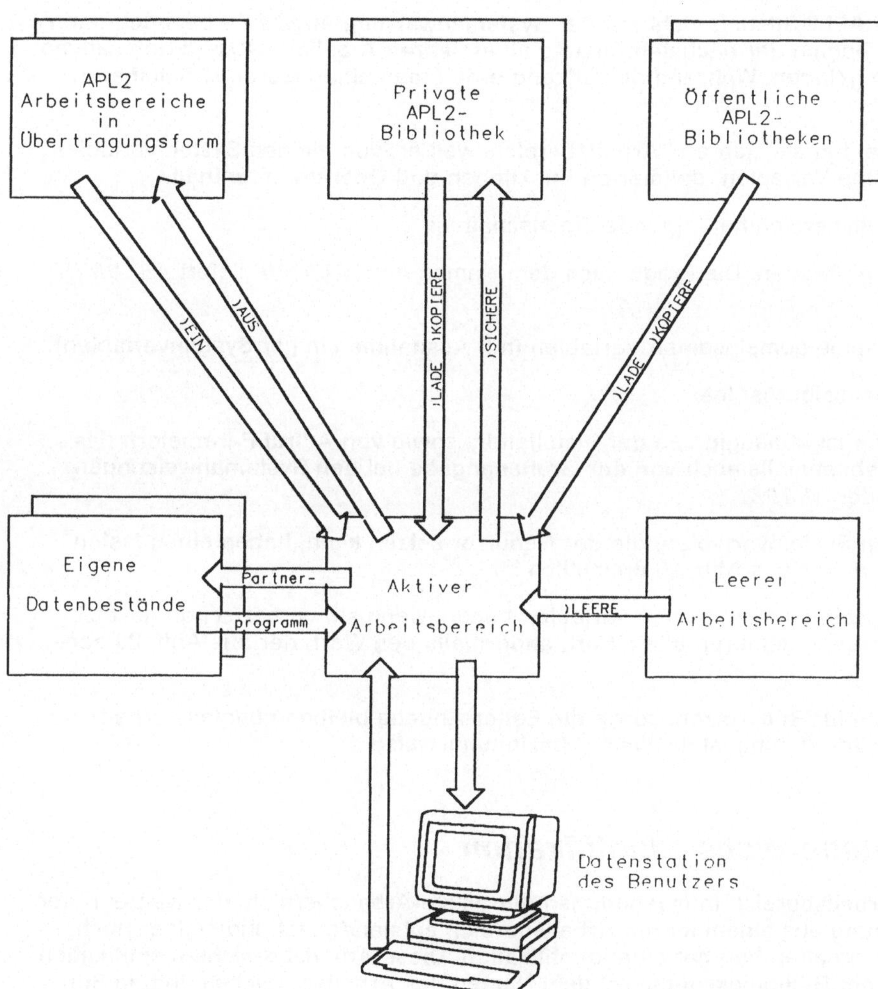

Abb. 19: Arbeitsbereiche, Bibliotheken, Systemanweisungen

Man kann auch Teile eines Arbeitsbereiches wegspeichern, und zwar in der **Übertragungsform**, die einen Austausch mit anderen APL-Systemen ermöglicht (S. 252). Die dabei entstehenden Datenbestände haben nicht die Form von Arbeitsbereichen. Sie werden auch nicht in **APL2**-Bibliotheken, sondern als „normale" Datenbestände gespeichert.

In Abb. 19 sind diese Zusammenhänge schematisch dargestellt. Dort sind auch die wichtigsten Systemanweisungen für die Bibliotheksverwaltung eingetragen.

Der leere Arbeitsbereich

Wenn man die **APL2**-Sitzung nicht mit der Systemanweisung *)WEITER* beendet, dann erhält man zu Beginn der nächsten Sitzung einen **leeren Arbeitsbereich** in den aktiven Arbeitsbereich geladen. Während der Sitzung erhält man einen leeren Arbeitsbereich mit *)LEERE*.

Man bezeichnet ihn als „leeren" Arbeitsbereich, weil er, von einigen Systemvariablen abgesehen, keine Variablen, definierten Funktionen und Operatoren enthält.

Der leere Arbeitsbereich hat folgende Eigenschaften:

- Er hat keinen Namen. Die Frage nach dem Namen mit *)ABNAME* liefert *AB OHNE NAMEN*.

- Er enthält keine gemeinsamen Variablen (mit Ausnahme einiger Systemvariablen).

- Der Statusanzeiger ist leer.

- Seine Größe ist abhängig von der Installation, sowie von Aufruf-Parametern des **APL2**, gegebenenfalls auch von der Größenangabe bei den Systemanweisungen *)LEERE* oder *)LADE*.

- Die meisten Systemvariablen, die der Benutzer setzen kann, haben einen festen Anfangswert, der aus Abb. 20 ersichtlich ist.

- Die sitzungsabhängigen Systemvariablen haben, wenn sie vorher schon gesetzt worden waren, noch ihren alten Wert, andernfalls den Wert, der aus Abb. 20 hervorgeht.

- Das Zeichen für Rücksetzen, sowie die Editor-Angabe bleiben ebenfalls erhalten. Zu Beginn der Sitzung ist ihr Wert _ beziehungsweise 1.

Die Arbeitsbereichs-Identifikation

Jeder **APL2**-Arbeitsbereich (ausgenommen der aktive Arbeitsbereich, der während der laufenden Sitzung aus einem leeren Arbeitsbereich entstanden ist und seither noch keinen Namen erhalten hat) hat eine Identifikation. Diese **Arbeitsbereichs-Identifikation** besteht aus einer Bibliotheksnummer, dem Namen des Arbeitsbereiches und, in Sonderfällen, einem Bibliotheks-Kennwort. Beispiele für Arbeitsbereichs-Identifikationen:

```
17 STATIK:GEHEIM
5 STAT03
MEINKRAM:SESAM
A2B87
```

Der erste Bestandteil der Identifikation ist die **Bibliotheksnummer**. Ihre Angabe ist nur dann erforderlich, wenn es sich nicht um die **private Bibliothek** des Benutzers handelt. **Öffentliche Bibliotheken** haben in der Regel Nummern zwischen 1 und 99. Man kann sie vom **APL2**-Systemverantwortlichen erfahren, der auch Auskunft darüber geben

```
⎕CT   ↔  1E‾13
⎕ET   ↔  0 0
⎕FC   ↔  '.,*0_‾'
⎕IO   ↔  1
⎕LX   ↔  ' '
⎕PP   ↔  10
⎕PR   ↔  ' '
⎕RL   ↔  16807  ↔  7*5
⎕SVE  ↔  0
⎕WA       Abhängig von Installation
          und Parametern
⎕L        Ohne Wert
⎕R        Ohne Wert
⎕NLT  ↔  ' ' bzw. alter Wert
⎕PW       Abhängig von der Daten-
          station bzw. alter Wert
⎕TZ       Abhängig von der Instal-
          lation bzw. alter Wert
```

		Vergleichstoleranz
		Fehlerkennzeichen
		Format-Steuerzeichen
		Indexanfang
		Latenter Ausdruck
		Ausgabe-Stellenzahl
		Anforderungs-Ersatzzeichen
		Ausgangszufallszahl
		Zeitspanne für relev. Ereignis
		Freier Speicherplatz
		Linkes Argument
		Rechtes Argument
		Sprache
		Zeilenbreite
		Zeitzone

Abb. 20: Beeinflußbare Systemvariablen im leeren Arbeitsbereich

kann, ob es weitere Bibliotheken gibt (mit Nummern bis 9999, die als **Projektbibliothe-
ken** einem bestimmten Benutzerkreis zur Verfügung stehen. Auch die eigene Bibliothek
des Benutzers hat eine Nummer. Man erhält sie als erstes Element von ⎕AI, also mit
↑⎕AI. Wenn eine Bibliotheksnummer angegeben werden muß, dann steht sie vor dem
Namen des Arbeitsbereiches, durch eine oder mehrere Leerstellen von ihm getrennt.

Der **Arbeitsbereichsname** ist Bestandteil jeder Arbeitsbereichs-Identifikation. Er besteht
aus 1-8 Buchstaben und Ziffern, und muß mit einem Buchstaben beginnen.

Kennwort

In manchen Wirtssystemen ist es möglich, eine Bibliothek durch ein **Kennwort** vor
unberechtigtem Lese- oder Schreibzugriff zu schützen. In diesem Fall muß das Kennwort (genauer: das Lese- oder Schreibkennwort, je nach Systemanweisung) unmittelbar
hinter dem Arbeitsbereichsnamen angegeben werden, nur durch einen Doppelpunkt
von diesem getrennt (ohne Leerstelle!). Man kann in diesem Fall das Kennwort weglassen (das :-Zeichen muß aber angegeben werden!), und wird dann vom System zur
Kennwort-Eingabe aufgefordert. Dies hat den Vorteil, daß das Kennwort nicht am Bildschirm angezeigt wird. Weil man Dateien, und damit auch Bibliotheken, auch auf andere Weise schützen kann, wird bei der Besprechung der einzelnen Systemanweisungen in den Beispielen davon ausgegangen, daß kein Kennwort angegeben werden muß.

Wenn in den folgenden Abschnitten eine Arbeitsbereichs-Identifikation als Parameter
auftritt, wird sie als „ident" angegeben.

SYSTEMANWEISUNGEN FÜR BIBLIOTHEKEN

In diesem Kapitel werden Systemanweisungen vorgestellt, die zur Verwaltung der Arbeitsbereichs-Bibliotheken dienen.

Erstellen, Speichern und Entfernen von Arbeitsbereichen: Die Systemanweisungen $)LEERE$ $)ABNAME$ $)SICHERE$ $)ENTFERNE$ $)BIBL$

Die folgenden Systemanweisungen dienen zum Erstellen von Arbeitsbereichen, sowie zum Verwalten von Bibliotheken.

Arbeitsbereich Leeren	$)LEERE$ oder $)CLEAR$ [groesse]

Mit dieser Systemanweisung erreicht man, daß der aktive Arbeitsbereich durch einen leeren Arbeitsbereich (S. rlearb.) ersetzt wird. Alles, was vorher im aktiven Arbeitsbereich stand, wird dadurch zerstört.

Die meisten Systemvariablen haben im leeren Arbeitsbereich einen bestimmten Anfangswert, wie dies im Abschnitt über den leeren Arbeitsbereich dargestellt wurde.

Die Systemvariablen $\Box NLT$, $\Box PW$ und $\Box TZ$, sowie die mit $)EDITOR$ und $)RSZ$ gesetzten Werte bleiben dagegen erhalten.

Der Parameter „groesse" hat wenig Bedeutung: Man kann damit erreichen, daß die Größe des leeren Arbeitsbereiches auf den angegebenen Wert beschränkt wird. Die Angabe erfolgt als ganze Zahl (Bytes) oder als ganze Zahl mit angehängtem K (Kilobytes. $1K \leftrightarrow 1024$ Bytes). Die Angabe muß zwischen einem installationsabhängigen Mindest- und dem mit $)QUOTEN$ abfragbaren Höchstwert liegen.

```
        □NLT←'DEUTSCH'
         )LEERE
AB OHNE NAMEN
         )QUOTEN
BIBL      5529600    FREI     3078144
AB        2097152    MAX      2097152
GV             88    GROESSE 102400
       □WA
2088772

         )LEERE 100000
AB OHNE NAMEN
        □WA
102212

         )CLEAR 100K
AB OHNE NAMEN
        □WA
106308
```

Unabhängig davon wird jedoch beim
Speichern des aktiven Arbeitsbereiches
nur der tatsächlich belegte Teil in die Bibliothek übernommen. Beim nächsten
Laden wird überdies wieder der Maximalwert angenommen.

Fehlt die Größenangabe, dann wird die
(vom Wirtssystem abhängige) Maximal-
größe angenommen.

Arbeitsbereich Identifizieren   )*ABNAME* oder)*WSID* [ident]

Mit dieser Systemanweisung kann man die
Identifikation des aktiven Arbeitsbereiches
festlegen, ändern und abfragen. Die **Arbeitsbereichs-Identifikation** besteht bekanntlich (S. 274 und 313) aus dem Namen
des Arbeitsbereiches mit vorangestellter
Bibliotheksnummer (falls erforderlich).
Dahinter kann ein Doppelpunkt mit Kennwort folgen.

Will man dem aktiven Arbeitsbereich eine
(neue) Identifikation geben, dann gibt man
diese als Parameter an.

Gibt man keine Identifikation als Parameter an, dann wird die derzeit gültige Identifikation des aktiven Arbeitsbereiches
angezeigt, selbstverständlich ohne Kennwort.

```
      □NLT←'DEUTSCH'
      )LEERE
AB OHNE NAMEN
      )ABNAME
IST AB OHNE NAMEN

      )ABNAME MEINKRAM
WAR AB OHNE NAMEN
      )ABNAME
IST MEINKRAM

      )WSID 1012 STATIK:SESAM
WAR MEINKRAM
      )ABNAME
IST 1012 STATIK
```

Arbeitsbereich Sichern   )*SICHERE* oder)*SAVE* [ident]

Mit dieser Systemanweisung kann man
eine Kopie des aktiven Arbeitsbereiches in
eine Bibliothek speichern.

Je nachdem, ob der aktive Arbeitsbereich
eine Identifikation hat, oder nicht, und je
nachdem, ob man in der Systemanweisung eine Arbeitsbereichs-Identifikation
angibt, oder nicht, muß man verschiedene
Fälle unterscheiden:

```
      □NLT←'DEUTSCH'
      )LEERE
AB OHNE NAMEN
      ZAHLEN←ι10
      □IO←0
      )SICHERE
NICHT GESICHERT, AB HAT KEINEN
                        NAMEN

      )SICHERE TEST
1987-03-16 10.15.02 ...
      )ABNAME
IST TEST
```

- Der aktive Arbeitsbereich hat noch keine Identifikation: Es handelt sich also um einen *AB OHNE NAMEN.*

  - Wenn man in der Anweisung eine Identifikation angibt, dann wird eine Kopie des aktiven Arbeitsbereiches in der angegebenen Bibliothek gespeichert (in der eigenen Bibliothek, wenn man keine Bibliotheksnummer angibt).

    Dabei wird, falls bereits ein Arbeitsbereich gleichen Namens in der Bibliothek existiert, dieser Bibliotheks-Arbeitsbereich überschrieben.

    Außerdem erhält der aktive Arbeitsbereich die gleiche Identifikation.

  - Wird keine Identifikation angegeben, dann kann der aktive Arbeitsbereich nicht gesichert werden, und man erhält die Fehlernachricht *NICHT GESICHERT, AB HAT KEINEN NAMEN.*

- Der aktive Arbeitsbereich hat bereits eine Identifikation.

  - Wenn man in der Anweisung die **gleiche** Identifikation angibt, wie sie der aktive Arbeitsbereich hat, dann wird eine Kopie von ihm in der angegebenen Bibliothek gespeichert, wobei ein Bibliotheks-Arbeitsbereich gleichen Namens gegebenenfalls überschrieben wird.

  - Wenn man in der Anweisung eine **andere** Identifikation als die des aktiven Arbeitsbereiches angibt, so kann die Kopie von ihm nur dann in der betreffenden Bibliothek gespeichert werden, wenn es dort keinen Arbeitsbereich gleichen Namens gibt.

```
        )ABNAME MEINKRAM
WAR TEST
        )SAVE TEST
NICHT GESICHERT, ABNAME IST:
                  MEINKRAM

        )SICHERE 1017 TEST
BIBLIOTHEK NICHT VERFUEGBAR

        )SICHERE
1987-03-16 10.18.30 ... MEINKRAM
```

> Wenn nämlich bereits ein Bibliotheks-Arbeitsbereich gleichen Namens existiert, wird, wegen der Gefahr eines irrtümlichen Überschreibens, nicht gespeichert, und man erhält die Fehlernachricht *NICHT GESICHERT, AB NAME IST ...*.

- Wenn man in der Anweisung keine Identifikation angibt, dann wird der aktive Arbeitsbereich unter seiner Identifikation in der entsprechenden Bibliothek gespeichert, wobei ein Bibliotheks-Arbeitsbereich gleichen Namens überschrieben wird.

Der aktive Arbeitsbereich kann nicht gesichert werden, wenn der Benutzer keine Erlaubnis zum Speichern in der angegebenen Bibliothek hat, oder wenn der Speicherplatz auf der Platte nicht ausreicht. In diesem Fall erhält man eine entsprechende Fehlernachricht wie *UNERLAUBTER BIBLIOTHEKSZUGRII* oder *NICHT GESICHERT, BIBLIOTHEK VOLL* oder dergleichen.

Wenn der aktive Arbeitsbereich gesichert werden konnte, erhält man die Mitteilung *GESICHERT ...*, versehen mit Datum und Uhrzeit, sowie mit der Identifikation, falls man diese in der Anweisung **nicht** angegeben hatte.

Es werden nicht nur die Variablen, definierten Funktionen und Operatoren gespeichert, sondern auch die meisten Systemvariablen, die gemeinsamen Variablen, der Statusanzeiger (bei unterbrochenen Funktionen), der Test- und der Stopvektor, sowie die Assoziation von Namen zu externen Gegenständen. Der Inhalt des aktiven Arbeitsbereiches wird durch das Speichern nicht verändert.

Wenn ein Kennwort angegeben wird, dann muß es das Schreibkennwort der Bibliothek sein.

| **Arbeitsbereich Entfernen** |)*ENTFERNE* oder)*DROP* [ident] |

Mit Hilfe dieser Systemanweisung entfernt
man den angegebenen Arbeitsbereich aus
der Bibliothek.

Wenn ein Kennwort angegeben werden
muß, dann ist es das Schreibkennwort der
Bibliothek.

Als Antwort erhält man, wenn das Löschen
durchgeführt werden konnte, Datum und
Uhrzeit des Löschens angezeigt, andernfalls eine entsprechende Fehlernachricht.

```
      □NLT←'DEUTSCH'
      )ENTFERNE TEST
1987-03-16 10.17.41 ...

      )DROP MEINKRAM
AB NICHT GEFUNDEN←
```

| **Bibliotheksinhalt Anzeigen** |)*BIBL* oder)*LIB* [bibl][:kenn] [von [bis]] |

Mit dieser Systemanweisung erhält man
eine alfabetisch geordnete Liste (Sonderzeichen und unterstrichene Buchstaben
vor Buchstaben, diese wiederum vor Ziffern) mit den Namen der Arbeitsbereiche
in der angegebenen Bibliothek. Fehlt die
Bibliotheksnummer, dann wird der Inhalt
der eigenen Bibliothek angezeigt.

Wenn ein Kennwort angegeben wird, dann
muß es das Lesekennwort der Bibliothek
sein.

Für jeden Namen in der Liste sind 9 Stellen vorgesehen (ein Arbeitsbereichsname
kann ja maximal 8 Stellen haben), so daß,
abhängig von □PW, mehrere Namen in
einer Zeile Platz finden.

Der Parameter „von" kann eine Folge von
1-8 Ziffern und/oder Buchstaben sein.
Namen, die bei der Sortierung davor liegen würden, werden in der Liste unterdrückt. Nur, wenn „von" angegeben ist,
kann auch der Parameter „bis" angegeben
werden. Für ihn gilt alles, was für „von"
gesagt wurde, nur daß alle Namen, die in
der Sortierfolge hinter ihm liegen würden,
unterdrückt werden.

```
      □NLT←'DEUTSCH'
      )BIBL
ANW      APLBUCH   KALENDER VOL

      )SICHERE TEST1
1987-03-16 10.21.45 ...
      )SICHERE TESTA
1987-03-16 10.21.46 ...
      )BIBL
ANW      APLBUCH   KALENDER TESTA
TEST1    VOL

      )LIB 1
DISPLAY   EXAMPLES MATHFNS   MEDIT
UTILITY   WSINFO
      )BIBL1 F
MATHFNS  MEDIT     UTILITY    WSINF(
      )BIBL 1 F UTO
MATHFNS  MEDIT     UTILITY
```

Holen von Gegenständen und Arbeitsbereichen aus Bibliotheken: Die Systemanweisungen $)LADE$ $)KOPIERE$ $)SKOPIERE$

Die folgenden Systemanweisungen dienen dazu, Arbeitsbereiche und Gegenstände aus Bibliotheken in den aktiven Arbeitsbereich zu holen. Durch das Holen wird der Inhalt der Bibliothek nicht verändert.

Arbeitsbereich Laden	$)LADE$ oder $)LOAD$ ident [groesse]

Mit dieser Systemanweisung wird eine Kopie des durch „ident" gekennzeichneten Bibliotheks-Arbeitsbereiches in den aktiven Arbeitsbereich gestellt. Der bisherige Inhalt des aktiven Arbeitsbereiches wird hierdurch zerstört, wobei das Angebot aller aktiven gemeinsamen Variablen zurückgezogen wird.

Beim Laden des Bibliotheks-Arbeitsbereiches werden nicht nur die Variablen, definierten Funktionen und Operatoren übernommen, sondern auch die gespeicherten Systemvariablen, der Statusanzeiger, der Stop- und der Testvektor, sowie die Namens-Assoziation externer Gegenstände.

Der aktive Arbeitsbereich erhält die Identifikation des Bibliotheks-Arbeitsbereiches.

Wenn im Bibliotheks-Arbeitsbereich ein **latenter Ausdruck** $\Box LX$ enthalten ist, dann wird dieser unmittelbar nach dem Laden ausgeführt: $\pm\Box LX$. Hierdurch kann man eine Anwendung automatisch starten.

Nach erfolgtem Laden erhält man die Nachricht $GESICHERT \ldots$, versehen mit Datum und Uhrzeit der letzten Speicherung des Bibliotheks-Arbeitsbereiches. Wenn die Größe des Bibliotheks-Arbeitsbereiches zur Zeit des Speicherns nicht mit der zur Zeit des Ladens übereinstimmt, erhält man zusätzlich beide Angaben (die alte Größe in Klammern) angezeigt.

Mit dem Parameter „groesse" kann man die Größe, die der aktive Arbeitsbereich nach dem Laden haben soll, festlegen. Es gelten die bei $)LEERE$ (S. 274) gemachten Ausführungen.

```
        □NLT←'DEUTSCH'
        )ABNAME
IST AB OHNE NAMEN
        )NAM
(keine Namen)
        □IO
1
        )LADE TEST
GESICHERT 1987-03-18 ...
        □IO
0
        )NAM
FUNKTION.3      NAMEN.2 ZAHLEN.2

        )LOAD TEST 100000
GESICHERT ... 103K(2043K)

        □LX←'''GUTEN TAG!'''
        )SICHERE
1987-03-18 ... TEST
        )LADE TEST
GESICHERT 1987-03-18 ...
GUTEN TAG!

        )LADE 1 EXAMPLES
GESICHERT ...
5668-899 (C)
LICENSED MATERIAL ...
```

Wenn ein Kennwort angegeben werden
muß, dann ist es das Lesekennwort der
Bibliothek.

| **Gegenstände Kopieren** |)*KOPIERE* oder)*COPY* Ident [namen] |

Mit dieser Systemanweisung kann man
einige oder alle **globalen Gegenstände**
aus dem angegebenen Bibliotheks-Arbeitsbereich in den aktiven Arbeitsbereich
kopieren. Dabei werden globale Gegenstände gleichen Namens überschrieben.
Die Identifikation des aktiven Arbeitsbereiches bleibt erhalten, ebenso alle nicht
überschriebenen globalen, sowie alle lokalen Gegenstände und die Systemvariablen (auch der latente Ausdruck $\Box LX$ wird
nicht übernommen).

Beim Überschreiben einer gemeinsamen
Variablen wird deren Angebot zurückgezogen. Die Namens-Assoziation einer externen Gegenstandes wird dagegen übernommen.

Test- und Stopvektoren werden nicht kopiert, ebensowenig der Statusanzeiger.
Von unterbrochenen und hängenden
Funktionen wird nur die Definition übernommen.

Nach erfolgtem Kopieren erhält man die
Nachricht *GESICHERT...*, mit Datum
und Uhrzeit des letzten Speicherns.

Der Parameter „namen" steht für einen
oder mehrere, durch Leerzeichen getrennte globale Namen von Gegenständen,
die kopiert werden sollen. Läßt man diese
Angabe weg, dann werden alle globalen
Gegenstände kopiert.

Wenn man einen Namen in Klammern
setzt, dann führt dies zu **Indirektem Kopieren** (Gruppen-Kopieren), das heißt, es
wird nicht die Variable selbst kopiert, sondern die globalen Gegenstände, deren
Namen sie enthält; die betreffende Variable muß also eine Namensliste sein (S. 243).
Eine solche Namensliste ist der Ersatz für
die **Gruppe** früherer APL-Systeme, die es
in **APL2** nicht mehr gibt.

```
      □NLT←'DEUTSCH'
      )LADE MEINKRAM
GESICHERT ...
      □IO
1
      )NAM
ABC.2    F.2      HEXA.2   ZIFFERN.
      )LADE TEST
GESICHERT ...
GUTEN TAG!
      □IO
0
      )NAM
F.3      FUNKTION.3      NAMEN.2
ZAHLEN.2
      )KOPIERE MEINKRAM
GESICHERT ...
      □IO
0
      )NAM
ABC2.    F.2      FUNKTION.3
HEXA.2   NAMEN.2 ZAHLEN.2
ZIFFERN.2
      )ABNAME
IST TEST

      )LADE TEST
GESICHERT ...
      □←ALLES←□NL 2 3 4
F
FUNKTION
NAMEN
ZAHLEN
      )SICHERE
1987-03-18 ... TEST

      )LEERE
AB OHNE NAMEN
      )KOPIERE TEST (ALLES) A
GESICHERT ...
NICHT GEFUNDEN:  A
      )NAM
F.3      FUNKTION.3      NAMEN.2
ZAHLEN.2

      )KOPIERE 1 EXAMPLES HOW
GESICHERT ...
```

Wenn, etwa aus Platzgründen, oder weil es keinen globalen Gegenstand mit dem gewünschten Namen gibt, nicht alle globalen Gegenstände übertragen werden konnten, dann werden die Namen der nicht übertragenen gewünschten Gegenstände in der Fehlernachricht $NICHT$ $KOPIERT:$ ... angezeigt.

Wenn ein Kennwort angegeben werden muß, dann ist es das Lesekennwort der Bibliothek.

| **Kopieren mit Schutz** | $)SKOPIERE$ oder $)PCOPY$ ident [namen] |

Diese Systemanweisung verhält sich wie $)KOPIERE$, mit dem einzigen Unterschied, daß globale Gegenstände gleichen Namens nicht überschrieben werden. Wenn es solche Gegenstände im Bibliotheks-Arbeitsbereich gibt, dann werden ihre Namen ebenfalls in der Fehlernachricht $NICHT$ $KOPIERT:$ ... aufgeführt.

```
      □NLT←'DEUTSCH'
         )LADE MEINKRAM
GESICHERT ...
         )NAM
ABC.2    F.2      HEXA.2   ZIFFER
         )LADE TEST
GESICHERT ...
         )NAM
F.3      FUNKTION.3        NAMEN.
ZAHLEN.2
         )SKOPIERE MEINKRAM
GESICHERT ...
NICHT KOPIERT:   F
         )NAM
ABC.2    F.3      FUNKTION.3
HEXA.2   NAMEN.2  ZAHLEN.2
ZIFFERN.2
```
(Bei $)KOPIERE$ wurde die Variable F kopiert, hier bleibt die Funktion F erhalten).

APL2-Arbeitsbereiche in Übertragungsform: Die Systemanweisungen)*AUS*)*EIN*

Bei der Besprechung der Systemfunktion $\Box TF$ (S. 252) wurde dargelegt, daß die (einfache oder erweiterte) Übertragungssform zum Austausch von Gegenständen und Arbeitsbereichen mit anderen APL-Systemen dient. Man spricht in diesem Fall auch von **Export** und **Import** von Gegenständen.

Die beiden Systemanweisungen)*AUS* und)*EIN* dienen zum Erstellen beziehungsweise Lesen eines Datenbestandes, dessen Inhalt APL-Gegenstände in einfacher oder erweiterter Übertragungsform sind. Ein Gegenstand (Variable, definierte Funktion, definierter Operator oder eine der Systemvariablen $\Box CT$, $\Box FC$, $\Box IO$, $\Box LX$, $\Box PP$, $\Box PR$, $\Box RL$) belegt einen oder mehrere 80-stellige Sätze in diesem Datenbestand, der folgenden Satzaufbau hat:

Spalte 1: Kennzeichen X, wenn es sich um den ersten oder einzigen Satz eines Gegenstandes handelt, sonst *. Die Datums- und Uhrzeitangabe vor definierten Funktionen und Operatoren ist ebenfalls mit * gekennzeichnet.

Spalten 2-72: Die Übertragungsform des Gegenstandes, die sich über mehrere Sätze erstrecken kann. Bei der Ausgabe wird immer die erweiterte Übertragungsform gewählt, aber mit vorangestelltem A bei Variablen und F bei Funktionen und Operatoren.

Spalten 73-80: Eine laufende Numerierung.

Übertragungsdaten Schreiben	)*AUS* oder)*OUT* ident [namen]

Mit dieser Systemanweisung kann man den Inhalt des aktiven Arbeitsbereiches, oder Gegenstände aus ihm, in Übertragungsform als Datenbestand des Wirtssystems speichern. Wenn bereits ein Datenbestand gleichen Namens existiert, dann wird dieser überschrieben.

Der Parameter „namen" enthält, durch Leerstellen getrennt, die Namen der Variablen, Systemvariablen, definierten Funktionen und Operatoren (jedoch keine Matrix von Namen!), die exportiert werden sollen. Läßt man ihn weg, dann wird der ganze Inhalt des Arbeitsbereiches, einschließlich der oben angeführten Systemvariablen, gespeichert.

Wenn es, bei Ausführungsunterbrechungen, globale und lokale Größen gleichen Namens gibt, dann wird die **lokale** Größe exportiert. Bei mehreren gleichnamigen Gegenständen ist es die „innerste" lokale Größe in der Hierarchie von Funktionen und Unterfunktionen.

```
        □NLT←'DEUTSCH'
        ∇ERHOEHE[□]∇
      ∇
[0]     Y←ERHOEHE X;A
[1]     A←1
[2]     Y←X+B
      ∇ 1987-03-24 ...
        A←'ABCDEFG'
        ERHOEHE 2
NAME OHNE WERT+
ERHOEHE[2]   Y←X+B
                ∧
        A
1

        )AUS TEST
        )GRUNDSTELLUNG
        A
ABCDEFG

        )EIN TEST
        A
1
```

Der entstandene Datenbestand, mit dem Namen „TEST"
 sieht so aus (die Nummern
`00000100-00001100` in den Spalten 73-‍
wurden weggelassen):

```
XA□LX←''
XA□IO←1
XA□PP←10
XA□CT←1E¯13
XA□RL←16807
XA□FC←'.,*0_ ¯'
XA□PR←1ρ' '
XAA←1
*(1987 3 24 7 39 27 458)
XFERHOEHE □FX 'Y←ERHOEHE X;A'
                 'A←1'  'Y←X+B'
XAX←2
```

Übertragungsdaten Lesen	)*EIN* oder)*IN* ident [namen]

Mit dieser Systemanweisung kann man
den Inhalt eines Datenbestandes mit APL-
Gegenständen in einfacher oder erweiterter Übertragungsform, wie er beispielsweise mit)*AUS* erzeugt wird, in die interne **APL2**-Darstellung umwandeln, und
anschließend in den aktiven Arbeitsbereich bringen. Hierbei werden Gegenstände gleichen Namens überschrieben.

Assoziierte Namen externer Gegenstände
werden nicht überschrieben: Beim Versuch erhält man die Fehlernachricht
NICHT KOPIERT: ....

Mit dem Parameter „namen", einer Liste
von Namen, durch Leerstellen getrennt,
erreicht man, daß nur die angegebenen
Gegenstände in den aktiven Arbeitsbereich gelangen.

```
       □NLT←'DEUTSCH'
       )LEERE
AB OHNE NAMEN
       )EIN TEST A
       A
1

       )EIN  TEST
       )VAR
A       X
       )FUN
ERHOEHE
```
(Bei diesen Beispielen wurde
der vorher mit)*AUS* erstellte
Datenbestand „TEST"
 verwendet).

SYSTEMANWEISUNGEN FÜR DEN AKTIVEN ARBEITSBEREICH

Die Systemanweisungen in diesem Kapitel befassen sich mit dem Inhalt des aktiven Arbeitsbereiches: Mit den Gegenständen und den Unterbrechungsdaten.

Gegenstände im aktiven Arbeitsbereich: Die Systemanweisungen $)NAM$ $)VAR$ $)FUN$ $)OPE$ $)LOESCHE$

Mit Ausnahme von $)LOESCHE$, das zum Löschen von Gegenständen dient, geben die nachstehenden Systemanweisungen Auskunft über die globalen Gegenstände, die sich im aktiven Arbeitsbereich befinden. Dabei treten die Parameter „von" und „bis" auf, die uns bereits bei der Besprechung von $)BIBL$ begegnet sind: Sie bestehen aus Buchstaben und/oder Ziffern und geben an, ab („von") beziehungsweise bis („bis") zu welchem Sortierbegriff man die jeweilige Liste sehen will. Die Sortierfolge richtet sich nach $\square AV$.

Beide Parameter können auch weggelassen werden. Dies bedeutet, daß man die gesamte Liste sehen will. „bis" kann nur angegeben werden, wenn auch „von" angegeben wird.

Die Anordnung der angezeigten Namen ist die gleiche, wie bei $)BIBL$ (S. 281).

Globale Namen Zeigen	$)NAM$ oder $)NMS$ [von [bis]]

Mit dieser Systemanweisung erhält man eine sortierte Liste der Namen aller globalen Gegenstände im aktiven Arbeitsbereich, wenn man die Parameter „von" und „bis" wegläßt. Andernfalls wird die Liste erst ab dem Sortierbegriff „von", gegebenenfalls bis zum Sortierbegriff „bis" angezeigt.

```
      □NLT←'DEUTSCH'
      )ABNAME TEST
WAR AB OHNE NAMEN
      A←ι5
      □FX'Y←ERHOEHE X'  'Y←X+1'
ERHOEHE
      C13←'13'
      TEXT←'FROHE OSTERN!'
      Z←2J¯1 1J2
      )SICHERE
1987-02-24 ... TEST

      )NAM
A.2     C13.2     ERHOEHE.3
TEXT.2  Z.2
```

An jeden dieser globalen Namen ist, durch einen Punkt abgesetzt, eine Ziffer angehängt, welche die Kategorie (S. 245) des Gegenstandes angibt, nämlich 2 bei einer Variablen, 3 bei einer definierten Funktion und 4 bei einem definierten Operator.

Wenn kein globaler Gegenstand gefunden wurde, wird auch nichts angezeigt.

```
      )NAM CA X1
C13.2    ERHOEHE.3          TEXT.2

      )NAM C2
ERHOEHE.3        TEXT.2  Z.2
```

Globale Variablen Zeigen	$)VAR$ oder $)VARS$ [von [bis]]
Globale Funktionen Zeigen	$)FUN$ oder $)FNS$ [von [bis]]
Globale Operatoren Zeigen	$)OPE$ oder $)OPS$ [von [bis]]

Diese drei Systemanweisungen liefern, ähnlich wie $)NAM$, eine alfabetisch geordnete Liste von Namen globaler Gegenstände, allerdings ohne die Angabe der Kategorie, die ja bereits durch den Namen der Anweisung festgelegt ist.

Auch hier kann man die Liste durch „von" und „bis" einschränken.

```
      ⎕NLT←'DEUTSCH'
      )LADE TEST
GESICHERT ...

      )NAM
A.2      C13.2      ERHOEHE.3
TEXT.2  Z.2

      )VAR
A         C13      TEXT      Z
      )VARS U1
Z

      )FUN
ERHOEHE
      )FNS ES

      )OPE
```

| **Gegenstände Löschen** |)*LOESCHE* oder)*ERASE* namen |

Mit dieser Systemanweisung kann man einen oder mehrere globale Gegenstände aus dem aktiven Arbeitsbereich entfernen.

Der Parameter „namen" kann ein einzelner Name, aber auch eine, durch Leerstellen getrennte, Liste von Namen globaler Gegenstände sein.

Wie beim Kopieren, besteht auch hier die Möglichkeit, in Klammern den Namen einer Namensliste (S. 243) anzugeben. In diesem Fall werden die darin aufgeführten Gegenstände alle gelöscht (indirektes oder Gruppen-Löschen).

Beim Löschen einer gemeinsamen Variablen erfolgt automatisch das Zurückziehen des Angebotes.

Auch unterbrochene oder hängende Funktionen kann man löschen, doch bleibt der Statusanzeiger erhalten, sowie die Definition im Ausführungsbereich. Letztere aber nur so lange, bis der Statusanzeiger gelöscht wird. Danach ist weder ein Aufruf der Funktion noch eine Änderung ihrer Definition mehr möglich.

```
        □NLT←'DEUTSCH'
        )LADE TEST
GESICHERT ...
        )VAR
A       C13       TEXT      Z

        )LOESCHE TEXT B
NICHT GELOESCHT:   B
        )VAR
A       C13       Z

        □←L←3 1ρ'ALZ'
A
L
Z
        )ERASE (L)
VAR
C13

        ∇ERHOEHE[□]∇
    ∇
[0]     Y←ERHOEHE X
[1]     Y←X+A
    ∇ 1987-03-27 ...
        ERHOEHE 3
NAME OHNE WERT
ERHOEHE[1]   Y←X+A
                ∧
        )SI
ERHOEHE[1]
*
        )FUN
ERHOEHE
        )LOESCHE ERHOEHE
        )SI
ERHOEHE[1]
*
(Statusanzeiger ist noch da)
        )FUN
(Funktion ist gelöscht)
        A←1
        →□LC
4
(Funktion war noch zu starten)
        LOESCHE←1 2 3
(Funktion ist endgültig weg)
```

Die Symboltabelle: Die Systemanweisung $)SYMBOLE$

Im aktiven Arbeitsbereich führt **APL2** eine Liste aller konstruierter Namen von Gegenständen, die im Arbeitsbereich definiert sind. Immer, wenn ein neuer Name auftritt, wird
dieser in diese **Symboltabelle** aufgenommen. Wird ein Gegenstand gelöscht, dann wird
sein Name in der Symboltabelle als gelöscht gekennzeichnet (aber nicht gelöscht).

Die Symboltabelle belegt Speicherplatz, und sie wächst automatisch mit dem Bedarf.
Kleiner wird sie von selbst jedoch nicht. Deshalb ist es sinnvoll, die Symboltabelle hin
und wieder zu reorganisieren, um Speicherplatz frei zu machen und die Suche nach
Namen zu beschleunigen.

Um Speicherplatz zu sparen, kann man die Symboltabelle in der Größe beschränken.
Dies kann allerdings unter Umständen auch zu längeren Suchzeiten führen.

Symboltabelle Ändern und Reorganisieren	$)SYMBOLE$ oder $)SYMBOLS$ [anz]

Mit dieser Systemanweisung kann man die Größe der Symboltabelle festlegen. Der Parameter „anz" gibt dabei die Anzahl der in der Tabelle vorgesehenen Symbole an. Diese (ganze) Zahl wird manchmal vom System aus internen Gründen geringfügig nach oben korrigiert.	$\Box NLT\leftarrow'DEUTSCH'$ 　　$)LEERE$ $AB\ OHNE\ NAMEN$ 　　$)SYMBOLE$ $IST\ \ 49$
Läßt man die Größenangabe weg, dann bewirkt dies, daß die Symboltabelle reorganisiert wird, daß also obsolete Namen entfernt, und die Tabelle neu aufgebaut wird. Außerdem erhält man die aktuelle Größe der Symboltabelle angezeigt. Auch mit $)GRUNDSTELLUNG$ (S. 292) wird die Symboltabelle reorganisiert.	$A\leftarrow1+B\leftarrow1+C\leftarrow1+D\leftarrow1$ 　　$)SYMBOLS$ $IST\ \ 53$ 　　$\Box WA$ 2085124
Im leeren Arbeitsbereich stehen in der Symboltabelle die Namen der Systemfunktionen und -variablen. Die Symboltabelle ist also niemals ganz leer.	$)SYMBOLE\ \ 500$ 　　$\Box WA$ 2080596

Der Statusanzeiger: Die Systemanweisungen)SI)SIA)$SINL$)$GRUNDSTELLUNG$

Die in diesem Abschnitt behandelten Systemanweisungen geben Auskunft über den Inhalt des **Statusanzeigers** (S. 187), beziehungsweise löschen sie ihn.

Im Statusanzeiger steht für jede unterbrochene oder hängende Funktion (beziehungsweise Operator) die Zeilennummer, bei der die Verarbeitung angehalten wurde. Bei einer Hierarchie von Funktionen und Unterfunktionen erscheint die zuletzt aufgerufene Funktion an oberster Stelle, dann die Funktion, in der sie aufgerufen wurde, und so weiter. Ganz zuletzt erscheint ein Stern (*): Er zeigt an, daß die darüber stehende Funktion unmittelbar im Ausführungszustand aufgerufen wurde, und nicht etwa als Unterfunktion einer anderen.

Wenn man im Ausführungszustand eine **APL2**-Anweisung eingibt, die nicht vollständig ausgeführt werden kann, dann wird dies ebenfalls im Statusanzeiger mit * vermerkt.

Die Bearbeitung der unterbrochenen Funktion, die an oberster Stelle im Statusanzeiger steht, kann nur dann - gegebenenfalls nach einer Korrektur - fortgesetzt werden, wenn in der eckigen Klammer eine (positive oder negative) Zeilennummer steht, und zwar mit →$\Box LF$ oder →„zeilennr", bei positiver Zeilennummer auch mit →ι0 („zeilennr" sollte eine gültige Zeilennummer sein).

Wenn [ ] (ohne Zeilennummer) oder [ ]∇ angezeigt wird, ist eine Wiederaufnahme der Bearbeitung nicht möglich. Im zweiten Fall befindet sich die Funktion im Definitionszustand.

Statusinformation Anzeigen	)SI
Status und Anweisungen Anzeigen	)SIA oder)SIS
Status und Namen Anzeigen	)$SINL$

Diese Systemanweisungen bewirken, daß der Inhalt des Statusanzeigers angezeigt wird.

Bei)SI werden nur die Anweisungsnummern angezeigt, bei)SIA auch die Anweisungen selbst; bei &sinl. erscheinen neben den Zeilennummern die Namen der lokalen Variablen und Funktionen.

```
      □NLT←'DEUTSCH'
      ∇MWST[□]∇
   ∇
[0]    M←MWST B
[1]    ⍝ BERECHNET MWST VON B
[2]    M←(×B)×0.01×⌊0.5+MW×|B
   ∇ 1987-03-30 ...
      ∇BRUTTO[□]∇
   ∇
[0]    B←BRUTTO N
[1]    ⍝ ADDIERT MWST ZU N
[2]    B←N+MWST N
   ∇ 1987-03-30 ...

      BRUTTO 105.00 ¯45.38
NAME OHNE WERT
MWST[2]  M←(×B)×0.01×⌊0.5+MW×|B
                         ∧ ∧

      MW←14%
SYNTAXFEHLER
      MW←14%
          ∧
```

```
          )SI
*
MWST[2]
BRUTTO[2]
*
          )SIA
*   MW←14%
           ^
MWST[2]   M←(×B)×0.01×⌊0.5+MW×|
                              ^ ^
BRUTTO[2] B←N+MWST N
                ^^
*   BRUTTO 105.00 ‾45.38
        ^
          )SINL
*
MWST[2]            M           B
BRUTTO[2]          B           N
*


         →
          )SIS
MWST[2] M←(×B)×0.01×⌊0.5+MW×|B
                           ^ ^
BRUTTO[2] B←N+MWST N
                ^^
*   BRUTTO 105.00 ‾45.38
        ^


        MW←14
        →□LC
119.7 ‾51.73
        )SI
        )SIA
        )SINL
```

Statusanzeiger Löschen	)GRUNDSTELLUNG oder)RESET oder)SIC [anz]

Mit dieser Systemanweisung kann man den Statusanzeiger ganz oder teilweise löschen.

Der Parameter „anz", eine positive ganze Zahl, gibt an, wieviel Zeilen im Statusanzeiger (von oben nach unten) gelöscht werden sollen. (Bekanntlich kann man auch mit → den Statusanzeiger löschen, aber nur jeweils alle Zeilen einer Hierarchie einander aufrufender Funktionen auf einmal, das heißt, bis einschließlich der nächsten Zeile mit einem *).

Nochmals das Beispiel von)SI:

```
        BRUTTO 105.00 ‾45.38
NAME OHNE WERT
MWST[2]   M←(×B)×0.01×⌊0.5+MW×|
                             ^ ^
        MW←14%
SYNTAXFEHLER
        MW←14%
           ^
        )SIS
*   MW←14%
         ^
MWST[2]   M←(×B)×0.01×⌊0.5+MW×|
                             ^ ^
```

Gibt man keine Zeilenzahl an, dann wird der ganze Statusanzeiger gelöscht. Außerdem wird die Symboltabelle (S. 290) reorganisiert.

Beim teilweisen Löschen des Statusanzeigers werden auch die damit verbundenen Systemvariablen $\square EM$, $\square ET$, $\square L$ und $\square R$ entsprechend verändert. Wird der ganze Statusanzeiger gelöscht, dann werden $\square EM$ und $\square ET$ auf die Werte gesetzt, die sie im leeren Arbeitsbereich (S. 274) haben, während $\square L$ und $\square R$ gelöscht werden.

```
BRUTTO[2]  B←N+MWST N
               ^ ^
*    BRUTTO  105.00  ¯45.38
     ^
        □EM
SYNTAXFEHLER
     MW←14%
            ^

        □ET
2  2
        )GRUNDSTELLUNG 1
        )SIA
MWST[2]  M←(×B)×0.01×⌊0.5+MW×|B
                          ^   ^
BRUTTO[2]  B←N+MWST N
               ^ ^
*    BRUTTO  105.00  ¯45.38
     ^
        □EM
NAME OHNE WERT
MWST[2]  M←(×B)×0.01×⌊0.5+MW×|B
                          ^   ^
        □ET
3  1

        )RESET
        )SIA
        □EM

        □ET
0  0
```

SYSTEMANWEISUNGEN FÜR DIE SITZUNG

In diesem Kapitel sind die restlichen Systemanweisungen zusammengefaßt. Sie haben alle in irgendeiner Form mit der **APL2**-Sitzung zu tun.

Beenden der APL2-Sitzung: Die Systemanweisungen $)ENDE$ $)WEITER$

Die beiden Systemanweisungen im vorliegenden Abschnitt dienen zum Beenden der **APL2**-Sitzung.

APL2-Sitzung Beenden	$)ENDE$ oder $)OFF$

Mit dieser Systemanweisung beendet man die **APL2**-Sitzung. Anschließend wird die Steuerung wieder an die aufrufende Prozedur des Wirtssystems übergeben.

Der aktive Arbeitsbereich wird hierdurch zerstört, das Angebot aller aktivem gemeinsamen Variablen wird zurückgezogen.

Die Angabe des Parameters $HALTE$ oder $HOLD$ früherer APL-Versionen ist bedeutungslos.

Die Anschluß- und die verbrauchte Rechenzeit der Sitzung werden angezeigt.

```
       ⎕NLT←'DEUTSCH'
        )ENDE oder )OFF
ANGESCHLOSSEN 0.19.17
CPU-ZEIT       0.0.1
```

Sitzung Beenden mit Sichern	$)WEITER$ oder $)CONTINUE$

Diese Systemanweisung bewirkt das gleiche wie $)ENDE$, aber mit dem Unterschied, daß der Inhalt des aktiven Arbeitsbereiches vorher in der Bibliothek des Benutzers unter dem Namen $CONTINUE$ gesichert wird, und zwar unabhängig von der Identifikation, die er vorher hatte.

```
       ⎕NLT←'DEUTSCH'
        )NAM
BRUTTO.3    MW.2    MWST.3
        )WEITER
1987-03-30 ... CONTINUE
ANGESCHLOSSEN 0.2.2
CPU-ZEIT       0.0.0
```
Ende der **APL2**-Sitzung.

Ein vorhandener Arbeitsbereich *CONTI-NUE* wird dabei überschrieben. Ansonsten gilt alles, wie bei *)SICHERE* beschrieben (S. 278).

Zu Beginn einer **APL2**-Sitzung wird, wenn es in der Bibliothek des Benutzers einen Arbeitsbereich *CONTINUE* gibt, dieser automatisch geladen. Dabei wird gegebenenfalls ein darin stehender latenter Ausdruck $\Box LX$ ausgeführt. Das automatische Laden von *CONTINUE* kann durch die Angabe eines Parameters beim **APL2**-Aufruf unterdrückt werden.

Es empfiehlt sich, den Arbeitsbereich *CONTINUE* zu löschen, wenn er nicht stets wieder automatisch geladen werden soll.

Nächste **APL2**-Sitzung:

```
------------

SAVED  1987-03-30 ...
       ⎕NLT←'DEUTSCH'
       )NAM
BRUTTO.3     MW.2      MWST.3
```

Kommunikation mit dem Wirtssystem: Die Systemanweisungen)*WIRT*)*ZEIT*

Die beiden folgenden Anweisungen dienen dem Informationsaustausch mit dem Wirtssystem.

Anweisung an Wirtssystem   )*WIRT* oder)*HOST* [anw]

Mit dieser Systemanweisung kann man eine Anweisung an das Wirtssystem erteilen, also eine CP/CMS-Anweisung, eine TSO-Anweisung beziehungsweise eine PC/DOS-Anweisung.

Der Parameter „anw" steht für die Anweisung an das Wirtssystem, (sowie für die etwa erforderlichen Parameter). Läßt man ihn weg, erhält man den Namen des Wirtssystems angezeigt.

Vorsicht: Bestimmte Anweisungen an das Wirtssystem können zum Abbruch der **APL2**-Sitzung führen, weil sie zuviel Speicherplatz beanspruchen (beispielsweise LOAD, LOADMOD oder START unter CMS, TIME oder TEST unter TSO). Andere werden nicht sofort ausgeführt, sondern erst nach dem Ende der Sitzung (LOGON, LOGOFF oder TSO EXEC unter TSO).

Beim Wirtssystem CMS gilt: Wenn man vor dem **APL2**-Aufruf SET IMPEX ON und SET IMPCP ON gegeben hat, kann man sich bei)*WIRT* die Angabe von *EXEC* vor einem EXEC-Aufruf, beziehungsweise *CP* vor einer CP-Anweisung sparen.

Die Antwort wird mit CMS(fc), TSO(fc) abgeschlossen, wo fc der Fehler-Code des Wirtssystems ist.

```
Unter CMS:
      □NLT←'DEUTSCH'
      )WIRT
IST CMS
      )HOST
IST CMS

      )WIRT FILELIST ...
 ...
 ...    (Ergebnis der CMS-Anweisung
FILELIST, eine Liste von
Dateinamen)
Nach Löschen des Bildschirms:
CMS(0)


Unter TSO:
      □NLT←'DEUTSCH'
      )WIRT LISTDS
 ...
 ...
 (Ergebnis der TSO-Anweisung
LISTDS, eine Liste von
Dateinamen)
Nach Löschen des Bildschirms:
TSO(0)
```

Datum und Uhrzeit Anzeigen   )*ZEIT* oder)*TIME*

Mit dieser Systemanweisung erhält man Datum und Uhrzeit angezeigt.

```
      □NLT←'DEUTSCH'
      )ZEIT
1987-04-06 18.05.31 (WEZ+1)
      )TIME
1987-04-06 18.05.42 (WEZ+1)
```

Kommunikation mit anderen Benutzern: Die Systemanweisungen *)NACHRICHT)MITTEILUNG)OPRNACHRICHT)OPRMITTEILUNG*

Die folgenden Systemanweisungen regeln den Nachrichten-Austausch mit anderen Benutzern und dem System-Bedienungspersonal.

Nachricht an Benutzer	*)NACHRICHT* oder *)MSG* ben nachr
Mitteilung an Benutzer	*)MITTEILUNG* oder *)MSGN* ben nachr

Mit diesen Systemanweisungen kann man einem anderen Benutzer (des Wirtssystems, nicht notwendig **APL2**-Benutzer) eine Nachricht, beziehungsweise eine Mitteilung schicken.

Der Unterschied zwischen beiden Anweisungen besteht darin, daß *)NACHRICHT* bei bestimmten Datenstationen bewirkt, daß die Tastatur verriegelt wird, und zwar so lange, bis entweder eine Antwort eintrifft oder der Absender eine Unterbrechungstaste betätigt. Im Gegensatz dazu bleibt bei *)MITTEILUNG* die Tastatur stets entriegelt, der Absender erhält eine Antwort auf die Mitteilung aber erst dann angezeigt, nachdem er die Freigabetaste betätigt hat.

„ben" ist die Benutzer-Identifikation des Empfängers, „nachr" ist der zu sendende Text.

Das Senden der Nachricht/Mitteilung wird mit der Anzeige *GESENDET* bestätigt. Wenn der Empfänger nicht mit dem System verbunden ist, oder wenn er das Empfangen von Nachrichten und Mitteilungen unterdrückt hat, dann wird dies mit *NICHT GESENDET* quittiert.

```
□NLT←'DEUTSCH'
)WIRT QUERY NAMES
...   KARIN   ...
)NACHRICHT KARIN GUTEN
             TAG, KLEINES
GESENDET
(Freigabetaste)
MSG FROM KARIN   : HALLO
             DICKERCHEN
(Freigabetaste. Die Nachricht
verschwindet wieder)

   )MITTEILUNG KARIN SEI BRAV
DMKMSG045E KARIN NOT LOGGED ON
(Benutzer KARIN hat )NACHRICHT
AUS gegeben).
NICHT GESENDET
(Diese Nachricht erscheint erst
nach Drücken der Freigabetaste)
```

Empfang Unterdrücken	*)NACHRICHT AUS* oder *)MSG OFF*
Empfang Zulassen	*)NACHRICHT AN* oder *)MSG ON*

Mit *)NACHRICHT AUS* kann man den Empfang von Nachrichten und Mitteilungen (auch vom System-Bedienungspersonal) unterdrücken.

Mit *)NACHRICHT AN* läßt man sie dann wieder zu.

```
□NLT←'DEUTSCH'
)NACHRICHT AUS oder
)MSG OFF
(Die Wirkung: Siehe NACHRICHT
AN BENUTZER)

   )NACHRICHT AN
```

Nachricht an Systembediener	)*OPRNACHRICHT* oder)*OPR* nachr
Mitteilung an Systembediener	)*OPRMITTEILUNG* oder)*OPRN* nachr

Diese Systemanweisungen entsprechen denen ohne die Vorsilbe *OPR*, nur daß die Nachricht/Mitteilung nicht an einen anderen Benutzer, sondern an das System-Bedienungspersonal geschickt wird.

```
      □NLT←'DEUTSCH'
      )OPRNACHRICHT BITTE
         MONTIEREN SIE BAND 703
GESENDET
      )OPR ES MUSS SCHON IM
            MASCHINENRAUM SEIN
GESENDET
```

Sonstige Systemanweisungen:)*EDITOR*)*RSZ*)*QUOTEN*)*MEHR*

Es folgen noch vier sitzungsbezogene Systemanweisungen.

Editor Auswählen und Abfragen	)*EDITOR* [ed]

Mit dieser Systemanweisung kann man einen bestimmten **Editor** auswählen, der dann mit ∇ aufgerufen wird.

Der Parameter „ed" kann entweder 1 (**APL2**-Zeileneditor) oder 2 (**APL2**-Seiteneditor) oder der Name eines Editors im Wirtssystem sein. Läßt man ihn weg, dann wird der Name des zuletzt ausgewählten Editors angezeigt.

Der so ausgewählte Editor ist ein Parameter der Sitzung, nicht des Arbeitsbereiches. Er bleibt deshalb auch erhalten, wenn der aktive Arbeitsbereich durch)*LEERE* oder)*LADE* überschrieben wird. Zu Beginn der **APL2**-Sitzung ist Editor 1 aktiv.

```
      □NLT←'DEUTSCH'
      )LEERE
AB OHNE NAMEN
      )EDITOR
IST 1

      )EDITOR 2
      )EDITOR
IST 2

      )EDITOR XEDIT
      )EDITOR
IST XEDIT
```

Rücksetzzeichen Deaktivieren	`)RSZ AUS` oder `)BSP OFF`
Rücksetzzeichen Aktivieren	`)RSZ EIN` oder `)BSP ON`
Rücksetzzeichen Abfragen	`)RSZ` oder `)BSP`

Wenn man eine APL-Tastatur hat, die auch die neuen **APL2**-Symbole ≡⍳∊⌹⍉⎕∵ enthält, dann benötigt man weder das Rücksetzzeichen noch die damit verbundenen Systemanweisungen. Wenn man letztere dann trotzdem verwendet, erhält man die Fehlernachricht *SYNTAXFEHLER*.

Bei APL-Tastaturen ohne diese 7 Sonderzeichen kann man diese mit Hilfe des **Rücksetzzeichens** eingeben:

```
=__ oder __=  ergibt ≡
⍳__ oder __⍳  ergibt ⍳
∊__ oder __∊  ergibt ∊
⎕_∘ oder ∘_⎕  ergibt ⌹
⎕_\ oder \_⎕  ergibt ⍉
[_] oder ]_[  ergibt ⎕
¨_. oder ._¨  ergibt ∵
```

Das mittlere Zeichen _, das Rücksetzzeichen, bewirkt also, daß man zwei Zeichen gewissermaßen übereinander schreiben kann. Dies gilt aber nur für die 7 angegebenen Zeichen!

Mit `)RSZ AUS` kann man das Rücksetzzeichen außer Kraft setzen, und mit `)RSZ EIN` wird es wieder aktiviert. Mit `)RSZ` kann man es abfragen. Bei Datenstationen mit dem programmierbaren Symbol-Zeichensatz (PSS) wird das erzeugte Sonderzeichen richtig angezeigt.

Die 7 so erzeugten Sonderzeichen sind (wenn man nicht `)RSZ AUS` bestimmt hatte) in jedem Fall Einzelzeichen im Sinne von ⎕*PW*.

Das Rücksetzzeichen ist ein Parameter der Sitzung, nicht des Arbeitsbereiches. Er bleibt deshalb auch erhalten, wenn der aktive Arbeitsbereich durch `)LEERE` oder `)LADE` überschrieben wird. Zu Beginn der **APL2**-Sitzung ist _ aktiv.

```
        ⎕NLT←'DEUTSCH'
        )RSZ
IST _
        )BSP
IST _
```

Benutzer gibt ein:
```
        '=__∘_⎕._¨/_\'
```
Wenn der Bildschirm keinen PSS hat, wird angezeigt:
```
=__∘_⎕._¨/_\
```

Mit PSS dagegen:
```
        '≡⌹¨/_\'
≡⌹¨/_\
```

```
        )RSZ AUS
        '=__'
=__
```
(Mit oder ohne PSS)
```
        )RSZ
IST AUS
```

Systemgrenzen Abfragen	)*QUOTEN* oder)*QUOTA*

Mit dieser Systemanweisung kann man sich einige Grenzwerte des Systems anzeigen lassen, und zwar:

BIBL   Die Größe des Speicherplatzes (Externspeicher), in Bytes, der dem Benutzer für Datenbestände aller Art, einschließlich **APL2**-Arbeitsbereichen, zur Verfügung steht.

FREI   Der noch verfügbare Speicherplatz, in Bytes.

AB   Die Größe des aktiven Arbeitsbereiches, in Bytes.

MAX   Die bei)*LEERE* oder)*LADE* höchstzulässige Arbeitsbereichs-Größe, in Bytes.

GV   Die Höchstzahl gleichzeitig angebotener gemeinsamer Variablen.

GROESSE   Die Größe des Puffers für gemeinsame Variablen, in Bytes.

```
□NLT←'DEUTSCH'
)QUOTEN
BIBL   5529600   FREI      3133440
AB     2097152   MAX       2097152
GV          88   GROESSE    204800
       )QUOTA
BIBL   5529600   FREI      3133440
AB     2097152   MAX       2097152
GV          88   GROESSE    204800
```

Weitere Fehlernachrichten Anzeigen	)*MEHR* oder)*MORE* [anz]

Wenn ein Fehler auftritt, dann wird grundsätzlich eine einzeilige Fehlernachricht angezeigt. Wenn zu einem Fehler weitere Informationen vorliegen, dann kann man sie sich mit Hilfe dieser Systemanweisung anzeigen lassen.

Dies muß nicht unmittelbar nach dem Auftreten des Fehlers geschehen: Die Fehlerinformationen bleiben bis zum Erteilen einer weiteren Systemanweisung erhalten, so daß unter Umständen Nachrichten über mehrere Fehler gespeichert sein können.

Der Parameter „anz" gibt die Anzahl der Fehlernachrichten an, die angezeigt werden sollen. Die **jüngste** wird als erste angezeigt.

```
     .
     .
     .
Fehler in Partnerprogramm ...

     )MEHR
AP2TFILE562    FILE SERVICES ...
     )MEHR
AP2XMSG574   NO MORE INFORMATION
```

Alle Sekundär-Fehlernachrichten beginnen mit einer Fehlernummer. Wenn keine weiteren Fehlernachrichten mehr vorliegen, erhält man *NO MORE INFORMATION* angezeigt.

ANHÄNGE

ANHANG A: SYSTEMNACHRICHTEN

Bei der Ausführung von **APL2**-Anweisungen und -Systemanweisungen, sowie beim
Editieren von definierten Funktionen und Operatoren, können Fehler- und Systemnachrichten erscheinen. Diese Nachrichten sind hier in ihrer deutschen Form zusammengestellt.

AB xxxxx
Englisch: *WS*
Bei der Systemanweisung *)QUOTEN* die Größe des aktiven Arbeitsbereiches in Bytes.

*AB AUSZUG, NAME: DUMP*xxxx
Englisch: *WS DUMPED, ID:*
Nach einem *SYSTEMFEHLER* wurde ein Speicherauszug unter dem angegebenen
Namen gespeichert. Man kann unter Umständen einzelne Gegenstände daraus kopie-
ren, falls sie noch in Ordnung sind.

AB GESPERRT
Englisch: *WS LOCKED*
Der Bibliotheks-Arbeitsbereich, der mit *)KOPIERE*, *)LADE* oder *)SKOPIERE* angesprochen wurde, ist durch ein Kennwort geschützt, und es wurde entweder kein oder
ein falsches Kennwort angegeben.

AB KANN NICHT UMGEWANDELT WERDEN
Englisch: *WS CANNOT BE CONVERTED*
Wenn sich, im Gefolge von Wartungsarbeiten am System, die interne Darstellung von
Arbeitsbereichen geändert hat, dann werden Bibliotheks-Arbeitsbereiche beim Laden
mit *)LADE* automatisch in die neue Form umgewandelt. Wenn dies nicht gelungen ist,
beispielsweise aus Mangel an Speicherplatz, erscheint die vorliegende Fehlernachricht.

AB NICHT GEFUNDEN
Englisch: *WS NOT FOUND*
Den Bibliotheks-Arbeitsbereich, der mit *)KOPIERE*, *)LADE*, *)SKOPIERE* oder
)UEKOPIERE angesprochen wurde, gibt es nicht in der angegebenen Bibliothek.

AB OHNE NAMEN
Englisch: *CLEAR WS*
Der Inhalt des aktiven Arbeitsbereiches wurde, beispielsweise mit *)LEERE*, durch einen leeren Arbeitsbereich ersetzt. Vor dem Speichern sollte man ihm mit *)ABNAME*
einen Namen erteilen.

AB UMGEWANDELT, SICHERE
Englisch: *WS CONVERTED, RESAVE*
Wenn sich, im Gefolge von Wartungsarbeiten am System, die interne Darstellung von
Arbeitsbereichen geändert hat, dann werden Bibliotheks-Arbeitsbereiche beim Laden
mit *)LADE* automatisch in die neue Form umgewandelt. Wenn dies gelungen ist, er-
scheint die vorliegende Systemnachricht. Man sollte den aktiven Arbeitsbereich an-

schließend mit *)SICHERE* in der neuen Form in die Bibliothek zurückstellen, damit die Nachricht nicht bei jedem Laden erneut erscheint.

AB UNGUELTIG
Englisch: *WS INVALID*
Es wurde versucht, mit *)LADE* einen Datenbestand zu laden, der kein **APL2**-Arbeitsbereich ist.

AB VOLL
Englisch: *WS FULL*
Die **APL2**-Anweisung oder -Systemanweisung konnte nicht ausgeführt werden, weil die Größe des aktiven Arbeitsbereiches hierfür nicht ausreichte. Es gilt: $\Box ET \leftrightarrow 1\ 3$.

ANGESCHLOSSEN H.MM.SS
Englisch: *CONNECTED*
Diese Nachricht erscheint nach *)ENDE* und *)WEITER*. Sie zeigt die Anschlußzeit der soeben beendeten **APL2**-Sitzung in Stunden, Minuten und Sekunden an.

BIBL xxxx
Englisch: *LIB*
Bei der Systemanweisung *)QUOTEN* die Größe des externen Speichers, in Bytes, der dem Benutzer für die Speicherung seiner Bibliotheks-Arbeitsbereiche und anderer Datenbestände zur Verfügung steht.

BIBLIOTHEK NICHT VERFUEGBAR
Englisch: *LIBRARY NOT AVAILABLE*
Die Bibliothek, die in der Systemanweisung *)ENTFERNE,)KOPIERE,)LADE,)SICHERE,)SKOPIERE,)UEKOPIERE* oder *)WEITER* angesprochen wird, ist nicht verfügbar, entweder, weil es sie nicht gibt, oder weil sie gerade von anderen Benutzern verwendet wird. Die Nachricht erscheint auch, wenn man ohne Schreiberlaubnis mit *)SICHERE* zu speichern versucht.

CPU-ZEIT H.MM.SS
Englisch: *CPU TIME*
Diese Nachricht erscheint nach *)ENDE* und *)WEITER*. Sie zeigt die verbrauchte Rechenzeit der soeben beendeten **APL2**-Sitzung in Stunden, Minuten und Sekunden an.

DEFINITIONSFEHLER
Englisch: *DEFINITION ERROR*
Diese Fehlernachricht kann beim Editieren von **APL2**-Gegenständen mit einem ∇-Editor auftreten. Sie kann verschiedene Ursachen haben:

- Der Aufruf des Editors mit ∇ oder ⍫ war entweder syntaktisch falsch, oder der Gegenstand, der editiert werden soll, kann gar nicht editiert werden (verdeckte Funktion, Variable beim Zeileneditor).

- Der Gegenstand, dessen Editierung mit ∇ oder ⍫ beendet werden soll, ist nicht gültig.

- Beim Zeileneditor erfolgte das Abschließen mit ∇ oder ⍫ nicht in einer numerierten Zeile.

- Beim Seiteneditor konnten Zeilen aus einem Editierbereich nicht in einen anderen Editierbereich übernommen werden, weil zwei Kopfzeilen davon betroffen waren.

- Der Name des zu speichernden Gegenstandes existiert bereits für einen anderen Gegenstand im aktiven Arbeitsbereich.

E/A-FEHLER BEI BIBLIOTHEKSZUGRIFF
Englisch: *LIBRARY I/O ERROR*
Die Systemanweisung *)ENTFERNE,)KOPIERE,)LADE,)SICHERE,)SKOPIERE*
oder *)WEITER* konnte wegen eines Systemfehlers nicht ausgeführt werden.

FALSCHE ARGUMENTENZAHL
Englisch: *VALENCE ERROR*
Bei einer einstelligen Funktion wurde ein linkes, oder bei einer zweistelligen Funktion
nur ein einziges Argument angegeben. Es gilt: $\Box ET \leftrightarrow$ 5 1.

FREI xxxxx
Englisch: *FREE*
Bei der Systemanweisung *)QUOTEN* die Größe des externen Speichers, in Bytes, der
noch nicht belegt ist, und somit dem Benutzer für die Speicherung seiner Bibliotheks-
Arbeitsbereiche und anderer Datenbestände zur Verfügung steht.

GESENDET
Englisch: *SENT*
Bei *)MITTEILUNG,)NACHRICHT,)OPRMITTEILUNG* oder *)OPRNACHRICHT* die
Bestätigung, daß die Nachricht den Empfänger erreicht hat.

GESICHERT
Englisch: *SAVED*
Bei *)KOPIERE,)LADE* und *)SKOPIERE* die Bestätigung, daß die angegebenen Ge-
genstände aus der Bibliothek geholt werden konnten. Die Datum- und Uhrzeit-Angaben
beziehen sich auf den Zeitpunkt der letzten Sicherung des angegebenen Bibliotheks-
Arbeitsbereiches.

GROESSE xxxxx
Englisch: *SIZE*
Bei der Systemanweisung *)QUOTEN* die Größe des Puffers für gemeinsame Variablen,
in Bytes.

GV xx
Englisch: *SV*
Bei der Systemanweisung *)QUOTEN* die Anzahl der gemeinsamen Variablen, die
gleichzeitig angeboten sein dürfen.

INDEXFEHLER
Englisch: *INDEX ERROR*
Der bei der Elementarfunktion $A[I]$, $I \Box A$ oder $I \supset A$ angegebene Indexausdruck I ist
für die Strukturgröße A unzulässig. Es gilt: $\Box ET \leftrightarrow$ 5 5.

IST xxx
Englisch: *IS*
Der aktuelle Wert der abgefragten Größe bei *)EDITOR,)RSZ,)SYMBOLE* und
)WIRT.

KOORDINATENFEHLER
Englisch: *AXIS ERROR*
Bei einer Funktion oder bei einem Operator wurde ein Ausdruck als Achsenwert ange-
geben, der für die angegebenen Argumente unzulässig ist, oder Strichpunkte enthält.
Außerdem erscheint diese Fehlernachricht, wenn bei einem Operator keine Achsenan-
gabe möglich ist. Es gilt: $\Box ET \leftrightarrow$ 5 6.

LAENGENFEHLER
Englisch: *LENGTH ERROR*

Die Achsenlängen beider Argumente, beziehungsweise Operanden, harmoniert nicht.
Es gilt: $\square ET \leftrightarrow$ 5 3.

MAX xxxxx
Bei der Systemanweisung *)QUOTEN* die zulässige Größe für den aktiven Arbeitsbereich, in Bytes.

NAME OHNE WERT
Englisch: *VALUE ERROR*
Diese Fehlernachricht kann verschiedene Ursachen haben:

* Der angegebene Name hat noch keinen Wert zugewiesen bekommen.

* Es wurde versucht, das Ergebnis einer Funktion anzusprechen, die kein explizites
  Ergebnis liefert.

* Eine zweistellige definierte Funktion, in der das Vorhandensein des linken Argumentes nicht geprüft wird, wurde ohne Angabe eines linken Argumentes aufgerufen.

NICHT GEFUNDEN: nnnnn
Englisch: *NOT FOUND:*
Bei der Systemanweisung *)KOPIERE,)SKOPIERE* oder *)UEKOPIERE* konnten Gegenstände nicht kopiert werden, entweder, weil sie nicht existieren, oder, weil der
Import-Datenbestand selbst nicht existiert oder ungültig ist. Abgesehen vom zuletzt
genannten Fall, wird eine Liste mit den Namen der nicht kopierten Gegenstände angezeigt.

NICHT GELOESCHT: nnnnn
Englisch: *NOT ERASED:*
Die angeführten Gegenstände konnten mit *)LOESCHE* nicht gelöscht werden, weil sie
nicht existieren.

NICHT GESENDET
Englisch: *NOT SENT*
Bei *)MITTEILUNG,)NACHRICHT,)OPRMITTEILUNG* oder *)OPRNACHRICHT* konnte
die Nachricht den Empfänger nicht erreichen, entweder, weil er nicht aktiv war, oder
weil er das Empfangen von Nachrichten unterdrückt hatte.

NICHT GESICHERT, AB xxxxx
Englisch: *NOT SAVED, THIS WS IS*
Die Systemanweisung *)SICHERE* konnte nicht ausgeführt werden. Mögliche Ursachen

* Der aktive Arbeitsbereich hat noch keinen Namen, und unter dem angegebenen
  Namen gibt es bereits einen Bibliotheks-Arbeitsbereich.

* Der aktive Arbeitsbereich hat bereits einen Namen, aber dieser stimmt nicht mit
  dem angegebenen Namen überein.

Diese Nachricht, die nur zur Warnung vor versehentlichem Überschreiben dient, kann
durch Umbenennung des aktiven Arbeitsbereiches mit *)ABNAME* vermieden werden.

NICHT GESICHERT, BIBLIOTHEK VOLL
Englisch: *NOT SAVED, LIBRARY FULL*
Die Systemanweisung *)SICHERE* konnte nicht ausgeführt werden, weil in der angegebenen Bibliothek nicht genügend Platz für die Speicherung vorhanden war. Wenn
möglich sollte man erst den gleichnamigen Arbeitsbereich mit *)ENTFERNE* aus der
Bibliothek entfernen.

NICHT KOPIERT: nnnnn
Englisch: *NOT COPIED*:
Die Gegenstände, deren Namen aufgezählt werden, konnten nicht in den aktiven Arbeitsbereich kopiert werden. Dies kann verschiedene Ursachen haben:

• Bei der Systemanweisung *)SKOPIERE* wurden Gegenstände gleichen Namens in aktiven Arbeitsbereich vorgefunden.

• Bei der Systemanweisung *)EIN*, *)KOPIERE*, *)SKOPIERE* oder *)UEKOPIERE* war für die angezeigten Gegenstände kein Platz mehr übrig im aktiven Arbeitsbereich.

• Bei der Systemanweisung *)EIN* hatten die angegebenen Gegenstände nicht die richtige Übertragungsform.

• Bei der Systemanweisung *)AUS* konnten die angegebenen Gegenstände nicht in die Übertragungsform überführt werden, beispielsweise, weil sie im aktiven Arbeitsbereich gar nicht existieren.

RANGFEHLER
Englisch: *RANK ERROR*
Die Ordnungszahlen der beiden Argumente einer Funktion, beziehungsweise der Operanden eines Operators, harmonieren nicht miteinander. Bei allgemeinen Strukturgrößen kann sich dies auch auf die Komponenten höheren Grades beziehen. Es gilt:
$\Box ET \leftrightarrow 5\ 2$.

SI WARNUNG
Englisch: *SI WARNING*
Eine wartende (unterbrochene oder hängende) Funktion wurde entweder editiert, oder mit *)KOPIERE* oder *)UEKOPIERE* überschrieben. Diese Warnung erscheint aber auch, wenn man eine unterbrochene Funktion, deren Ausführung sich nicht wieder aufnehmen läßt, mit $\rightarrow \iota 0$ zu starten versucht.

SYNTAXFEHLER
Englisch: *SYNTAX ERROR*
Der angezeigte **APL2**-Ausdruck ist syntaktisch fehlerhaft. Beispielsweise gibt es eine Unpaarigkeit bei (runden oder eckigen) Klammern, oder es fehlt die Angabe des (rechten) Argumentes einer Funktion. Wenn dieser Fehler bei der Übernahme von Gegenständen aus früheren APL-Versionen auftritt, dann hat das Kompatibilitätskennzeichen den falschen Wert, und es sollte mit *)VP* 0 wieder auf **APL2**-Kompatibilität gesetzt werden (dies ist bei $\Box ET \leftrightarrow 5\ 2$ der Fall). Es gilt: $\Box ET \leftrightarrow 5$ x.

SYSTEMBESCHRAENKUNG
Englisch: *SYSTEM LIMIT*
Die **APL2**-Anweisung oder -Systemanweisung sprengt die Grenzen des Systems. Derartige Grenzen sind beispielsweise: Größe der Symboltabelle, Anzahl und Größe gemeinsamer Variablen, Tiefe, Ordnungszahl, Struktur oder Komponentenzahl von Strukturgrößen. Es gilt: $\Box ET \leftrightarrow 1$ x.

SYSTEMFEHLER
Englisch: *SYSTEM ERROR*
Entweder ist im **APL2**-System ein interner Fehler aufgetreten, oder der aktive Arbeitsbereich wurde teilweise zerstört. In jedem Fall wird eine Kopie des aktiven Arbeitsbereiches unter einem Namen von der Form *DUMP*xxxx gespeichert. Aus dieser Kopie
kann man versuchen, gültige Gegenstände durch Kopieren zu retten. Es gilt:
$\Box ET \leftrightarrow 1\ 2.$

UNERLAUBTER BIBLIOTHEKSZUGRIFF
Englisch: *IMPROPER LIBRARY REFERENCE*
Die Nummer der Bibliothek, die in der Systemanweisung *)BIBL*, *)KOPIERE*, *)LADE*,
)SICHERE, *)SKOPIERE* oder *)UEKOPIERE* angegeben wurde, stimmt nicht: Entweder ist es keine gültige Nummer, oder der Benutzer hat keinen Zugriff zu dieser Bibliothek.

UNGUELTIGE SYSTEMANWEISUNG
Englisch: *INCORRECT COMMAND*
Die Systemanweisung gibt es nicht in dieser Form, oder sie wurde mit falschen Parametern aufgerufen.

UNGUELTIGES ARGUMENT
Englisch: *DOMAIN ERROR*
Diese Fehlernachricht kann verschiedene Ursachen haben:

- Bei einer Elementarfunktion oder einem Elementaroperator hat ein Argument beziehungsweise Operand die falsche Art, den falschen Typ oder die falsche Struktur.

- Bei einer Elementarfunktion oder einem Elementaroperator stimmt die Anzahl der
  Argumente beziehungsweise Operanden nicht.

- Bei einer arithmetischen oder mathematischen Funktion trat ein Exponentenüberlauf auf (beispielsweise Division durch 0).

- Bei einer definierten Funktion wurde die vierte Ausführungsbeschränkung gesetzt,
  so daß jeder beliebige Fehler zu dieser Fehlernachricht führt.

- Bei einer (von einem Operator) abgeleiteten Funktion, die keine Einheits- oder Ersatzfunktion hat, wurde ein leeres Argument angegeben.

UNGUELTIGES ZEICHEN
Englisch: *ENTRY ERROR*
Beim **APL2**-System sind ungültige Zeichen angekommen, beispielsweise infolge eines
Übertragungsfehlers.

UNTERBRECHUNG
Englisch: *INTERRUPT*
Während der Verarbeitung wurde eine Unterbrechung signalisiert, zum Beispiel durch
eine Unterbrechungstaste. Die gerade aktive definierte Funktion (oder Operator) befindet sich im Unterbrechungszustand. Die Verarbeitung kann mit $\rightarrow\iota 0$ oder durch Verzweigen zu einer Zeilennummer wieder aufgenommen werden. Andernfalls sollte man
den Statusanzeiger mit *)GRUNDSTELLUNG* oder hinreichend vielen $\rightarrow$ löschen. Es gilt:
$\Box ET \leftrightarrow 1\ 1.$

*WAR*xxx
Englisch: *WAS*
Der alte Name des Arbeitsbereiches, der mit *)ABNAME* umbenannt wurde.

WEZ
Englisch: *GMT*
Damit wird die Zeitzone in den Zeitangaben der Systemanweisungen)*ENTFERNE*,
)*KOPIERE*,)*LADE*,)*SICHERE*,)*SKOPIERE* und)*ZEIT* gekennzeichnet (Westeuro-
päische Zeit = Greenwich Meridian Time).

□XX FEHLER
Englisch: *□XX ERROR*
Die Systemvariable *□XX*, die als implizites Argument einer Elementarfunktion auftritt,
hat keinen (gültigen) Wert. Dies betrifft folgende Systemvariablen (die Werte für *□ET*
sind in Klammern beigefügt): *□ET* (4 3), *□FC* (4 4), *□IO* (4 2), *□PP* (4 1) und *□RL*
(4 5).
Hinzu kommen noch folgende Sonderfälle:

- *□FC*: Ein negativer Wert wird formatiert, aber *□FC*[6] hat keinen gültigen Wert.

- *□PP*: Eine Strukturgröße soll angezeigt werden, aber *□PP* hat keinen gültigen Wert.

- *□PR*: Bei der Aus-/Eingabe mit *□* hat *□PR* keinen gültigen Wert.

ANHANG B: APL2 UND SEINE WIRTSSYSTEME

Einführung

In diesem Anhang sind, in tabellarischer Form, Wirtssystem-bezogene Informationen zusammengestellt, welche die Arbeit mit **APL2** beeinflussen können.

Weitergehende Informationen entnehme man dem auf das Wirtssystem zugeschnittene **APL2**-Benutzerhandbuch.

Arbeitsbereichs-Bibliotheken

In **APL2** werden Bibliotheks-Arbeitsbereiche bekanntlich über ihre Arbeitsbereichs-Identifikation angesprochen, also über die Bibliotheksnummer und den Arbeitsbereichsnamen. Im vorliegenden Abschnitt wird der Zusammenhang zwischen diesen Begriffen und den entsprechenden Einrichtungen des Wirtssystems aufgezeigt.

Die Bibliotheksnummer:

Wirtssystem	Privat	Öffentlich	Projekt
MVS/TSO	$\uparrow\Box AI$ bzw. 1001	1-999	1000-9999999[6]
VM/CMS	$\uparrow\Box AI$	1-9999999[6]	-
PC/DOS	1-4	-	-

Wir erinnern uns: Ändern, also Speichern oder Löschen kann nur der Inhaber einer Bibliothek (beziehungsweise derjenige, der Schreibzugriff hat). Laden kann man einen Arbeitsbereich, wenn man Lesezugriff zur betreffenden Bibliothek hat, also bei einer Privatbibliothek nur der Inhaber, bei einer Projektbibliothek eine ganz bestimmte Gruppe von Benutzern, bei einer öffentlichen Bibliothek alle Benutzer.

Der Arbeitsbereichsname:

Ein Bibliotheks-Arbeitsbereich ist ein Datenbestand des Wirtssystems. zwischen dem **APL2**-Arbeitsbereichsnamen und dem Datenbestandsnamen besteht folgender Zusammenhang:

1. Unter TSO können Arbeitsbereiche entweder als VSAM- oder als SAM-Datenbestände gespeichert werden.

---

[6] Soweit nicht privat

- TSO/VSAM: Der Name des VSAM-Clusters ist Wn, wobei „n" die Bibliotheksnummer (ohne führende Nullen) ist. Im Cluster Wn wird der (private, Projekt-
  oder öffentliche) Arbeitsbereich mit seinem Namen gespeichert.

- TSO/SAM: Der Dateiname lautet inh.V.name (privat), inh.Vn.name (Projekt) beziehungsweise APL2.Vn.name (öffentlich). Dabei ist „n" die Bibliotheksnummer,
  „name" der Name des Arbeitsbereiches, „inh" die TSO-Benutzeridentifikation
  des Inhabers der Bibliothek.

2. In CMS ist jede Bibliothek an eine Miniplatte gebunden. Die Datenbestands-Identi-
   fikation eines privaten Arbeitsbereiches ist: name APLWSV2 typ, die eines öffentlichen Arbeitsbereiches: name Vnnnnnnn typ. Dabei ist „nnnnnnn" die links mit
   Nullen aufgefüllte Bibliotheksnummer, „name" der Name des Arbeitsbereiches,
   „typ" der Dateityp der Miniplatte.

3. Unter PC/DOS entspricht die Bibliotheksnummer (1-4) dem Buchstaben der Disket-
   ten- oder Festplatten-Einheit (A-D): einh:name.APL.. „einh" ist der Buchstabe der
   E/A-Einheit, „name" der Name des Arbeitsbereiches.

Darüber hinaus können systemseitig aber auch andere Vereinbarungen gelten!

Partnerprogramme

Mit **APL2** werden für die verschiedenen Wirtssysteme eine ganze Reihe von Partnerprogrammen mitgeliefert. Sie sind, nach Nummern sortiert, im Folgenden aufgezählt.
Wie man sie benutzt, wird in der mitgelieferten Literatur beschrieben.

Man kann auch eigene Partnerprogramme schreiben. Auch für diesen Fall muß auf die
mitgelieferte Literatur verwiesen werden.

Partn.	Beschreibung	MVS/TSO	VM/CMS	PC/DOS
AP2	Ausführung von umge- wandelten Programmen und von DOS-Anweisungen			+
AP80	Druck-Ausgabe			+
AP100	Ausführung von Anwei- sungen des Wirtssystems analog)HOST	+ und spezielle Anweisg.	+	+
AP101	Vorauseingabe von APL2-Anweisungen oder -Systemanweisungen und Anweisungen an das Wirtssystem	+	+ Eingabe für CMS, EXEC	+ Defin. von Biblioth.
AP102	Hauptspeicherzugriff, (soweit erlaubt)	+	+	
AP103	BIOS/DOS-Unterbre- chungen			+
AP110	Sequentielle und direkte Verarbeitung von CMS-Datenbeständen (SAM)		+	
AP111	Sequentielle und direkte Verarbeitung von QSAM-Datenbeständen	+	+	

	MVS/TSO	VM/CMS	PC/DOS
AP120 Anweisungen zur Sitzungssteuerung (GDDM erforderlich)	+	+	+
AP121 Verarbeitung von APL2-Datenbeständen (bei TSO VSAM erford.)	+	+	
AP123 Verarbeitung von VSAM-Datenbeständen (VSAM erforderlich)	+	+	
AP124 Volle Bildschirmfunktionen			+
AP126 Volle Bildschirmfunktionen, Graphik (GDDM erforderlich)	+	+	
AP127 SQL-Abfragen (DB2 oder SQL/DS erford.)	+	+	
AP172 Netzwerk-Kommunikation (Netzwerk erforderlich)			+
AP190 Kommunikation mit einem Wirtssystem			+
AP206 Graphik			+
AP210 Sequentielle und direkte Verarbeitung von BDAM-Datenbeständen	+		+
AP211 Speichern von APL2-Gegenständen in Objektbibliothek			+
AP232 Asynchrone Übertragung			+
AP440 Musik			+
AP488 IEEE488-Übertragung			+
AP998 AI-Interpretierung (PROLOG-ähnlich)			+

Verbindungsprogramme

Mit **APL2** werden folgende Verbindungsprogramme mitgeliefert:

Nr. Verb. Beschreibung	MVS/TSO	VM/CMS	PC/DOS
10 Ausführung von REXX-Programmen		+	
11 Ausführung von umgewandelten Unterprogrammen (Assembler, FORTRAN)	+	+	

ANHANG C: ÜBERSETZUNG DER FACHAUSDRÜCKE

Um dem Leser den Zugang zur englischsprachigen **APL2**-Literatur zu erleichtern, habe ich hier den in diesem Buch verwendeten deutschen Ausdrücken die entsprechenden englischen Bezeichnungen gegenübergestellt.

Elementarfunktionen

⌊B	Abrunden	Floor
|B	Absolutbetrag Bilden	Magnitude
A+B	Addieren	Add
⍎B	Aktivieren	Execute
,B	Aufreihen	Ravel
⌈B	Aufrunden	Ceiling
⊃B	Aufschließen	Disclose
A!B	Binomialkoeffizienten Bilden	Binomial
~B	Boolesch Negieren	Not
⍕B	Deaktivieren	Format (Default)
⍉B	Diagonal Spiegeln	Transpose (Reversed Axes)
A÷B	Dividieren	Divide
⊂B	Einschließen	Enclose
A~B	Eliminieren	Without
A↓B	Entfernen	Drop
A↑B	Entnehmen	Take
A⊥B	Entschlüsseln	Decode
↑B	Erste Komponente Zeigen	First
A∈B	Existenz Prüfen	Member
*B	Exponentialfunktion Bilden	Exponential
!B	Fakultät Bilden	Factorial
A⍕B	Formatieren mit Feldsteuerung	Format by Specification
A⍕B	Formatieren mit Zeichensteuerung	Format by Example
A⊂B	Gruppieren	Partition
A⊃B	Herauspicken	Pick
A⍳B	Index Zeigen	Index of
⍳B	Indexvektor Bilden	Interval
A⌷B	Indizieren	Index
⌹B	Invertieren	Matrix Inverse
÷B	Kehrwert Bilden	Reciprocal
+B	Konjugiert komplexe Zahl Bilden	Conjugate
A○B	Kreisfunktion Bilden	Circle Functions
A⌹B	Lineares Gleichungssystem Lösen	Matrix Divide

A⊛B	Logarithmieren	Logarithm
A⌈B	Maximieren	Maximum
A⌊B	Minimieren	Minimum
○B	Mit Pi Multiplizieren	Pi Times
A×B	Multiplizieren	Multiply
A∈B	Muster Suchen	Find
⊛B	Natürlichen Logarithmus Bilden	Natural Logarithm
A∇B	Ordnungsvektor Bilden, fallend	Grade Down, Collating Sequence
A△B	Ordnungsvektor Bilden, steigend	Grade Up, Collating Sequence
⊖B φB	Parallel Spiegeln	Reverse
A*B	Potenzieren	Power
A=B	Prüfen auf Gleich	Equal
A>B	Prüfen auf Größer	Greater Than
A≥B	Prüfen auf Größer oder Gleich	Greater Than or Equal
A≡B	Prüfen auf Identität	Match
A<B	Prüfen auf Kleiner	Less Than
A≤B	Prüfen auf Kleiner oder Gleich	Less Than or Equal
A≠B	Prüfen auf Ungleich	Not Equal
A|B	Rest Bilden	Residue
×B	Richtung Bilden	Direction
A⊖B A φB	Rotieren	Rotate
A,[ ]B	Schichten	Laminate
∇B	Sortiervektor Bilden, fallend	Grade Down
△B	Sortiervektor Bilden, steigend	Grade Up
A?B	Stichprobe Nehmen	Deal
∈B	Strecken	Enlist
ρB	Struktur Zeigen	Shape
AρB	Strukturieren	Reshape
A−B	Subtrahieren	Subtract
≡B	Tiefe Zeigen	Depth
A[I]	Traditionell Indizieren	Bracket Index
A⍉B	Transponieren	Transpose (General)
A,B	Verketten	Catenate
A⍲B	Verknüpfen mit Nicht Gleichzeitig	Nand
A∨B	Verknüpfen mit Oder	Or
A∧B	Verknüpfen mit Und	And
A⍱B	Verknüpfen mit Weder - Noch	Nor
A⊤B	Verschlüsseln	Encode
−B	Vorzeichen Umkehren	Negative
?B	Zufallszahl Auswählen	Roll

Elementaroperatoren

f\ f⍀	Expansionsoperator	Backslash
f¨	Komponentenoperator	Each
f.g	Produktoperator	Array Product
f/ f⌿	Reduktionsoperator	Slash

Abgeleitete Funktionen

| f\B f⍀B | Aufstufen | Scan |
| A∘.fB | Dyadisches Produkt Bilden | Outer Product |

V\B V\B	Expandieren	Expand
Af/B Af/B	Gruppenweise Reduzieren	Reduce N-wise
f¨B	Komponentenweise Ausführen	Each, Monadic
V/B V/B	Komprimieren	Compress
V/B V/B	Mehrfach Auswählen	Replicate
Af¨B	Paarweise Ausführen	Each, Dyadic
f/B f/B	Reduzieren	Reduce
Af.gB	Skalarprodukt Bilden	Inner Product

Systemvariablen

□AI	Abrechnungsdaten	Account Information
□AV	Alle Zeichen	Atomic Vector
←□	Anfordern von Texteingabe	Character Input
□PR	Anforderungs-Ersatzzeichen	Prompt Replacement
□UL	Anzahl Benutzer	User Load
□←	Ausgabe im Dialog	Evaluated Output
□←	Ausgabe mit Anhalten	Character Output
□PP	Ausgabe-Stellenzahl	Printing Precision
□RL	Ausgangszufallszahl	Random Link
□TS	Datum und Uhrzeit	Time Stamp
←□	Eingabeanforderung mit Auswertung	Evaluated Input
□ET	Fehlerkennzeichen	Event Type
□EM	Fehlernachricht	Event Message
□FC	Format-Steuerzeichen	Format Control
□WA	Freier Speicherplatz	Workspace Available
□IO	Indexanfang	Index Origin
←□ ... □←	Kombinierte Aus-/Eingabe	Character Input/Outpt
□LC	Latenter Ausdruck	Latent Expression
□L	Linkes Argument	Left Argument
□R	Rechtes Argument	Right Argument
□NLT	Sprache	National Language Translation
□TC	Steuerzeichen	Terminal Control Characters
□CT	Vergleichstoleranz	Comparison Tolerance
□PW	Zeilenbreite	Printing Width
□LC	Zeilenzähler	Line Counter
□SVE	Zeitspanne für relevantes Ereignis	Shared Variable Event
□TZ	Zeitzone	Time Zone

Systemfunktionen

□NL	Ausgewählte Namen Zeigen	Name List (By Alphabet and Class)
□EA	Aktivieren mit Alternative	Execute Alternate
□SVO	Anbieten	Shared Variable Offer (Set)
□SVR	Angebot Zurückziehen	Shared Variable Retraction
□NA	Assoziation Zeigen	Name Association (Inquire)
□NA	Assoziieren	Name Association (Set)
□AT	Attribut Zeigen	Attributes
□FX	Eingeschränkt zur Funktion Erheben	Fix (With Execution Properties)
□ES	Fehler Simulieren	Event Simulation
□ES	Fehler Simulieren mit eigener	Event Simulation (With

	Nachricht	Tailored Error Message)
$\square NC$	Kategorie Zeigen	Name Class
$\square SVO$	Kopplungsgrad Abfragen	Shared Variable Offer (Inquire)
$\square EX$	Löschen	Expunge
$\square NL$	Namen Zeigen	Name List (By Class)
$\square CR$	Neutralisieren	Character Representation
$\square SVQ$	Partner Abfragen	Shared Variable Query
$\square EC$	Probeweise Ausführen	Execute Controlled
$\square TF$	Umformatieren	Transfer Form
$\square DL$	Verzögern	Delay
$\square AF$	Zeichen Suchen	Atomic Function
$\square SVC$	Zugriffssteuerung Abfragen	Shared Variable Control (Inquire)
$\square SVC$	Zugriffssteuerung Setzen	Shared Variable Control (Set)
$\square SVS$	Zugriffszustand Abfragen	Shared Variable State
$\square FX$	Zur Funktion Erheben	Fix (No Execution Properties)

Systemanweisungen

`)ABNAME`	`)WSID`
`)AUS`	`)OUT`
`)BIBL`	`)LIB`
`)EDITOR`	`)EDITOR`
`)EIN`	`)IN`
`)ENDE`	`)OFF`
`)ENTFERNE`	`)DROP`
`)FUN`	`)FNS`
`)GRUNDSTELLUNG`	`)RESET`
`)KOPIERE`	`)COPY`
`)LADE`	`)LOAD`
`)LEERE`	`)CLEAR`
`)LOESCHE`	`)ERASE`
`)MEHR`	`)MORE`
`)MITTEILUNG`	`)MSGN`
`)NACHRICHT`	`)MSG`
`)NAM`	`)NMS`
`)OPE`	`)OPS`
`)OPRMITTEILUNG`	`)OPRN`
`)OPRNACHRICHT`	`)OPR`
`)QUOTEN`	`)QUOTA`
`)RSZ`	`)PBS`
`)SI`	`)SI`
`)SIA`	`)SIS`
`)SICHERE`	`)SAVE`
`)SINL`	`)SINL`
`)SKOPIERE`	`)PCOPY`
`)SYMBOLE`	`)SYMBOLS`
`)UEKOPIERE`	`)MCOPY`
`)VAR`	`)VARS`
`)VG`	`)CS`
`)WEITER`	`)CONTINUE`
`)WIRT`	`)HOST`
`)ZEIT`	`)TIME`

Sonstige Fachausdrücke

Achse	axis
Anweisung	statement
Arbeitsbereich	workspace
aktiver	active workspace
Bibliotheks-	library workspace
leerer	empty workspace
Arbeitsbereichs-Identifikation	workspace identification
Arbeitsbereichsname	workspace name
Argument	argument
explizites	explicit argument
implizites	implicit argument
Ausdruck	expression
Teil-	subexpression
Ausführung	execution
Ausführungsbereich	instruction stack
Ausführungsprotokoll	trace control
Ausführungsunterbrechung	suspension of execution
Ausführungszustand	immediate execution mode
Ausgabe	output
mit Anhalten	character output
Dialog-	evaluated output
Bibliothek	library
öffentliche	public library
private	private library
Bibliotheks-Arbeitsbereich	library workspace
Bibliotheks-Kennwort	library password
Bibliotheksnummer	library number
Bindung	binding
Bindungsstärke	binding strength
Daten	data
numerische	numeric data
Text-	character data
Definitionszustand	definition mode
Dimension	shape, shape vector
Eingabe	input
Anforderung von Text-	character input
-anforderung mit Auswertung	evaluated input
Einheitsfunktion	identity function
Einselement	identity element
Element	component
Elementarfunktion	primitive function
Elementarname	primitive name
Elementaroperator	primitive operator
Ergebnis	result
explizites	explicit result
implizites	implicit result
Ersatzfunktion	fill function
Funktion	function
abgeleitete	derived function
ambivalente	ambivalent function
Boolesche	boolean function
definierte	defined function

durchdringende	pervasive function
Einheits-	identity function
einstellige	monadic function
Elementar-	primitive function
Ersatz-	fill function
gemischte	nonscalar function
nullstellige	niladic function
rekursive	recursive function
Skalar-	scalar function
System-	system function
verdeckte	locked function
Vergleichs-	relational function
zweistellige	dyadic function
Funktionsdefinition	function definition
Kopfzeile	function header
Rumpf	definition body
Füllkomponente	fill item
Füllzeichen	decorator
bedingtes	controlled decorator
gleitendes	floating decorator
unbedingtes	simple decorator
Gruppen-Kopieren	indirect copy
Gruppen-Löschen	indirect erase
Identifikation	identification
Arbeitsbereichs-	workspace identification
Index, Indizes	index, indices
Kennwort	password
Bibliotheks-	library password
Klammern	parentheses
eckige	brackets
nicht-redundante	nonredundant parentheses
redundante, überflüssige	redundant parentheses
Kommentar	comment
Komponente	item
Füll-	fill item
Konstante	constant
Kopfzeile (Funktionsdefinition)	header
Löschen	erase
Gruppen-	indirect erase
Matrix, Matrizen	matrix, matrices
Name	name
Arbeitsbereichs-	workspace name
Elementar-	primitive name
globaler	global name
konstruierter	constructed name
lokaler	local name
reservierter	distinguished name
Operand	operand
Operator	operator
ambivalenter	ambivalent operator
definierter	defined operator
einstelliger	monadic operator
Elementar-	primitive operator
zweistelliger	dyadic operator

Ordnungszahl	rank
Parameter	parameter
Partnerprogramm	auxiliary processor
Programmstop	stop control
Protokollvektor	trace control vector
Prototyp	prototype
Rang	rank
Rumpf (Funktionsdefinition)	definition body
Schleife	loop
Schreibweise	notation
Vektor-	vector notation
Schutzzeichen	check protection
Skalar	scalar
Skalarfunktion	scalar function
Statusanzeiger	state indicator
Steuerzeichen	control character
Stopvektor	stop control vector
Strukturgröße, Strukturdaten	array, arrays
allgemeine	general array
einfache	simple array
leere	empty array
n-ter Ordnung	multidimensional array
rechteckige	rectangular array
Unter-	subarray
Strukturvektor	shape, shape vector
Syntax	syntax
Systemanweisung	system command
Systemfunktion	system function
Systemtoleranz	system tolerance
Systemvariable	system variable
Systemzustand	mode
Teilausdruck	subexpression
Testvektor	trace control vector
Textdaten	character data
Tiefe	depth
Typ	type
Übertragungsform	transfer form
einfache	migration transfer form
erweiterte	extended transfer form
Unterbrechung (starke)	interrupt
Ausführungs-	suspension of execution
schwache	attention
Unterstrukturgröße	subarray
zusammenhängende	contiguous subarray
Valenz	valence
Variable	variable
Abfragen	using, referencing a variable
gemeinsame	shared variable
Setzen	specifying a variable
System-	system variable
Vektor	vector
leerer	empty vector
Struktur-	shape vector
Vektorschreibweise	vector notation

Vektorverbindung	vector notation
Verbindungsprogramm	associate processor
Verdeckungskennzeichen	execution properties
Vergleichsfunktion	relational function
Verträglichkeit	conformability
Verzweigung	branch
bedingte	conditional branch
unbedingte	unconditional branch
Wertzuweisung	specification
mehrfache	multiple specification
selektive	selective specification
zu Vektorverbindung	vector specification
Zahl	number
Boolesche	boolean number
ganze	integer number
gebrochene	rational number
komplexe	complex number
Zahlendarstellung, halblogarithmische	scaled form
Zeichen	character
Steuer-	control character
syntaktisches	syntactic construction symbol
Zeilenmarke	label
Zeilennummer	line number
Zeitangabe	time stamp
Zugriffssteuerung	access control
Zugriffssteuerungsmatrix	access control matrix
Zugriffssteuerungsvektor	access control vector
Zugriffszustand	access state
Zugriffszustandsmatrix	access state matrix
Zuweisung	specification

SACHVERZEICHNIS